Revista de Direito Tributário

73

MALHEIROS EDITORES

Revista de Direito Tributário

Publicada sob os auspícios do

Instituto Geraldo Ataliba — IDEPE — Instituto Internacional de Direito Público e Empresarial e do
IBET — Instituto Brasileiro de Estudos Tributários

ISS 0102-7956

REVISTA DE DIREITO TRIBUTÁRIO
publicação trimestral de
MALHEIROS EDITORES LTDA.
Rua Paes de Araújo, 29, 17º andar - conj. 171
CEP: 04531-940 - São Paulo, SP
Tels. 822-9205 - 820-9718 - 820-5549
Fax. 829-2495
Diretor Responsável: Álvaro Malheiros
Diretora: Suzana Fleury Malheiros

Assinaturas e comercialização:
CATAVENTO DISTRIBUIDORA
DE LIVROS S.A.
Rua Conselheiro Ramalho, 928
CEP 01325-000 - São Paulo - SP
Tel. 289-0811 - Fax. 251-3756
Supervisão Gráfica: Vânia Lúcia Amato
Composição: Editora Frase Ltda.
Impressão: Paym Gráfica e Editora Ltda.

SUMÁRIO

CADERNOS DE DIREITO TRIBUTÁRIO

ERRO DE FATO E ERRO DE DIREITO NA TEORIA DO LANÇAMENTO TRIBUTÁRIO
— **Paulo de Barros Carvalho** 5

A DECADÊNCIA E A PRESCRIÇÃO EM MATÉRIA TRIBUTÁRIA
— **Sacha Calmon Navarro Coelho** 16

ISS E PROGRAMAS DE ALIMENTAÇÃO DO TRABALHADOR — PAT
— **Aires Barreto** 31

INSUMOS E PRODUTOS TRIBUTADOS, ISENTOS OU SUJEITOS À ALIQUOTA ZERO
— UTILIZAÇÃO DO CRÉDITO
— **Sidney Saraiva Apocalypse** 56

APROXIMACIÓN A LA ANALOGÍA Y EL FRAUDE DE LEY EN MATERIA TRIBUTARIA
— **Pedro M. Herrera Molina** 60

AS INFLUÊNCIAS GERMÂNICAS NO DIREITO FINANCEIRO E TRIBUTÁRIO BRASILEIRO
— **Ricardo Lobo Torres** 76

CONTRATO DE CONCESSÃO DE VENDAS E TRIBUTOS SOBRE O FATURAMENTO
— **Eduardo Bottallo** 86

OS TÍTULOS DA DÍVIDA PÚBLICA E A GARANTIA DA EXECUÇÃO
— **Leon Frejda Szklarowsky** 91

NATUREZA JURÍDICA DA RELAÇÃO TRIBUTÁRIA
— **Aurélio Pitanga Seixas Filho** 93

PODER TRIBUTÁRIO Y TUTELA JUDICIAL EFECTIVA
— **José Juan Ferreiro Lapatza** 104

PROFILI DI POLITICA LEGISLATIVA AI FINI DEL CONTRASTO DELLA ELUSIONE
FISCALE INTERNAZIONALE — LA PROSPETTIVA ITALIANA
— **Claudio Sacchetto** 115

EL IMPUESTO GENERAL A LAS VENTAS Y LA EXONERACIÓN DE LOS SERVICIOS
DE CRÉDITO
— **Jorge Bravo Cucci** 124

NOTAS E COMENTÁRIOS

O ABUSO DO DIREITO NO DIREITO TRIBUTÁRIO BRASILEIRO
— **Maria Luíza Pessoa de Mendonça** 132

PROCESSO ADMINISTRATIVO FISCAL
— **Lintney Nazareno da Veiga** 155

REVOGAÇÃO DA ISENÇÃO E RESTAURAÇÃO DA EFICÁCIA DA LEI ANTERIOR — SUBSUNÇÃO AO PRINCÍPIO DA ANTERIORIDADE — INCONSTITUCIONALIDADE DA SÚMULA 615 DO STF
— **Júlio César Belini** 175

O PRINCÍPIO DA ESTRITA LEGALIDADE NO DIREITO TRUBUTÁRIO
— **Guilherme Cezaroti** 194

A TRIBUTAÇÃO DAS OPERAÇÕES ENVOLVENDO TV A CABO E "DIRECT-TO-HOME", INTERNET E "PAGING" — ICMS X ISS
— **Márcia de Freitas Castro Neme e Amal Ibrahim Nasrallah** 224

CONTRIBUIÇÃO AO ESTUDO DAS NORMAS DE EXONERAÇÃO TRIBUTÁRIA NO PLANO DA TEORIA GERAL DO DIREITO TRIBUTÁRIO
— **Roberto Wagner Lima Nogueira** 233

CADERNOS DE DIREITO TRIBUTÁRIO

ERRO DE FATO E ERRO DE DIREITO NA TEORIA DO LANÇAMENTO TRIBUTÁRIO

PAULO DE BARROS CARVALHO
Professor Titular da PUC/SP (1985) e da USP (1997)

1. Considerações iniciais. 2. O revestimento da linguagem prescritiva e as duas modalidades que o sistema prevê. 3. Os sujeitos credenciados a emitir a norma individual e concreta. 4. Lançamento tributário — O problema semântico. 5. Sobre o conteúdo do ato de lançamento. 6. Lançamento e auto de infração. 7. Do erro de fato e do erro de direito no lançamento tributário. 8. Conclusões.

1. Considerações iniciais

A mensagem deôntica, emitida em linguagem prescritiva de condutas, não chega a tocar, diretamente, os comportamentos interpessoais, já que partimos da premissa de que não se transita livremente do mundo do "dever-ser" para o do "ser". Interpõe-se entre esses dois universos a vontade livre da pessoa do destinatário, influindo decisivamente na orientação de sua conduta perante a regra do Direito.

O que está ao alcance do legislador é aproximar os comandos normativos, cada vez mais, estimulando de maneira crescente as consciências, para determinar as vontades na direção do cumprimento das condutas estipuladas. E isto se faz com o processo de positivação das normas jurídicas, numa trajetória que vai da mais ampla generalidade e abstração, para atingir níveis de individualidade e concreção.

Esse caminho, em que o Direito parte de concepções abrangentes, mas distantes, para chegar às proximidades da região material das condutas intersubjetivas — ou, em terminologia própria, iniciando-se por normas jurídicas gerais e abstratas, para chegar a normas individuais e concretas, e que é conhecido por "processo de positivação" —, deve ser necessariamente percorrido, para que o sistema alimente suas expectativas de regulação efetiva dos comportamentos sociais. E tudo se faz como um problema imediato de realização de normas e mediato de realização de valores, visto que estes é que funcionam como fundamentos daquelas, como agudamente nos alerta Lourival Vilanova.[1]

Creio ser inevitável, porém, insistir num ponto, que se me afigura vital para a compreensão do assunto: a norma geral e abstrata, para alcançar o inteiro teor de sua juridicidade, reivindica, incisivamente, a edição de norma individual e concreta. Uma ordem jurídica não se realiza de modo efetivo, motivando alterações no terreno da realidade social, sem que os comandos gerais e abstratos ganhem concreção em normas individuais. E ressaltando a necessidade de que o discurso normativo chegue à plataforma dos fatos sociais, fundamental para o funcionamento do direito, Friedrich Müller se manifesta: "Entonces ya no se podrá formular el postulado de la objetividad jurídica en el sentido de un concepto ideal 'absoluto', pero sí como reivindicación de una racionalidad verificable y discutible en la aplicación del Derecho y la exigencia de que aquélla responda a los hechos en el sentido de que las disposiciones legales lleven el sello de su propia materia".[2] Oportuna a linha de pensamento do autor alemão, que vem se salientando na luta pela necessidade de estudarmos o Direito Constitucional, no âmbito do processo de concretização de sua linguagem.

O tema, entretanto, não é novo. Muitos autores já dele se ocuparam, como, a breve trecho, procurei salientar. Mas, no que tange ao Direito Tributário, é interessante recordar o magistério de Héctor Villegas: "Pero la ley sólo puede enunciar cierta circunstancia fáctica en forma abstracta. Esta enumeración abstracta tiene *necesariamente* como secuencia una operación posterior mediante la cual la norma se amolda, se adapta, *cada vez*, a la situación de *cada persona* que se considere incluida en el presupuesto fáctico previsto"[3] (com exceção do grifo em "*necesariamente*", os demais são do autor). Esse ato de aplicação é o que Mario Pugliese[4] toma como condição indispensável para que a relação tributária se faça juridicamente concreta e eficaz. Entretanto, deve-se a José Souto Maior Borges, na doutrina brasileira, a rigorosa referência ao ato de aplicação da regra tributária geral e abstrata, mediante expedição de norma individual e concreta. Ouçamo-lo: "Para a aplicação do Direito impõe-se estabelecer se concretamente ocorre um determinado fato, o fato jurídico tributário. Nisso consiste, em parte, a função concretizadora da norma individual posta pelo ato administrativo de lançamento".[5]

Ainda que as ponderações transcritas se proponham uma visão precisa do fenômeno observado, creio que seja a hora de dizer, novamente, e com todas as letras, que a previsão abstrata que a lei faz, na amplitude de sua generalidade, não basta para disciplinar a conduta intersubjetiva da prestação tributária. Sem uma norma individual e concreta, constituindo em linguagem o evento contemplado na regra-matriz, e instituindo também em linguagem o fato relacional, que deixa atrelados os sujeitos da obrigação, não há que se cogitar de tributo. Seria até um desafio mental interessante tentar imaginar caso de incidência específica da regra-padrão, numa hipótese individualizada, sem a expedição de ato de aplicação. Eis uma tarefa impossível! E esse ato aplicativo será, inexoravelmente, um segmento de linguagem que tanto pode ser produzido pela entidade tributante como pelo próprio sujeito passivo, nos casos em que a lei assim determinar.

Pois bem. O objetivo deste estudo será a análise desse ato de aplicação da lei ao caso particular, com a expedição de u'a norma individual e concreta, no que concerne às condições em que deve ser concebida,

1. Lourival Vilanova, *O Problema do Objeto da Teoria Geral do Estado*, p. 202.

2. Friedrich Müller, *Tesis Acerca de la Estructura de las Normas Jurídicas*, p. 113.

3. Héctor B. Villegas, *Curso de Finanzas, Derecho Financiero y Tributario*, p. 172.

4. Mario Pugliese, *Instituciones de Derecho Financiero*, p. 144.

5. José Souto Maior Borges, *Lançamento Tributário*, p. 56.

os sujeitos que podem emiti-la, seus efeitos determinativos e toda a gama de conseqüências que seu aparecimento no mundo do Direito pode suscitar, e particularmente o problema da distinção entre "erro de fato" e "erro de direito" na construção dos atos de lançamento. Antes, porém, meditemos um pouco sobre o que significa "ato de aplicação" de u'a norma geral e abstrata, que neste campo de trabalho é a "regra-matriz de incidência tributária".

"Aplicação" é o ato mediante o qual alguém interpreta a amplitude do preceito legal, fazendo-o incidir no caso particular e sacando, assim, a norma individual.[6]

Trilhando o mesmo caminho, esclarece Eurico Marcos Diniz de Santi: "ato que constitui o fato jurídico suficiente juridicizado por normas de estrutura, fonte material de normas, ato de criação de direito, é o que denominamos como aplicação".[7] E, mais adiante: "Aplicação, reiteramos, definindo estipulativamente, é o fato jurídico suficiente, realizado por ato jurídico de autoridade, para produção de normas jurídicas".

2. O revestimento da linguagem prescritiva e as duas modalidades que o sistema prevê

Fixei como premissa a imperiosa necessidade de regra individual e concreta para que os comandos gerais e abstratos possam ferir as condutas inter-humanas, no convívio social. Os sistemas de Direito Positivo, entretanto, não operam segundo uma diretriz uniforme, oscilando entre a eleição do *dever jurídico* ou de seu *descumprimento* para estabelecer o conteúdo das normas individuais e concretas. Apresentado de outro modo: em certas circunstâncias o legislador determina a necessidade absoluta de que o fato jurídico, para existir como tal, venha revestido de linguagem competente, como no caso do tributo; em outras, porém, faz incidir a linguagem para *qualificar a conduta oposta*, vale dizer, aquela que identifica o inadimplemento da prestação, permanecendo a observância, isoladamente considerada, no domínio dos meros fatos sociais, sem o mesmo timbre de juridicidade. É a hipótese clássica de previsões penais, em que o legislador opta por qualificar o delito, e não o cumprimento do dever. Invariavelmente, porém, um dos lados da conduta possível será colhido como conteúdo da regra individual e concreta, sem o quê a norma geral e abstrata não alcançará o comportamento intersubjetivo, para discipliná-lo deonticamente.

Recaindo sobre a conduta lícita, no Direito Tributário brasileiro, além da prestação pecuniária, grande parte dos deveres formais são estabelecidas mediante normas individuais e concretas. Ao lado deles, dos deveres, há prescrições genéricas cuja efetivação, no caso protocolar, assumirá relevância jurídica apenas e tão-somente em caso de descumprimento. O exemplo clássico está no dever de suportar os procedimentos de fiscalização, como está, também, no dever de assegurar publicidade aos documentos que ele, sujeito passivo, tiver a incumbência de produzir. Os livros fiscais haverão de estar disponíveis aos agentes do Poder Público, não sendo suficiente que estejam corretamente escriturados.

O grande problema está em descobrir qual o critério de que se serve o legislador para escolher entre as opções da conduta (cumprimento ou descumprimento), tendo em vista a expedição de norma individual e concreta. Por que elege o implemento da prestação (as declarações constantes da DCTF, falando-se em tributos federais) em algumas hipóteses e o inadimplemento (manter os livros à disposição do Fisco) em outras? Esta é a questão.

Penso que a diretriz ínsita ao sistema, a respeito dessa matéria, é o grau de especificidade com que o dever há de ser satisfeito. Havendo caminho determinado, com

6. Paulo de Barros Carvalho, *Curso de Direito Tributário*, p. 68.

7. Eurico Marcos Diniz de Santi, *Lançamento Tributário*, pp. 69 e 70.

forma e conteúdo específicos, o legislador, mesmo inconscientemente, polariza suas atenções no plano da licitude, contemplando o ato ou os atos que correspondam às expectativas normativas. Se, pelo contrário, o dever puder ser cumprido de muitas maneiras diferentes, inexistindo um ou poucos expedientes que realizem as preferências do sistema, o caminho é focalizar o plano da ilicitude, para que fique certificado, no caso concreto, o inadimplemento da prestação.

De fato, pensemos no dever de manter os livros e documentos fiscais à disposição das autoridades tributárias. São tantos os modos diferentes de fazer cumprir esse dever instrumental que o legislador, certamente consultando a racionalidade que inspira sua tarefa, desloca a atenção para o campo da ilicitude, fazendo expedir, pelo funcionário competente, a norma individual e concreta que constitua a não-prestação do dever (no antecedente) e prescreva a providência sancionatória (no conseqüente). Já a emissão de nota fiscal requer a observância de uma série de preceitos, não se admitindo sejam eles desconsiderados pelo administrado, que deverá explicitá-los na configuração documental do ato. Eis o legislador manifestando sua preferência pelo hemisfério da licitude, exigindo norma individual e concreta para que o dever se dê por cumprido.

3. Os sujeitos credenciados a emitir a norma individual e concreta

Quando se fala em expedição de norma jurídica individual e concreta vem, desde logo, à nossa mente o desempenho de um órgão da Administração ou do Poder Judiciário. E, se passarmos apressadamente, sem refletir, essa idéia equivocada irá provocar um bloqueio, consolidando o preconceito de que o administrado, na esfera de suas múltiplas possibilidades de participação social, reguladas pelo Direito, esteja impedido de produzir certas normas individuais e concretas. Mas não é assim no Direito brasileiro. Basta soabrirmos os textos do ordenamento positivo, no que concerne aos tributos, para verificarmos esta realidade empírica indiscutível: o subsistema prescritivo das regras tributárias prevê a aplicação por intermédio do Poder Público em algumas hipóteses, e em outras outorga esse exercício ao sujeito passivo, de quem se espera, também, o cumprimento da prestação pecuniária.

Diga-se de passagem, aliás, que tem havido um crescimento significativo na participação dos súditos do Estado, instados a praticar uma série de expedientes para a produção de normas individuais e concretas nesse campo. A transferência de atividades relativas à apuração do débito tributário para a esfera dos deveres instrumentais ou formais do sujeito passivo, mediante severo controle da entidade tributante, tornou-se uma viva realidade dos nossos dias. A maior parte dos tributos, hoje, assim no Brasil que em outros países que seguem o modelo do Direito continental europeu, está cometida ao sujeito passivo da obrigação tributária, cabendo-lhe estabelecer em fatos os eventos tributados e relatar os dados componentes da relação jurídica.

Ramón Valdés Costa, examinando as tendências da doutrina latino-americana quanto à admissibilidade de que o contribuinte efetue *la determinación*, acrescenta que "esa corriente parte de la base, indudablemente cierta, de que el cumplimiento de la obligación tributaria requiere necesariamente la aplicación de la norma general al caso concreto y que esa operación está confiada en muchos casos, en mayor o menor grado, al propio obligado".[8] Mas, ressalva logo adiante: "Son actos jurídicos de naturaleza y efectos diferentes y por lo tanto no se percibe la razón para darles la misma denominación".

Por sem dúvida que são atos diversos, porque praticados por sujeitos diferentes, debaixo de normas competenciais também

8. Ramón Valdés Costa, *Estudios de Derecho Tributario Latinoamericano*, p. 152.

distintas, e, desse modo, sotopondo-se a regimes jurídicos que não são exatamente os mesmos, o que legitima a imposição de nomes aptos para discerni-los. No fundo, porém, apesar das dessemelhanças, ambos os atos são ponentes de normas individuais e concretas no ordenamento do Direito Positivo, e disso não podemos esquecer.

Quando celebrado pelo Poder Público, mediante iniciativa que a lei prevê, seja de modo originário, seja em caráter substitutivo daquele que o contribuinte não fez em tempo hábil, como também a lei estabeleceu, utilizaremos o nome "lançamento", empregando "autolançamento" para as circunstâncias em que a expedição da norma individual e concreta fique por conta do sujeito passivo. E, mais adiante, discutiremos o lado semântico dessas atribuições terminológicas.

4. Lançamento tributário — O problema semântico

Na seqüência das idéias que venho expondo, o problema semântico está sempre presente, e disso não poderia escapar o termo "lançamento". Passemos em revista as regras de uso desse vocábulo, para precisarmos melhor os conceitos que serão trabalhados, daqui para a frente.

Eurico Marcos Diniz de Santi[9] empreendeu esse estudo. Aproveitemos, portanto, suas conclusões:

"Assim, no uso técnico-comercial-contábil temos o emprego da expressão 'lançamento' como: (i) ação ou (ii) efeito de escriturar uma verba em livros de escrituração comercial; (iii) a própria verba que se escritura; e (iv) efetuar o cálculo, conferir liquidez a um crédito ou débito.

"Em seu desenvolvimento, a legislação e a técnica dogmática incorporaram aos textos legais e à doutrina o termo 'lançamento', acrescentando, com estas novas aplicações, novo matiz de significados à plurivocidade de sentidos de que já gozava o vocábulo, empregando-o, assim: (v) como procedimento administrativo da autoridade competente (art. 142 do CTN), processo, com o fim de constituir o crédito tributário mediante a postura de (vi) um ato-norma administrativo, norma individual e concreta (art. 145 do CTN, *caput*), produto daquele processo; (vii) como procedimento administrativo que se integra com o ato-norma administrativo de inscrição da dívida ativa; (viii) lançamento tributário como o ato-fato administrativo derradeiro da série em que se desenvolve um procedimento com o escopo de formalizar o crédito tributário; (ix) como atividade material do sujeito passivo de calcular o montante do tributo devido, juridicizada pela legislação tributária, da qual resulta uma (x) norma individual e concreta expedida pelo particular que constitui o crédito tributário no caso dos chamados 'lançamentos por homologação' (art. 150 do CTN e §§)."

Como são muitas as possibilidades de sentido, impõe-se, novamente, o processo de elucidação, que o CTN, no art. 142, em decisiva intervenção prescritiva, empregou, optando pela alternativa (v), para conceber a figura como procedimento administrativo e acrescentando, no parágrafo único, que a atividade administrativa de lançamento é vinculada e obrigatória, sob pena de responsabilidade funcional.

Entre as decisões tomadas pelo legislador brasileiro, nesse campo, releva acentuar o caráter privativo da realização do lançamento para as autoridades administrativas, o que implicaria admitir a impossibilidade de o particular desincumbir-se dessa tarefa. Intuindo, contudo, que isso não seria possível, porque a experiência jurídica efetiva revela o empenho dos administrados, editando, também, normas individuais e concretas no âmbito dos tributos, aquele mesmo legislador determinou que essa atividade do sujeito passivo, bem como seu produto, serão "lançamentos por homologação", uma vez que ficam sujeitos ao

9. Eurico Marcos Diniz de Santi, *Lançamento Tributário*, pp. 124-126.

controle do poder tributante. E dar-se-ia esse controle por atos de homologação, expressa ou tácita, praticados por agentes investidos de competência específica. Veremos, logo mais, que esta solução não serve. A figura canhestra do "lançamento por homologação" é um mero disfarce que o Direito Positivo criou para atender ao capricho de não reconhecer na atividade do sujeito passivo o mesmo ato que costuma celebrar, de aplicação da norma geral e abstrata para o caso concreto. E pretendeu, com isso, ver superado o problema da dualidade aplicativa da regra-matriz de incidência.

Retomemos a mensagem do art. 142 do CTN, para lembrar que esse estatuto faz uma distinção — no meu entender improcedente — entre crédito e obrigação, como se fora possível, à luz da Teoria Geral do Direito, separar essas duas entidades. A obrigação nasceria com o acontecimento do "fato gerador", mas surgiria sem crédito, que somente com o "procedimento de lançamento" viria a ser "constituído". Que obrigação seria essa, em que o sujeito ativo nada tem por exigir (crédito) e o sujeito passivo não está compelido a qualquer conduta? O isolamento do crédito em face da obrigação é algo que atenta contra a integridade lógica da relação, condição mesma de sua existência jurídica. Agora, se o legislador pretendeu dizer que havia um direito subjetivo de exigir a prestação (crédito), mas que o implemento dessa pretensão ficava na dependência de procedimentos ulteriores, o que se pode afirmar é que não utilizou bem a linguagem, provocando dificuldades perfeitamente dispensáveis.

Ao estatuir, no parágrafo único, que "a atividade administrativa de lançamento é vinculada e obrigatória, sob pena de responsabilidade funcional", reitera nosso Código Tributário a opção pelo sentido procedimental do termo "lançamento", sobre fixar dois outros aspectos: um, para referir-se ao caráter vinculado com que tal atividade deve ser conduzida; outro, para firmar o relacionamento entre o órgão e o funcionário como um dever jurídico que sempre seja satisfeito por este último, numa relação de Direito Administrativo, de que o sujeito passivo da obrigação tributária não participa. Adviria daí o "dever-poder" do agente, ao realizar o lançamento, para aqueles que priorizam o aspecto interno (Fazenda-funcionário); e o "poder-dever" da Administração para atuar o lançamento, com ênfase na competência a ser exercida perante o administrado (Fazenda-contribuinte). Ambas as locuções ("dever-poder" e "poder-dever"), entretanto, não resistem a uma análise mais paciente. Vimos há pouco que, sob o ponto de vista lógico, todo dever implica um poder (Op É Pp), que se pode interpretar: se uma conduta "p" é obrigatória, então está permitido cumpri-la. Seja como for, retendo-se a conduta obrigatória, sua permissibilidade estará necessariamente implícita, sendo redundante a construção. Por outro lado, (Pp É Op), querendo afirmar que, se uma conduta "p" é permitida, então ela é obrigatória, não se sustenta, uma vez que da permissão não se extrai a obrigação.

Se tentarmos outro trajeto para imaginar o "poder-dever" chegaremos igualmente a soluções absurdas: (Pp Op) significaria uma conduta "p", simultaneamente, permitida e obrigatória. Como em toda obrigação está embutida a permissão, bastaria registrar a conduta obrigatória (Op), sendo despicienda a referência à permissão (Pp).

Não encontrando fundamentação lógica, as expressões supracitadas justificar-se-iam no plano semântico e pragmático. Todavia, não será esse o melhor caminho na construção de uma linguagem científica, que se quer forte nas instâncias sintática e semântica, para ter a potência de descrever o objeto que se propõe, com o máximo rigor possível.

A título de remate, aproveita-se aqui, por procedente, a sutil distinção lembrada pelo professor Walter Barbosa Correa[10]

10. Walter Barbosa Correa, *Tensão entre Direito de Tributar e Poder de Tributar no Direito Tributário Brasileiro*, pp. 203-218.

entre *poder de tributar* e *direito de tributar*, atividades em constante *tensão*, nesse setor da disciplina jurídica.

Se nem sempre andou bem o legislador do Código Tributário Nacional ao disciplinar a matéria tributária, não merece censuras ao apontar como vinculada a atividade de lançamento, e não o ato de lançamento. Vinculado é o *processo*, não o *produto*. É o ato-fato, não o ato-norma, que, uma vez expedido, ingressa no sistema como uma regra jurídica qualquer, apenas discriminada em função do instrumento que a introduziu no conjunto. O conceito de procedimento vinculado à lei vem experimentando acentuada degradação de ordem semântica. Os administrativistas discutem, procurando oferecer um conteúdo seguro à expressão, sem que, até o momento, lograssem obter resultados positivos. Dá-nos conta dessa preocupação a professora Lucia Valle Figueiredo: "Verifica-se, portanto, que se encontra em crise, como brilhantemente afirma Satta, o próprio conceito de vinculação".[11]

Com as devidas reservas, continuo operando com a definição oferecida por Celso Antônio Bandeira de Mello, segundo a qual "ato vinculado é aquele em que, por existir prévia e objetiva tipificação legal do único possível comportamento da Administração em face de situação igualmente prevista em termos de objetividade absoluta, a Administração, ao expedi-lo, não interfere com apreciação subjetiva alguma".[12] Dentre as disponíveis na melhor doutrina, penso ser a mais bem-composta, e por isso dela me sirvo. Todavia, não concordo com a tendência ao absoluto que inspira essa definição. Parto de outras premissas, que não concedem garantias de unissignificação, a não ser para os termos das linguagens formalizadas (Lógica, Matemática etc.), entendendo que todos os vocábulos das linguagens de objetos não-ideais são vagos e, ao menos potencialmente, ambíguos. Tomo a liberdade, por conseguinte, de relaxar um pouco os termos daquela construção doutrinária, para poder mobilizá-la, adequadamente, no terreno dos tributos.

A vinculação do ato administrativo, que, no fundo, é a vinculação do procedimento aos termos estritos da lei, assume as proporções de um limite objetivo a que deverá estar atrelado o agente da Administração, mas que realiza, mediatamente, o valor da segurança jurídica. Se a vinculação não é, em si mesma, nesse hemisfério do Direito, um valor, persegue-o de perto, assumindo a feição bipolar característica dos valores. Na outra ponta está a discricionaricdade, que, volto a repetir, nesse setor da disciplina jurídica, aparece como um desvalor, algo indesejado nos procedimentos administrativos que lidam com tributos. Para imprimir teor de estabilidade nas relações do Estado-administração com o contribuinte requer-se, nos tempos modernos, uma estreita aderência aos textos legais. E o sistema brasileiro adotou o princípio da reserva legal absoluta, que, no dizer de Yonne Dolácio de Oliveira, "implica reservar exclusivamente à lei a definição dos elementos ou notas características do tipo legal tributário".[13] E averba que, sendo assim, "obviamente esse tipo é cerrado, exige a subsunção do fato à norma legal, vez que a decisão do legislador é exaustiva e definitiva, vedando que o aplicador do Direito substitua o legislador, inclusive pelo emprego da analogia". Fique consignado que a autora citada usa "tipo" na acepção de "fato gerador", o que suscitou a crítica de Misabel Derzi,[14] ao ferir o tema do tipo, no sentido impróprio de *Tatbestand*, do seu aprofundado e valioso estudo sobre a matéria.

11. Lucia Valle Figueiredo, *Curso de Direito Administrativo*, p. 135.

12. Celso Antônio Bandeira de Mello, *Curso de Direito Administrativo*, p. 203.

13. Yonne Dolácio de Oliveira, *Curso de Direito Tributário*, obra conjunta, p. 155.

14. Misabel Derzi, *Direito Tributário, Direito Penal e Tipo*, p. 191.

5. Sobre o conteúdo do ato de lançamento

O ato jurídico administrativo de lançamento é ponente de u'a norma individual e concreta no sistema do Direito Positivo, funcionando como veículo introdutor. O conteúdo do ato é a própria norma, que, por sua vez, tem também seu conteúdo, que consiste em indicar o fato jurídico tributário, cujas notas se subsumem aos critérios da regra-matriz de incidência, bem como instituir a obrigação tributária, tomada, neste passo, como equivalente nominal de relação jurídica de caráter patrimonial.

O assunto terminaria por aqui não fosse a orientação de outros sistemas positivos no sentido de considerar ato de lançamento tributário decisões administrativas ou judiciais que declaram a inocorrência do fato imponível e, como resultado, a inexistência de relação jurídica de tributo.

Os países que seguiram o *Modelo de Código Tributário para a América Latina*, entre eles o Uruguai, aceitam a declaração de inexistência como lançamento. Não é, todavia, o caso do Direito brasileiro. Ato dessa natureza, dizendo exatamente que não aconteceu o evento, estaria constituindo, por oposição, a negativa do fato jurídico tributário, que, como é evidente, não poderia irradiar efeitos nesse campo. Há de valer como ato administrativo ou como ato jurisdicional, suscitando eficácia inclusive para desconstituir outras manifestações administrativas ou judiciais, contudo sem revestir as características jurídicas de lançamento tributário.

6. Lançamento e auto de infração

Tomando-se o ato jurídico administrativo na sua intimidade estrutural, a distinção entre lançamento e auto de infração transparece logo no primeiro instante. Penso tê-lo demonstrado de maneira suficiente, contrastando, um a um, os elementos integrantes de cada provimento.[15]

Vou empreender a mesma distinção, agora, reiterando-a por outro caminho — qual seja: o da análise da norma individual e concreta posta pelo ato de lançamento, em face daquela introduzida pelo auto de infração. Os resultados obtidos, sobre serem idênticos, exibem que a via normativa é mais fecunda, mais precisa e, portanto, cientificamente mais recomendável.

A regra jurídica individual e concreta veiculada pelo ato de lançamento vem sendo investigada no curso destes estudos, o que me permite dispensar, por enquanto, outras considerações. Mas é preciso dizer que por "auto de infração" se entende também um ato administrativo que consubstancia a aplicação de uma providência sancionatória a quem, tendo violado preceito de conduta obrigatória, realizou um evento inscrito na lei como ilícito tributário. Trata-se, igualmente, de u'a norma individual e concreta em que o antecedente constitui o fato de uma infração, pelo relato do evento em que certa conduta, exigida pelo sujeito pretensor, não foi satisfeita segundo as expectativas normativas. Por força da eficácia jurídica, que é propriedade de fatos, o conseqüente dessa norma, que poderemos nominar de "sancionatória", estabelecerá uma relação jurídica em que o sujeito ativo é a entidade tributante, o sujeito passivo é o autor do ilícito, e a prestação, digamos, o pagamento de uma quantia em dinheiro, a título de penalidade.

Aquilo que permite distinguir a norma sancionatória, em presença da regra tributária, é precisamente a análise do suposto. Naquela, sancionatória, temos um fato delituoso, caracterizado pelo descumprimento de um dever estabelecido no conseqüente de norma tributária. Neste, um fato lícito, em que não encontraremos a violação de qualquer preceito, simplesmente uma alteração no mundo social a que o Direito atribui valoração positiva.

Consignemos que, entre os axiomas com que trabalham os modelos descritivos conhecidos, o binômio lícito/ilícito figura em todos eles. Mesmo em sistemas de re-

15. Paulo de Barros Carvalho, *Curso de Direito Tributário*, p. 276-278.

ferência de maior espectro, como o de Luhman, esse código binário comparece como fator identificativo do direito.

Com efeito, o fato da infração se apresenta, invariavelmente, com a seguinte compostura redacional: "dado que o contribuinte *X* deixou de cumprir o dever previsto no conseqüente da norma *N*"". Vê-se que a matéria semântica do antecedente dessas regras alude a um evento caracterizado, sempre, pelo desatendimento de um dever. É o modelo iterativo dos antessupostos de normas sancionatórias. Daí mencionar-se o fato assim composto como "delito", "infração", "ilícito".

Faz-se necessário advertir que a única diferença perceptível, em termos analíticos, se dá no antecedente da estrutura normativa, porquanto no conseqüente tudo se processa da mesma maneira, servindo-se o autor da regra, inclusive, de alíquota e de base de cálculo para determinar o valor da multa (20% do valor do imposto não recolhido). Optando, porém, por sanção de caráter não-pecuniário, a prestação ficará semelhante a um dever instrumental ou formal. Entretanto, é óbvio que o regime jurídico a que se submete a relação do tributo está longe de ser o mesmo dos vínculos sancionatórios. Esta sorte de reflexão, todavia, é ulterior ao instante em que identificamos a figura. Somente após associarmos a relação jurídica patrimonial ao antecedente normativo, que qualifica um fato como delituoso, é que nos será dado pensar no regime jurídico a ser atribuído ao vínculo.

Em súmula, dois atos administrativos, ambos introdutores de norma individual e concreta no ordenamento positivo: um, de lançamento, produzindo uma regra cujo antecedente é um fato lícito e o conseqüente uma relação jurídica de tributo; outro, o ato de aplicação de penalidade, veiculando u'a norma que tem no suposto a descrição de um delito e no conseqüente a instituição de um liame jurídico sancionatório, cujo conteúdo da prestação tanto pode ser um valor pecuniário (multa) como uma conduta de fazer ou de não-fazer.

Tudo seria mais simples, realmente, se o auto de infração apenas conduzisse para o ordenamento a mencionada regra individual e concreta que mencionei. Nem sempre é assim. Que de vezes, sob a epígrafe "auto de infração", deparamo-nos com dois atos: um de lançamento, exigindo o tributo devido; outro de aplicação de penalidade, pela circunstância de o sujeito passivo não ter recolhido em tempo hábil a quantia pretendida pela Fazenda. Dá-se a conjunção, num único instrumento material, sugerindo até possibilidades híbridas. Mera aparência. Não deixam de ser duas normas jurídicas distintas postas por documentos que, por motivos de comodidade administrativa, estão reunidos no mesmo suporte físico.

Pela freqüência com que ocorrem essas conjunções, falam alguns em "auto de infração" no sentido largo (dois atos no mesmo instrumento) e "auto de infração" *stricto sensu*, para denotar a peça portadora de norma individual e concreta de aplicação de penalidade a quem cometeu ilícito tributário.

7. Do erro de fato e do erro de direito no lançamento tributário

Entre os assuntos que venho examinando no curso deste trabalho, alguns propiciaram uma tomada de posição firme, decisiva, abrindo espaço ao seu aproveitamento na sistematização de outras matérias. Quero referir-me às concepções de erro de fato e de erro de direito aplicadas ao tema do lançamento.

Examinado o objeto jurídico pelo prisma da linguagem, é bem possível que a delicada questão de discernir o erro de fato do erro de direito assuma novas proporções, mais simples e compreensíveis.

Com efeito, visto o fato na sua contextura de linguagem, o "erro de fato" diria respeito à utilização inadequada das técnicas lingüísticas de certificação dos eventos, isto é, dos modos cabíveis de relatar-se juridicamente um acontecimento do mundo real. Seria um problema relativo às provas. Constituído juridicamente o fato, observa-se, logo em seguida, que houve engano com relação aos recursos de linguagem utilizados para sua tipificação. Lidas as provas com mais cuidado, percebe-se que apontam para nova situação jurídica, que não aquela primeira. A conclusão será imediata: houve erro de fato.

Não se trata, aqui, de ingressarmos na ontologia dos "objetos da experiência", na intimidade dos eventos do mundo real, para corrigirmos os enunciados que a eles se referem. Tal concepção revelaria exagerado apego à surrada "verdade por correspondência", pressupondo a possibilidade do acesso cognoscitivo à esfera das essências, dos *nomenos*. Não. Mantendo coerência com os postulados aceitos até este ponto, se os fatos são, efetivamente, articulações de linguagem, "erros de fato" haverão de ser erros atinentes à manipulação dos arranjos lingüísticos empregados na composição dos enunciados. E a pretensão veritativa que dissemos estar presente nessa construção do pensamento manter-se-ia no plano da linguagem, na medida em que diz respeito à possibilidade de consenso, isto é, "enunciado verdadeiro" é aquele que tende a ser aceito como tal pela comunidade do discurso.

Por outro lado, "erro de direito" seria um problema de "subsunção". O enunciado protocolar *E*, constituído como fato jurídico, buscou seu fundamento de validade na norma *N'*, quando deveria subsumir-se na ambitude da norma *N*. Reconhecida uma operação tributada, o funcionário competente para expedir o lançamento atribui alíquota de 8%, quando deveria fazê-lo na proporção de 16%. Houve engano no enquadramento legal, vale dizer, no ajuste do enunciado protocolar que constituiu o fato jurídico, com relação ao enunciado geral da norma.

O erro de direito é distorção entre o enunciado protocolar da norma individual e concreta e a universalidade enunciativa da norma geral e abstrata, ao passo que o erro de fato é desajuste interno na formação do enunciado protocolar. Consoante a linguagem em que foi concebido, percebe-se que o enunciado protocolar *E'* está malformado, devendo ser substituído pelo enunciado *E*. Verificou-se um erro de construção: ao invés da prova *P*, foi utilizada a prova *P'*.

As ponderações apresentadas indicam uma solução que simplifica extraordinariamente a questão do erro de fato em face do erro de direito. Ambos são desajustes de linguagem: *internos*, no erro de fato; *externos*, no erro de direito. Falha na produção de norma jurídica, por emprego inadequado da linguagem das provas, determinando problemas intrínsecos à unidade normativa: erro de fato. Descompasso entre a norma individual e concreta e a norma geral e abstrata, no erro de direito. Servindo-me de outros signos, o erro de fato seria um problema *intranormativo*, enquanto o erro de direito seria *internormativo. Tudo, porém, processando-se dentro do universo da linguagem prescritiva do Direito Posto.*

Ora, sendo o lançamento um ato administrativo que introduz na ordem positiva u'a norma individual e concreta, por sem dúvida que tanto o fato jurídico, fórmula enunciativa, como o fato relacional, que também se põe como segmento de linguagem, em ambos podem ocorrer desacertos lingüísticos, além do quê tais descontroles afetam, muitas vezes, os laços semânticos que entreligam antecedente e conseqüente, prejudicando, nas três hipóteses, a boa harmonia da mensagem legislada.

O erro do lançamento, entretanto, pode ser de direito. Quer os elementos do fato jurídico tributário, no antecedente, quer os elementos da relação obrigacional, no conseqüente, quer ambos, podem, perfeitamente, estar em desalinho com os enunciados da hipótese ou da conseqüência da regra-matriz do tributo, acrescendo-se, naturalmente, a possibilidade de inadequação com outras normas gerais e abstratas, que não a regra-padrão de incidência.

Ilustremos o discurso com alguns exemplos de erro de fato: o evento, que ocorreu no território do Município *M*, é consignado como tendo acontecido no Município *M'*. Uma vez provado o engano, diremos que houve erro de fato localizado no elemento espacial. A operação foi tida como de prestação de serviços, mas novas averiguações indicaram que o tomador do serviço foi o próprio prestador: erro de fato quanto ao elemento material do antecedente. A base de cálculo, para efeito do IPTU, foi registrada como sendo o valor do imóvel vizinho: erro de fato verificado no elemento quantitativo do conseqüente da norma, mais precisamente no fator base de cálculo.

Alguns exemplos, agora, de erro de direito. A autoridade administrativa, ao invés de exigir o ITR do proprietário do imóvel rural, entende que o sujeito passivo pode ser o arrendatário: erro de direito apurado no cotejo do elemento subjetivo do enunciado factual com o critério subjetivo da regra-matriz de incidência. A contribuição social incide sobre o lucro, e no ato de lançamento o funcionário, mal-interpretando, elabora seus cálculos com base no faturamento da empresa: erro de direito, envolvendo o elemento material do fato com o critério material da hipótese normativa. A base de cálculo de certo imposto é o valor da operação acrescido do frete, enquanto o agente, ao lavrar o ato de lançamento, registra apenas o valor da operação, por assim entender a previsão legal: erro de direito, pela dissonância entre o enunciado do conseqüente da norma individual e concreta (elemento quantitativo) e o enunciado do conseqüente da regra-matriz de incidência (critério quantitativo).

8. *Conclusões*

Passo a oferecer algumas conclusões:

8.1 A linha divisória entre erro de fato e erro de direito fica bem nítida: se o desajuste de linguagem verificar-se no interior de uma única norma, seja no antecedente ou no conseqüente, teremos erro de fato.

8.2 Para que se trate de erro de fato essa norma tem que ser individual e concreta ou individual e abstrata.

8.3 Quando os desacertos de linguagem envolverem duas ou mais normas, sendo uma delas, obrigatoriamente, regra individual e concreta ou individual e abstrata, e outra, também necessariamente, geral e abstrata, teremos erro de direito.

8.4 Como particularidade das normas jurídicas tributárias, qualquer desalinho com relação à "alíquota" ou ao "sujeito ativo" consubstanciará *sempre* erro de direito, porquanto esses dois são os únicos fatores de composição da estrutura normativa que não podem ser encontrados *na contextura do fato jurídico tributário*. Sua consideração supõe, necessariamente, o trajeto que vai da norma geral e abstrata à norma individual e concreta.

CADERNOS DE DIREITO TRIBUTÁRIO

A DECADÊNCIA E A PRESCRIÇÃO EM MATÉRIA TRIBUTÁRIA

SACHA CALMON NAVARRO COÊLHO
Professor Titular de Direito Financeiro e Tributário da Universidade Federal de Minas Gerais — Advogado

1. Introdução. 2. A decadência. 3. A prescrição. 4. A separação das águas. 5. A suspensão da prescrição: 5.1 O depósito do montante integral – 5.2 A concessão de medidas liminares em mandado de segurança – 5.3 As reclamações e os recursos administrativos – 5.4 A moratória.

1. Introdução

Os atos jurídicos sujeitados a tempo certo, se não praticados, precluem. Os direitos, se não exercidos no prazo assinalado aos seus titulares pela lei, caducam ou decaem. As ações judiciais, quando não propostas no espaço de tempo prefixado legalmente, prescrevem. Se um direito, para aperfeiçoar-se, depende de um ato jurídico que não é praticado (preclusão), acaba por perecer (caducidade ou decadência). Se um direito não auto-executável precisa de uma ação judicial para efetivar-se, não proposta esta, ou proposta a destempo, ocorre a prescrição, gerando a oclusão do direito, já que desvestido da possibilidade de ação. E a cada direito corresponde uma ação...

O crédito tributário nasce com a ocorrência do fato gerador. Salvo os casos em que o contribuinte, sem interferência do Estado, ele próprio, recolhe o tributo, o direito de crédito da Fazenda Pública, para aperfeiçoar-se e tornar-se exigível, depende do *ato jurídico do lançamento*. Se este não é praticado a tempo (preclusão), ocorre a *decadência daquele direito*. Ocorrendo, porém, o lançamento, e formalizando-se o crédito, com ou sem discussão, pode a Fazenda Pública *exigi-lo* do sujeito passivo da obrigação tributária. Na hipótese de este último não pagar só resta à Fazenda ir ao Judiciário com uma ação de execução lastreada numa certidão de dívida ativa (título executivo extrajudicial) para obrigá-lo a pagar dentro de cinco dias, sob pena de penhora de seus bens disponíveis.

Pelo sistema do Código Tributário Nacional a *decadência* e a *prescrição* extinguem, sem pagamento, o crédito tributário.

2. A decadência

Dispõe o art. 173 do CTN, cuidando da decadência do crédito tributário:

"Art. 173. O direito de a Fazenda Pública constituir o crédito tributário extingue-se após 5 (cinco) anos, contados:

"I – do primeiro dia do exercício seguinte àquele em que o lançamento poderia ter sido efetuado;

"II – da data em que se tornar definitiva a decisão que houver anulado, por vício formal, o lançamento anteriormente efetuado."

Este artigo se coaduna com o § 4º do art. 150: "§ 4º. Se a lei não fixar prazo à homologação, será ele de 5 (cinco) anos, a contar da ocorrência do fato gerador; expirado esse prazo sem que a Fazenda Pública se tenha pronunciado, considera-se homologado o lançamento e definitivamente extinto o crédito, salvo se comprovada a ocorrência de dolo, fraude ou simulação".

Temos, então, quatro pontos de partida, *dies a quo*, para contar os cinco anos que fazem decair o direito de crédito da Fazenda Pública em decorrência de preclusão do ato jurídico do lançamento.

a) A regra geral — ligada à anualidade do exercício fiscal — é a do art. 173, I: o primeiro dia do exercício seguinte àquele em que o lançamento poderia ter sido efetuado.

O fato gerador ocorre em março de 1997. Começa-se a contar o prazo decadencial em 1º de janeiro de 1998. Cinco anos depois ocorrerá a decadência.

b) Todavia, o *dies a quo* acima referido pode ser antecipado caso a Fazenda Pública se apresse ao dia 1º do exercício seguinte, praticando, sem lhes dar seguimento, atos necessários ao lançamento. É precisamente o que dispõe o parágrafo único do artigo sob comentário.

A Fazenda já em junho de 1997 expede notificação requerendo documentos ligados ao fato tributável. Da data do recebimento da notificação começa-se a contar o prazo de decadência do crédito.

c) Nos impostos sujeitos a "lançamento por homologação", contudo — desde que haja pagamento, ainda que insuficiente para cobrir todo crédito tributário —, o dia inicial da decadência é o da ocorrência do fato gerador da correspectiva obrigação, a teor do § 4º do art. 150, retrotranscrito.

É que a Fazenda tem cinco anos para verificar se o pagamento é suficiente para exaurir o objeto da obrigação tributária, isto é, o crédito tributário. Mantendo-se inerte, o Código considera esta inércia como *homologação tácita*, perdendo a Fazenda a oportunidade de operar lançamentos suplementares em caso de insuficiência de pagamento (preclusão). Daí que no termo do qüinqüênio ocorre a decadência do direito de crédito da Fazenda Pública, extinguindo-se a obrigação.

Ocorrendo, todavia, fraude ou simulação, *devidamente comprovadas pela Fazenda Pública*, imputáveis ao sujeito passivo da obrigação tributária do imposto sujeito a "lançamento por homologação", a data do fato gerador deixa de ser o dia inicial da decadência. Prevalece o *dies a quo* do art. 173, I, o primeiro dia do exercício seguinte àquele em que o lançamento poderia ter sido efetivado. A solução está conforme ao sistema do Código Tributário Nacional. O que não se pode admitir é direito patrimonial incaducável. Afora esta solução para os casos de decadência, ocorrendo dolo ou simulação na antecipação do pagamento, somente uma outra é pensável, qual seja, a da adoção da regra do Código Civil que cuida da prescrição das ações pessoais. Ao que nos consta, os tribunais não enveredaram por este caminho, exigente de analogia para ser trilhado e de difícil adoção, porque aqui a espécie é de decadência, e não de prescrição, a exigir crédito já formalizado, certo, líquido e exigível (princípio da *actio nata*).

A solução do dia 1º do exercício seguinte àquele em que o lançamento poderia ter sido efetuado aplica-se ainda aos impostos sujeitos a homologação do pagamento na hipótese de não ter ocorrido pagamento antecipado. Se não houve pagamento, não há o que homologar.

d) Finalmente, prescreve o *Digesto* Tributário que o dia inicial para a contagem do qüinqüênio decadencial nos casos de anulação do lançamento inicial por *vício de forma* é aquele em que se tornar definitiva (*rectius:* irrecorrível) a decisão anulatória. Por suposto, esta decisão só pode ser de natureza administrativa, ocorrente no bojo de um processo de revisão de lançamento (autocontrole do ato administrativo do lançamento pela própria Administração). É que, se a decisão fosse judicial, já não se trataria mais de *decadência*. O crédito já estaria formalizado. O direito de crédito já estaria incorporado ao patrimônio jurídico da Fazenda Pública. A tese é fácil de provar se atentarmos para a *imutabilidade do lançamento efetivado com erro de direito* pela Fazenda Pública. Diz o art. 146 do CTN: "Art. 146. A modificação introduzida, de ofício ou em conseqüência de decisão administrativa ou judicial, nos critérios jurídicos adotados pela autoridade administrativa no exercício do lançamento somente pode ser efetivada, em relação a um mesmo sujeito passivo, quanto a fato gerador ocorrido posteriormente à sua introdução".

Ora, se por erro de direito não se permite à Fazenda Pública alterar lançamento efetivado, como admitir que possa fazê-lo, *sem limite de tempo*, por erro meramente formal?

O erro nunca pode beneficiar seu fautor. É princípio geral de Direito, aplicável ao Direito Tributário por expressa determinação do art. 108 do CTN, que cuida da interpretação da legislação tributária.

Ademais disso, com visão sistemática, não se pode descurar do art. 149 do mesmo CTN, parágrafo único: "A revisão do lançamento só pode ser iniciada enquanto não extinto o direito da Fazenda Pública".

Em síntese, embora anômalo em relação à teoria geral da decadência, que não admite interrupções, pois que sua marcha é fatal e peremptória, o sistema do Código adotou uma hipótese de interrupção da caducidade. Mas há que entendê-la com temperamentos. Em rigor, já terá ocorrido um lançamento, e, pois, o direito de crédito da Fazenda já estaria formalizado. Não há mais falar em decadência. Em real verdade, está a se falar é em *anulação de lançamento* — por isso que inaproveitável — e sua substituição por outro, hipótese, por exemplo, de lançamento feito por autoridade incompetente para fazê-lo (o SERPRO, *v.g.*, e não o funcionário fiscal da Receita Federal).

Em rigor, há aqui tremendo equívoco, tanto que esta revisão anulatória só pode ser feita dentro do prazo decadencial (art. 149 do CTN). Como entre a anulação e a efetivação do novo lançamento poderia transcorrer tempo apertado, já perto do fim do período decadencial, "inventou-se" este novo *dies a quo* para operá-lo, alargando-se em prol da Fazenda o qüinqüênio decadencial, com esforço na teoria da nulidade do ato jurídico. Lançamento nulo é lançamento inexistente. Outro há de ser feito para assegurar o direito da Fazenda ao crédito tributário. Mais um privilégio!

e) O *dies a quo* do prazo para operar o lançamento quando existe óbice judicial (liminares em mandado de segurança ou em ações cautelares, suspendendo a executoriedade da lei fundante do ato administrativo do lançamento) é o do art. 173, I.

É sabido que o Poder Judiciário, entre nós, tem competência para, em ação direta ou *incidenter tantum*, declarar inconstitucional a lei, sua ilegalidade formal ou material (controle do Legislativo), e ilegal o ato administrativo (controle do Executivo ou da Administração).

Ora, no Brasil, excluídos o IPTU, o IPVA e o ITR, que são lançados diretamente pelo Fisco, por serem impostos sobre o "patrimônio cadastrado", e o ITCD, lançado por declaração, o contribuinte informa e o Fisco lança. Todos os demais tributos, exceto as taxas e contribuições de melhoria, são pagos pelo contribuinte, por força de lei, desnecessário o ato de lançamento. Em tais casos, o dia do pagamento está na lei e no regulamento. *Dies interpellat pro homine*. O contribuinte é obrigado a calcular o *quantum* devido e a recolhê-lo, por sua conta e risco, sob pena de cair em mora e sofrer pesadas multas.

Possível em Direito Tributário, sempre, a impetração do mandado de segurança preventivo, é freqüente o fato de os contribuintes aforarem *writs* em que peçam a suspensão da eficácia das leis fiscais relativamente ao seu caso, requerendo a sustação de quaisquer atos administrativos que tenham por fundamento a lei guerreada. Fica, assim, o Fisco impedido de agir enquanto se discute a *quaestio juris* (a matéria fica *sub judice*).

Noutro giro, a Fazenda Pública fica obstada por ordem judicial, não pode nem deve lançar, e, se o fizer, *ipso juris*, o ato é nulo de pleno direito, não vale. Sequer é anulável. A nulidade se apresenta *ex radice*.

No Direito Tributário brasileiro poucos estão advertidos desse fenômeno. Criou-se o mito de que é o lançamento que constitui o crédito tributário. Não é; apenas o formaliza, quando necessário. E em 96% dos casos sequer o faz. Os pagamentos são feitos com base na lei, pura e simplesmente. A homologação tácita do pagamento tampouco pode ser lançamento. É apenas matéria administrativa com efeitos concretos. Finalmente, a decadência em Direito Tributário, embora devesse sê-lo, não é peremptória e muito menos fatal. A uma porque pode ser interrompida (lançamento anterior declarado nulo por vício formal). A duas porque admite a oposição do princípio da *actio nata*, em princípio cabente apenas em casos de prescrição. Se, ocorrida a obrigação, deve a Fazenda, em caso de não-pagamento do seu crédito tributário, operar o lançamento *ex officio* (art. 150, § 4º, e art. 173, I, do CTN), sob pena de, não o fazendo (preclusão), caducar-lhe o direito ao crédito, não é menos verdadeiro que, havendo ordem judicial obstando à aplicação da lei ao caso concreto, não pode a Fazenda lançar (princípio da *actio nata*). É a decorrência lógica da falta de fundamento de validez para a prática do ato administrativo do lançamento, já que a lei que o embasaria está suspensa (*sub judice*). E o lançamento nada mais é do que ato de aplicação de norma geral, impessoal e abstrata, ao caso concreto (individualização normativa).

Em casos assim, o *dies a quo* para a prática do lançamento é o primeiro do exercício seguinte àquele em que o lançamento poderia ter sido efetuado, ou seja, o anterior exercício em que foi prolatada a decisão judicial definitiva, transitada em julgado, desfavorável ao contribuinte, suspendendo o édito de inaplicabilidade da lei ao caso concreto, ao qual se dirige o lançamento, que tanto a decadência quanto a prescrição estão baseadas em dois pressupostos.

Primus: o fluir do tempo (*tempus fugit*).

Secundus: a inércia do titular do direito durante trecho predeterminado de tempo (*jus non securit dormientibus*).

Havendo obstáculo *ab extra* à realização do lançamento, não há como supor a preclusão do ato e, conseqüentemente, a decadência do direito de crédito da Fazenda Pública.

Paulo de Barros Carvalho é o autor nacional que melhor esclarece essa problemática confusa do chamado lançamento tacitamente homologado.

"A conhecida figura do lançamento por homologação é um ato jurídico administrativo de natureza confirmatória, em que o agente público, verificado o exato implemento das prestações tributárias de determinado contribuinte, declara, de modo expresso, que obrigações houve, mas que se encontram devidamente quitadas até aquela data, na estrita consonância dos termos da lei. Não é preciso despender muita energia mental para notar que a natureza do ato homologatório difere da do lançamento tributário. Enquanto aquele primeiro anuncia a extinção da obrigação, liberando o sujeito passivo, estoutro declara o nascimento do vínculo, em virtude da ocorrência do fato jurídico. Um certifica a quitação; outro certifica a dívida. Transportando a dualidade para outro setor, no bojo de uma analogia, poderíamos dizer que o lançamento é a certidão de nascimento da obrigação tributária, ao passo que a homologação é a certidão de óbito.

"(...).

"Quando é que o funcionário da Fazenda lavra a homologação? Exatamente quando não pode celebrar o ato jurídico administrativo do lançamento. E por que o agente público exara o lançamento? Precisamente porque não pode realizar o ato jurídico administrativo de homologação. Eis a prova. Lançamento e homologação de lançamento são realidades jurídicas antagônicas, não podendo subsistir debaixo do mesmo epíteto" (*Curso de Direito Tributário*, 4ª ed., São Paulo, Saraiva, pp. 282 e 383).

A cita do ilustre professor da USP e da PUC/SP, nosso prógono, descalva a pobreza de certa tese para a qual, não efetivado um pagamento tributário por ordem judicial, mesmo assim ocorre a decadência do direito de crédito. Em casos que tais a Fazenda não pode lançar, nem pode homologar, que não houve o pagamento.

3. A prescrição

O art. 174 do CTN cura da prescrição da ação de cobrança do crédito tributário, a qual, se não exercitada tempestivamente, leva à sua extinção:

"Art. 174. A ação para cobrança do crédito tributário prescreve em 5 (cinco) anos, contados da data da sua constituição definitiva.

"Parágrafo único. A prescrição se interrompe:

"I – pela citação pessoal feita ao devedor;

"II – pelo protesto judicial;

"III – por qualquer ato judicial que constitua em mora o devedor;

"IV – por qualquer ato inequívoco, ainda que extrajudicial, que importe em reconhecimento do débito pelo devedor."

A questão, aqui, reside em saber o que é *constituição definitiva do crédito tributário*. Noutro giro, ela ocorre com a comunicação ao sujeito passivo, pessoal ou por publicação, do ato administrativo do lançamento em sua versão imodificável (do ponto de vista da Fazenda Pública), ou ocorre com a inscrição em dívida ativa do crédito tributário da Fazenda Pública?

Não negamos que o autocontrole da Administração se estenda ao ato de inscrição do crédito tributário em dívida ativa.

Os funcionários públicos legalmente investidos dessa específica competência podem decidir que o crédito não é bom e anulá-lo *ex officio*. Veja-se, só para exemplificar, a inscrição de um crédito já lançado e revisado em regular processo administrativo, porém eivado de inconstitucionalidade por decisão posterior, mas tempestiva, do STF considerando nula a lei ou o artigo de lei em que se baseara.

É natural que a Administração anule o crédito ou pelo menos o inscreva em dívida ativa, mas não extraia a *certidão de dívida ativa*, à espera de uma sempre possível, ainda que improvável, ação rescisória do julgado.

O crédito, nesse caso, já está constituído? A resposta é afirmativa; só falta o título executivo.

Imagine-se, ainda, que, depois de efetivado o lançamento e formalizado o crédito para a Administração, esta postergue sua inscrição, delongando, assim, a fixação do *dies a quo* do prazo prescricional. A inscrição em dívida ativa poderia ser utilizada maleficamente.

A tese a adotar é simples. Não pode ficar ao arbítrio da Administração decidir o *dies a quo* do prazo prescricional que a prejudica.

A data da constituição definitiva do crédito tributário devemos entendê-la como sendo aquela em que o lançamento tornou-se definitivo, insuscetível de modificação pelos *órgãos incumbidos* de fazê-lo.

Um lançamento é definitivo quando efetivado, quando não mais possa ser objeto de recurso por parte do sujeito passivo ou de revisão por parte da Administração. Isto pode ocorrer em pontos vários de tempo, dependendo das leis de cada ordem de governo e das vicissitudes do próprio processo de efetivação e revisão do ato jurídico do lançamento.

O ato de inscrição do crédito tributário decorrente do lançamento insere-se noutra dimensão, a da formalização do *título executivo extrajudicial* da Fazenda Pública, sem o qual não é possível manejar a ação de execução fiscal. Não há execução sem título. O brocardo é velho de séculos.

A constituição definitiva do crédito tributário dá-se antes. A sua desconstituição é que pode ser:

a) *administrativa* (unilateral) — no momento do autocontrole, à hora da formalização do título executivo; ou

b) *judicial* — em decorrência do controle jurisdicional, mediante pronunciamento judicial no bojo de ações postas à apreciação dos juízes.

Diferentemente da decadência, a prescrição pode ser interrompida e suspensa, podendo inclusive dar-se a chamada prescrição intercorrente, já iniciado o processo judicial, por inércia ou descaso da parte (perda do direito de ação já posta em juízo), não cabendo, aqui, adentrar o tema, cuja sede é estritamente de Direito Processual, de grande utilidade, *v.g.*, no Direito Penal.

O Código Tributário Nacional regula, em sede de Direito Tributário, apenas os casos de interrupção da prescrição, valendo-se do Direito Civil.

A citação pessoal do devedor é a forma clássica de interrupção da prescrição. É consolidado que a citação válida torna a coisa litigiosa, previne a jurisdição, constitui o devedor em mora, inaugura a instância e interrompe a prescrição. Por aí o Código Tributário Nacional põe-se de acordo com a teoria do processo (inciso I). Mas admitir *protesto judicial* por parte da Fazenda Pública é, no mínimo, um exagero (inciso II). O inciso IV, todavia, enseja considerações adicionais. Quando os contribuintes confessam a dívida fiscal para requererem moratórias, parcelamentos, estarão interrompendo a prescrição? Nem se olvide que a confissão em Direito Tributário é relativa. A obrigação é *ex lege*. Depende da lei, e não da confissão do sujeito passivo. Este o momento adequado para inserir a figura do lançamento, em Direito Tributário, como ponto de separação (*divorcium aquarium*) entre os prazos de decadência e os prazos de prescrição.

4. A separação das águas

Da seguinte forma:

— Do fato gerador da obrigação até o ato jurídico do lançamento ou até o dia previsto para a homologação do pagamento correm os prazos decadenciais.

— Depois do lançamento e/ou durante todo o tempo de sua revisão (se houver) já não correm os prazos de decadência, nem podem correr os prazos de prescrição, que só há prescrição se inexistirem obstáculos *ab extra*. Pelo princípio da *actio nata*, ou seja, para que prescreva o direito de ação é necessário que o autor possa exercê-lo livremente. A sua inércia e mais o fugir do tempo redundam na prescrição. O direito não socorre aos que dormem.

— Isto posto, *definitivo o lançamento*, começam a correr os prazos da prescrição.

O que se tem que verificar é simples. As hipóteses legais de suspensão do crédito tributário *impedem o curso dos prazos de prescrição*, favorecendo a Fazenda Pública.

Com efeito, durante todo o processo administrativo de discussão do crédito tributário (reclamações e recursos) não corre a prescrição. Do mesmo modo, as liminares em mandado de segurança e o depósito integral do crédito tributário suspendem sua exigibilidade e, portanto, a prescrição, sem falar nos parcelamentos para pagamento do crédito tributário, estes últimos com as nuanças que vimos de ver quando tratamos do assunto.

Ademais, o depósito do crédito tributário favorece a Fazenda, pois se converte em renda, sem necessidade de execução, na hipótese de o sujeito passivo perder a ação a que se liga o dinheiro posto à disposição do juízo, para garantir a instância em prol do sujeito ativo da obrigação tributária.

Por isso, afiguram-se-nos inconstitucionais, por afrontar a isonomia, todas as leis extravagantes que criam e ampliam os princípios e garantias materiais e processuais da Fazenda Pública, já suficientemente protegida.

Finalmente, de fazer observação de razoável importância.

É cediço afirmar que a prescrição somente extingue o direito de ação, deixando intacto o direito material que lhe conferia substrato. Comumente se diz: a obrigação, de legal, torna-se moral. Se o devedor paga, não pode demandar a restituição do que pagou, embora prescrita a ação. Esta era para obrigá-lo a pagar, dobrando a sua vontade. A decadência mata o direito material. Nesse caso, pode-se repetir o indébito.

Isso o que vigora no Direito Privado.

Ocorre que no Direito Tributário pátrio, a teor do Código Tributário Nacional, tanto a decadência quanto a prescrição *extinguem o crédito tributário*.

Assim, quem paga dívida fiscal em relação à qual já estava a ação prescrita tem direito à restituição, sem mais nem menos.

5. A suspensão da prescrição

5.1 O depósito do montante integral

O depósito pode, em tese, ser administrativo ou judicial. O primeiro será sempre voluntário. A Administração não pode exigi-lo, já que esta instância não é definitiva. Demais disso, a jurisprudência declara indevida a exigência de depósito para garantir a instância administrativa (constrição oblíqua), e tampouco existe interesse prático, salvo raras ocasiões, em fazer dito depósito em encerros de processo administrativo.

Via de regra, é ele feito na esfera judicial, antecedendo ações judiciais ou incidentalmente. O depósito pode ser feito em autos de medida cautelar ou nos próprios autos da ação.

Feito o depósito judicial e integral da quantia litiganda, ficam excluídas as multas e os juros, se inexistente ato de lançamento, e incluídas, se este já houver sido praticado. De todo modo, fica a Fazenda Pública impedida de exigir o crédito tributário.

O depósito voluntário (pode dar-se ainda por determinação judicial, com base no poder geral de cautela dos juízes) visa a várias finalidades:

a) forrar o devedor da mora (cautela do contribuinte) em ações declaratórias e mandamentais;

b) bloquear a propositura da ação de execução fiscal;

c) evitar os efeitos da mora e também bloquear a execução, concomitantemente;

d) garantir e tranqüilizar o juízo para dele obter provimento judicial liminar (caução).

Como é consabido, o crédito tributário, para ser executado, necessita ser líquido, certo e exigível. Ora, na medida em que o Código Tributário Nacional prescreve que seu depósito integral suspende a exigibilidade, sucede que o sujeito ativo fica sem ação de execução. Se intentar aforá-la, deverá ser julgado carecedor da ação.

As leis processuais ordinárias que desrespeitam o Código Tributário Nacional (lei complementar *ratione materiae*) não se sustentam. A suspensão da exigibilidade é supra-ordenada.

A mora, por outro lado, não prospera porque o depósito integral do crédito elide a aplicação dos juros pela demora de pagar, bem como das penalidades dirigidas a sancionar o inadimplemento da obrigação tributária na data fixada em lei.

Como os depósitos são administrados pelo Poder Público, a ele incumbe prover sua atualização monetária. O depósito, dependendo do desfecho da lide, resolve-se em devolução (vitória do sujeito passivo da obrigação tributária) ou em conversão em renda (vitória do sujeito ativo da obrigação).

A asserção, contudo, comporta temperamentos.

Discute-se na doutrina se os depósitos feitos voluntariamente em mandados de segurança ou em ações declaratórias — nos quais, em rigor, inexistem preceitos judiciais condenatórios relativamente aos pedidos principais — podem ser retirados unilateralmente por quem os fez, durante o processo ou mesmo ao final da lide. A questão não se coloca quando se trata de ação anulatória de débito fiscal, pois aí o depósito bloqueia a execução ou a impede. É justo, portanto, que não possa o sujeito passivo da obrigação tributária, nesse caso, levantar o depósito, que se converterá em renda do sujeito ativo da obrigação em caso de improcedência da ação, até mesmo por questão de economia processual. A conexão, pela prevenção, entre a ação anulatória do débito fiscal e a execução é norma processual necessitada. O Poder Judiciário não pode — pelo princípio lógico da identidade — dizer a um só tempo, ou sucessivamente, irresponsavelmente, que o crédito tributário existe e não existe. Se é declarado nulo, não poderá ser exigido. O que ocorre na espécie é que o depósito substitui a penhora, e a anulatória dispensa a execução e a ação de embargos que lhe é incidental. Ao cabo, o Poder Judiciário decide sem contradição. Daí que o juiz devolve o depósito (sucumbência da Fazenda Pública) ou o converte em renda (sucumbência do autor da anulatória). A questão tampouco se põe, obviamente, nas ações consignatórias, pois é da essência delas a oferta do pagamento.

Nos mandados de segurança, contudo, o juiz não condena, senão que *ordena*. Para fazê-lo, porém, declara o direito.

Em matéria tributária é sempre possível o mandado de segurança preventivo. Freqüentemente o juiz declara que o ato temido e impugnado é contrário à lei ou à Constituição ou que a lei em que se fundaria o virtual ato da autoridade é contrária à Constituição. De igual modo, pode dizer exatamente o contrário, denegando a segurança pleiteada, afirmando a existência de relação jurídica. Ora, o mandado de segurança não substitui a ação de cobrança ou de repetição do indébito, e a decisão — salvo nos casos de relações jurídicas continuativas — restringe sua eficácia ao caso objeto da lide. Isto posto, alardeia certa doutrina que os depósitos decorrentes da vontade da parte devem ser devolvidos, até porque a decisão judicial não pode substituir o lançamento (impostos sujeitos a homologação ainda não lançados), eis que este é privativo da autoridade administrativa.

Nas ações declaratórias aplica-se o mesmo raciocínio quando há depósitos voluntários, pois o objeto dessas ações é declarar a existência ou a inexistência de relação jurídica, sendo a decisão despida de executoriedade.

Não é como pensamos. Ao nosso sentir, o lançamento é discutido na esfera administrativa a partir do princípio do autocontrole dos atos administrativos. Na esfera judicial o lançamento, se existente, ou a lei do tributo, inexistente lançamento, são discutidos a partir dos princípios do controle jurisdicional da legalidade dos atos administrativos e do controle de constitucionalidade das leis e atos normativos, difusamente exercido pelos juízes (heterocontrole).

Ora, se é verdade que os contribuintes podem pagar sem lançamento, por que não podem os juízes determinar a conversão dos depósitos em renda no exercício da função jurisdicional, se aquela, precisamente, é um dos modos de extinção do crédito tributário previstos no Código Tributário Nacional?

Cumpre indagar: quem, além dos juízes, possui competência para converter depósitos em renda? Este é um poder não partilhado. Somente os juízes possuem esta competência.

Aqui não importa discutir se o depósito é voluntário ou não. Qualquer que seja a sua gênese, se integral, o depósito *sus-*

pende a exigibilidade do crédito tributário e transfere para o Judiciário o controle da tributação.

Portanto, com a devida vênia, entendemos que os depósitos feitos em juízo não podem ser unilateralmente retirados. Eles suspendem a exigibilidade do crédito, e as decisões judiciais definitivas que declaram a existência do dever de pagar ou que validam os atos de exigência do crédito tributário respaldam sua conversão em renda, sem ferir nem de longe a dogmática da tributação. A tese que ora descartamos é mais uma metástase da teoria procedimentalista, por sinal maléfica ao extremo, ao embaralhar-se na idéia autoritária da função administrativa como *criadora de direitos e deveres tributários*. A jurisprudência conforta nossa posição:

"Ação declaratória — Depósito suspensivo da exigibilidade do crédito tributário — Levantamento.

"Somente poderá ser levantado, ou convertido em renda, o depósito judicial destinado a suspender a exigibilidade do crédito tributário, após o trânsito em julgado da sentença — Lei n. 6.830, de 22.9.80, arts. 32, § 2º, e 38 — Recurso ordinário desprovido" (STJ, 2ª T., RMS 4.231-6-DF, rel. Min. Antônio de Pádua Ribeiro, *DJU* 9.12.96, p. 49.235).

Os que pensam contrariamente operam em três estágios que podem até ser válidos lá fora, não no Direito brasileiro.

a) a obrigação tributária cria um crédito fiscal difuso e informe;

b) somente o procedimento de lançamento, quando *ultimado* (final do procedimento), confere ao crédito exigibilidade, função exclusiva da Administração. Sem lançamento não seria possível pagar;

c) o crédito, contudo, só é exeqüível após a formalização do título executivo (certidão de dívida ativa, após a inscrição do crédito), por sua vez também privativo da Administração.

Não é isso o que ocorre. A maioria esmagadora dos créditos tributários é paga sem que haja lançamento (função administrativa), pois o dever de pagar é posto pela lei à conta do contribuinte. Além disso, o procedimento administrativo é marginal. A discussão judicial sobre a *juridicidade* dos pagamentos e sobre a inteireza dos atos administrativos ocorre na esfera do heterocontrole, perante o Poder Judiciário, desafetando a discussão do aparato administrativo. Por isso, não se pode ficar a brincar de fazer e retirar depósitos judiciais. O Poder Judiciário não ensina nem aconselha, *decide* e confere conseqüências aos seus atos. Determinar a conversão do depósito em renda não é *lançar imposto*. É dar seguimento a uma *proposta* ou *aposta* do contribuinte. Para haver pagamento — e o depósito que se converte em renda é forma de pagar — não é necessário haver lançamento de tributo, como já deixamos claro noutras passagens.

5.2 A concessão de medidas liminares em mandado de segurança

O Código Tributário Nacional restringe a suspensão da exigibilidade do crédito tributário às liminares em mandados de segurança, por ser o *mandamus* remédio constitucional excepcional destinado a fulminar os atos ilegais das autoridades do Estado, em defesa de direitos líquidos e certos.

Por suposto, quando o juiz concede uma liminar é porque, *prima facie*, a fumaça do bom direito aconselha sua cautela e também porque a demora da resposta jurisdicional, se dada apenas ao cabo do processo, pode torná-la inócua.

Outras liminares em ações cautelares ou ordinárias e mesmo a antecipação da tutela não possuem o condão de suspender a exigibilidade do crédito tributário, segundo o Código Tributário Nacional.

De lege ferenda, adianta, aqui, profligar o Código Tributário Nacional e propor solução mais abrangente. *De lege lata*, porém, a solução do Código Tributário Nacional é restrita. Mas isto não significa que determinações judiciais diversas, por outros fundamentos, não possam suspender a exigibilidade do crédito tributário. Ao cabo, o Poder Judiciário exerce supremacia constitucionalmente prevista.

Em matéria tributária o mandado de segurança, em razão do princípio da legalidade e da hierarquia administrativa, pode sempre ser impetrado *preventivamente*, bastando a existência de lei ou ato normativo contrários ao Direito (sem significar impetração contra a lei em tese).

Bastam a previsibilidade e plausibilidade de ato lesivo a direito líquido e certo (ameaça a direito).

Enquanto perdurar a liminar ficam as autoridades impedidas de exigir o crédito já constituído ou de exigir pagamentos ancorados na lei ou no ato normativo guerreado no *writ*, individual ou coletivo (tributos sujeitos a homologação de pagamento, via de regra).

Cassada a liminar ou reformada a decisão que dava pela procedência da ação de segurança, as coisas voltam ao *status quo ante*, com todas as conseqüências que decorrem desse retorno, podendo a *autoridade administrativa* exigir o tributo, acrescido de correção monetária (na esfera federal as penalidades moratórias não são exigíveis nesse caso — Lei 9.430/96, art. 63). A sucumbência tem preço. Há que empreender sérios juízos antes de ajuizar mandados de segurança (que não devem ser banalizados).

O que se não pode admitir é receber o litigante benefícios não dispensados aos demais pelo simples fato de estar litigando e, portanto, por estar sujeito às incertezas decorrentes das vicissitudes judiciais. Admitimos, contudo, como medida salutar, a inexigibilidade das penalidades durante o período de suspensão liminar, porque incentiva a jurisdição das liberdades.

Para a concessão de liminares em mandados de segurança não se faz necessário segurar o juízo, depositando o objeto do litígio; basta a existência do *fumus boni iuris* e do *periculum in mora*.

Pode, no entanto, o juiz, em certas circunstâncias, como já realçado por Hugo de Brito Machado, em magnífica obra sobre o assunto, e também por Lucia Valle Figueiredo, exigir que o impetrante preste caução (contracautela). Segundo esta autora: "Porém, casos excepcionalíssimos, como abordei, por exemplo este: a pessoa não tem domicílio certo, ou, então, mercadoria importada que não se tem muita certeza de ter havido uma importação regular. Acho que o juiz, quando tiver uma dúvida bastante razoável, poderia, a bem da tutela da ordem jurídica, determinar a caução. Mas são casos raríssimos. Acho realmente esdrúxula a prestação de caução, a não ser que a parte peça" (*Repertório de Jurisprudência e Doutrina sobre Processo Tributário*, São Paulo, Ed RT, p. 76).

Daí que o próprio impetrante, agindo com cautela, pode requerer o depósito do valor pecuniário envolvido no litígio.

5.3 As reclamações e os recursos administrativos

O Poder Judiciário, entre nós, detém o monopólio da jurisdição, pelo quê nenhuma relação jurídica pode escapar à sua apreciação. Mas a Administração pode exercer o autocontrole da legalidade dos seus próprios atos, inclusive em relação à Constituição, que é a Lei das Leis.

Uma vez realizado o lançamento ou provocada a Administração, por iniciativa dos contribuintes ou mesmo *ex officio*, abre-se a instância de revisão, formando-se o procedimento administrativo tributário, que será regido nos termos da lei (art. 151, III, do CTN).

Ditas leis serão federais, estaduais, municipais e distritais, dependendo do tributo em causa.

Enquanto durar o processo, até a decisão última e final, fica suspensa a exigibilidade do crédito tributário formalizado pela Administração mediante o ato jurídico do lançamento.

Importa, aqui, repisar que inexiste lançamento inicial ou final. Tampouco existe lançamento provisório e definitivo.

O lançamento é ato jurídico simples que pode ser confirmado ou reformado, no todo ou em parte, pela própria Administração. Não é o *procedimento* que produz o lançamento. Este é o objeto do processo revisional de autocontrole que colima examinar sua legalidade e exatidão. O processo administrativo tributário é processo revisional do lançamento, não tendo, entre nós, qualquer sentido a doutrina procedimentalista, cuja praça forte é a Itália, que atribui ao *procedimento administrativo* a formação do crédito tributário, como se fora um útero jurígeno.

Tanto é assim que até o lançamento correm os prazos de preclusão para a formalização do crédito, já nascido com a *ocorrência do fato gerador do tributo*. Se a Administração não exercita o ato jurídico do lançamento, incorre em preclusão e, em conseqüência, perece seu direito de crédito, que será nenhum se o tributo dele depender, ou será exatamente equivalente ao que o contribuinte pagou, for força de lei, certo ou errado, suficiente ou não (tributos de homologação do pagamento). Produzido dito ato, enquanto durar sua revisão (reclamações e recursos), não há mais que se cogitar de *decadência* e tampouco de *prescrição da ação*, que só inicia seu curso após a constituição definitiva do crédito tributário (*rectius*: confirmação definitiva do crédito tributário), a teor do art. 174 do CTN. Este, aliás, o teor da Súmula 153 do extinto TFR: "Súmula 153. Constituído, no qüinqüênio, através de auto de infração ou notificação de lançamento, o crédito tributário, não há falar em decadência, fluindo, a partir daí, em princípio, o prazo prescricional, que, todavia, fica em suspenso, até que sejam decididos os recursos administrativos".

Cabe anotar não ter cabimento a Administração negar-se a desconstituir ato administrativo baseado em lei declarada inconstitucional pelo STF ou em ato normativo declarado ilegal pelos tribunais.

É certo que o controle de constitucionalidade ou de legalidade não lhe pertence. Mas isto não significa que deva afrontar a pronúncia de nulidade da lei, ao argumento de que o ramo Executivo é independente e autônomo em relação ao Judiciário. Muito pelo contrário, por dever de lealdade e em razão do princípio da economia processual, compete-lhe acatar submissão ao Poder a que se conferiu competência para declarar inconstitucionais as leis e ilegais os atos administrativos. O autocontrole se faz sob que parâmetros, senão que o das leis válidas e o da Constituição?

O dever de introjetar as decisões judiciais definitivas sobre dada espécie é inarredável pela Administração.

O que não se compreende é o contrário, mas infelizmente é o que ocorre, de maneira acintosamente irracional e incivilizada, por esses brasis afora.

Resta saber quando se considera definitivamente constituído o crédito tributário, ou seja, quando não mais pode o lançamento ser objeto de discussão na esfera administrativa. Com notável perícia, Maria Leonor Leite Vieira no-lo diz:

"(...) Assim, pode-se afirmar que o crédito tributário apontado no lançamento torna-se definitivo:

"a) se transcorrido o prazo assinalado em lei, e o sujeito passivo não apresentar impugnação (regularmente 30 dias). Neste caso, no primeiro dia seguinte ao término daquele prazo, que teve como marco inicial a data do recebimento da notificação regular feita ao devedor, estará a Fazenda Pública investida de seu direito de ação;

"b) se o sujeito passivo apresentar a respectiva impugnação:

"b.1) e a decisão de primeira instância for contrária, total ou parcialmente, à pretensão do sujeito passivo, o crédito lançado ainda não encontra sua definitividade, já que ainda se pode apresentar recurso à autoridade (órgão colegial) superior;

"b.2) se a decisão de primeira instância for contrária aos interesses da Fazenda e, portanto, favorável ao sujeito passivo, ainda assim o crédito lançado continuará sem definitividade, já que a autoridade julgadora haverá de recorrer à autoridade superior, conforme designação da lei federal, estadual ou municipal;

"b.3) se a decisão for contrária à Fazenda Pública, mas menor que o valor assinalado em lei para exigir a apresentação do recurso de ofício (apontado no item anterior), a definitividade é alcançada com a notificação regular ao sujeito passivo;

"c) se da decisão de primeira instância resultar valor a ser recolhido, o contribuinte poderá recorrer à segunda instância, e, aí, se:

"c.1) o julgamento do 'recurso' for contrário aos interesses do sujeito passivo recorrente, a definitividade é alcançada com a notificação válida, se dela não couber mais recurso à instância superior;

"c.2) o julgamento de segunda instância é contrário aos interesses da Fazenda Pública e da decisão couber recurso à instância superior, a definitividade será alcançada após o decurso do prazo para a interposição sem que tenha sido exercido o direito ou com o julgamento contrário à Fazenda e notificação regular ao sujeito passivo" (*A Suspensão da Exigibilidade do Crédito Tributário*, São Paulo, Dialética, 1998, p. 79).

E nas hipóteses em que o sujeito passivo paga a menos por conta da lei, ou mesmo nada paga, quando ocorre a prescrição do direito da ação?

Na hipótese de pagamento a menor não ocorre a prescrição da ação. O que ocorre é simplesmente a decadência do direito de crédito, a teor do art. 150, § 4º, do CTN, em estágio diverso, por não ter havido lançamento:

"Art. 150. O lançamento por homologação, que ocorre quanto aos tributos cuja legislação atribua ao sujeito passivo o dever de antecipar o pagamento sem prévio exame da autoridade administrativa, opera-se pelo ato em que a referida autoridade, tomando conhecimento da atividade assim exercida pelo obrigado, expressamente a homologa.

"(...).

"§ 4º. Se a lei não fixar prazo à homologação, será ele de 5 (cinco) anos, a contar da ocorrência do fato gerador; expirado esse prazo sem que a Fazenda Pública se tenha pronunciado, considera-se homologado o lançamento e definitivamente extinto o crédito, salvo se comprovada a ocorrência de dolo, fraude ou simulação."

Se não tiver havido pagamento a decadência também ocorre, mas o prazo decadencial se inicia no primeiro dia do exercício seguinte àquele em que o lançamento poderia ter sido efetuado (o exercício em que ocorrer o fato gerador). Nesse sentido, no que toca às contribuições previdenciárias, que, por serem tributo e por se submeterem a lançamento por homologação, também se submetem ao prazo decadencial de cinco anos (Súmula 108 do TFR), a Súmula 219 do extinto TFR: "Súmula 219. Não havendo antecipação de pagamento, o direito de constituir o crédito previdenciário extingue-se decorridos 5 (cinco) anos do primeiro dia do exercício seguinte àquele em que ocorreu o fato gerador".

5.4 A moratória

"Art. 152. A moratória somente pode ser concedida:

"I – em caráter geral:

"a) pela pessoa jurídica de direito público competente para instituir o tributo a que se refira;

"b) pela União, quanto a tributos de competência dos Estados, do Distrito Federal ou dos Municípios, quando simultaneamente concedida quanto aos tributos de competência federal e às obrigações de direito privado;

"II – em caráter individual, por despacho da autoridade administrativa, desde que autorizada por lei nas condições do inciso anterior.

"Parágrafo único. A lei concessiva de moratória pode circunscrever expressamente a sua aplicabilidade a determinada região do território da pessoa jurídica de direito público que a expedir, ou a determinada classe ou categoria de sujeitos passivos.

"Art. 153. A lei que conceda moratória em caráter geral ou autorize sua concessão em caráter individual especificará, sem prejuízo de outros requisitos:

"I – o prazo de duração do favor;

"II – as condições da concessão do favor em caráter individual;

"III – sendo caso:

"a) os tributos a que se aplica;

"b) o número de prestações e seus vencimentos, dentro do prazo a que se refere o inciso I, podendo atribuir a fixação de uns e de outros à autoridade administrativa, para cada caso de concessão em caráter individual;

"c) as garantias que devem ser fornecidas pelo beneficiado no caso de concessão em caráter individual.

"Art. 154. Salvo disposição de lei em contrário, a moratória somente abrange os créditos definitivamente constituídos à data da lei ou do despacho que a conceder, ou cujo lançamento já tenha sido iniciado àquela data por ato regularmente notificado ao sujeito passivo.

"Parágrafo único. A moratória não aproveita aos casos de dolo, fraude ou simulação do sujeito passivo ou do terceiro em benefício daquele."

Ocorrendo, por mútuo consentimento, acordo entre o sujeito passivo, por força de sua vontade, e o sujeito ativo, com a permissão da lei, sobre o *parcelamento* ou o *adiamento do pagamento*, fica a Fazenda impedida de exigir a totalidade do crédito enquanto perdurar o acordo. Para ocorrer a moratória ou o parcelamento do pagamento não é necessário — embora em certas circunstâncias já exista — haver lançamento, mas tão-somente a obrigação e o crédito dela derivado. O sujeito passivo declara-se devedor, e o sujeito ativo consente em adiar o pagamento (moratória propriamente dita) ou em parcelá-lo em duas ou mais prestações, nos termos da lei (moratória de prestações sucessivas).

A moratória, *lato sensu*, não é transação, que no Direito brasileiro não pode ser *preventiva* (art. 171 do CTN), mas tão-somente terminativa de litígio judicial. Pode, no entanto, decorrer de transação judicial, já que esta é, no fundo, *modus operandi*.

A moratória tampouco é novação da obrigação. A obrigação não é afetada (art. 140 do CTN). Ela, a moratória, sem mistério, é apenas acordo entre credor e devedor sobre as datas de pagar, diferentes das inauguralmente previstas na lei. Acordo regido pelo princípio da legalidade.

E aqui se demonstra desde logo que o dia do pagamento do tributo é matéria sob reserva de lei, caso contrário encurtar e dilargar o prazo para pagar seria ato discricionário da Administração. Se para antecipar ou postergar o dia do pagamento exige-se lei (art. 153 do CTN), como admitir que o *dies ad quem* original possa ser fixado por ato administrativo?

A insuficiência do art. 97 do CTN é apenas aparente. A moratória é técnica de alívio e de aliciamento (política fiscal). Quando é geral, visa a compensar setor econômico ou região assolados por fatores negativos que lhes diminuem a capacidade de pagar. Às vezes as Fazendas a oferecem para estimular o pagamento, forrando o Tesouro, baldo de recursos.

O art. 152, "b", prevê a moratória heterônoma, pela União, em tributos estaduais e municipais. Mas só em caso de *calamidade econômica*, desde que a União se sacrifique em primeiro lugar.

A moratória individual é mais rara. Quando ocorre é autorizada por lei, a que o ato administrativo da dilação necessariamente se reporta.

O art. 154 restringe a moratória aos créditos já definitivamente constituídos, isto é, lançados. Significa que nos casos em que o pagamento é feito pelo sujeito passivo, por força de lei, sem intervenção do sujeito ativo (ICMS, IPI, COFINS, ISS, PIS etc.), é preciso *lei específica* facultando aos contribuintes *de jure* em atraso confessar os débitos como *conditio sine qua non* para usufruírem a moratória, simples ou parcelada.

O parágrafo único do art. 154 exclui da moratória os sujeitos passivos que tenham agido, antes dela, com as eivas do dolo, da fraude e da simulação.

O art. 155 e seu parágrafo ostentam redação que desafia interpretação prudente:

"Art. 155. A concessão da moratória em caráter individual não gera direito adquirido e será revogada de ofício, sempre que se apure que o beneficiado não satisfazia ou deixou de satisfazer as condições ou não cumpria ou deixou de cumprir os requisitos para a concessão do favor, cobrando-se o crédito acrescido de juros de mora:

"I – com imposição da penalidade cabível, nos casos de dolo ou simulação do beneficiado, ou de terceiro em benefício daquele;

"II – sem imposição de penalidade, nos demais casos.

"Parágrafo único. No caso do inciso I deste artigo, o tempo decorrido entre a concessão da moratória e sua revogação não se computa para efeito da prescrição do direito à cobrança do crédito; no caso do inciso II deste artigo, a revogação só pode ocorrer antes de prescrito o referido direito."

Como a moratória, em regra, só é possível para os créditos já *definitivamente constituídos*, ou cujo lançamento já tenha sido feito, a teor do art. 154, anterior, o intérprete deve se advertir. É que nas hipóteses dos tributos que são pagos sem lançamentos fiscais, estando os contribuintes em mora, impossível seria abranger os créditos tributários a eles referentes no âmbito da moratória. No entanto, é comum a existência de leis abarcando-os, por força do art. 154.

Ademais, o art. 155 dispõe sobre a prescrição da ação de cobrança, o que pressupõe *crédito exigível*, portanto já formalizado, indicativo de lançamento ou de confissão do contribuinte aceita pelo Fisco, sobre o *an* e o *quantum* da obrigação, vez que antes disto só há falar em decadência, jamais em prescrição.

Das duas, uma: (a) ou o crédito tributário, nessas hipóteses, embora existente em razão da ocorrência do fato gerador da obrigação, não pode ser objeto de moratória ou (b) temos que conferir à declaração de dívida do contribuinte e ao assentimento expresso ou tácito da Administração quanto ao seu ingresso na moratória o caráter de *ato homologatório dos pagamentos* que nesta via se processarão. Nesta última hipótese, o pagamento adiado, uma vez realizado, ou as sucessivas prestações da moratória — parcelamento — estariam, *ipso juris, homologados*, na exata medida dos pagamentos parcelados, sob pena de contradição normativa. Forcejam neste sentido a certeza e a segurança do direito (princípio da boa-fé). Ocorrente a moratória, não há mais falar em *decadência*, e sim em *prescrição* da ação para cobrar o que não for pago.

Pode ocorrer, no entanto, de o sujeito passivo descumprir o pactuado (a moratória é acordo; não, porém, contrato administrativo).

Pode fazer isso com ou sem dolo.

No caso de dolo o tempo decorrido não se conta para efeito da cobrança mediante ação de execução (princípio da *actio nata*). A Fazenda não podia executar seu crédito, pois são pressupostos da ação de execução fiscal a certeza, a liquidez e a *exigibilidade* do crédito exeqüendo, esta suspensa pela moratória.

Em caso de simples culpa, porém, o fluir do prazo do parcelamento não interrompe o fluir do prazo de prescrição da ação. Decorre, nos tributos sujeitos a homologação do pagamento, a conclusão de que a data do acerto moratório é o *dies a quo* do prazo prescricional, quando foi constituído e homologado pela Fazenda o crédito tributário, embora o Código Tributário Nacional não o arrole quando regula a prescrição.

Não foi a melhor solução. Independentemente do dolo, o prazo de duração da moratória, pelo princípio da *actio nata,* deveria suspender igualmente o fluir do prazo prescricional. O dolo há de ser mais severamente punido, mas a prescrição não é sanção (e, se o fosse, atingiria a Fazenda Pública). A solução do Código residiu em não interromper a prescrição apenas para os que, de boa-fé, não agiram maldosamente. Extrai-se do fato, todavia, outra conclusão. Tudo indica que o autor do Código considerou o acerto que antecede a moratória como *formalização* do crédito tributário, pois, em caso contrário, jamais poderia haver moratória de créditos não lançados nos impostos sujeitos a homologação do pagamento. No entanto, elas ocorrem a toda hora, intensamente.

CADERNOS DE DIREITO TRIBUTÁRIO

ISS E PROGRAMAS DE ALIMENTAÇÃO DO TRABALHADOR — PAT

Atividade consistente na emissão e fornecimento de "cheques-cardápio" para aquisição de refeições, gêneros alimentícios ou alimentação — Natureza jurídica dessa atividade — Prestação de serviços e local da prestação — Estabelecimento prestador — Basc de cálculo

AIRES BARRETO

Professor de Direito Tributário e Diretor da Faculdade de Direito da UNISA – Presidente do Instituto Geraldo Ataliba–IDEPE (Instituto Internacional de Direito Público e Empresarial)

1. Premissas necessárias: 1.1 Conceito de serviço — 1.2 Serviço tributável pelo Município — 1.3 Hipótese de incidência do ISS: 1.3.1 Aspecto material — 1.3.2 Aspecto pessoal — 1.3.3 Aspecto temporal — 1.3.4 Aspecto espacial: 1.3.4.1 Estabelecimento — 1.3.4.2 Estabelecimento prestador: 1.3.4.2.1 Matriz, sede ou filial. Irrelevância — 1.3.4.3 Local da prestação dos serviços: 1.3.4.3.1 Lugar do contrato: irrelevância — 1.4 Subsunção: o ISS incide sobre fatos — 1.5 Base de cálculo do ISS: 1.5.1 Ingressos e receitas — 1.5.2 Despesas e valores de terceiros — 1.5.3 Lei paulistana e preço — 1.5.4 A receita é o valor da taxa de administração — 1.5.5 Majoração de tributo, sem lei — 1.5.6 Efeito de confisco. 2. O caso concreto: 2.1 Natureza jurídica dos contratos celebrados pela Consulente: 2.1.1 Contrato celebrado entre a Consulente e as empresas participantes do PAT — 2.1.2 Contrato celebrado entre os funcionários das empresas participantes do PAT e os estabelecimentos filiados: 2.1.2.1 Prestação de garantia de crédito — 2.1.3 Contrato entre a Consulente e os estabelecimentos filiados — 2.2 Discernimento dos contratos e identificação dos respectivos objetos — 2.3 Sumário das receitas auferidas pela Consulente — 2.4 Prestação de garantia e prestação de serviços — 2.5 ISS: limites constitucionais da base de cálculo — 2.6 Valores que compõem a base de cálculo do ISS — 2.7 Local em que é devido o ISS — 2.8 Estabelecimento prestador é o de São Paulo. 3. Respostas aos quesitos.

CONSULTA

A Consulente deseja nossa opinião sobre tema pertinente à qualificação jurídica das atividades que desenvolve e sobre sua subsunção, ou não, ao Imposto sobre Serviços de Qualquer Natureza — ISS.

De acordo com a descrição dos fatos a seguir sumariada, a Consulente — pessoa jurídica com estabelecimento na cidade de São Paulo, com filiais em outras localidades — dedica-se à atividade consistente na emissão e fornecimento de "cheques-cardápio" destinados à aquisição de gêneros alimentícios, refeições ou alimentação. Em outras palavras: esses "cheques" — emitidos com base no Programa de Alimentação do Trabalhador (PAT) — representam moeda de pagamento na aquisição de alimentação ou refeição.

Pela emissão e garantia de aceitação do "cheque-refeição" ou "cheque-cardápio" em estabelecimentos que adrede filia a esse sistema, a Consulente faz jus a uma remuneração (comissão, taxa), cobrada por ocasião da outorga dos "cheques" às empresas participantes do referido Programa.

Pela garantia que dá, aos estabelecimentos fornecedores de gêneros alimentícios, refeições e alimentação, do recebimento do valores por aqueles despendidos, deles recebe uma remuneração, chamada "taxa de desconto", porque calculada com base em percentual sobre o valor do negócio realizado (entre o estabelecimento filiado e o portador do "cheque-refeição" ou "cheque-cardápio").

A Consulente, com base nesse histórico dos fatos, solicita o nosso parecer, com respostas aos seguintes quesitos:

1. A atividade econômica da Consulente traduz-se nas obrigações assumidas nos contratos que celebra com as empresas participantes do Programa de Alimentação do Trabalhador (PAT) — para quem emite os "cheques-refeição" ou "cheques-cardápio", garantindo que sejam aceitos como pagamento de gêneros alimentícios, refeições e alimentação em estabelecimentos fornecedores desses bens — e com os estabelecimentos fornecedores desses bens, que aceitam esses "cheques-cardápio" como pagamento pelo sua aquisição, diante da garantia que ela (Consulente) lhes presta, do efetivo recebimento do numerário. Sobre essa atividade econômica incide ISS? Por quê?

2. Na hipótese afirmativa, qual a base de cálculo a ser considerada, tendo em vista que os valores que recebe incluem importâncias decorrentes de prestação de garantia? É correto o entendimento de que o ISS só pode incidir sobre o valor da taxa de administração recebida pela Consulente em razão do exercício da atividade que desenvolve?

3. Ainda supondo que haja incidência do ISS, podem ser incluídos na sua base de cálculo valores relativos a mero "reembolso de despesas"?

4. Caso nos contratos que celebra com as empresas participantes do Programa, ou com os estabelecimentos fornecedores de refeições que lhe são filiados, a Consulente tenha designado por "serviços" atividades que assim não podem ser identificadas, podem os Fiscos municipais, a esse pretexto, exigir ISS?

5. Sabendo-se que a Consulente possui estabelecimentos em diversos Municípios de diferentes Estados, embora somente naquele situado no Município de São Paulo desenvolva as atividades-fim constitutivas do seu objeto social, qual desses Municípios é o competente para exigir ISS, se houver incidência desse imposto sobre sua atividade?

5.1 No caso de o Município competente ser o de São Paulo — em razão de os serviços serem ali realizados pelo estabelecimento prestador nele situado —, podem outros Municípios exigir ISS da Consulente sem afronta ao art. 12, "a", do Decreto-lei 406/68?

5.2 E se, no futuro — em virtude de efetiva mudança de endereço da Consulente —, as atividades desenvolvidas por esse estabelecimento de São Paulo passarem a ser realizadas por estabelecimento localizado em outro Município, será correto entender que a este último passará a ser devido o ISS?

Sobre essas questões é o seguinte o

PARECER

1. Premissas necessárias

1.1 Conceito de serviço

Serviço é o desempenho de qualquer esforço humano objetivando proporcionar a outrem, sob regime de direito privado, um proveito, utilidade ou comodidade, ou a satisfação de necessidade. É, pois, a produção de uma utilidade (material ou imaterial, não importa) para terceiro, mediante contrato de direito privado.

Tal é o amplo conceito *geral* de serviço. Assim se deve entender suposto pelo legislador constituinte. Não se pode olvidar, todavia, que o conceito de serviço *tributável* — constitucionalmente pressuposto — está balizado não só pelos princípios do sistema, como pelos demais conceitos denotadores dos campos de competências tributárias lindeiros.

Dos princípios do sistema constitucional, que norteiam o legislador, o da igualdade é o mais importante. A lei deve ser uma afirmação da isonomia, e esta, em matéria tributária, traduz-se na capacidade contributiva. Os impostos são iguais se informados pelo princípio da capacidade contributiva. Logo, suas exigências devem ser atendidas pela própria definição do imposto. Isto é exigido clara e peremptoriamente pela Constituição de 1988 e é realizado, no plano normativo, pelo Código Tributário Nacional e pela legislação ordinária federal, estadual ou municipal. Nos raros casos em que a lei não satisfaz esse postulado, o Judiciário, principalmente o STF, fulmina-a de inconstitucionalidade.

Daí a redução da amplitude da definição geral quando traduzida em termos constitucionais: é que esta deve ser conformada às exigências da isonomia (art. 5º, *caput* e inciso I), traduzida em capacidade contributiva (arts. 145, § 1º, e 150, II). Por isso, o conceito de serviço *tributável*, constitucionalmente posto, é menos amplo que o conceito comum de serviço.

A observância do princípio da capacidade contributiva impõe, desde logo, a presença de conteúdo econômico para que se cogite de prestação de serviço; isto é, esta há de ser passível de mensuração ou medição. Há de ter uma significação quantitativa, apreciável, mensurável (Amílcar Falcão, Aliomar Baleeiro). Há de visar a uma contrapartida, compensação ou remuneração. As prestações graciosas, altruísticas ou caritativas escapam do conceito exatamente pela ausência de conteúdo econômico, ou de sua apreensibilidade.

Essa é sua conotação. Quanto à sua denotação, o legislador municipal a deduz por exclusão dos demais campos de competência tributária constitucionalmente fixados (arts. 153, 155 e 156).

É serviço, assim, o desempenho desse esforço humano sempre que não configure operação mercantil, industrialização, operação financeira ou outras atividades qualificadas constitucionalmente como demarcadoras do campo material de competência da União ou dos Estados (arts. 153 e 155).

1.2 Serviço tributável pelo Município

À vista do texto constitucional, pode-se definir serviço tributável como: "O desempenho de atividade economicamente apreciável, produtiva de utilidade para outrem, porém sem subordinação, sob regime de direito privado, com fito de remuneração, não compreendido na competência de outra esfera de governo".

1.3 Hipótese de incidência do ISS

A hipótese de incidência do ISS (art. 156, III) é, portanto, a prestação de qualquer serviço — excluído o compreendido na competência tributária dos Estados (art. 155, II) — com conteúdo econômico, sob regime de direito privado.

1.3.1 *Aspecto material* — O núcleo da materialidade da hipótese de incidência do ISS expressa-se por um comportamento humano sintetizado no binômio "verbo e respectivo complemento", no dizer de Paulo de Barros Carvalho (*Curso de Direito Tributário*, 2ª ed., São Paulo, Saraiva, 1986, pp. 142 e 143; também em "Natureza jurídica do ISS", *RDT* 23/151). A essência da hipótese de incidência do ISS não exaure sua compreensão no termo "serviço" isoladamente considerado, mas na atividade humana que dele decorre, vale dizer, na "prestação de serviço".

"Prestar serviço", por sua vez, indica, na técnica jurídica, atividade em proveito alheio. É que a prestação de atividade em benefício próprio não exterioriza riqueza, nem capacidade contributiva. E, como visto, a Constituição só arrolou arquétipos evidenciadores de riqueza. É incompatível com a estrutura sistêmica constitucional a tributação dessas categorias de eventos. Juridicamente, não há prestação de serviço em proveito próprio. Só é reconhecida como tal a prestação que tenha conteúdo econômico mensurável, o que só se pode dar quando o esforço seja produzido para outrem. Não há serviço para si mesmo: isto seria inaceitável *contradictio in terminis*. Ninguém se relaciona consigo mesmo.

É, na verdade, impossível pretender atribuir significação econômica a um trabalho para si mesmo. Daí o impor-se discernir "trabalho" de "serviços", para reconhecer que este é espécie daquele; que só este está compreendido na dicção constitucional demarcadora do campo material do ISS dentro do qual irá operar o legislador ordinário (art. 156, III).

As atividades caracterizadoras de serviço, juridicamente relevantes, comportam uma grande divisão entre prestação de serviço público e a prestação de serviço sob regime de direito privado.

O texto constitucional afasta do campo suscetível de criação de hipótese de incidência (h.i.) a prestação de serviço público (art. 150, VI). Daí o dizer-se, sintenticamente, ser a consistência do ISS a prestação de serviço, sob regime de direito privado.

Em resumo, da perspectiva jurídica — que é o que aqui importa —, o aspecto material da h.i. do ISS é o comportamento humano (prestação de serviço) consistente em desenvolver um esforço visando a adimplir uma obrigação de fazer (= produzir o resultado contratado).

1.3.2 *Aspecto pessoal* — Tirantes as exceções referidas no art. 147 da CF, o ISS é tributo de competência exclusiva dos Municípios. Salvo lei municipal instituindo parafiscalidade, sujeito ativo é o Município.

Sujeitos passivos são os prestadores de serviço. É que só a prestação de serviço é tributável, e não seu consumo, sua fruição, sua utilização. Isto porque é essencial à hipótese o aspecto pessoal, no seu lado passivo. Toda vez que o legislador constituinte faz referência a um fato — ao distribuir competências tributárias — está fazendo referência à pessoa produtora do fato, ou de alguma maneira a ele ligada, por um tipo de conexão constitucionalmente qualificada para produzir não só o efeito de fazer nascer a obrigação tributária como, ainda, o especial efeito de fazê-la nascer tendo por sujeito passivo uma determinada categoria de pessoas (o destinatário constitucional tributário, a que se refere Cléber Giardino, aplicando magnífica e fecunda lição de Héctor Villegas — v. *RDT* 23/136; também *RDT* 34/216 e 217).

A dicção constitucional considerada (art. 156, III,) não só requer o fato "serviço" como necessário mas, igualmente — embora implicitamente —, seu produtor: não supõe o fato com abstração de quem lhe dá origem. Pelo contrário, visa a indicar, claramente, ao legislador ordinário o sujeito passivo do tributo (que só pode ser quem produz o serviço, quem desempenha o esforço em que ele consiste).

Evidentemente, a prestação do serviço só é tributável porque o conteúdo econômico indica o prestador como o verdadeiro beneficiário da retribuição, que, de alguma maneira, é o modo objetivo de mensuração desse mesmo conteúdo econômico.

1.3.3 *Aspecto temporal* — A lei tributária traz a indicação, explícita ou implícita, das circunstâncias de tempo importantes para a configuração dos fatos imponíveis. No caso do ISS o fato tributário considera-se ocorrido no momento em que se perfaz a prestação do serviço.

Marçal Justen Filho lembra que a definição do aspecto temporal está umbilicalmente ligada à consistência do aspecto material: "Em essência, se o aspecto material é a prestação de serviço, o aspecto temporal só pode ser um único: o momento em que há prestação de serviço. Se é eleito, como critério temporal, um momento temporal diverso, o único resultado seria o de que a tributação não mais teria por hipótese, no aspecto material, a prestação de serviço, mas aquela situação que se verifica no momento localizado a partir do critério temporal" (*O Imposto sobre Serviços na Constituição*, v. 10, São Paulo, Ed. RT, 1985, p. 138).

A precisa determinação do momento de ocorrência do fato imponível exige se observe se o serviço é de prestação fracionável ou não. No primeiro caso o fato ocorrerá tão logo esteja completada uma das frações em que a prestação se dividir; no segundo caso só se poderá falar em ocorrência da prestação do serviço ao tempo de sua conclusão. Nunca antes.

1.3.4 *Aspecto espacial* — É sumamente importante a definição legal das circunstâncias de lugar reputadas juridicamente relevantes para efeitos de regular o surgimento das obrigações tributárias (Geraldo Ataliba, *Hipótese de Incidência Tributária*, 5ª ed., 7ª tir., São Paulo, Malheiros Editores, 1998, pp. 93 e 94).

O aspecto espacial comporta duas vertentes. Uma, genérica, que se confunde com o próprio âmbito de validade da lei, que não pode ser ampliado por iniciativa do legislador municipal (embora possa ser reduzido). A segunda, específica, diz respeito ao compromisso que a lei estabelece entre o fato imponível e uma determinada circunstância de lugar.

No pertinente ao ISS vários problemas se colocam relativamente ao aspecto espacial. Os conflitos materiais ora se dão com o Estado, ora com a União. Também são freqüentes os conflitos de lei no espaço, com outros Municípios. Nestes casos despontam aqueles cuja solução está na própria repartição de competências tributárias constitucionalmente estabelecida.

Com amparo no art. 146 da CF, a legislação de natureza complementar (Decreto-lei 406/68) contém norma (art. 12) definindo o local em que deve ser considerado prestado o serviço. A regra do art. 12 do Decreto-lei 406/68 entende devido o ISS — exceto nos serviços de construção civil — no local do "estabelecimento prestador". A despeito do simplismo deformante do preceito, impõe-se dele extrair a possível eficácia, diante da Constituição.

1.3.4.1 Estabelecimento: cumpre buscar o reconhecimento de "estabelecimento", para então discernir "estabelecimento prestador" dentre os inúmeros do gênero.

É cediço e incontroverso que estabelecimento é unidade econômica. Enquanto a empresa é a atividade organizadora, produtora de bens ou da prestação de serviços, o estabelecimento é o promotor das ações ou movimentos da empresa. "Estabelecimento" não é a empresa: é seu órgão. É um *locus* onde ela baseia sua ação.

"Estabelecimento" é o complexo de meios idôneos, materiais ou imateriais, pelos quais o prestador do serviço explora determinada atividade; ou, na lição de Carvalho de Mendonça, "o organismo econômico aparelhado para o exercício desta" (*Tratado de Direito Comercial*, v. V, Rio, 1919, p. 15).

1.3.4.2 Estabelecimento prestador: "estabelecimento prestador", por sua vez, é qualquer local em que, concretamente, se exercitem as funções de prestar serviços. O porte do estabelecimento, a dimensão dos poderes administrativos, a existência de subordinação, sendo elementos irrelevantes para a caracterização de estabelecimento, também o são para a tipificação de estabelecimento prestador.

Por isso, Pierre Broallier (*Les Succursales des Établissements Industriels et Commerciaux*, Lion, Imprimérie Express, 1926, pp. 11 e 15) ressalta que não deixam de ser estabelecimentos quaisquer unidades econômicas, sejam sucursais ou agências, pelo fato de ser maior ou menor a extensão dos poderes do diretor ou do administrador, sejam supridos ou autorizados pela sucursal, no caso de agência, ou da matriz, no caso de sucursais. A diferença — diz — é sutil. Estabelece-se quanto ao grau, e não quanto à natureza.

Gaetano Scarpello (in *Nuovo Digesto Italiano*, v. XII, Parte Primeira, Turim, 1940, p. 1.188) distingue o estabelecimento principal (sede ou matriz) dos demais (filiais, sucursais, agências) em razão de uma única nota distintiva inconfundível: a de operarem estes, em relação ao principal, sempre subordinadamente, "recebendo ordens e diretrizes".

A representação com poderes gerais, amplos, só existe nas matrizes ou sedes. Exatamente, o traço tipificador das filiais, agências, sucursais, é terem poderes parciais de representação. Basta o tenham. O grau, a intensidade, são irrelevantes.

"Estabelecimento prestador" é, pois, o local em que o serviço é prestado, independentemente do seu porte, grau de autonomia ou qualificação específica.

Essa conclusão coincide com a exegese dos nossos tribunais. O ISS (disse, reiteradamente, o 1º TACivSP) "é sempre devido ao Município do local de sua prestação, desde que realizado por estabelecimento aí mantido" (cf. Ap. cíveis 230.895, 231.935, 245.477 e 273.166).

1.3.4.2.1 Matriz, sede ou filial. Irrelevância: para a incidência do ISS é irrelevante estar-se diante de matriz, sede, ou de filial, sucursal, agência.

A doutrina e a jurisprudência têm destacado que para a definição do local em que é devido o ISS não importa se se trata de matriz, filial, sucursal, agência, loja, escritório ou outras denominações da espécie.

A designação "sede" (que muitos consideram equivalente ao termo "matriz") já foi utilizada no passado (cf. art. 6º, II, do Ato Complementar 36/67). Mas essa designação foi descartada com o advento do Decreto-lei 406/68, que, em seu art. 12, "a", dispôs, *verbis*: "Considera-se local da prestação do serviço: a) o do estabelecimento prestador ou, na falta de estabelecimento, o do domicílio do prestador; b) no caso de construção civil, o local onde se efetuar a prestação".

O que sobreleva no caso da Consulente — que não é prestadora de serviços de construção civil — é o estabelecimento que presta os serviços.

Uma primeira lembrança: o problema de onde é devido o ISS se põe unicamente quando há estabelecimentos em mais de um Município. Se todos os estabelecimentos forem no mesmo Município, eventual equívoco não tem conseqüências de monta.

Isto porque o ISS é devido no local (Município) em que está situado o estabelecimento prestador. O ISS não é devido por qualquer estabelecimento, mas apenas por aquele que efetivamente prestou os serviços.

Em termos singelos: se um serviço for prestado por filial situada no Município "A", o imposto será devido nesse Município, a despeito de a matriz estar localizada no Município "B".

Descartando o disposto no art. 12, "a", acima transcrito, há algumas decisões do STJ entendendo que o ISS é devido onde os serviços forem prestados, sendo irrelevante o local (Município) em que situado o estabelecimento prestador.

1.3.4.3 Local da prestação dos serviços: a) **Doutrina — 1ª corrente**: os doutrinadores, no pertinente ao aspecto espacial da hipótese de incidência, têm perfilhado duas distintas correntes: a primeira defende que o ISS é sempre devido no lugar (Município) em que os serviços forem prestados. Essa inteligência implica não reconhecer validade ao art. 12, "a", do Decreto-lei 406/68, salvo nos casos em que coincidem o local onde é prestado o serviço e o do estabelecimento prestador. Digamos que, nesta última hipótese, o preceito é inócuo ou, no mínimo, redundante. Nos demais casos — é dizer, diante de serviço prestado no Município "A" e estabelecimento prestador localizado no Município "B" — não pode prevalecer a regra do art. 12, "a", em detrimento do Município em que o serviço foi prestado, senão com afronta à Constituição.

Cléber Giardino, por exemplo, analisando o art. 12, "a", do Decreto-lei 406/68, defende a existência de descompasso entre essa norma e a Constituição. São suas palavras: "(...) vinculam-se à competência de cada Município os fatos específicos em que se traduz a materialidade do Imposto sobre Serviços (a dizer, o desempenho concreto de atos materiais definíveis como de execução de contratos de serviço) ocorridos em seu respectivo território; logo, 'local da prestação' é aquele onde materialmente executado o serviço. O Município competente para tributar essa prestação será, sempre e exclusivamente, aquele em cujo território forem os serviços executados".

E prossegue, na demonstração de sua tese: "(...) o art. 12 do Decreto-lei n. 406, de 1968 — embora possa ser tido como da natureza das leis complementares dispositivas acerca de conflitos de competência —, é inaplicável no que veicula fórmula legislativa incompatível com os princípios assim claramente postos pelo texto constitucional (por exemplo, sua letra 'a', quando diversos os locais da prestação e do estabelecimento ou domicílio do prestador)" (Cléber Giardino, "ISS — Competência municipal — O art. 12 do Decreto-lei n. 406", *Resenha Tributária* 32/734, 4º trim./84, São Paulo, ed. Resenha Tributária).

Idêntica é a inteligência de Marçal Justen sobre o aspecto espacial da hipótese de incidência do ISS. Muitas são as passagens em que afirma e reafirma a convicção de que o ISS só pode ser exigido no Município no qual os serviços são prestados:

"Só é possível uma única solução. Competente será o Município em cujo território o fato imponível realizou-se. E não há como opor a isso o raciocínio de existirem situações onde há dificuldade de apuração do local em que o fato imponível ocorreu. Essa dificuldade só pode ser do intérprete desavisado ou desaparelhado.

"Como visto, o fato imponível do ISS ocorre no local onde há a execução de prestação de serviço, qualificável como adimplemento a uma obrigação de fazer" (*O Imposto sobre Serviços na Constituição*, v. 10, São Paulo, Ed. RT, 1985, p. 147).

b) **Doutrina — 2ª corrente**: a segunda corrente defende que o ISS é devido no local do estabelecimento prestador, tal como dispõe o art. 12, "a", do Decreto-lei 406/68.

Dentre seus defensores destaquemos Bernardo Ribeiro de Moraes, para quem:

"Prestado o serviço, verifica-se o local de sua prestação através da existência ou não de um 'estabelecimento prestador'. Não se trata de um estabelecimento qualquer do prestador, mas, sim, do estabelecimento prestador do serviço.

"(...).

"A lei faz referência a 'estabelecimento prestador'. Assim, qualquer estabelecimento do contribuinte poderá determinar o local de incidência do ISS, pouco valendo a importância do estabelecimento (sede, matriz, filial, sucursal ou agência), ou o local onde esteja centralizada a escrita. O essencial é que o referido estabelecimento seja o 'prestador' do serviço e não outro. É o estabelecimento prestador do serviço que indicará o local a ser levado em conta para a incidência do ISS" (*Doutrina e Prática do Imposto Sobre Serviços*, São Paulo, Ed. RT, 1975, pp. 488 e 489).

c) **Jurisprudência**: o Poder Judiciário também tem exarado decisões ora num ora noutro sentido. Deveras, os nossos Tribunais têm concluído que o ISS "é sempre devido ao Município do local de sua prestação, desde que realizado por estabelecimento aí mantido" (cf. Ap. cíveis 230.895, 231.935, 245.477 e 273.166); ou que: "Para fins de incidência do ISS, tem-se como ocorrido o fato gerador naquele local onde efetivou-se a prestação do serviço" (STJ, 1ª T., REsp 130.792-CE, v.u, *RJ/IOB* 2/98, 2ª quinzena de janeiro/98, p. 31, ementa 1/11.828).

Podemos adiantar desde logo que, no caso da Consulente, essa vacilação, doutrinária e jurisprudencial, é totalmente irrelevante, porque, qualquer que seja a posição a ser filiada, o resultado será um só, como adiante demonstrado, no exame do caso concreto.

Isto posto, cabe examinar se o lugar do contrato tem algum relevo para determinação do local de incidência do imposto.

1.3.4.3.1 Lugar do contrato. Irrelevância: não se deve confundir "local da prestação" com o lugar em que são celebrados os contratos. O imposto é devido no local (Município) em que se dá a prestação; se ali há estabelecimento mais fácil e visível fica a caracterização desse local como o da incidência tributária. Em outras palavras, se o serviço é prestado no Município "A" e o prestador só tem estabelecimento no Município "B" prevalece a competência desse último, diante da regra do art. 12, "a", do Decreto-lei 406/68. Na hipótese, porém, em que o serviço é prestado no Município "A" e a prestação se dá mediante estabelecimento situado nesse mesmo Município "A" fica mais fortemente remarcado e induvidoso o local de incidência (Município "A").

1.4 Subsunção: o ISS incide sobre fatos

Não cabe ISS pela simples celebração de avença, prevendo futura e eventual prestação de serviços. Nesse caso não há subsunção. O ISS não incide sobre contratos, mas sobre fatos. É certo que o fato tributável, no caso de ISS, pressupõe um contrato. Mas isto não significa que esse imposto incida sobre contratos. O ISS recai sobre fatos, embora espelhados, iluminados, por contratos. Exemplificativamente, se for celebrado um contrato para a prestação de serviços de planejamento mas, concretamente, houver execução de obras, tributáveis serão os serviços de construção civil (fato), e não os de planejamento (constantes de contrato).

Ademais de só incidirem sobre fatos, e não sobre contratos, serviços tributáveis serão apenas os efetivamente realizados. Não incide ISS pela mera potencialidade da prestação de serviços. Contratado um serviço, se este não for efetivamente prestado não cabe ISS. Só cabe esse imposto se e quando se der a concreta realização do fato tido legalmente como critério material da hipótese de incidência tributária: "prestar serviço".

Cléber Giardino, com a argúcia que caracterizava suas elaborações doutrinárias, já assentara: "Daí não ser possível incidência do tributo se, a despeito de formalizado 'contrato de serviços', não se produzem os correspondentes atos materiais expressivos da efetiva realização das prestações implicadas. Por isso, a par as notas substanciais do conceito de 'serviços' — *v.g.*, atividade em regime privado, *in commercium*, com propósitos interessados e lucrativos, significativa de 'fazer' produtivo de utilidade material ou imaterial em benefício de terceiros (como excelentemente expostas por Geraldo Ataliba e Aires F. Barreto, *Suplemento Tributário LTr* 19/81), segue-se ainda o dado formal indispensável consistente na concretização, desses elementos abstratos, num fato ou evento reconhecível como o material e efetivo desempenho do 'fazer' contratualmente ajustado. Só assim ocorrerá fato imponível (ou fato gerador) do Imposto sobre Serviços" ("ISS — Competência municipal e o art. 12 do Decreto-lei n. 406", *Resenha Tributária* 32/726, 4º trimestre/84, São Paulo).

Não se configura qualquer fato imponível do ISS com a mera contratação; a celebração de contrato, por si só, não materializa o aspecto material "prestar serviços". Mera potencialidade de vir a ocorrer prestação de serviços não realiza o aspecto material. O simples contrato não implica o fato "prestar serviço". É mera previsão que pode ou não concretizar-se. Não é juridicamente possível tributar a contratação. Esta é potencialidade, não atualidade factual (para usar o vocabulário do notável Lourival Vilanova).

Advertência sobre essa impossibilidade vem formulada, também, por Souto Maior Borges: "(...) a potencialidade da prestação de serviços não é a rigor expressão passível de incluir-se no âmbito material da cláusula constitucional 'serviços de qualquer natureza'" (*RDT* 38/169).

E prossegue, ressaltando a contradição nos termos: "tanto a expressão 'serviços potencialmente prestados' quanto a locução 'prestação potencial de serviços', e outras que tais encobrem e ocultam, na sua dimensão semântica, a verdadeira face do fenômeno: nesses casos *não existe ainda nenhuma prestação de serviços*" (*RDT* 38/169).

Essa impossibilidade de incidir o imposto à míngua de subsunção já foi objeto de julgado da 3ª Câmara do 1º TACivSP, que, à unanimidade, decidiu: "O imposto municipal sobre serviços de qualquer natureza *somente* incide quando da *efetiva prestação* das atividades constantes da lista anexa ao Decreto-lei federal n. 406/68, com a redação do Decreto-lei n. 934/69, aludida no art. 8º. Isto significa que, ao ser cumprida a obrigação de fazer consistente no serviço tributável, ocorre a imponibilidade. Nos assim denominados contratos de manutenção, que a apelada celebra com sua clientela, tem-se ali alojada, em realidade, singular promessa de obrigação de fazer, condicionado o implemento desse *facere* a evento futuro e incerto, que até mesmo pode inocorrer. Em conseqüência, a simples *assinatura da avença* que põe na disponibilidade do contratante aderente o futuro e potencial atendimento (apenas na hipótese de quebra de eletrodoméstico), ***não se confunde com a efetiva prestação*** do serviço respectivo. Até aí não houve qualquer fruição de utilidade pelo referido contratante" (Ap. cível 380.230, rel. Juiz Ricardo Credie, j. 9.11.87, apte.: Prefeitura do Município de São Paulo, apda.: Susa S/A, *JTACivSP* 111/96).

Nesse caso, embora a descrição normativa seja integral, completa, sem lacunas, há falta de identidade, dada a insuficiência do fato observado, que se apresenta sem o revestimento integral dos critérios previstos em lei.

O nascimento de tributo condiciona-se à plena e cabal identificação do fato concretamente ocorrido ao conceito da norma. Se o fato não exibe os aspectos contemplados pela norma, ou se a norma tem aspectos que não compõem o fato, não se dá o fenômeno da subsunção. É dizer, não há "identidade" ente fato e norma. É como se confrontássemos um pentágono com um exágono. Pouco importa se a descrição abstrata é de polígono de cinco lados e o fato comparado é de polígono de seis lados, ou, inversamente, se foi descrito um polígono de seis lados e a figura factual objeto do confronto é um polígono de cinco lados: nas duas situações não se pode exigir tributo, por faltar a plena e rigorosa identidade entre o fato e a descrição da lei.

Em suma, celebração de contrato não envolve sequer início da prestação de serviços. Daí sua irrelevância para definir o Município competente para exigir ISS.

1.5 Base de cálculo do ISS

A base de cálculo do ISS é o preço do serviço. Preço do serviço, a seu turno, é a receita bruta a ele correspondente.

A perspectiva dimensível do aspecto material da hipótese de incidência (base de cálculo) do ISS não é o volume de recursos financeiros que ingressa no caixa das empresas, mas, apenas e tão-só, aquela espécie de ingressos que pode ser classificada como receita do prestador, proveniente da prestação dos serviços.

É comum que leigos confundam o conceito de ingresso (ou entradas) com o conceito de receita. Impõe-se distingui-los.

1.5.1 *Ingressos e receitas* — Nem todos os valores que entram nos cofres das empresas são receitas. Os valores que transitam pelo caixa das empresas (ou pelos cofres públicos) podem ser de duas espécies: os que configuram receitas e os que se caracterizam como meros ingressos (que, na Ciência das Finanças, recebem a designação de movimentos de fundo ou de caixa). *Receitas* são entradas que modificam o patrimônio da empresa, incrementando-o. *Ingressos* envolvem tanto as receitas como as somas pertencentes a terceiros (valores que integram o patrimônio de outrem). São aqueles valores que não importam modificação no patrimônio de quem os recebe, para posterior entrega àquele a quem pertencem. Apenas os aportes que incrementam o patrimônio, como elemento novo e positivo, são receitas (confiram-se as excelentes lições de Aliomar Baleeiro, *Uma Introdução à Ciência das Finanças*, 11ª ed., Rio, Forense, 1976, pp. 130-135). Estas — e só estas — são tributáveis pelo ISS. Os meros ingressos não configuram receitas — e só estas integram a base de cálculo do ISS, porque delas se pode dizer que remuneram a atividade econômica desenvolvida. Só elas representam o preço dessa atividade. Só elas podem consubstanciar pagamento da prestação contratual correspondente.

1.5.2 *Despesas e valores de terceiros* — Despesas são inconfundíveis com valores pertencentes a terceiros. *Despesas* são gastos do prestador do serviço, a serem subtraídos da sua respectiva receita, para efeito de apuração do resultado — e nesse caso, sim, seu reembolso configurará, também, receita, afetando o resultado econômico de atividade, vale dizer, afetando, positivamente, o patrimônio da empresa.

Essa a lição ministrada pelo insuperável Pontes de Miranda: "As despesas são diminuições do patrimônio que a pessoa se impõe de vontade própria, ou por dever, ou a favor de terceiro, ou de quem seja dono, ou tenha direito real sobre bem ou bens ou patrimônio. Se quem fez as despesas tem direito a reembolso é porque as despesas não lhe aproveitam, ou entram no cômputo de indenização a ser-lhe paga, ou foram feitas em virtude de negócio jurídico bilateral, ou de gestão de negócios alheios" (*Comentários ao Código de Processo Civil*, v. XIII, Rio, Forense, 1977, p. 130).

A contraposição é entre *despesas* e *receitas*, e não *despesas com ingressos financeiros*. Despesas são só as realizadas em favor de quem as faz. São gastos com a própria atividade, realizados para que esta possa desenvolver-se a propiciar os proveitos (receitas) à vista dos quais se a explora. Estas — e só estas — as verdadeiras despesas, reembolsáveis ou não. E estas, obviamente, não podem ser deduzidas, sob pena de o preço do serviço deixar de ser a *receita bruta a ele correspondente*.

Enfim, receber e fazer pagamentos ou fazer pagamentos e, ao depois, ressarcir-se — à conta e à ordem do titular das mercadorias ou bens a serem desembaraçados — constituem os atos mais peculiares e corriqueiros de uma série de atividades, inclusive a desenvolvida pela Consulente. Esses valores monetários ora são previamente despendidos e depois recuperados, ora são adiantados pelo cliente para pagamento das despesas.

1.5.3 *Lei paulistana e preço* — À guisa de exemplo, tome-se a lei do Município de São Paulo. Esta não impõe — até porque não poderia fazê-lo — sejam alcançadas meras entradas. Pelo contrário, quando a lei municipal diz que preço do serviço é a *receita bruta* a ele correspondente, tem-se que o adjetivo "bruta" vincula-se, umbilicalmente, ao substantivo "receita". É dele indissociável, formando um conceito próprio, *ao qual deve ater-se o Fisco*. A cláusula "a ele correspondente" restringe ainda mais o conceito. Base de cálculo não é qualquer receita bruta, mas apenas aquela proveniente da prestação de serviços.

1.5.4 *A receita é o valor da taxa de administração* — Por conseguinte, a receita bruta da Consulente sujeita ao ISS é apenas o valor global da taxa de administração, contratualmente cobrada, a título de serviço, sem qualquer dedução. Note-se que nem mesmo é o valor total recebido. Não. Só se sujeita ao ISS o valor decorrente da prestação de serviços, sem incluir parcelas referentes a receitas da prestação de garantia. Sendo a chamada *taxa de administração*, proveniente da prestação de serviços, sua única remuneração, não se lhe pode exigir ISS por valores outros que (a) configuram receita, mas não decorrem da prestação de serviços, ou (b) não constituem receita, mas meras entradas, que ingressam em seu caixa. Os primeiros podem estar sujeitos a imposto, mas não ao ISS; os últimos refletem valores que são meras entradas, nítidas contraprestações devidas a terceiros pelas empresas suas clientes.

O que a doutrina resolveu designar por "reembolso de despesas" não configura, diante da nossa ordem jurídica, "prestação de serviços"; por isso não se subsume no conceito de serviço tributável por via do ISS.

As normas do Direito que disciplinam a compostura e a natureza jurídica do ISS impedem conclusão no sentido de que o reembolso de despesas integre a categoria da "prestação de serviço".

Atenta a essas normas, a 2ª Câmara do 1º TACivSP já decidiu pela não-incidência do ISS sobre tais despesas. Esses ingressos, por não resultarem do exercício da atividade explorada pela empresa, não fazem parte do preço dos serviços (cf. ac. 450.833-2, *RJ/IOB* 20/91, pp. 355 e 356, ementa 1/4.547).

Em conclusão: não podem os Municípios tributar simples reembolsos de despesas. Despesas reembolsáveis — meras recuperações de valores despendidos com terceiros — não configuram qualquer prestação de serviços. Não caracterizam qualquer fazer subsumível ao conceito de serviço tributável.

Nada autoriza o Fisco a entender diversamente. Todavia, se assim o fizer — vindo a incluir na base de cálculo quantias a serem entregues a terceiros (e que são receitas destes, como é o caso de impostos, taxas, emolumentos, despesas de armazenagem etc.) —, estará ou (a) elegendo base de cálculo incompatível com o critério material da hipótese de incidência (que, na espécie, é "prestar serviços de despachos aduaneiros"), assim incorrendo em inconstitucionalidade, ou (b) terá integrado no ato de lançamento (base calculada) valores que não refletem a base de cálculo, praticando, nessa hipótese, nítida ilegalidade, desnaturadora do tributo.

1.5.5 *Majoração de tributo, sem lei* — Se, por hipótese, o Fisco considerar os meros movimentos de caixa (entradas ou ingressos financeiros) como receitas — ao invés de ater-se ao montante da comissão —, terá majorado sem lei o tributo, por desnaturação da base de cálculo. E se — como é cediço para a melhor doutrina (Alfredo A. Becker, Paulo de Barros Carvalho, Roque Carrazza) — é pela base de cálculo que se determinam não só a natureza jurídica de um tributo como seu tipo, nesse caso estar-se-á exigindo tributo outro que não o ISS, porque a base imponível deixará de ser o valor da prestação do serviço, para ser o montante do numerário que transita pelo caixa da Consulente. Em outras palavras, a dimensão financeira do critério material da hipótese de incidência passará a ser o total dos valores em dinheiro, próprios e de terceiros, ou, ainda, o total dos recebimentos havidos, inclusive os que não pertencem à Consulente.

Parece claro que considerar na base calculada valores que não correspondem à remuneração do serviço (prestado pela Consulente) implica tributar não o serviço, mas outra coisa, maior, mais ampla e mais abrangente, *sem consentimento constitucional* (art. 156).

Se assim se fizesse, a base imponível deixaria de ser o *preço do serviço* para ser o *movimento financeiro* do caixa da Consulente; deixaria de ser a receita bruta para ser o volume dos ingressos. O imposto incidiria sobre (a) a receita da Consulente e mais (b) sobre a receita de terceiros. Mais não é preciso para evidenciar o despautério decorrente de pretensão da espécie.

1.5.6 *Efeito de confisco* — Ademais disso, considerar receita o que é apenas ingresso importaria efeito de confisco tributário, com afronta à Constituição. Ter-se-ia, sob tal critério, ilegal e absurdo, tributo confiscatório e inteiramente obstativo do exercício dessa atividade econômica, ferindo duplamente a Constituição (cf. arts. 150, IV, e 170 e seu parágrafo único).

2. O caso concreto

2.1 Natureza jurídica dos contratos celebrados pela Consulente

É visível que a outorga do "cheque-cardápio" assegura a seu portador crédito equivalente ao seu valor nominal, com a garantia de sua aceitação pelos estabelecimentos filiados à emitente (no caso, a Consulente).

É fácil ver que o "cheque-cardápio" atua como moeda alternativa, seja para o portador do "cheque", seja para o fornecedor de bens ou serviços filiado à Consulente. Serve como meio de pagamento e de crédito. Foram razões similares que permitiram a Michel Cabrillac e Jean-Louis Rives-Lange, ao versarem os cartões de crédito, a conclusão de que se está diante de "enfant dernier né de la famille des instruments de paiement et de crédit" (*Révue Trimestrielle de Droit Commercial* XXIII/754, 1970). Assim como muitos designam os cartões de crédito de "dinheiro de plástico", muitos chamam os "vales-refeição", como o "cheque-cardápio", de "dinheiro de papel".

De fato: a) para o fornecedor de refeições ou alimentação filiado significa vender com a segurança de que receberá o valor das vendas respectivas; b) para o portador do "cheque-cardápio" a certeza de que, contra a entrega desse "cheque", poderá consumir alimentos, refeições ou adquirir gêneros alimentícios, em virtude da garantia de crédito por ele assegurada, no limite prefixado. Entregá-lo ao estabelecimento que fornece refeições, que vende alimentos ou gêneros alimentícios, significa pagar com essa "moeda de papel".

O portador do "cheque-cardápio" compra à vista, com pagamento do preço no ato, mediante apresentação do "cheque". A entrega do "cheque" implica extinção do dever de pagamento do preço, acarretando a imediata quitação dessa obrigação do portador do "cheque" em relação ao fornecedor de alimentação, de refeições, ou ao vendedor de gêneros alimentícios.

O sistema de "cheque-cardápio" da Consulente envolve, ordinariamente, quatro sujeitos: a) a Consulente, emissora e fornecedora do "cheque-cardápio"; b) a empresa que adquire os "cheques-cardápio" para seus funcionários; c) o funcionário portador do "cheque-cardápio", que com ele compra gêneros alimentícios, refeições ou alimentação; d) o fornecedor desses bens ou serviços (estabelecimentos).

Como se vê, a atividade da Consulente importa várias relações, reciprocamente conexas, travadas: a) entre ela e as empresas participantes do PAT; b) entre ela e os fornecedores de bens ou serviços filiados ao seu sistema de "cheques-cardápio"; c) entre os fornecedores acima referidos e os portadores dos "cheques-cardápio".

Cada uma dessas relações tem por fonte atos negociais, contratos com diferentes objetos, pelos quais as partes envolvidas obrigam-se, mutuamente, a diferentes prestações.

2.1.1 *Contrato celebrado entre a Consulente e as empresas participantes do PAT* — A Consulente celebra com as empresas contrato por força do qual se obriga, mediante certa remuneração, a emitir e fornecer — sempre com respaldo na Lei 6.321/76, que previu a criação de Programas de Alimentação do Trabalhador (PAT) — "cheques-cardápio", é dizer, papéis que asseguram a aquisição de gêneros alimentícios, alimentação ou refeições nos estabelecimentos que, para tanto, filia.

As empresas, de posse desses "cheques", repassam-nos a seus funcionários, que podem utilizá-los como meio de pagamento de gêneros alimentícios, alimentos ou refeições nos estabelecimentos filiados à rede montada pela Consulente.

Com a entrega do "cheque" os funcionários das empresas clientes da Consulente podem adquirir bens nos estabelecimentos a ela filiados sem efetuar qualquer desembolso de dinheiro; o *fornecimento do "cheque"* ao funcionário da empresa participante do PAT é, portanto, a *prestação de uma garantia de crédito*, para esse fim.

Em face do crédito que, por esse meio, concede ao portador do "cheque", a Consulente faz jus a uma remuneração (comissão, taxa), cobrada por ocasião da outorga do "cheque", garantindo a solvência do valor das aquisições que este vier a realizar junto aos estabelecimentos fornecedores de alimentação a ela filiados.

A concessão do "cheque-cardápio" traduz-se na garantia de que seu portador possa, com ele, comprar refeições em estabelecimentos filiados, observado o limite nominal nele prefixado. Daí que a importância que a Consulente recebe por essa concessão é a remuneração da prestação de tal garantia.

Já se vê, portanto, que essa remuneração não decorre de qualquer prestação de serviços, mas, sim, corresponde à prestação da garantia. O "cheque" representa, essencialmente, uma prestação de garantia. Se serviço houver, será meramente subsidiário.

Em questão similar, versando avais e fianças bancárias, o Judiciário já assentou que: "A fiança bancária também não pode, em nenhuma circunstância, ser taxada por ISS. Não se ignora que algumas das atividades bancárias podem ser taxadas pelo ISS. O que não pode ser taxado por esse tributo é toda aquela atividade que faça parte da própria natureza da atividade bancária. Assim, por exemplo, já se decidiu que o simples depósito em conta corrente não pode ser lançado a esse título (v. *Julgados dos Tribunais de Alçada Civil* 7/245, 7/357, 11/112, 13/119), da mesma forma que também não podem as comissões em avais, fianças, endossos e aceites (*Julgados* cits., 6/297, 16/83, 7/259; neste último se admitiram intributáveis os serviços bancários apenas quando participantes da natureza de operações de crédito, já que essas são taxadas pelo imposto de operações financeiras, de competência federal), existem serviços outros suscetíveis de tributação (...). Como se vê, portanto, pelos precedentes supra-referidos (*Julgados* cits., 6/297, 16/83, 7/259), as comissões sobre fianças representam atividade tipicamente bancária e, pois, insuscetível de tributação pelo ISS. Aliás, segundo o ensinamento de Bernardo Ribeiro de Moraes, em seu *Doutrina e Prática do Imposto sobre Serviços*, ed. 1975, p. 333, é a fiança operação de garantia tipicamente bancária e, portanto, não admite tributação por ISS. Quanto a esse ponto, portanto, o auto de infração também é nulo".

Acórdão do 1º TACivSP, por sua 3ª Câmara, confirmou a sentença. Desse acórdão, que transitou em julgado, destacamos os seguintes trechos:

"No tangente aos serviços prestados e constituídos de fianças bancárias, não incide o ISS, por falta de tipificação em qualquer dos itens permissivos da cobrança desse tributo.

"(...).

"E a prestação de fiança bancária não se subsume em nenhum dos itens da Lista a que se refere o art. 8º do Decreto-lei n. 834/69, pelo quê não há tipificação que autorize a tributação do serviço de fiança bancária."

A mesma separação também deve ser feita em relação às receitas que venham a ser auferidas dos estabelecimentos fornecedores de alimentação e refeições em razão do reembolso dos "cheques-cardápio". Não cabe ISS sobre o *valor total das receitas* auferidas desses estabelecimentos (restaurantes, padarias etc.), porque estas decorrem, em sua maior parte, da prestação de garantia, e não da prestação de serviços. Conseqüentemente, do cálculo do ISS devem ser escoimadas as parcelas relativas à remuneração de garantia, porque estas não decorrem de qualquer prestação de serviços.

2.1.2 *Contrato celebrado entre os funcionários das empresas participantes do PAT e os estabelecimentos filiados* — A natureza dos contratos que os funcionários das empresas clientes da Consulente celebram com os fornecedores (estabelecimentos) filiados ao sistema depende da atividade que estes desenvolvem. Sendo prestadores de serviço, o portador do "cheque-cardápio" que por eles se interessar utilizá-lo-á para pagar pelos serviços; se for um comerciante, vendedor de mercadorias, o portador do "cheque-cardápio" usá-lo-á para pagar as mercadorias que deles adquirir etc.

Assim sendo, se o portador do "cheque-cardápio" (1) adquire mercadorias ou (2) utiliza serviços, estará, respectivamente, celebrando, com os correspectivos fornecedores, (1) contrato de compra e venda de mercadorias ou (2) contrato de prestação de serviços.

A relação jurídica que se instaura entre o portador do "cheque-cardápio" e o fornecedor esgota-se, limita-se, cinge-se ao contrato que entre si celebram. Daí que as recíprocas obrigações entre o estabelecimento filiado e o portador do "cheque-cardápio" definem-se segundo o contrato que entre si celebram: de compra e venda ou de prestação de serviços, consoante seja o caso. E esse contrato, do ponto de vista jurídico, em nada e por nada se particulariza pelo só fato de o pagamento do preço fazer-se com o "cheque-cardápio". É dizer, ele não se modifica nem se altera, em suas especificidades, pelo fato de o preço ser pago com "cheque-cardápio". Se de uma compra e venda de mercadorias se tratar, as especificidades da relação "vendedor filiado ao sistema" *versus* "adquirente com 'cheque-cardápio'" serão as ordinárias dessa espécie de contrato. Se o "cheque-cardápio" for utilizado para pagar serviços, então, do mesmo modo, os traços característicos da relação "prestador filiado ao sistema" *versus* "usuário que paga com 'cheque cardápio'" serão os normalmente decorrentes do contrato de prestação de serviço.

Importa salientar, entretanto, que o "cheque-cardápio" tem efeito liberatório, de modo que sua aceitação, pelo vendedor, quita o preço. Daí que as operações que se fazem com o "cheque-cardápio" são operações à vista. Compra e venda à vista ou prestação de serviço com pagamento à vista.

De fato, o portador do "cheque-cardápio", após escolher a mercadoria que lhe interessa, ou utilizar-se de um serviço, efetua o pagamento do preço com o "cheque-cardápio", retirando, em seguida, o bem adquirido ou consumido ou, ainda, recebendo o serviço que terceiros lhe prestaram. Exaure-se nesse momento o negócio jurídico. Aperfeiçoou-se o contrato, tornando-se obrigatório (CComercial, art. 191; CC, art. 1.126).

Deveras, adaptando as lições de Reynaldo Daiuto sobre cartões de crédito, verifica-se que: "Ao fazer despesas junto ao fornecedor, pagando-as com cartão de crédito *[a mesmíssima coisa ocorre com o "cheque cardápio"]*, o portador realiza contratos de acordo com a natureza das despesas. Esses contratos podem ser de compra e venda, de transporte ou de prestação de serviços. Em qualquer dos casos, na relação comprador-vendedor, *a operação deve ser considerada à vista*, ficando portanto o portador quitado quanto ao cumprimento da sua obrigação de pagar ao vendedor" (esclarecemos).

E — conclui esse autor — o cartão de crédito (o mesmo dá-se com o "cheque-cardápio") "liquida inteiramente a obrigação de pagar do vendedor. *Opera como se fosse moeda*, com a diferença de que com a sua aceitação o vendedor se constitui automaticamente credor do emissor" ("Compra e venda com pagamento do preço através de 'cheque-cardápio' — Operação à vista ou a prazo?", *RDC* 64/61).

Como visto, o funcionário da empresa cliente do "cheque-cardápio", ao adquirir, dos fornecedores filiados ao sistema, gêneros alimentícios ou consumir alimentos ou refeição não efetua qualquer desembolso no ato da aquisição, senão que entrega, tão-só, o "cheque-cardápio".

No ato da compra ou consumo da refeição o funcionário da empresa limita-se a apresentar o "cheque-cardápio", que tem efeito liberatório do valor do bem adquirido ou consumido, importando — para o funcionário da empresa cliente do "cheque-cardápio", relativamente ao fornecedor — a quitação do preço desse bem (adquirido ou consumido). A relação entre o portador do "cheque-cardápio" e o fornecedor esgota-se na respectiva relação de compra e venda de mercadoria ou de prestação de serviço.

É fácil ver que o "cheque-cardápio" atua como moeda alternativa, seja para o funcionário da empresa cliente do "cheque-cardápio", seja para o fornecedor de bens ou serviços filiados à Consulente. Serve como meio de pagamento e de crédito.

De fato: a) para o estabelecimento filiado significa vender com a segurança de que receberá o valor das vendas; b) para o funcionário das empresas participantes do PAT — que celebram contrato com a Consulente —, a certeza de que poderá adquirir bens com a só apresentação de tal "cheque-cardápio", em virtude da garantia de crédito por ele assegurada, nos limites preestipulados. Entregá-lo ao lojista ou ao prestador de serviço significa pagar com "moeda alternativa".

O portador do "cheque-cardápio" compra à vista, com pagamento do preço no ato, mediante apresentação desse documento. A apresentação do "cheque-cardápio" implica extinção do dever de pagamento do preço, acarretando a imediata quitação dessa obrigação do portador do "cheque-cardápio" em relação ao fornecedor (estabelecimento filiado).

2.1.2.1 Prestação de garantia de crédito: como visto, com a só entrega do "cheque-cardápio" o funcionário das empresas clientes da Consulente pode adquirir bens nos estabelecimentos a ela filiados, sem efetuar qualquer desembolso de dinheiro; o *fornecimento do "cheque-cardápio"* é, portanto, a *prestação de uma garantia de crédito* para esse fim específico.

Em face do crédito que, por esse meio, concede aos portadores dos "cheques-cardápio" — garantindo, ainda, a solvência do valor das aquisições que estes vierem a realizar junto aos estabelecimentos filiados — a Consulente faz jus a uma remuneração. Ou seja, é remunerada por garantir: a) à empresa participante do PAT — com quem contrata a emissão de "cheques-cardápio", para distribuição aos seus empregados — que estes possam, com a entrega desse documento, comprar gêneros alimentícios, refeições ou alimentação em estabelecimentos a ela filiados, observado o limite de crédito neles consignado; b) aos estabelecimentos fornecedores de alimentação ou refeições, que a ela se filiam, o recebimento dos valores nominais dos "cheques-cardápio" utilizados na aquisição desses bens.

2.1.3 *Contrato entre a Consulente e os estabelecimentos filiados* — A Consulente celebra com estabelecimentos diversos (fornecedores ou vendedores de gêneros alimentícios, refeições ou alimentos), que denomina de "filiados", contrato pelo qual assume a obrigação de pagá-los pelos valores nominais que constam dos "cheques-cardápio", descontado um percentual decorrente da garantia que confere aos estabelecimentos de que receberão dela os valores despendidos pelos portadores dos "cheques". Pela garantia que dá aos estabelecimentos, do recebimento do valores por aqueles despendidos, recebe ela uma remuneração, chamada "taxa de desconto", porque calculada com base em percentual sobre o valor do negócio realizado entre o estabelecimento filiado e o portador do "cheque-cardápio".

Paralelamente, por importar a utilização do "cheque-cardápio", que emite, um direcionamento de clientes para os estabelecimentos a ela filiados, a Consulente pode prestar-lhes serviços de agenciamento de clientela.

Aqui, pois, é possível vislumbrar prestação de garantia e prestação de serviço.

Conseqüentemente, é corretíssimo e desejável que a Consulente, para espelhar rigorosamente o objeto contratado, proceda à separação das suas receitas de molde a distinguir (a) a remuneração que decorre da garantia da (b) remuneração proveniente de serviços de agenciamento.

2.2 *Discernimento dos contratos e identificação dos respectivos objetos*

Como demonstrado, o ISS não é imposto que incida sobre contratos; pelo contrário, é típico imposto sobre fatos. O surgimento de obrigação tributária relativa a esse imposto condiciona-se à *concreta verificação*, no mundo fenomênico, de *fato* subsumível à descrição legal: prestação de serviços.

Nada obstante, convém ter presente a impossibilidade — assim no caso desse imposto como no de tantos outros — de ocorrer fato tributável que não resulte de contrato.

Embora não se possa dizer que a todo contrato corresponda um fato tributável, é correto afirmar que todo fato tributário, em relação ISS, pressupõe um contrato. É que o fato, de conteúdo econômico, em que se traduz o objeto do contrato é que poderá constituir-se ou não em fato sujeito à hipótese de incidência do ISS. Daí por que, diante de um dado fato de expressão econômica, sua subsunção à hipótese de incidência desse imposto exigirá, sempre, detida e acurada análise do contrato do qual é objeto, para bem discernir sua materialidade e sua real natureza jurídica, a fim de que não se exija imposto indevido.

Não pode o aplicador da lei deixar de examinar com percuciência cada contrato — isolando cada um deles, para fins de identificá-los, sobretudo quando têm por suporte um só instrumento contratual —, pondo empenho especial na análise de sua inserção nessa ou naquela classe, de contratos simples ou complexos, típicos ou atípicos, mistos ou coligados, tudo com vistas a bem discernir o objeto de cada qual.

De fato, quando se tem — como no caso concreto objeto da consulta — pluralidade de avenças é especialmente relevante a distinção entre contratos mistos e contratos coligados. Os primeiros, no dizer sempre preciso de Orlando Gomes, "(...) compõem-se de prestações típicas de outros contratos, ou de elementos mais simples, combinadas pelas partes. A conexão econômica entre as diversas prestações forma nova unidade, por subordinação ou coordenação. Os elementos que podem ser combinados são: contratos completos, prestações típicas inteiras, ou elementos mais simples. Nesses arranjos cabem: um contrato completo e um elemento mais simples de outro; um contrato completo e uma prestação típica de outro contrato; prestações típicas de dois ou mais contratos; prestações típicas de contratos diversos e elementos simples de outros" (*Contratos*, Rio, Forense, pp. 106 e 107).

Já nos contratos coligados não se pode cogitar de fusão, isto é, embora ocorra a acumulação, não se tem por resultado um contrato unitário. A união dos contratos é simplesmente exógena ou externa. Consubstanciam-se num mesmo instrumento, concluindo-se num mesmo átimo. Mantêm, todavia, sua individualidade.

Em seu *Tratado de Derecho Civil, Derecho de Obligaciones*, Enneccerus enfoca variáveis de união de contratos (coligados), não confundíveis com os contratos mistos, destacando aqueles em que há: a) união meramente externa; b) união com dependência (in Aires F. Barreto, "ISS e ICM — Competência municipal e estadual — Limites", *RDT* 15-16/204).

Examinada a primeira alternativa (união meramente instrumental ou união exógena), segue-se a união com dependência, que consiste num agrupamento de contratos desejados pelas partes no seu todo. *Cada contrato depende do outro, não obstante guardem plena individualidade. Não há unidade contratual, mas sim pluralidade de contratos, uma vez que eles não se fundem.*

Ora, no caso vertente tem-se, inescapavelmente, que a Consulente celebra uma pluralidade de contratos, que, embora possam depender um do outro, não se confundem.

Os diversos contratos celebrados entre a Consulente e cada um dos participantes do sistema de "cheque-cardápio" assim como os firmados pelos participantes entre si, conquanto possam ser mutuamente referidos, ***têm natureza jurídica própria, não*** *sendo possível indiferenciá-los,* ***nem*** *confundi-los,* ***nem****, muito menos, miscigenar os respectivos objetos específicos de cada um deles.*

Assim sendo, reitera-se a conclusão de que cada um dos contratos celebrados pela Consulente (assim como os celebrados pelos demais intervenientes do sistema, entre si) tem sua natureza jurídica específica, própria, inconfundível. A correlação existente entre alguns deles não tem o efeito de influir na natureza um do outro — nem obscurecendo nem, por qualquer outro modo, alterando, nem, menos ainda, tornando indistintas suas respectivas naturezas jurídicas específicas.

E isso melhor se evidencia com o exame da contrapartida relativa a cada um deles. Para tanto, convém expor o sumário das receitas auferidas pela Consulente, de modo esquemático, a fim de bem evidenciar-lhes a respectiva natureza.

2.3 Sumário das receitas auferidas pela Consulente

Como vimos de ver, a Consulente, mercê do desenvolvimento de sua atividade, designada de "cheque-cardápio", aufere receitas que provêm: a) do valor cobrado da empresa participante do PAT, sua cliente, pela emissão e concessão da garantia de crédito, mediante o fornecimento do "cheque-cardápio" respectivo; b) de percentual sobre o valor das vendas (ou prestação de serviços) efetuadas pelos estabelecimentos filiados, por meio da aceitação de um "cheque-cardápio" em pagamento.

2.4 Prestação de garantia e prestação de serviços

Do quanto até aqui exposto, fica visível e evidente que a Consulente (emissora do "cheque-cardápio") subscreve contratos em que entram dois distintos componentes: a) abertura de crédito; b) eventual prestação de serviços.

A Consulente, deveras, procede à abertura de crédito e garante o valor nominal do "cheque-cardápio" — seja para a empresa participante do PAT, seja para os fornecedores de alimentação e refeições; para estes, ainda, pode-se vislumbrar que, subsidiariamente, preste serviço de agenciamento de clientela. Em outras palavras, com os estabelecimentos fornecedores de alimentação e refeições que a ela se filiam é possível afirmar que firma contrato atípico, misto de prestação de garantia e de serviços.

Por conseguinte, a atividade da Consulente, emissora do "cheque-cardápio" compreende (a) uma abertura de crédito (um não-serviço) e (b) um serviço (da espécie agenciamento). Ou atividade que se compõe de "A" e "B", sendo que apenas o segundo termo, "B", é um serviço.

A mescla "abertura de crédito e prestação de serviços" não pode dar ensejo à só incidência do ISS. Pelo contrário, se o contrato é um misto de prestação de garantia e de prestação de serviços, segue-se que nenhum processo simbiótico poderá transformá-lo, apenas e tão-só, em prestação de serviço.

Havendo um *misto* de (a) prestação de garantia e (b) prestação de serviço, a relação jurídica relativa ao ISS existe apenas na parte relativa a "b", sem a inclusão de "a". Em outras palavras, o cabimento do ISS só se faz possível sobre a parte relativa à prestação de serviços, sem inclusão da remuneração (receita) proveniente da prestação de garantia.

As competências tributárias são exclusivas e privativas. Disso decorre que não possam ser transferidas pelas pessoas políticas às quais foram cometidas. A Constituição é rígida e não se compadece com prorrogações de competência. Ademais disso, as materialidades dos vários impostos estão claramente separadas pela Lei Maior. Diante de venda ou de prestação de serviços e de financiamento duas pessoas político-constitucionais são competentes para impor tributação, cada qual nos limites previstos pela Constituição. Onde haja venda ou prestação de serviços e financiamento, ainda que em único instrumento, ou envolvidas em uma só vinculação negocial, incidem dois distintos tributos; duas esferas de governo atuam, mercê de duas competências tributárias distintas e inconfundíveis. Do mesmo modo no caso de prestação de garantia e de outro serviço, correlato ou dependente, mas sempre distinto e inconfundível com a operação financeira.

Em suma, tem-se que identificar e apartar a receita proveniente da prestação de serviços daqueloutra resultante da prestação de garantia. Em outras palavras, a remuneração que a Consulente recebe dos estabelecimentos não provém exclusivamente desse possível contrato "de agência", mas, especialmente, do contrato de *garantia de pagamento que oferece ao estabelecimento filiado*.

É dizer, o serviço existente nos contratos celebrados pela Consulente é tão-só aquele decorrente do seu relacionamento com os estabelecimentos fornecedores de refeições que lhe são filiados. Mas é preciso observar que *só uma parcela* da remuneração que ela recebe desses estabelecimentos corresponde à prestação de serviço: é inequívoco — pois *isso é o que dá especial feição à sua atividade econômica* — que parte do que recebe é ***devida pela garantia*** que a eles oferece de que receberão o total do valor das vendas, nos respectivos vencimentos.

É inafastável — convém repisar — que nesse contrato que a Consulente celebra com os estabelecimentos fornecedores de refeições, que a ela se filiam, parte da remuneração é devida em virtude da *garantia* que a Consulente lhes dá. Logo, se, paralelamente, houver algum serviço de agenciamento, a remuneração a esse título será representada por parte apenas do valor total que ela recebe desses estabelecimentos.

A prestação de garantia — não se pode perder de vista — é a nota que particulariza e identifica a atividade econômica da Consulente. Também no contrato que a Consulente celebra com as empresas participantes do PAT faz jus a remuneração por garantir que os "cheques-cardápio" que emite, para entrega aos funcionários dessas empresas, serão recebidos como se dinheiro fossem pela rede de estabelecimentos fornecedores de refeições. Não há aí qualquer serviço tributável pelo ISS.

Em resumo, nos contratos que a Consulente celebra com os estabelecimentos há (a) uma prestação de garantia de crédito e (b) uma prestação de serviços de agenciamento. Já nos contratos celebrados pela Consulente com as empresas suas clientes, participantes do referido PAT, há apenas prestação de garantia. Não há qualquer serviço.

2.5 ISS: limites constitucionais da base de cálculo

A base de cálculo do ISS é o preço do serviço, assim entendida a receita bruta dele proveniente, sem quaisquer deduções.

Este último trecho do conceito ("sem quaisquer deduções") tem levado alguns aplicadores da lei, no âmbito administrativo, a manifestos equívocos.

Olvidam-se ou não percebem que a cláusula "sem quaisquer deduções" está umbilicalmente ligada à proposição antecedente, "receita bruta dele proveniente". É dizer, só integra a base de cálculo do ISS a receita bruta, sem deduções, que provenha de serviços. Não se pode efetuar deduções apenas ***naquela** receita bruta* que decorra, que provenha, que resulte, que seja *fruto direto da prestação de serviços.*

Em outras palavras, se a receita for de serviços não se poderá proceder a deduções. Mas isso ***não significa*** que se possa *incluir na base de cálculo* do ISS quaisquer *outros valores* que, embora configurem receita, *não provenham da prestação de serviços.*

Não se pode ter por referidas a serviço todas e quaisquer receitas que venham a ser auferidas por pessoas, físicas ou jurídicas, mesmo as que, por hipótese, só se dediquem à prestação de serviços.

Nem tudo que se recebe no desempenho de uma atividade — mesmo se ela envolver eventual prestação de serviços — pode integrar a base de cálculo do ISS. É sempre necessário examinar qual o fundamento jurídico do auferimento de determinada receita. Foi um negócio mercantil? Foi a industrialização de um produto? Foi a exportação de bens? Foi a importação de bens? Foi uma operação financeira? Foi a prestação de serviços? No caso de se tratar de receita proveniente de prestação de serviços ainda é preciso responder à indagação: foi em virtude da prestação de serviço de competência dos Estados ou dos Municípios? Só neste último caso é que se poderá tomar essa receita como constitutiva do preço, para efeito de ISS.

2.6 Valores que compõem a base de cálculo do ISS

Examinando a questão de prisma positivo, tem-se que a base de cálculo do ISS é o preço do serviço, nele (preço) incluído tudo o que for pago pelo tomador (utente, usuário) ao prestador *em virtude da prestação de serviços*. O critério de integração é o de valores que provenham exclusivamente da prestação de serviços. Essa proveniência determina-se pela precisa identificação do negócio jurídico desencadeador das receitas. Vista de ângulo negativo, tem-se que a base de cálculo do ISS não inclui — não pode incluir — valores que decorrem de negócios inconfundíveis com a prestação de serviços.

É ilegal a inclusão de valores correspondentes a negócios paralelos, distintos da prestação de serviços, na base de cálculo do ISS. Mais flagrante fica essa ilegalidade quando esses valores compõem a base de cálculo de tributos que se inserem em *competência alheia* ao Município, como é o caso da prestação de garantia.

A circunstância de determinados negócios jurídicos celebrados pela Consulente serem contratados ao mesmo tempo, pelas mesmas partes, não autoriza o entendimento de que reflitam apenas prestação de serviços, assim como, inversamente, não permite o entendimento de que devam integrar exclusivamente o campo de competência da União. Se nem mesmo o legislador pode arbitrariamente exceder as pautas constitucionais para aglutinar no tributo municipal matéria estranha ao seu campo de incidência, ou reunir no âmbito da competência da União fatos que representem serviços, com maior razão não podem fazê-lo nem o intérprete, nem a Administração.

A presença eventual, em ambos os negócios, dos mesmos sujeitos não autoriza a conclusão de que sejam submissíveis a um único imposto, excluindo-se outra esfera de competência.

No dimensionamento da prestação tributária a título de ISS impõe-se excluir tudo que não decorra de prestação de serviços. Não se pode incluir na base de cálculo desse imposto valores resultantes da prestação de garantia, pena de invasão do campo de competência da União.

É imperioso distinguir os dois negócios que se estabelecem *in casu*.

Embora ao leigo possa parecer tratar-se de uma só coisa, o estudioso do Direito identifica esses fatos, discerne-os e qualifica-os. Determina as respectivas conseqüências no plano jurídico e, por fim, identifica as diversas competências tributárias que se desencadeiam em razão da presença de dois negócios típicos, absolutamente distintos: uma prestação de garantia e uma (eventual) prestação de serviços.

Não é apenas possível, como é comum, a realização simultânea de dois negócios — deles decorrendo, portanto, diversos pagamentos envolvendo as mesmas partes. Não se pode na aplicação da lei tributária proceder a ampliações e extensões interpretativas, que culminem pela integração na base de cálculo do ISS de valores provenientes de outros negócios jurídicos distintos da prestação de serviços, pena de invasão de competência tributária alheia.

Não é lícito ao legislador e muito menos ao aplicador da lei reunir, num só, dois ou mais negócios distintos (prestação de serviços e prestação de garantia) para o fim, espúrio, de submetê-los (contra a Constituição) a um único tributo.

Em resumo, no caso da consulta *o ISS só pode ter por* ***base de cálculo o valor*** *que decorra da eventual prestação de serviços, sem incluir importâncias provenientes da prestação de garantia*.

2.7 Local em que é devido o ISS

Se, como visto, os serviços de que cuida a consulta são os de "cheque-cardápio", o ISS só pode ser devido no lugar (Município) em que a atividade (*facere*) é exercida. E essa *consumação* dos serviços verifica-se no Município de São Paulo. É ali que se desenvolve o "núcleo" da prestação de serviços.

Deveras, no caso da Consulente os serviços só podem ser consumados (prestados) em São Paulo, pela simples razão de que esse tipo de emissão de "moeda de pagamento" em que se constitui o "cheque-cardápio" só se materializa em São Paulo.

Se essas atividades fossem desenvolvidas e ultimadas nos vários estabelecimentos mantidos no País de nada serviria toda a "máquina administrativa" existente em São Paulo, considerando especialmente o fato de que os possíveis tomadores dos serviços que ela presta localizam-se em boa parte em outros Municípios, que não o de São Paulo. Dada a forma pela qual essa "moeda" é emitida e processada, é absurdo supor, mesmo no campo teórico, que os serviços respectivos possam ser prestados por outro estabelecimento, sem a existência e atuação do estabelecimento (prestador) em São Paulo.

Lembre-se que a Lei do Município de São Paulo de n. 9.664, de 29.12.83, em seu art. 9º, dando nova redação ao art. 50 da Lei 6.989/66, cura de listar uma série de elementos que, conjugadamente, de modo parcial ou total, caracterizam a existência de estabelecimento prestador. E esses elementos evidenciam que o estabelecimento prestador, no caso concreto, é o de São Paulo.

Além dos elementos mencionados por essa lei, tome-se em conta, especialmente, que outros elementos existem (contabilidade centralizada, recolhimento de outros tributos etc.) a evidenciar, mais e mais, que é neste Município de São Paulo que os serviços são prestados.

Não há, pois, como descaracterizar que estabelecimento *prestador* dos serviços é o situado em São Paulo.

O fato de a Consulente ter outros estabelecimentos não significa que sejam eles que prestam os serviços. Não se olvide que a nossa mais Alta Corte já decidiu que: "A forma ou modalidade de atuação da empresa, por conveniência de sua organização, por si só pode afastar a competência tributária do Município, desde que caracterizada a ocorrência do fato gerador" (1ª T., RE 92.883-9, rel. Min. Rafael Mayer).

Nesse julgado o STF deixou claro que não basta para a caracterização de estabelecimento prestador o fato de a direção e o setor de contabilização estarem situados num dado Município. Mas, se o estabelecimento é o prestador dos serviços, se preenche todos os requisitos de identificação de um estabelecimento prestador e, além disso, também lá está sua contabilidade, se lá está sua direção, se lá ocorre a escrituração, esses elementos adicionais são corroboradores de que ali está, sem sombra de dúvidas, o estabelecimento prestador dos serviços. Não se trata de ter apenas a direção e a contabilidade em certo Município, porque isto, só, não será suficiente ("não é de aceitar, portanto, que a atividade seja exercida num certo Município simplesmente porque lá está o centro de direção e lá a sua contabilidade" — 1ª T., RE 92.883-9, rel. Min. Rafael Mayer), mas de local em que, além dessas características, se tem todo o processo de concretização do fim perseguido pela Consulente.

Neste ponto cabe relembrar que é irrelevante, no caso concreto, a vacilação — doutrinária ou jurisprudencial — acerca do local da incidência do ISS em face do art. 12, "a", do Decreto-lei 406/68.

De fato, seja considerando a prevalência da regra do art. 12, "a", do Decreto-lei 406/68, seja perfilhando o entendimento de que o ISS é devido no Município em que prestados os serviços (mesmo que não haja ali estabelecimento prestador), o certo é que *em ambos os casos o imposto seria, como é, devido ao Município de São Paulo*: a uma porque o estabelecimento prestador é o do Município de São Paulo; a duas porque os serviços são prestados neste mesmo Município de São Paulo. Dito de outro modo: no primeiro caso porque o estabelecimento que presta os serviços está localizado no Município de São Paulo; no segundo porque, mesmo deixando de parte que está em São Paulo o estabelecimento prestador de serviços, o certo é que os serviços são prestados nesse mesmo Município. Em suma, na primeira hipótese a incidência no Município de São Paulo está amparada por esse dispositivo da legislação de natureza complementar que determina que *o imposto é devido no local do estabelecimento prestador* (art. 12, "a", do Decreto-lei 406/68); na segunda, pela circunstância de que a efetiva prestação dos serviços também se dá no Município de São Paulo.

Portanto, mesmo abstraindo a posição doutrinária e os julgados que enfatizam a prevalência do critério fixado pelo art. 12, "a", do Decreto-lei 406/68 para prevalecer a interpretação judicial que dá ênfase ao local (Município) em que são concretamente prestados os serviços, ainda assim o ISS seria devido no Município de São Paulo. É aí que os serviços são prestados (concluídos, exauridos, ultimados, completados). Também assim entende o Poder Judiciário, como se vê das seguintes decisões:

1ª. "ISS — Empresa com diversos estabelecimentos — *Incidência* do tributo no *local do estabelecimento prestador* de serviços — Exclusão dos demais lugares onde se realizam os atos iniciais, preparatórios, convergentes para a consumação do negócio — Inteligência do art. 12, "a", do Decreto-lei n. 406/68 — Declaração de voto.

"Tratando-se de empresas com vários estabelecimentos, para os efeitos da incidência de ISS considera-se o local da prestação do serviço, ficando excluídos os demais locais onde se realizam os atos iniciais, preparatórios, convergentes para a consumação do negócio (...).

"Dispõe o art. 12 do Decreto-lei n. 406/68 que se considera local da prestação do serviço 'o do estabelecimento prestador' ou, na falta de estabelecimento, 'o do domicílio do prestador'.

"No caso *sub examine*, o estabelecimento prestador situa-se em Lins, onde está a matriz e se realizam os principais 'atos de administração', ou seja, os de coordenação, supervisão e controle.

"Não tem o relevo pretendido pela ré apelante a circunstância de na filial (Campinas) se proceder à coleta de propostas de inscrição e termos de adesão.

"É visível que, sendo a documentação, captada pela filial, enviada à matriz (Lins), para conferência, cadastramento dos grupos e contas disponíveis etc., ali (Lins) está a atividade prevalente administrativa, núcleo do 'serviço', fato gerador do tributo, em debate. Em Lins se praticam os atos típicos administrativos (vários departamentos do grupo: de vendas, de sistemas e informações, financeiro), explicitados em comando e superintendência.

"A filial aguarda atos de decisão, de comando, de gerência, enfim, de administração, da matriz.

"Logo, *a filial somente pratica atividade-meio*.

"'Local do estabelecimento prestador' e local da prestação do serviço (administração de consórcio) somente podem estar na matriz (Lins).

"É a exegese do ordenamento contido nas normas tributárias incidentes (...)" (4ª C., Ap. 423.553-2, rel. Juiz Octaviano Santos Lobo, j. 7.8.90, *RT* 663/107 e 108, janeiro/91).

2ª. "No julgamento da Ap.-Of. 326.056, da E. 3ª Câmara deste Tribunal, j. em 29.6.84, v.u., relator Sousa Lima (*JTACivSP*-RT 88/190), ficou expresso o entendimento de que a empresa pode ter vários estabelecimentos (sede, filiais, sucursais). *O que releva para a incidência tributária é a verificação do 'estabelecimento prestador'*. No caso ali examinado, a autora possuía filial em Bauru, onde somente procedia à captação dos pedidos, levando-se o material para revelação e foto-acabamento para Marília. Entendeu a Câmara que, 'como estes serviços são feitos no estabelecimento localizado no Município de Marília, não resta dúvida de que aí deve ser recolhido o tributo'" (*RT* 663/109, janeiro/91).

3ª. "ISS — Fato gerador — Local da prestação dos serviços. O ISSQN é tributo de competência dos Municípios. Ademais, o fato imponível deve ocorrer nos limites geográficos dessa pessoa jurídica de Direito Público Interno. Decorre, inclusive, de princípio de harmonia das normas constitucionais. A conclusão não se altera ainda que o Município impute omissão ao contribuinte. Se o fato gerador acontece em outro local, evidente a invasão de competência" (REsp 38-SP, *RJ/IOB* 19/89, 1ª quinzena de outubro/89, p. 310, ementa 1/2.554).

4ª. "Imposto sobre Serviços — Não pode ser exigido com base no valor de transações efetuadas fora do Município — Recurso conhecido e provido, em parte" (RE 71.307-PE, *RTJ* 61/455, *RJ/IOB* 19/89, 1ª quinzena de outubro/89, p. 309).

Recentemente o STJ decidiu que o que sobreleva é o local (estabelecimento prestador) em que ocorrem as atividades principais, e não aqueloutros em que há mera captação da clientela. A ementa desse julgado tem o seguinte teor:

"ISS — Administradores de consórcios — Local da prestação de serviços.

"Tributário — ISS — Consórcios — As administradoras de consórcios estão sujeitas ao ISS no *Município onde organizam suas atividades principais*, e não naquele em que captam a clientela — Recurso especial não conhecido" (2ª T., REsp 51.797-SP, rel. Min. Ari Pargendler, j 5.6.97, v.u., recte.: Distrito Federal, recdas.: Garavela e Cia. Ltda. e outras, *DJU-1* 1.9.97, p. 40.795, ementa oficial, *RJ/IOB* 22/97, 2ª quinzena de novembro/97, p. 530, ementa 1/11.628).

2.8 Estabelecimento prestador é o de São Paulo

Tirantes variações de menor importância, a doutrina entende que "estabelecimento" é todo complexo de bens utilizado no exercício de atividade econômica. A noção de estabelecimento, todavia, em si mesma, não é decisiva para os efeitos do ISS, uma vez que em relação a este imposto o que sobreleva é a circunstância de ser um estabelecimento prestador.

Deveras, não tem qualquer relevância o fato de se tratar de estabelecimento "do prestador". O que se requer — como marco delimitador do Município competente para exigir o imposto — é a identificação do "estabelecimento prestador". Vale dizer, é preciso determinar qual o estabelecimento em que se dá o "fazer" em que consiste a prestação do serviço considerada. É por isso que Heron Arzúa lembra não ser suficiente um simples local: é necessário, ainda, que "nesse local tenha havido o exercício das atividades causadoras da obrigação de pagar o imposto" ("Noção de estabelecimento", *Suplemento Tributário LTr* 15/93, 1976).

Ora, a realização, o desenvolvimento e o exaurimento das atividades que têm por objeto a emissão, fornecimento e ressarcimento do valor dos "cheques-cardápio" só se esgotam com a conclusão das tarefas de emitir, fornecer e, posteriormente, resgatá-los junto aos estabelecimentos filiados. E isto só se verifica no Município de São Paulo.

Pouco importa para a realização desses misteres o local em que o contrato foi celebrado, ou mesmo aquele em que se emitem as notas fiscais ou faturas, ou aqueloutro onde está centralizada a contabilidade. Irrelevante, ademais, saber em que Município está o estabelecimento-sede, identificar onde se localiza a atividade de direção da empresa. Releva precisar, apenas, em que Município o serviço foi prestado, por estabelecimento *prestador* nele localizado. É inequívoca a determinação do Município competente se, a um só tempo, (a) é nele que os serviços são prestados e (b) nele também está localizado o estabelecimento que realiza aquele "ato do devedor" (no qual a prestação de serviço consiste). Decisivamente, nesse mesmo Município está o estabelecimento onde se realiza o esforço humano que caracteriza o serviço prestado pela Consulente. É visível que só no Município de São Paulo são preenchidos esses pressupostos. O "fazer" em que consistem os serviços de emissão e utilização dos "cheques-cardápio" dá-se em São Paulo; em São Paulo está o estabelecimento que presta esses serviços. Logo, só nesse Município pode ser devido ISS.

Note-se que a conclusão de ser o ISS devido em São Paulo não decorre de estar nesse Município a sede ou a matriz da Consulente. Como vimos de ver, é despicienda a consideração de onde está a sede (ou matriz); trata-se de dado irrelevante para caracterizar a incidência do ISS. O que importa é que esse imposto é devido *no Município onde prestado o serviço*, por estabelecimento nele existente.

Sobrelevam nessa matéria as lições do STJ, que, por sua 1ª Turma, em decisão recentíssima, assentou: "É juridicamente possível as pessoas jurídicas ou firmas individuais possuírem mais de um domicílio tributário. Para o ISS, quanto ao fato gerador, considera-se o local onde se efetivar a prestação do serviço. O estabelecimento prestador pode ser a matriz, como a filial, para os efeitos tributários, competindo o do local da *atividade constitutiva do fato gerador*" (REsp 23.371-2-SP, *RJ/IOB* 21/94, p. 418, ementa 1/8.037) (grifamos).

E, em outra oportunidade,

"ISS — Local do recolhimento — Serviço de paisagismo.

"Tributário — ISS — Local do recolhimento — Serviços de paisagismo — Obra já concluída. A *regra geral* sobre a competência pata instituir o tributo (ISS) *é a do local onde se situa o estabelecimento prestador*, excepcionando-se os casos de construção civil, em que a competência tributária se desloca para o local da prestação" (STJ, 2ª T., REsp 16.033-0-SP, rel. Min. Hélio Mosimann, j. 14.12.94, v.u., recte.: Município de Campinas, recda.: Ornato Paisagismo e Jardinagem Ltda., *DJU-I* 13.2.95, p. 2.225, ementa oficial, *RJ/IOB* 6/95, 2ª quinzena de março/95, p. 106, ementa 1/8.492).

O STF tem abonado o entendimento de que o ISS é devido no lugar do estabelecimento prestador. Confira-se o RE 99.397-5 (2ª T., *DJU* 6.5.83), com a seguinte ementa: "Imposto sobre Serviços — Havendo escritório da recorrente no Município onde prestou serviços de limpeza, ou ocorrendo o fato gerador do tributo, não se pode deslocar a competência tributária para outro Município — Aferição de matéria de fato (Súmula 279) — Aplicação das Súmulas 282, 356 e 291 — Recurso extraordinário não conhecido".

No mesmo sentido o RE 92.883-9 (1ª T., *DJU* 26.9.80), cuja ementa é a seguinte: "Imposto sobre Serviços — Escritório de contato — Competência tributária — A forma ou modalidade de atuação da empresa, por conveniência de sua organização, por si só não poderá afastar a competência tributária do Município, desde que caracterizada a ocorrência do fato gerador — Interpretação razoável (Súmula 400) — Recurso extraordinário não conhecido".

Importa, assim, o local em que se efetiva a prestação realizada pelo estabelecimento prestador, qualquer que seja a designação a este dada. E no caso concreto essa efetivação ocorre no Município de São Paulo.

Não se trata de proteger ou privilegiar o Município de São Paulo. Definitivamente, não. É que neste Município é que está o estabelecimento prestador dos serviços. Suponhamos que a Consulente, por razões mercadológicas ou estratégicas, venha, no futuro, a transferir seus negócios e atividades para outro Município, no qual venha a prestar exatamente os mesmos serviços que ora desenvolve por meio do estabelecimento prestador situado na Capital de São Paulo. Nesse caso concluiríamos, sem medo de erro, que nesse outro Município é que passaria a ser devido o ISS, por ali estar o estabelecimento prestador dos serviços.

3. *Respostas aos quesitos*

Postas essas considerações, os quesitos formulados pela Consulente devem ser respondidos na seguinte conformidade:

3.1 Cabe desdobrar o primeiro quesito, para responder que:

3.1.1 Sobre os fatos espelhados nos contratos que celebra com as empresas participantes do PAT, para as quais emite os "cheques-cardápio", para aquisição de refeições e alimentação em estabelecimentos adrede filiados à Consulente, não incide ISS, por tratar-se de atividade de prestação de garantia, de cunho financeiro, não se subsumindo no conceito constitucional de serviço tributável por via de ISS.

3.1.2 Sobre os fatos objeto do contrato que celebra com os estabelecimentos fornecedores de alimentação, refeições e gêneros alimentícios, para que esses, de sua parte, aceitem os "cheques-cardápio" em pagamento da aquisição desses bens, com a garantia, prestada pela Consulente, do efetivo recebimento do respectivo valor em dinheiro, incide ISS, considerando que essa atividade inclui, em certa medida, um agenciamento de clientela.

3.2 A base de cálculo a ser considerada, todavia — uma vez que o valor cobrado é integrado por importâncias decorrentes de prestação de garantia —, há de ser apenas aquela representada pelos valores correspondentes à prestação dos serviços de agenciamento. É, pois, corretíssimo o entendimento de que o ISS só pode incidir sobre o valor da taxa de administração recebida pela Consulente em razão do exercício da atividade que configure serviço, dele excluídas as importâncias decorrentes da prestação de garantia.

3.3 O chamado "reembolso de despesas" não constitui hipótese de incidência do ISS pela singela mas decisiva circunstância de que não configura receita de prestação de serviços. Esse fato (reembolso) não se subsume ao conceito constitucional de serviço. Inválidas são quaisquer normas que considerem o reembolso de despesas como integrante da base de cálculo do ISS.

3.4 É irrelevante que a Consulente tenha designado por prestação de serviços atividades que não o são. O ISS incide sobre fatos, e não sobre contratos. Se a Consulente, por equívoco, chamar "serviço" operações financeiras ou mercantis, nem por isso estará submetida ao ISS. De outro prisma: não seria lícito aos Fiscos municipais exigir ISS diante desses fatos porque, em verdade, não representam eles qualquer prestação de serviços.

Nada obstante, convém que a Consulente reformule seus instrumentos contratuais para espelhar com fidelidade os fatos, distinguindo o negócio jurídico de prestação de garantia daqueloutro de prestação de serviços, para que resulte induvidoso o recolhimento do ISS somente sobre o último.

3.5 Competente para tributar os serviços decorrentes da "emissão, fornecimento e posterior resgate dos "cheques-cardápio" é o Município onde está localizado o estabelecimento que presta tais serviços. No caso, esses serviços só são prestados pelo estabelecimento de São Paulo, onde são desenvolvidos e executados, mesmo que os clientes que contratam tais serviços possam estar domiciliados ou estabelecidos em Municípios diversos.

3.5.1 Não podem outros Fiscos, diversos do Município de São Paulo, exigir ISS à Consulente, dado que é nesse Município que os "serviços" são prestados, por estabelecimento nele situado.

Além disso, estando o comportamento da Consulente de acordo com norma jurídica que o Judiciário tem validado — art. 12, "a", do Decreto-lei 406/68 —, está ela respaldada contra autuações fiscais de Municípios diversos do de São Paulo, onde se localiza o estabelecimento que, efetivamente, presta os serviços ligados à emissão e ao uso dos "cheques-cardápio".

3.5.2 Se no futuro as atividades desenvolvidas por esse estabelecimento prestador de São Paulo deixarem de sê-lo, para virem a ser realizadas por outro estabelecimento, localizado em Município deste diverso, em virtude de efetiva mudança de endereço da Consulente, nesse outro — não mais a São Paulo — passará a ser devido o ISS.

É o parecer, s.m.j.

São Paulo, 29 de abril de 1998

INSUMOS E PRODUTOS TRIBUTADOS, ISENTOS OU SUJEITOS À ALÍQUOTA ZERO — UTILIZAÇÃO DO CRÉDITO

SIDNEY SARAIVA APOCALYPSE

Advogado em São Paulo

1. Crédito de IPI. 2. A atuação do art. 11 no sistema. 3. Recuperação de créditos tributários. 4. Conclusões.

PARECER

Fomos consultados a respeito de estar ou não o art. 11 da Lei 9.779/98 deferindo direito de crédito de IPI referente a insumos[1] que venham a ser utilizados na industrialização de produtos cuja saída seja isenta ou sujeita à alíquota zero. Assim está redigido o dispositivo em questão: "Art. 11. O saldo credor do imposto sobre produtos industrializados — IPI, acumulado em cada trimestre-calendário, decorrente de aquisição de matéria-prima, produto intermediário e material de embalagem, aplicados na industrialização, inclusive de produto isento ou tributado à alíquota zero, que o contribuinte não puder compensar com o IPI devido na saída de outros produtos, poderá ser utilizado de conformidade com o disposto nos arts. 73 e 74 da Lei n. 9.430, de 27 de dezembro de 1996, observadas normas expedidas pela Secretaria da Receita Federal".

A literalidade do dispositivo acima permite, sem qualquer sombra de dúvida, verificar que o comando legislativo volta-se para o saldo credor de IPI trimestralmente acumulado e que, constituído em virtude da aquisição de determinados insumos aplicados na industrialização *inclusive de produto isento ou tributado à alíquota zero*, não possa ser compensado com o IPI devido na saída tributada de outros produtos; para o regime de compensação tributária previsto na Lei 9.430/96, arts. 73 e 74.

A questão em debate impõe verificar, em face de seus termos, em que medida tal preceito introduzido na legislação do IPI inova o Direito até então posto. Em outras palavras: entendemos que a tarefa que a consulta impõe ao signatário cinge-se a responder se esse preceito dirige-se ao regime jurídico do crédito do IPI com respeito aos produtos aplicados na industrialização de outros isentos ou sujeitos à alíquota zero de forma a modificá-lo, ou apenas ao regi-

1. A fim de simplificar a leitura, utilizaremos a expressão "insumo" para identificar nessa única palavra os objetos "matéria-prima", "produto intermediário" e "material de embalagem".

me de compensação pertinente à extinção da obrigação tributária. Cremos residir o desate de tal questão na observação que se faça sobre ambas as dimensões. Não vemos outra solução que não esta, para validamente se extrair jurídicas conclusões. Ater-se à letra da lei, como de início poderia ser tarefa singela, prova a própria dúvida da consulente não ser o melhor método para alcançar o objetivo proposto.

1. Crédito de IPI

Sob este título não pretendemos esgotar todas as facetas do tema, mas apenas, no pertinente à questão sob exame, traçar o delineamento em que a mesma se envolve. Daí principiarmos por, com base no Direito Posto,[7] verificar que vige com respeito ao *IPI pago na aquisição de matérias-primas, produtos intermediários e material de embalagem*:

— *direito de crédito básico*, quando tais insumos forem adquiridos para emprego na industrialização de produtos tributados;[3]

— *direito de crédito incentivado*[4] quando tais insumos forem adquiridos para emprego na industrialização de produtos destinados a exportação, saídos com imunidade;[5] saídos com isenção do imposto nos casos relacionados em lei;[6] saídos com alíquota zero nos casos relacionados em lei.[7]

Além de tais preceptivos, e nas hipóteses pertinentes à Consulta, também determina a legislação, com respeito às aquisições de *matérias-primas, produtos intermediários e material de embalagem* que não há direito de escriturar o crédito respectivo quando sabidamente *tais insumos se destinem a emprego na industrialização de produtos isentos, saídos com suspensão, não tributados ou de alíquota zero, cuja manutenção não seja legalmente autorizada*;[8] há anulação do crédito correspondente à sua aquisição, mediante estorno, quanto *tais insumos forem empregados na industrialização, ainda que para acondicionamento, de produtos isentos, não tributados ou sujeitos à alíquota zero, respeitadas as ressalvas legais*;[9] há manutenção do crédito quando *tais insumos forem empregados ou adquiridos para industrialização de produtos saídos com isenção do imposto na hipótese de certas saídas de automóveis de passageiros*.[10]

Com respeito à utilização dos créditos do imposto a legislação do IPI prevê que estes serão utilizados mediante dedução do IPI devido nas saídas de produtos dos mesmos estabelecimentos[11] e que, se desse confronto resultar saldo credor, será este transferido para o período de apuração seguinte,[12] período, esse, decendial[13] para a generalidade das empresas e mensal para as microempresas e empresas de pequeno porte.[14]

Em relação aos créditos incentivados há previsão legal no sentido de que, se estes não puderem ser absorvidos no período de apuração do imposto (período decendial ou mensal), poderão ser utilizados em outras formas estabelecidas pelo Secretário da Receita Federal ou ser ressarcidos em dinheiro.[15]

2. A atuação do art. 11 no sistema

Conforme visto acima, voltando os olhos ao sistema pertinente quer aos crédi-

2. Utilizaremos, para fins didáticos, referência ao Regulamento do IPI (RIPI), aprovado pelo Decreto 2.637/98. Se e quando necessário serão feitas referências à lei ordinária, fonte, de forma geral, respeitadas as exceções constitucionalmente admitidas, das obrigações tributárias.

3. RIPI, art. 147, I.

4. RIPI, art. 179, parágrafo único.

5. RIPI, art. 159.

6. RIPI, art. 161, I-III.

7. RIPI, art. 162.

8. RIPI, art. 171, § 1º.

9. RIPI, art. 174, I.

10. RIPI, art. 176.

11. RIPI, art. 178.

12. RIPI, art. 178, § 1º.

13. RIPI, art. 182.

14. RIPI, art. 182, parágrafo único.

15. RIPI, art. 179.

tos básicos, quer aos créditos incentivados, é forçoso concluir que, *independentemente da atuação do art. 11*, o sistema reconhece direito de crédito com respeito às aquisições de matérias-primas, produtos intermediários e material de embalagem se tais aquisições corresponderem à industrialização de produtos tributados; o sistema também reconhece direito de crédito com respeito às mesmas aquisições na industrialização de certos produtos cuja saída seja isenta ou tributada à alíquota zero.

Corolário, pois, não ter, nesse sentido, o art. 11 introduzido *regra criadora de novo direito de crédito* em face da aquisição de tais insumos (esta já existia). Dir-se-á: existia regra, mas com respeito aos créditos incentivados, apenas voltada a situações específicas, num cenário restritivo. Há que se concordar; mas também há, nesse caso, o intérprete que verificar, então, se o art. 11, ainda nesse aspecto, introduziu *regra modificadora* desse direito existente. Vejamos.

O artigo em causa volta-se para o saldo credor de IPI trimestralmente acumulado e que, constituído em virtude da aquisição de determinados insumos aplicados na industrialização de produtos tributados, isentos ou tributado à alíquota zero, não possa ser compensado com o IPI devido na saída tributada de outros produtos. Não se refere tal dispositivo ao direito de crédito do IPI de forma a determinar *novo direito*. Não se vislumbra tal comando. A nosso pensar, presente no art. 11 *regra modificadora do direito existente*, de modo a ampliá-lo. Isto porque, como veremos, além da ordinária utilização do saldo credor do IPI num confronto de débitos e créditos em dado período de apuração (decendial ou mensal), em face do novo preceptivo o crédito trimestralmente acumulado poderá servir a novos destinos.

A despeito de se voltar o citado art. 11 ao *saldo acumulado do IPI*, abandona este o sistema, deste se distancia, em virtude da referência a um saldo credor trimestralmente acumulado. Saldo acumulado de IPI, seja este derivado quer de crédito básico, quer de crédito incentivado, corresponde ao *saldo credor resultante do confronto entre débitos e créditos verificado num período de apuração decendial ou mensal*;[16] *não se refere o sistema a período trimestral*. Nisto, sim, pode-se reconhecer, está o art. 11 a atuar. Não para alterar, modificar ou extinguir o conceito de período de apuração, mas para seu próprio e único efeito, qual seja, o de estabelecer que, no caso de saldo trimestralmente acumulado, poderá este ser utilizado de conformidade com o disposto nos arts. 73 e 74 da Lei 9.430/96, observadas normas expedidas pela Secretaria da Receita Federal, seja ou não tal saldo originado por créditos básicos ou incentivados.

Tal modificação do sistema fica de todo patente, manifesta, quando, ao se cotejar o comando do art. 11 com o sistema até então vigente, se verifica que ao saldo credor acumulado decorrente de créditos básicos não se deferia direito de recuperá-lo de outra forma a não ser mediante o confronto dos débitos e créditos verificado num período decendial ou mensal. Agora, à luz do art. 11, poderá o contribuinte, se num trimestre acusar saldo credor do IPI (seja este derivado da escrituração de créditos básicos ou incentivados), recuperá-lo dentro das regras previstas nos arts. 73 e 74 da Lei 9.430/96.

3. Recuperação de créditos tributários

As regras insertas nos arts. 73 e 74 conduzem ao que aqui preferimos denominar de "recuperação de créditos tributários". Em virtude de tais regras atribuiu-se ao contribuinte o direito de utilizar créditos tributários que ao mesmo devam ser *restituídos ou ressarcidos* para a quitação de quaisquer tributos e contribuições sob a administração da Secretaria da Receita Federal[17] após esta verificar se o mesmo é devedor à Fazenda Nacional.[18]

16. RIPI, art. 178 § 1º.
17. Lei 9.430/96, art. 74.
18. Lei 9.430/96 e Decreto-lei 2.287/86, art. 7º.

Tal sistema, como se percebe, aplicava-se unicamente às hipóteses em que o contribuinte possuísse créditos que *devessem a ele ser restituídos ou ressarcidos*, o que na área do IPI, ao que se viu, aplicava-se apenas ao saldo credor originado por créditos incentivados e, quanto a estes últimos, apenas no que se referia às formas que fossem estabelecidas pela Secretaria da Receita Federal, ainda que em dinheiro pudessem ser restituídos.

Consequentemente, em face ao já exposto, também nesta direção acabou por atuar o art. 11, porquanto com fundamento em sua determinação obrigam-se as autoridades fiscais a permitir compensação do saldo credor de IPI trimestralmente acumulado com débitos referentes a quaisquer outros tributos e contribuições sob administração da Secretaria da Receita Federal.

4. Conclusões

Com respeito à indagação formulada no sentido de saber se o art. 11 da Medida Provisória 1.788/98 deferiu direito de crédito de IPI referente a insumos que venham a ser utilizados na industrialização de produtos cuja saída seja isenta ou sujeita à alíquota zero a resposta é *não*, sempre lembrando que com respeito ao crédito relativo a essas aquisições há que se observar o disposto no item 1, acima.

O art. 11 permite que o contribuinte utilize o *saldo credor de IPI trimestralmente acumulado*, seja este derivado quer de crédito básico, quer de crédito incentivado, para, mediante requerimento, quitar qualquer tributo ou contribuição sob administração da Secretaria da Receita Federal.

CADERNOS DE DIREITO TRIBUTÁRIO

APROXIMACIÓN A LA ANALOGÍA Y EL FRAUDE DE LEY EN MATERIA TRIBUTARIA

PEDRO M. HERRERA MOLINA
Profesor Titular de Derecho Financiero y Tributario en la Universidad Complutense de Madrid

1. Planteamiento. 2. Integración analógica de las normas tributarias. 3. Fraude de ley en materia tributaria: 3.1 Concepto y naturaleza — 3.2 Delimitación frente a otras figuras: 3.2.1 Fraude de ley civil — 3.2.2 Negocio indirecto — 3.2.3 Negocio fiduciario. 4. Conclusiones provisionales.

1. Planteamiento

El fraude de ley tributario y su relación con otros mecanismos antielusivos constituye una de las cuestiones más polémicas sobre la aplicación de las normas fiscales. La cláusula antielusiva del art. 24 LGT constituye un fracaso que no ha conseguido superarse mediante la Reforma de 1995. El análisis detallado del fraude de ley exigiría descender a la casuística y — en defecto de una jurisprudencia consolidada — acudir al examen de supuestos concretos tomados de la práctica o del Derecho Comparado. En estas líneas no podemos abordar una tarea tan ambiciosa. Sin perjuicio de algunas referencias jurisprudenciales, nos limitaremos a apuntar algunas consideraciones provisionales sobre la naturaleza del fraude de ley tributario y sus relaciones con otras figuras.

2. Integración analógica de las normas tributarias

Hemos visto que el estudioso del Derecho Financiero debe *examinar* el ordenamiento de la Hacienda Pública antes de intentar *reducirlo a un sistema* de conceptos. Esto exige una tarea exegética que tenga en cuenta los criterios jurisprudenciales. En sentido estricto, interpretar es "determinar por los signos externos el mandato contenido en la norma",[1] pero desde una perspectiva más amplia la Hermenéutica abarca otras operaciones de aplicación jurídica, como la integración analógica.[2] ¿Puede acudirse a ella en el ámbito del ordenamiento tributario?

La *integración analógica en sentido estricto* supone la existencia de dos elemen-

1. F. de Castro, *Derecho Civil ...*, p. 446.

2. Según advierte J. I. Ruiz Toledano, "la analogía es una operación que a primera vista no tiene nada que ver con la interpretación, ya que ésta exige que exista una norma, que es la que debe ser interpretada, mientras que aquélla parte precisamente de la ausencia de norma, de forma que hay que acudir a la analogía para llenar la laguna existente» (*El Fraude de Ley y Otros Supuestos de Elusión Fiscal*, Valencia, CISS, 1998, p. 51). Ahora bien, para individualizar la laguna y constatar la identidad de razón entre la hipótesis no regulada y el supuesto de una norma no aplicable directamente es preciso desarrollar una labor interpretativa.

tos: una laguna jurídica y una relación de semejanza desde el punto de vista de la *ratio legis* entre el supuesto contemplado por la ley y aquel otro carente de regulación al que se aplicará la consecuencia jurídica prevista para la primera hipótesis.

Debe afirmarse con Palao Taboada que "el establecimiento de esta semejanza no es una operación lógica, sino valorativa. El criterio o punto de vista necesario para llevarla a cabo lo proporciona el sentido y finalidad de la regulación legal, la *ratio legis*".[3] Este requisito no parece presentar peculiaridades por lo que respecta a la regulación de la materia tributaria.

Más problemas puede plantear la existencia de *lagunas* en dicha materia: podría pensarse que si el hecho imponible normativo de un tributo no contempla determinado supuesto, tal ausencia no supondría una laguna, sino un silencio querido por la ley. De otro modo, los presupuestos de hecho tributarios se extenderían a ciertas hipótesis no previstas por el legislador.[4]

El problema requiere un análisis más detallado si se tiene en cuenta el verdadero significado de las omisiones normativas. Siguiendo a Larenz, la falta de una determinación en la ley (concepto que excede del mero silencio) puede tener dos significados: que el legislador no quiera regular dicha materia (con independencia de que tal ausencia de regulación sea criticable desde la perspectiva de una correcta política legislativa); o bien que el legislador haya incurrido en una deficiencia involuntaria.[5] Sólo en este último caso estamos ante una auténtica laguna jurídica; es decir, una *imperfección contraria al plan* (*planwidrige Unvollständigkeit*).[6] Tales lagunas pueden adoptar diversas modalidades: ausencia de regulación para un supuesto similar a otros para los que establecen determinadas consecuencias jurídicas (laguna manifiesta);[7] ausencia de una excepción que sería necesaria con arreglo al plan (laguna encubierta);[8] o previsión de una consecuencia jurídica de modo tan genérico que no es posible su aplicación (lo que algún autor denomina "lagunas auténticas").[9]

Así pues, las lagunas se sitúan entre el *espacio libre de Derecho y el resultado de la mera interpretación*. Delimitaremos a continuación estos dos ámbitos fronterizos.

Las lagunas *stricto sensu* constituyen imperfecciones contrarias al plan. Si la omisión se ha cometido intencionadamente o *si no es reconocible plan alguno en un ámbito normativo* no cabe hablar de lagunas, sino de *espacio libre de regulación*.

Pues bien, algunos autores niegan la existencia de *lagunas* en el Derecho Tributario, por entender que las leyes fiscales no

3. C. Palao Taboada, "Tipicidad e igualdad en la aplicación de las normas tributarias (la prohibición de analogía en Derecho Tributario", *Anuario de la Facultad de Derecho de la Universidad Autónoma de Madrid* 1/229, 1997. En la doctrina alemana sostiene esta idea K. Larenz, *Methodenlehre der Rechtswissenschaft*, 2ª ed., Berlín, Springer, 1992, pp. 262 e 269.

4. Es más, un argumento análogo podría aplicarse a las habilitaciones para emitir deuda y a los créditos presupuestarios.

5. Cf. K. Larenz, *Methodenlehre* ..., p. 262. E. Simon Acosta distingue entre el silencio con sentido próprio, que "cumple positivamente los fines objetivos del ordenamiento" (en este caso no hay laguna legislativa); los defectos de la ley, que no desarrollan los fines del ordenamiento, pero tampoco se apartan de ellos (tampoco hay lagunas, aunque podrá postularse la reforma legislativa); y el silencio que supone una quiebra de los principios que inspiran el ordenamiento, lo que constituye el supuesto típico de laguna legal (*El Derecho Financiero* ..., p. 346).

6. C.-W. Canaris, *Die Festellung von Lücken im* Gesetz, 2ª ed., Berlín, Duncker & Humblot, 1983, p. 16.

7. Cf. K. Larenz, *Methodenlehre* ..., p. 265.

8. Cf. K. Larenz, *Methodenlehre* ..., p. 265. Según señala este autor, el juez debe reaccionar en tal caso mediante una "reducción teleológica" (*teleologische Reduktion*) de la norma (p. 279). Ahora bien, en el caso de que existan excepciones legales para otros supuestos análogos, podría integrarse la laguna mediante la aplicación analógica de tales preceptos (así lo señala el propio Larenz, *Methodenlehre* ..., p. 283).

9. Cf. E. Höhn, *Steuerrecht* ..., p. 98. Según K. Larenz el concepto procede de Zitelmann, *Lücken im Recht*, Bonn, 1902, p. 27 (cf. Larenz, *Methodenlehre* ..., p. 260, nota 14).

pueden reconducirse a verdaderos principios jurídicos (a un *plan* normativo). Es paradigmática la posición de Kruse: "de las necesidades financieras del Estado no puede deducirse ninguna lógica objetiva en la que pueda basarse la imposición".[10] Si tal lógica objetiva no existe, es imposible la existencia de lagunas. Los supuestos que el legislador no haya sometido a gravamen constituirán un "espacio libre" que no podrá integrarse mediante analogía. Esta idea recuerda la tesis de Otto Mayer según la cual el ejercicio del poder tributario no tiene fundamento en el Derecho Natural, por lo qué ha de someterse estrictamente al ámbito positivo marcado por la ley.[11]

Desde luego, sí existen principios de justicia en los que ha de inspirarse la ley fiscal, entre los que destaca el derecho a contribuir con arreglo a la capacidad económica (art. 31.1 CE). Es cierto que de este principio no puede deducirse mecánicamente un concreto sistema tributario, pero cuando el legislador adopta soluciones concretas en la regulación de un instituto tributario debe desarrollarlas coherentemente, lo que presupone la existencia de un plan. Si, por el contrario, incurre en deficiencias no deseadas, generará lagunas jurídicas y ofrecerá elementos para su integración analógica.[12] De todos modos, debe reconocerse que el legislador *dificulta* la integración del ordenamiento al regular de modo casuístico, oportunista e irreflexivo la materia tributaria[13] y al minusvalorar con excesiva frecuencia el principio de capacidad económica. Desde esta perspectiva es cierto, como ha puesto de relieve Falcón y Tella, que en el ámbito del Derecho Tributario resulta *difícil* delimitar lagunas susceptibles de integración analógica.

Para precisar el ámbito de las lagunas debe reconstruirse el plan inspirador del ordenamiento, labor difícil que en muchos casos sólo puede realizarse *mediante indicios*. Como advierte Falcón y Tella,[14] la falta de regulación tributaria de ciertas operaciones ya conocidas puede responder a su "consentimiento" por parte del legislador. Sin embargo este indicio tiene poco valor cuando se presenta de forma aislada, pues es posible que el legislador pretenda reaccionar frente a tales operaciones mediante cláusulas generales (fraude de ley tributaria) en lugar de caer en una casuística.[15]

El mencionado indicio adquirirá mayor valor cuando estemos ante operaciones de

10. H. W. Kruse, «Über die Gleichmäßigkeit der Besteuerung», *StuW* 4/325, 1990.

11. O. Mayer, *Deutsches Verwaltungsrecht* ..., v. I, p. 351.

12. Suscribimos, por tanto, la opinión de C. Palao cuando afirma que "los distintos impuestos y el sistema tributario en su conjunto, por imperfectos que sean técnicamente, se inspiran en principios que pueden servir perfectamente de criterio objetivo para el razonamiento por analogía» (C. Palao Taboada, "Tipicidad...", p. 232). El autor se refiere a la relación de semejanza y no a la determinación de la laguna, pero hemos visto como ambos supuestos requieren el juicio valorativo; uno de ellos en relación con la norma imperfecta y el otro con referencia al precepto que se aplicará analógicamente.

13. Cf. R. Falcón y Tella, "Interpretación económica y seguridad jurídica», *CT* 68/31, 1993. A esta idea se refiere también, no sin cierta ironía, J. Banacloche Pérez, "El área tributaria impune", en *Impuestos*, v. I, 1997, p. 1.502. Otros autores consideran la simplificación del Derecho Tributario como un presupuesto necesario para que las cláusulas antifraude puedan aplicarse sin lesión de la seguridad jurídica (P. Pistone, *Abuso del Diritto ed Elusione Fiscale*, Padua, CEDAM, 1995, p. 317), o reconocen que "muchos fraudes tienen desafortunadamente su origen en la baja calidad de las leyes tributarias" (J. I. Ruiz Toledano, *El Fraude de Ley* ..., p. 207).

14. R. Falcón y Tella, "El fraude ... (II)", pp. 7 y 8.

15. Así C. Palao considera que "el legislador no tiene por qué salir al paso de todo esquema elusivo mediante una norma *ad hoc*", pues "puede estimar, en ejercicio de su discrecionalidad política, que algunos de estos mecanismos defraudatorios (siempre en fraude a la ley) no requieren por su importancia económica o social su intervención, y dejar que sean la Administración y los tribunales los que resuelvan el problema» ("¿Existe el fraude ...?", p. 14; en parecidos términos se pronuncia J. I. Ruiz Toledano, *El Fraude de Ley* ..., p. 207. Esta opinión puede encontrar respaldo en algún ejemplo del Derecho Comparado en el que el legislador apenas ha establecido medidas específicas antielusión, mientras que los tribunales aplican con mucha frecuencia la cláusula

gran frecuencia e importancia en el tráfico jurídico, o cuando los debates parlamentarios permitan sostener un consentimiento tácito de la menor tributación. También supone un indicio más persuasivo el que las conductas en cuestión hayan sido reguladas por otros sectores del ordenamiento sin encontrar reflejo en la ley fiscal.

Por otra parte, admitir la existencia de lagunas (entendidas como deficiencias no deseadas o contrarias al plan) exige *fijar un límite al sentido de la ley* que puede obtenerse por vía interpretativa. Las lagunas jurídicas consisten por definición en un conflicto *no deseado* por el legislador entre la finalidad de un instituto jurídico en su conjunto y alguna de las normas que lo integran (que en primer término han de ser objeto de una correcta interpretación). Si la mera interpretación permitiese "extender" el sentido de cada norma para eliminar todos estos conflictos, no existirían lagunas jurídicas. Pues bien, para fijar el citado límite, un sector de la doctrina alemana suele atender al "sentido de las palabras más amplio posible" (Larenz, Tipke).[16]

Palao censura este criterio por constituir un concepto difícil de precisar en la práctica y cargado de positivismo.[17] Como solución alternativa señala dos ideas que, a nuestro juicio, desvelan el núcleo del problema. Por una parte afirma que "no existe una diferencia material entre analogía e interpretación", sino tan sólo una diferencia de grado.[18] Además advierte que "en presencia del principio de tipicidad el *límite de la integración* de las normas tributarias no se puede fijar de manera conceptual y abstracta, sino que es necesario determinarlo en cada caso ponderando las exigencias de dicho principio con las del de igualdad. Esto es lo que, en última instancia, significa la prohibición de la analogía".[19]

En efecto, entre analogía e interpretación sólo existe una diferencia gradual: se trata de dos niveles en la aplicación de la norma jurídica. La interpretación se centra en el sentido de una norma; la analogía pretende ir más allá cuando tal sentido resulta involuntariamente contradictorio con el plan de un instituto jurídico.[20] En ambos casos se trata de operaciones hermenéuticas que tratan de averiguar el mandato del ordenamiento y subsumir en él determinados hechos. El que la diferencia sea de grado explica que no sea posible encontrar un criterio que permita una distinción tajante en la práctica. Tan sólo cabe ofrecer un concepto jurídico indeterminado: aquel *sentido* del texto legal *que corresponda a su espíritu y finalidad* (art. 3.1

general. Así sucede en Finlandia según K. S. Tikka ("Notions of abuse in tax law. Finnland", en *Meeting* ..., p. 2). Quizá podría citarse también en ejemplo inglés, donde *la inexistencia de una cláusula antielusiva general* y el apegamiento de los tribunales a la letra de la ley han desencadenado un esfuerzo por aprovechar todas las lagunas de la ley y la producción de innumerables preceptos antielusivos concretos por parte del legislador (D. Southern, "Notions ...", p. 10). En todo caso consideramos que los criterios elaborados por el profesor Falcón son válidos como *indicio* de que no se ha realizado un mecanismo artificioso, sino que se ha aprovechado una laguna legal *directa*.

16. Cf. K. Larenz, *Methodenlehre* ..., p. 254; K. Tipke, *Die Steuerrechtsordnung* ..., v. II, p. 1.298.

17. Cf. C. Palao, "Tipicidad ...", pp. 234 y 240.

18. C. Palao, "Tipicidad ...", p. 233. Curiosamente se da en este punto una coincidencia con Larenz, para quien "la interpretación de la ley y la integración judicial de lagunas jurídicas no pueden considerarse como distintas en su esencia, constituyen tan sólo dos escalones diversos del mismo proceso mental" (*Methodenlehre* ..., p. 254). El propio K. Tipke admite que la analogía y la interpretación teleológica *no utilizan métodos diversos*, son sólo dos *grados* en la aplicación del Derecho (*Die Steuerrechtsordnung* ..., p. 1.328).

19. C. Palao, "Tipicidad ...", p. 241. El necesario equilibrio entre igualdad y seguridad jurídica en las cláusulas antifraude ha sido destacado, con diversos matices, por P. Pistone (*Abuso del Diritto* ..., pp. 317 y 318) y J. I. Ruiz Toledano (*El Fraude de Ley* ..., p. 259 en relación con pp. 67 y 207).

20. Entendido como un "conjunto de normas que pueden ser reducidas a sistema en función de una *ratio* unitaria, de un interés superior y objetivo, al que han de plegarse las voluntades de los sujetos afectados, tanto públicos como privados" (R. Falcón y Tella, *La Prescripción en Materia Tributaria*, Madrid, La Ley, 1992, p. 26).

CC).[21] Si se va más allá de esta frontera (necesariamente difusa por el carácter gradual de la distinción) se penetra en el ámbito de la analogía; es decir, se intenta superar una contradicción involuntaria entre el sentido de una norma (correctamente interpretada) y el plan del instituto jurídico en que se inserta o del ordenamiento jurídico en general.[22]

Si se admite la existencia de *verdaderas* lagunas en materia tributaria es preciso analizar por qué se prohíbe su integración analógica.

El art. 23.3 LGT (antiguo 24.1) prohíbe el empleo de la analogía para extender más allá de sus términos estrictos el ámbito del hecho imponible y el de las exenciones y bonificaciones. La doctrina tradicional funda dicha prohibición en la reserva de ley tributaria.[23] Frente a esta tesis el profesor Pérez Royo ha señalado que la prohibición de analogía sólo tiene fundamento en el principio de tipicidad, destinado a reforzar la seguridad jurídica, por lo que constituye una opción de política legislativa.[24] Esto permite interpretar la prohibición de modo estricto, entendiendo que sólo afecta al *ámbito* del hecho imponible y al de las exenciones y bonificaciones.[25] Tal planteamiento innovador ha sido objeto de alguna crítica: para el profesor Palao la prohibición de la analogía tiene *también su fundamento en el aspecto democrático del principio de legalidad* (reserva de ley) y, en todo caso, "la extensión de la prohibición de la analogía está condicionada por su fundamento (seguridad jurídica y reserva de ley) y no está, por tanto, entregada (...) a la libre decisión del legislador".[26]

¿Se fundamenta la prohibición de analogía en la reserva de ley? La integración analógica presenta cierto aspecto creativo, en cuanto supone la superación de una laguna preexistente. Ahora bien, esto no implica que estemos ante una *fuente del Derecho* de rango inferior a la ley: mediante la integración analógica se aplica una norma en virtud de la semejanza con su *ratio legis* atendiendo al plan del instituto jurídico. La integración analógica no supo-

21. La referencia al "más amplio sentido de las palabras" no es afortunada, pero con ella no se alude a una interpretación *al pie de la letra*, sino al sentido de las palabras correspondiente a la finalidad de la norma y a su contexto. Así se deduce de varios pasajes de la obra de K. Tipke: "el contenido del Derecho no puede deducirse inmediatamente del texto, y en ningún modo de pasajes aislados. Deben considerarse la totalidad de los preceptos de la ley en sus mutuas dependencias y relaciones" (*Die Steuerrechtsordnung* ..., p. 227); "la ley es siempre la ley interpretada, quien está incluido en el ámbito de la ley interpretada no comete un fraude a la ley aunque se lo imagine de modo erróneo; se trata sólo de un fraude aparente. De este modo es imposible cometer un fraude a la ley mientras no se desborde el sentido de la interpretación de la ley. El fraude de ley sólo comienza más allá de la ley interpretada, en el ámbito de las lagunas. Por consiguiente la analogía es un medio imprescindible para evitar las consecuencias del fraude a la ley" (*Die Steuerrechtsordnung* ..., pp. 1.328 y 1.329). Es más, si acudimos al Derecho del Reino Unido nos encontramos con el interesante caso *Ramsay* (1981), en el que Lord Wilberforce, tras señalar que "a un sujeto sólo puede exigírsele el impuesto con arreglo a las palabras claras de la ley, y no a su finalidad o a la equidad", añade: "qué son las *palabras claras* debe determinarse con arreglo a los principios normales, y estos no confinan a los tribunales a una interpretación literal. Puede y debe considerarse el contexto y la estructura de la ley en cuestión considerada como un todo" (D. Southern, "Notions of abuse in he tax laws of the european States. United Kingdom Report", en *Meeting* ..., p. 7).

22. Este segundo ámbito es el que K. Larenz denomina *gesetzesübersteigernde Rechtsfortbildung* (*Methodenlehre* ..., p. 254), expresión que C. Palao traduce felizmente como "integración más allá de la ley". C. Palao entiende que la integración de estas lagunas en Derecho Tributario es inadmisible, por oponerse al principio de legalidad o tipicidad. El profesor Palao se muestra crítico hacia el propio concepto de "espacio libre del Derecho", por considerarlo "convencional ('formal') e impracticable" ("La vinculación ...", p. 241).

23. Cf., por todos, F. Sainz de Bujanda, *Lecciones de Derecho Financiero*, 10ª ed., Madrid, Facultad de Derecho UCM, 1993, p. 72.

24. Cf. F. Pérez Royo, "Comentario al art. 24 de la Ley General Tributaria», en la obra homenaje a Fernando Sainz de Bujanda, *Comentarios a la Ley General Tributaria y Líneas para su Reforma*, v. I, Madrid, IEF, 1991, p. 381.

25. Cf. F. Pérez Royo, "Comentario al art. 24 ...", p. 385.

26. C. Palao, "Tipicidad ...", p. 227.

ne una manifestación de voluntad, sino una declaración de conocimiento sobre cómo integrar la laguna con la voluntad de la ley.[27] Por tanto, podría afirmarse que en los supuestos de *analogia legis* no existe un conflicto con la reserva de ley en materia tributaria. Dicho conflicto surgiría en los casos en que la laguna no se integrase con una norma concreta, sino con un principio jurídico que se extrae por inducción de diversas disposiciones (*Gesamtanalogie*[28] o *analogia iuris*[29]). En la medida en que la relación de semejanza con la *ratio legis* de una norma sea más débil y sólo exista en relación a un principio jurídico común, cabría pensar que ya no se aplica por analogía la propia ley, de modo que esa "analogía de conjunto" no sería utilizable en las materias reservadas a la ley. Como puede advertirse, el problema radica en que la diferencia entre la *analogía legis* y la *analogía iuris* no es tajante, sino gradual, pues depende de la intensidad de la semejanza entre la *ratio iuris* de una norma y la valoración jurídica del supuesto no regulado.

Por otra parte, en la medida en que el resultado de la integración analógica no coincide con el de la mera interpretación, se produce una cierta inseguridad jurídica, lo que puede explicar la prohibición de la analogía. Ahora bien, el grado de inseguridad jurídica no es directamente proporcional a la distancia entre la mera interpretación y la integración analógica. Sobre la seguridad jurídica influyen diversos factores que determinan el "estado de la cuestión" (*Rechtslage*).[30] Así, por ejemplo, si la integración analógica se consagrase a través de una línea jurisprudencial uniforme y constante, la inicial inseguridad jurídica o falta de previsibilidad desaparecería. El profesor Palao considera que la referencia a estos otros elementos que inciden sobre la seguridad jurídica "más que demostrar que la analogía no menoscaba la seguridad jurídica, lo que ponen de manifiesto es que su prohibición no puede basarse exclusivamente en el texto de la ley'.[31] Estamos de acuerdo, pero con un matiz: la integración analógica supone *por definición* la existencia de una laguna, y el concepto de laguna remite a una contradicción no deseada por el legislador entre el plan de un instituto jurídico y una de las normas que lo integran (correctamente interpretada).

Desde esta perspectiva, la aplicación analógica de la norma sólo constituye un *indicio* de inseguridad jurídica. Prohibir en bloque la analogía en el ámbito del hecho imponible para impedir la inseguridad jurídica constituye un *mecanismo de simplificación* que desconfía de la capacidad del juez para ponderar las exigencias de la seguridad jurídica y la igualdad.

La restricción de la seguridad jurídica que *puede* derivarse de la integración analógica tiene su fundamento en el principio de igualdad.[32] Traspasado cierto punto,

27. Cf. K. Larenz, *Methodenlehre* ..., p. 291.

28. Cf. K. Larenz, *Methodenlehre* ..., pp. 271 y ss.

29. En palabras de A. Gullón Ballesteros, "la analogía *iuris* entra en juego cuando haya que aplicar los principios generales del Derecho, que en este caso sería un principio general positivizado en varias normas que lo desarrollan o explicitan" ("Comentario al art. 4 CC", en la obra colectiva *Comentario del Código Civil*, v. I, Madrid, Ministerio de Justicia, 1993, p. 29); en el mismo sentido, cf. M. Coca Payeras, voz "Analogía", en *Enciclopedia Jurídica Básica*, Madrid, Civitas, 1995, p. 451; y J. I. Ruiz Toledano, *El Fraude de Ley y Otros Supuestos de Elusión Fiscal*, Valencia, CISS, 1998, p. 50. Cf. un detallado análisis de las diversas posturas en el trabajo de M. J. Falcón y Tella, *El Argumento Analógico en el Derecho*, Madrid, Civitas, 1991, pp. 133 y ss.

30. Cf. K. Tipke, *Die Steuerrechtsordnung* ..., p. 217. La traducción del término *Rechtslage* como "estado de la cuestión" se debe al profesor Palao Taboada, "Tipicidad ...", p. 224.

31. Cf. C. Palao, "Tipicidad ...", pp. 224 y 225.

32. Según la *STC* 109/88, de 8 de julio, "(...) podría cuestionarse si el art. 14 de la Constitución puede imponer la aplicación por analogía de determinadas normas legales y reglamentarias a supuestos no contemplados expresamente por ellas. Esta pregunta no puede recibir una respuesta categórica, aunque pueda por lo general admitirse que tal modo de interpretación o integración por vía analógica puede ser un instrumento idóneo para rectificar un trato discriminatorio — y por ende contrario al art. 14 de la Constitución — que a través de otro tipo de interpretación se produjera".

dicha limitación podría resultar inconstitucional. Siempre que no se alcance este límite — ni el que impone el principio de igualdad — existe un margen de actuación para el legislador. Pues bien, mediante la prohibición de la analogía (art. 23.3 LGT) se ha pretendido ofrecer una especial certeza jurídica sobre el "ámbito" del hecho imponible. Aunque se trata de un tema difícil,[33] nos inclinamos por considerar la expresión "ámbito del hecho imponible" no sólo se refiere al aspecto *material* de dicho ámbito, sino también al temporal, espacial, subjetivo y cuantitativo del hecho imponible y de las exenciones y bonificaciones. Esta idea deriva a nuestro juicio de la finalidad del precepto (además de ajustarse a su letra), pues tanta inseguridad produce la incertidumbre sobre el aspecto material del hecho imponible, como sobre el ámbito subjetivo.[34] Por otra parte, las *bonificaciones*, expresamente mencionadas en el art. 23.3 LGT, no inciden ordinariamente sobre *el nacimiento* de la obligación tributaria, sino sobre su cuantía.

Pero la prohibición de la analogía produce otras distorsiones, pues, como todo mecanismo de simplificación, puede entrar en conflicto con el principio de igualdad (pensemos en la regulación de los períodos impositivos cortos en el IRPF) determinando la inconstitucionalidad por omisión de la norma tributaria si no se establecen cláusulas correctoras. Pues bien, el mecanismo que utiliza la ley para preservar la igualdad radica en permitir la analogía en los casos en que se intente *acceder* artificiosamente a las lagunas jurídicas. Esto es lo que hace la regulación del fraude de ley en el art. 24 LGT. Así, resulta significativo que en algún país la aplicación de un precepto semejante por los tribunales consista en ponderar las exigencias de la igualdad y de la seguridad jurídica.[35]

3. *Fraude de ley en materia tributaria*

3.1 Concepto y naturaleza

En el fraude a la ley tributaria se utilizan uno o varios actos o negocios jurídicos con una finalidad distinta a la que les resulta propia, para conseguir las mismas consecuencias materiales que se producirían de haberse realizado el hecho imponible tipificado por la ley. Hay, por tanto, una configuración jurídica utilizada con el fin primordial de eludir el impuesto al amparo de una laguna jurídica (lo que distingue el fraude de ley de la economía de opción).[36]

El fraude de ley no supone una infracción de la norma tributaria, dado que no se realiza el hecho imponible, sino que se *rodea* aprovechando una laguna de la ley y una configuración jurídica artificiosa (por ello el fraude de ley no constituye, por sí mismo, una infracción tributaria). Esto explica la imposibilidad de aplicar sanciones, aunque sí se exijan intereses de demora.[37]

33. Según F. Pérez Royo ("Comentario al art. 24 ...", p. 385) "(...) la prohibición del art. 24.1 debe ser entendida en sus términos estrictos, es decir, reducida a las normas que regulan directamente el ámbito del hecho imponible y el de las exenciones y bonificaciones. No se explicaría, pues, esta prohibición a las normas que regulan las restantes materias, aún cubiertas por el principio de legalidad, como son las relativas a la disciplina de los sujetos del tributo o de los elementos cuantitativos del mismo". C. Pérez de Ayala desarrolla la tesis de Pérez Royo concluyendo que la prohibición de la LGT se limita al "aspecto material del hecho imponible: aquello en lo que consiste el hecho gravado y que, habitualmente, coincide con la definición legal del hecho imponible" ("Elementos de la tributación conjunta", en la obra colectiva dirigida por F. Vicente-Arche Domingo, *Comentarios a la Ley del IRPF y Reglamento del Impuesto*, Madrid, Colex, 1993, p. 586).

34. Es decir, el *elemento subjetivo* del hecho imponible.

35. K. S. Tikka, "Notions of abuse in tax law. Finnland", en *Meeting* ..., p. 4.

36. Cf. E. Höhn, *Steuerrecht* ..., p. 604.

37. De *lege ferenda* considera J. I. Ruiz Toledano que "no habría que renunciar, en principio, a la imposición de sanciones, pese a las dificultades que conlleva, ya que la exclusión de las mismas supone un incentivo para este tipo de conductas. Por ello, de superarse las cuantías correspondientes a los delitos contra la Hacienda Pública debería pasarse el tanto de culpa a la jurisdicción penal, de acuerdo

Mediante el fraude de ley se realiza verdaderamente el acto o negocio jurídico manifestado por los interesados — lo que diferencia esta figura de la simulación[38] — aunque con una finalidad atípica y artificiosa.

La ley reacciona ordenando la aplicación de la norma tributaria eludida (o la inaplicación de los beneficios fiscales de que se haya disfrutado). Siguiendo a Falcón y Tella puede sostenerse que se trata de una integración analógica de la ley eludida (es decir una excepción a la prohibición de analogía del art. 23 LGT).[39] Si no fuera así, el mecanismo del fraude de ley resultaría innecesario, pues se podría sancionar directamente una infracción tributaria. Entendemos que la reforma del art. 24 LGT (que formalmente ha acogido las críticas doctrinalcs al antiguo art. 24 LGT) sigue exigiendo una aplicación analógica de la norma defraudada.

De todos modos esta opinión no es pacífica. El profesor Palao — que se había referido en alguna ocasión a las posibles ventajas de la citada tesis[40] — ha precisado su opinión señalando que "la analogía mediante la cual se cubre una laguna normativa es distinta de la analogía empleada en la sanción del fraude de ley. En el fraude a la ley *no hay, en realidad, una laguna*; la norma aplicable existe ya y no es otra que la ley defraudada. La voluntad del legislador *es*, no simplemente *hubiera sido*, gravar el hecho en cuestión, y la ley lo gravaría directamente de no haber sido eludida artificiosamente. La analogía presente en la sanción del fraude a la ley no es, en el fondo, distinta de la existente en toda aplicación de la ley, que es esencialmente un procedimiento analógico, puesto que consiste en la comparación entre el supuesto normativo abstracto y el hecho de la realidad".[41]

Ahora bien, si *se realizase sin más el hecho imponible* (cosa que, a nuestro entender, no llega a afirmar el profesor Palao) el fraude a la ley tributaria no requeriría un tratamiento especial, por lo que, en su caso, deberían aplicarse las correspondientes sanciones. A nuestro juicio, en el fraude a la ley tributaria el papel de la "norma de cobertura" no está representado tanto por las normas civiles que regulan los respectivos negocios (puede tratarse de negocios atí-

con lo dispuesto en el art. 77.6 LGT" (*El Fraude de Ley ...*, p. 263). A nuestro juicio el incentivo no radica en la ausencia de sanciones, sino en las desigualdades e imperfecciones de las leyes tributarias.

38. Cf. R. Falcón y Tella (en relación a las SSAN 3.10.97 y 7.11.97), "Interpretación jurídica y primas únicas: el criterio de la Audiencia Nacional", *QF* 3/6, 1998; J. Pérez Arráiz, *El Fraude de Ley en el Derecho Tributario*, Valencia, Tirant lo Blanch, 1996, p. 43; T. Rosembuj, *La Simulación y el Fraude de Ley en la Nueva Ley General Tributaria*, Madrid, Marcial Pons, 1996, p. 12. Las dificultades prácticas de distinguir simulación y fraude de ley son reconducibles a la dificultad de discernir un negocio simulado de un negocio indirecto o un negocio fiduciario.

39. Cf. R. Falcón y Tella, "El fraude a la ley tributaria como un mecanismo para gravar determinadas economías de opción (I): su radical diferencia con los supuestos previstos en el art. 6.4 CC", en *QF* 17/5, 1995. En el mismo sentido se pronuncia M. Gómez Verdesoto, "El fraude a la ley tributaria: su nueva regulación en el art. 24 de la Ley General Tributaria y su previsible desarrollo reglamentario", en *Impuestos* 1/24, 1997. En la doctrina alemana mantiene esta tesis K. Tipke, *Die Steuerrechtsordnung* ..., v. III/1.326.

40. C. Palao Taboada, "Notas ...(II)", p. 11; tales ventajas consistirían en evitar la incoherencia con otros sectores del ordenamiento jurídico para los que puede ser válido el negocio realizado en fraude a la ley tributaria.

41. Cf. C. Palao Taboada, "¿Existe el fraude a la ley tributaria?", *RCT* 182/15, 1998. En relación al § 42 de la ordenanza tributaria alemana de 1977 (*Steuerumgeung*) se ha planteado una polémica similar. Según P. Pistone "a diferencia de la inadmisible analogía, en el mecanismo en cuestión (§ 42 AO) no se finge por el legislador la existencia de un supuesto de hecho abstracto (*fattispecie astratta*) que somete a tributación un supuesto de hecho concreto no contemplado expresamente en una norma impositiva, sino la realización del mismo supuesto de hecho concreto del modo previsto en la norma impositiva", lo que constituye ¯ seg?n el citado autor ¯ una *ficción jurídica* (*Abuso del Diritto* ..., p. 97). A mi entender lo que demuestra esta argumentación (trasladable a nuestro art. 24 LGT) es que tales figuras antielusivas no se basan en la *analogía iuris* (integración de la laguna mediante principios jurídicos), sino de la típica *analogía legis* (integración de la laguna mediante un precepto concreto).

picos sin una regulación precisa), como por una laguna en la norma tributaria (bien sea una laguna manifiesta o bien encubierta por el ámbito excesivo de un tratamiento fiscal favorable). El sujeto que comete el fraude de ley busca *acceder* a dichas lagunas mediante mecanismos artificiosos (incluida la concatenación de negocios jurídicos).

En este sentido — como advierte Palao — existe una diferencia entre las lagunas *ordinarias* (cuya integración analógica está prohibida) y las lagunas "en fraude de ley": estas últimas son verdaderas lagunas,[42] pero generalmente no están al alcance *directo* del contribuyente; para *acceder* a ellas le es preciso *dar un rodeo*: utilizar un negocio o una cadena de negocios sin un motivo económico válido que los justifique. Ahora bien, el contribuyente que utiliza tales artificios *no puede confiar en el principio de seguridad jurídica* de ahí que sea perfectamente legítimo integrar la laguna mediante la analogía.[43]

La verdadera dificultad está en distinguir las *lagunas jurídicas* "directas", es decir, contrarias al plan, pero a las que puede *accederse* sin mecanismos artificiosos (la analogía *en ausencia de prohibición legal* exigiría una ponderación de bienes entre igualdad y seguridad jurídica), y las *lagunas indirectas*, a las que sólo puede *accederse* mediante tales mecanismos, por lo qué el ordenamiento *debe* reaccionar mediante la integración analógica para evitar una lesión del principio de igualdad. Téngase en cuenta, además, que el carácter indirecto de una laguna no constituye una nota esencial, sino accidental (por eso se trata de auténticas lagunas); es decir, depende *de las circunstancias en que se encuentre el sujeto que pretende acceder a ella* (en el sentido de que tales circunstancias no determinen un motivo económico válido para utilizar el negocio que permite *acceder* a la laguna).

La diferencia entre las lagunas directas e indirectas resulta especialmente difícil de determinar. En la práctica la mal llamada *ingeniería fiscal* pretende aprovechar no sólo los beneficios fiscales y derechos de opción establecidos expresamente en la ley, y el "espacio libre de Derecho" (*rechtsfreier Raum*), sino las lagunas directas e indirectas. En los dos últimos casos actúa *contra el plan general de un instituto jurídico*,[44] si bien en el supuesto de las lagunas directas la economía de opción encuentra amparo en la prohibición de analogía. En los dos supuestos se quiere *evitar* la carga fiscal, pero además, en el fraude de ley se pretende *eludirla*, es decir evitarla artificiosamente: *acceder* a la laguna mediante una actuación que no responde a ningún motivo económico válido.

Debe advertirse, además, que buena parte de las lagunas jurídicas son resquicios no deseados de las diferencias de trato que impone el legislador por motivos ajenos al principio de capacidad económica.[45] Desde este punto de vista resulta interesante la experiencia sueca: la Reforma Tributaria de 1990 al reducir los tipos de gravamen y ampliar la base imponible redujo notable-

42. Es más, el carácter *indirecto de la laguna* no depende sólo de la deficiencia normativa, sino también de las circunstancias en que se encuentra el contribuyente, de modo que la concurrencia excepcional de un motivo económico válido (cf. los ejemplos citados por R. Falcón en el editorial de *QF* 18/7, 1995) convierte la laguna indirecta en una laguna ordinaria *para determinado contribuyente*.

43. En contra considera M. González Sánchez que "el art. 24.2 (LGT), bajo una apariencia de ficción y colocando la expresión del fraude de ley, lo que pretende es utilizar la analogía como medio de lucha contra la evasión, amparada por el principio de reserva de ley (evasión legítima), o mejor contra la elusión como nos parece a otros. Por lo indicado, esto es, por permitir la aplicación de la analogía creemos que dicho precepto es inconstitucional y nulo" (*El Fraude de Ley en Materia Tributaria*, Salamanca, Plaza Universitaria Ediciones, 1993, pp. 73 y 74).

44. Pues tal contradicción con el plan de la norma supone un elemento constitutivo de las lagunas jurídicas.

45. Pensemos en las diferencias entre el régimen de los incrementos de patrimonio y rendimientos de capital y la difusa frontera entre ambos desde el punto de vista de la naturaleza de las cosas.

mente las posibilidades de planificación fiscal y de elusión tributaria, hasta el punto de que la regulación del fraude de ley se suprimió por considerarse innecesaria (aunque posteriormente volviese a introducirse como elemento disuasorio).[46] También resulta significativo que las propuestas sobre la implantación de una cláusula antielusoria en el Reino Unido consideren esencial acompañarla de un sistema eficaz de consultas administrativas,[47] imprescindible para una legítima planificación fiscal.

A la necesidad de constatar la artificiosidad alude el art. 24.1 LGT ("propósito de *eludir* el pago del tributo").[48] En definitiva, la prueba del propósito de eludir el tributo consiste en demostrar que el efecto económico deseado se busca a través de negocios *cuya finalidad típica es otra*, y que se eligen por ser la única vía para *acceder* a una laguna jurídica, es decir — como señala Falcón y Tella — sin que se funden en *ningún motivo económico válido*.[49] Precisamente aquí radica la diferencia entre economía de opción y fraude de ley.[50] Dado que el motivo económico ha de ser *válido* (es decir, razonable y proporcio-

46. Cf. C. Silfverberg, "Notions of abuse in tax law. Sweden", en *Meeting of European Professors of Tax Law*, Osnabrück, 1998, p. 4.

47. D. Southern, "Notions ...", p. 13.

48. La anterior redacción de la LGT exigía probar el propósito de eludir el impuesto. Algunos autores afirmaban que este requisito impedía aplicar el fraude de ley por la dificultad de llevar a cabo dicha prueba. Ante estas críticas doctrinales el legislador ha suprimido la referencia a la necesidad de probar el propósito de eludir el impuesto. Sin embargo, debe tenerse en cuenta que el propósito de eludir el impuesto puede probarse mediante indicios (por ejemplo mediante el uso de negocios atípicos). Si el fraude de ley no se aplicaba era por la falta de una decidida voluntad por parte de la Administración. Además, aunque la nueva redacción actual no diga expresamente que hay que probar el propósito elusorio, sí define el fraude de ley como "hechos (...) realizados con el propósito de eludir el tributo". Por tanto es evidente que la declaración del fraude de ley exigirá probar dicho propósito.

49. El profesor Falcón y Tella cita el ejemplo de quien obtiene el resultado práctico de una compraventa o permuta a través de la constitución y la disolución inmediata de una sociedad si un incendio impide continuar la actividad recién-iniciada o una sentencia adversa hace imposible utilizar la patente para cuya explotación se había constituido la sociedad ("El fraude a la ley tributaria como un mecanismo para gravar determinadas economías de opción (II), límites a la utilización de esta figura", *QF* 18/7, 1995). En estos casos los criterios utilizados en la liquidación de la sociedad pueden responder al deseo de reestructurar el patrimonio de los socios *evitando* el tributo, pero no existe una maniobra artificiosa (*elusión*), pues la liquidación de la sociedad se realiza por un motivo económico válido. A nuestro juicio para quedar fuera del ámbito del fraude de ley deberá existir la debida *proporción* entre el "motivo económico válido" y el negocio que se realice.

50. La carencia de motivos económicos válidos y el rodeo o circunvalación de la ley son elementos presentes en diversas cláusulas anti-fraude (de carácter sectorial o general) así como en la jurisprudencia anti-fraude elaborada por algunos tribunales europeos. En Suecia la cláusula anti-evasión introducida en 1980 exige que el negocio se haya adoptado principalmente para conseguir una ventaja fiscal, y que se haya quebrantado o eludido mediante un rodeo el propósito de la ley (cf. C. Silfverberg, "Notions ...", p. 4). En Francia los arts. L-64 y ss. del Código de Procedimientos Fiscales configuran el abuso de derecho como un "montaje" jurídico destinado exclusivamente a eludir el impuesto (cf. B. Planget, "L'abus de droit en Droit Fiscal français", en *Meeting* ..., p. 1). En Finlandia existe también una cláusula general en relación a las actuaciones realizadas "de modo evidente" con el propósito de eludir el impuesto salvo que el contribuyente demuestre que se ha basado en motivos adecuados. La jurisprudencia aplica dicha cláusula basándose en la oposición al espíritu de la norma y en el carácter inusual de la operación cuyo único sentido es obtener la ventaja fiscal (K. S. Tikka, "Notions of abuse in tax Law. Finnland", en *Meeting* ..., p. 2). En el ordenamiento belga se ha introducido recientemente una cláusula general, un tanto confusa, que permite prescindir de "la cualificación legal" atribuida a un negocio por las partes, cuando se pruebe que se ha realizado con el fin de eludir el tributo y las partes desvirtúen dicha prueba mostrando que responde a necesidades legítimas de orden económico o financiero. Con anterioridad la jurisprudencia reconocía un "principio de libre elección sobre la opción menos gravada", con el único límite de los negocios simulados (L. Hinnekens, "Abuse of tax law. Belgium", *Meeting* ..., p. 2). En Italia el art. 37-*bis* del Decreto del Presidente de la República 600, de 29.9.73, introducido en 1997, en relación a los beneficios fiscales de las fusiones, escisiones y transformaciones de empresas, los excluye cuando no existan motivos económicos válidos (cf. A. Amatucci, "Notions of abuse in tax law. Italy", en *Meeting of European Professors of Tax Law*, Osnabrück,

nado),[51] la intención de eludir el tributo resulta perfectamente objetivable a través de indicios externos. El principal de ellos radica en que *el efecto típico* del negocio que permite *acceder* a la laguna se intente eludir mediante cláusulas atípicas o negocios concatenados, de modo que el conjunto de dichas actuaciones produzca un efecto equivalente al derivado del hecho imponible.

3.2 Delimitación frente a otras figuras

3.2.1 *Fraude de ley civil* — En cuanto a las relaciones entre el fraude de ley tributario y el fraude de ley civil, entendemos que el fraude a la ley tributaria no puede considerarse una mera *especificación por razón de la materia* del fraude a la ley civil, aunque sí podría afirmarse que supone una *modalidad* del fraude a la ley contemplado en el Código Civil (6.4) *cualificada por un especial régimen jurídico*. Las principales diferencias entre ambas figuras pueden agruparse en dos bloques correspondientes al supuesto de hecho y a las consecuencias jurídicas.

1998, p. 3). En el Reino Unido la Casa de los Lordes ha desarrollado una doctrina similar a partir de los años 80 que se aplica en los casos en transacciones en cadena en las que se insertan elementos realizados con el único propósito de eludir el impuesto, si bien se ha señalado que tal doctrina se asemeja más a una "recalificación" (*recharacterisation*) del supuesto de hecho que a la doctrina del fraude de ley, y no parece haber encontrado acogida en los tribunales del Reino Unido que se apegan a una interpretación literal de las leyes tributarias (D. Southern, "Notions ...", p. 8, con referencia a los casos *Ramsay*, *Burmah Oil*, *Furniss* e *Ingram*; cf. también M. Gammie, "Tax avoidance and the rule of law. A perspective from the United Kingdom", en la obra coordinada por G. S. Cooper, *Tax Avoidance and the Rule of Law*, Amsterdam, IBFD, 1997, pp. 190 y ss.).

51. El Tribunal Administrativo Federal austríaco expresa esta idea señalando que los tribunales deben comprobar si la configuración jurídica elegida seguiría resultando razonable de no existir la ventaja fiscal, o si por el contrario resultaría absurda (S. de 26.6.84, en relación al § 22.2 de la ordenanza tributaria austríaca, cf. W. Doralt-H. G. Ruppe, *Grundriß* ..., p. 172).

Por lo que se refiere al supuesto de hecho suele señalarse que: a) en el fraude a la ley tributaria *puede* no existir una norma de cobertura (el actual art. 24 LGT se refiere expresamente a la "norma" de cobertura, pero cabe que ésta esté constituida por una laguna de la propia norma defraudada); b) las normas tributarias no son *prohibitivas* mientras que el fraude a la ley civil supone aquel carácter en la norma defraudada; c) en el fraude a la ley civil no es necesaria la intención de burlar la ley, dado que su finalidad no es reprimir una intención maliciosa, sino defender el cumplimiento de las leyes.

En lo que respecta a las consecuencias jurídicas, puede advertirse que: a) a diferencia de lo que sucede en el ordenamiento tributario la reacción del ordenamiento al fraude a la ley civil no es la integración analógica; y b) el fraude a la ley tributaria puede declararse unilateralmente por una de las partes que intervienen en la relación jurídica (la Administración) a diferencia del fraude a la ley civil cuya sanción exige que intervenga el juez.

Ciertamente estas notas peculiares del fraude a la ley tributaria *no concurren en todos los supuestos de fraude a la ley* reconducibles al art. 6.4 CC, pero tampoco parecen incompatibles con el supuesto de hecho reflejado en el mencionado artículo.

Así, algún civilista ha señalado que la norma de cobertura puede ser la propia ley defraudada, en el sentido de que su supuesto de hecho presente una laguna que sea utilizada para eludir su mandato: "piénsese en la norma que concede al arrendatario un derecho de retracto para el caso de que el piso o el local arrendados sean vendidos o dados en pago. El arrendador puede evitar el retracto recurriendo a una permuta o aportando el inmueble arrendado a una sociedad, ya que se trata de actos no contemplados entre los casos en los que la ley concede el derecho de retracto".[52]

52. J. Caffarena Laporta, "Comentario al art. 6.4 CC", pp. 850 y 851 (sin una referencia expresa a

En cuanto a las normas tributarias defraudadas, es cierto que no tienen carácter prohibitivo, pero sí *imperativo*, supuesto al que también se refiere el art. 6.4 CC.[53]

Por lo que se refiere al elemento subjetivo (intención de eludir una norma), el profesor F. de Castro negó que constituyese un elemento integrante del fraude a la ley civil basándose en tres argumentos: que la finalidad de esta institución es la defensa objetiva del ordenamiento, que la ignorancia no puede alegarse frente al deber de respetar la ley, y que la intención fraudulenta es difícil de probar.[54] Esta idea parece seguir dominando en la doctrina[55] y en la jurisprudencia[56] pese a que la Reforma de 1974 configuró la regulación del fraude de ley con diversas referencias subjetivas. De todos modos, algún autor ha reaccionado señalando que *la existencia de motivos legítimos* puede excluir la aplicación del fraude de ley,[57] lo que supondría una notable semejanza con el fraude a la ley tributaria.

Sin que podamos resolver aquí esta polémica, consideramos que la exigencia de la intención de eludir el tributo *en el fraude a la ley tributaria* tiene especial sentido, en cuanto dicha figura constituye un instrumento para permitir la integración analógica en ciertos supuestos que no lesionen la seguridad jurídica, y el ánimo de eludir — objetivado mediante indicios externos que no han de presentar especiales dificultades probatorias — no merece la protección del principio de seguridad jurídica. Además, el acceso a una laguna jurídica mediante una configuración jurídica artificiosa *no respaldada por un motivo económico válido* es la nota que permite distinguir el fraude de ley de la economía de opción.

En el ámbito de las consecuencias jurídicas, el concepto civil de fraude de ley es también más amplio que el tributario, pues es una norma común a la interpretación y la integración analógica,[58] lo que resulta coherente con la diferencia *gradual* entre ambas técnicas hermenéuticas. El hecho de que el fraude de ley se declare unilateralmente por la Administración es una consecuencia de la autotutela administrativa y tiene como contrapeso la exigencia del procedimiento especial.

Esta relación entre el fraude de ley civil y el fraude a la ley tributaria (supuesto cualificado y peculiar del primero)[59] expli-

la integración analógica, pero señalando que el fraude de ley civil desborda el ámbito de la mera interpretación).

53. Cf. C. Palao Taboada, "Existe el fraude ...", p. 13.

54. F. de Castro, *Derecho Civil de España*, Madrid, IEP, 1949, pp. 611 y ss.

55. Cf. A. Gullón Ballesteros, "Comentario al art. 6 CC", en la obra colectiva *Comentario del Código Civil*, v. I, Madrid, Ministerio de Justicia, 1993, p. 37; J. L. Abácar López-M. Martín Granizo, *Código Civil, Doctrina y jurisprudencia*, v. I, Madrid, 1991, p. 108.

56. Cf. J. I. Ruiz Toledano, *El Fraude de Ley* ..., p. 189, con cita de las SSTS de 20.5.88 (*RJ* 1988/4.323) y 22.7.93 (*RJ* 1993/6.752).

57. J. Caffarena cita el caso de un sujeto que vivía con su mujer en el domicilio de su hija casada, que pide la resolución del arrendamiento de una vivienda que tenía alquilada alegando la necesidad de la misma, pese a que poco tiempo antes había vendido otra vivienda que había quedado desocupada (*STS* 17.5.68). "El caso se sitúa entre dos normas, la que establece la prórroga forzosa, que sería la defraudada, y la que faculta al arrendador a la denegación por causa de necesidad, que sería aquí la norma de cobertura. Parece que existe una situación de necesidad y, sin embargo, se niega al arrendador la posibilidad de resolver el contrato (*ex* art. 114, 11, en relación con el art. 62.1 de la LAU). La razón, según el Tribunal Supremo, es que el propietario creó artificiosamente dicha situación vendiendo el piso que había quedado desocupado. ¿Cómo distinguir los casos de fraude de ley de los que no lo son sin considerar la intención del arrendador? La intención de eludir la aplicación de la ley es lo que determina la existencia del fraude" ("Comentario al art. 6.4 CC", p. 856).

58. J. Caffarena Laporta señala que para un importante sector de la doctrina alemana "la cuestión del fraude de ley es un problema de interpretación de las normas o de analogía" ("Comentario al art. 6.4 CC", en la obra colectiva dirigida por M. Albaladejo y S. Díaz Alabart *Comentarios al Código Civil y Compilaciones Forales*, Madrid, Edersa, 1992, p. 846, con cita de Teichmann, *Die Gesetzesumgehung*, 1962, pp. 78 y ss.).

59. Cf. en este sentido, E. Simón Acosta, en la obra colectiva *Cuestiones Tributarias Prácticas*, 2ª

ca que en algunos países donde no existe una cláusula especial de fraude a la ley tributaria los tribunales hayan elaborado una doctrina semejante al fraude a la ley civil. Así, según el Tribunal Supremo holandés, se consideran realizadas en fraude de ley las actuaciones que, amparándose en el texto de la ley, busquen burlar su finalidad mediante una actuación cuyo único o principal propósito sea aminorar la tributación.[60] Esto explica también que en algún país donde sí existe una cláusula antievasiva en materia tributaria se considere que tal norma habilita una modalidad de "interpretación" que no hubiese podido alcanzarse por los cauces ordinarios,[61] y que nuestra jurisprudencia contenciosa haya aplicado directamente el art. 6.4 CC para atajar diversos supuestos de fraude de ley en materia tributaria (STSJ Murcia de 14.2.96, *JT* 147/1.997; SSTS de 6.5.88, *RJ* 1988/3.771; y 22.3.96, *RJ* 1996/2.684).[62]

3.2.2 *Negocio indirecto* — Por último, es preciso delimitar la figura del fraude de ley tributaria frente a los negocios indirectos y fiduciarios. Los negocios indirectos son aquellos que se usan para alcanzar fines distintos a los que corresponderían a su estructura.[63] Pues bien, si el negocio formalizado no corresponde a la verdadera causa estaremos ante un supuesto de simulación, resultando aplicable el art. 25 LGT.[64] En cambio, si el negocio corresponde a la causa, pero se buscan además otras finalidades impropias de su estructura, el negocio indirecto constituye el *instrumento* para perpetrar el fraude de ley,[65] por lo qué la Administración deberá tramitar el expediente especial previsto en el art. 24.1 LGT.[66]

El TEAC ha sostenido una tesis distinta de la que aquí se propone, para eludir así la exigencia del expediente especial. La

ed., Madrid, La Ley, 1990, p. 107; A. Aguallo Avilés-F. Pérez Royo, *Comentarios a la Reforma de la Ley General Tributaria*, Pamplona, Aranzadi, 1996, p. 46; C. Checa González, *Interpretación y Aplicación de las Normas Tributarias (Análisis Jurisprudencial)*, Valladolid, Lex Nova, 1998, p. 276.

60. Cf. J. A. M. Arts, "Notions of abuse in dutch tax law", en *Meeting* ..., p. 1.

61. Cf. en relación a Finlandia K. S. Tikka, "Notions of abuse in tax law. Finnland», en *Meeting*..., cit., p. 3.

62. Tras valorar positivamente esta jurisprudencia, J. I. Ruiz Toledano se pregunta "si la Administración Tributaria tiene esta posibilidad. Se trata de una cuestión dudosa, sobre todo en el caso de los tribunales económico-administrativos, aunque parece que debe contestarse negativamente. Ello no se debe, como opinan algunos autores, a la radical diferencia entre la figura en el ámbito civil tributario, sino simplemente a que ello supondría escapar de la exigencia de un procedimiento especial previsto en el art. 24 LGT, y, por tanto, supondría una actuación administrativa en fraude de ley, en que se acudiría al citado art. 6.4 como norma de cobertura para eludir la aplicación del citado art. 24, cuya regulación se pretende eludir" (*El Fraude de Ley* ..., p. 229). Entendemos que la citada argumentación impide radicalmente que la Administración Tributaria (incluidos los tribunales económico-administrativos) haga uso del art. 6.4 CC en el ámbito del art. 24 LGT.

63. Cf. F. de Castro, *El Negocio Jurídico*, 2ª ed., Madrid, Civitas, 1985, p. 445.

64. Cf. C. Palao Taboada, "¿Existe el fraude ... ?", p. 9, aunque este autor insiste en el carácter relativo de la distinción entre simulación y fraude de ley. Encontramos un posible supuesto de *simulación parcial* (figura muy discutida entre los tributaristas) en la *RTEAC* de 24.6.92, relativa a un contrato de renta vitalicia en el que el valor declarado de las fincas (32.532.775) era claramente desproporcionado en cuanto a la capitalización de la renta según el interés legal del dinero (11.415.000). Según el TEAC la diferencia entre la donación y la prestación de la otra parte quedaba sometida al ITP, y el resto al ISD. El TEAC invoca el principio de calificación del antiguo art. 25 LGT, así como el art. 1.281 CC (*GF* 104/49, cit. por J. I. Ruiz Toledano, *El Fraude de Ley* ..., p. 86).

65. Cf. en este sentido E. Simón Acosta, *Cuestiones* ..., p. 110; F. Pérez Royo-A. Aguallo Avilés, *Comentarios* ..., p. 47.

66. Por su parte, J. I. Ruiz Toledano sostiene que "si el negocio tiene una finalidad última contraria a la ley es que se ha realizado en fraude de ley, con lo qué debe aplicarse la regulación civil del art. 6.4 del CC, mientras que si es lícita dicha finalidad no ha existido ninguna irregularidad y no se trata de un contrato anómalo, siendo en ambos casos irrelevante que desde el punto de vista teórico se considere que forman parte de una figura denominada negocio indirecto" (*El Fraude de Ley* ..., p. 94). El autor también señala como el TEAC invocaba el anterior art. 25.3 LGT (calificación de hechos imponibles) para sustentar la doctrina del negocio indirecto, apoyo que ha desaparecido con la Reforma operada por la Ley 25/95 (*El Fraude de Ley*..., p. 99).

diversas resoluciones manejan dos argumentos:

a) En el negocio indirecto "la causa jurídica se deduce del juego recíproco y contradictorio de sus partes; cualquiera que sean sus motivos inmediatos (evitar la rigidez contractual, eludir leyes prohibitivas, contravenir leyes fiscales etc.), mientras que en el (fraude de ley) hay una *causa típica*, si bien el motivo, la intencionalidad, es ir contra el espíritu y fin de la ley; se trata, pues, de negocios conceptualmente distintos, si bien puede un negocio indirecto, al igual que un negocio típico, ser realizado en fraude de ley (...) distinción, por tanto, que permite afirmar que en un negocio indirecto puede la Hacienda Pública gravar (...) los hechos imponibles que se deriven de los efectos o resultado del negocio indirecto, al margen y con independencia del concepto de fraude de ley" (*RTEAC* 9.12.88, Cdo. 6º, y 9.3.94, Cdo. 6º, relativas a contratos de seguro de prima única). Una argumentación similar, aunque menos explícita, se utiliza por la SAN de 5.3.97, relativa a contratos de *lease back*.[67]

b) "Mientras que en el negocio indirecto la causa jurídica se deduce del juego recíproco y contradictorio de sus partes, cualquiera que sean sus motivos inmediatos (evitar la rigidez contractual, eludir leyes prohibitivas, contravenir leyes fiscales etc.), por el contrario, en el fraude de ley se precisa la concurrencia de dos normas y la utilización de una de ellas, denominada de cobertura, para eludir la aplicación de otra, y obtener así un resultado prohibido o contrario al conjunto del ordenamiento jurídico. En el presente caso se confrontan las cláusulas de un contrato, más que el precepto en que éste se ampara, con la norma fiscal y, como tiene declarado el Tribunal Supremo, no es posible equiparar, a efectos de la presencia del fraude de ley, una norma contractual con la norma imperativa del Derecho Positivo" (*RTEAC* 8.11.94, Cdo. 4º, y 29.3.95, Cdo. 4º, relativas a operaciones de *lease back*, y a ciertas operaciones societarias, respectivamente).

Pues bien, el primer argumento ("a") es erróneo: el negocio realizado en fraude de ley no corresponde a la causa típica prevista por el ordenamiento, pues de otro modo no existiría el abuso de las normas jurídicas propio del fraude, sino una mera economía de opción. Es cierto que los conceptos de negocio indirecto y fraude de ley tributaria no son idénticos, pues teóricamente el fraude de ley puede conseguirse por otras vías, y el negocio indirecto puede perseguir finalidades ajenas al fraude de ley tributario. Además, la categoría del negocio indirecto tiene unos perfiles dogmáticos difusos que en ocasiones abarcan también al negocio simulado.[68] Pues bien, sólo en este último caso será posible que la Administración combata el negocio indirecto mediante la oportuna calificación; en los demás casos el negocio indirecto es un mero instrumento para cometer el fraude de ley y por tanto debe acudirse al expediente especial previsto en el art. 24.1 LGT.

67. "Al proyectarse los contratos sobre parcelas del ordenamiento jurídico que responden a principios e intereses diferentes, como en el presente caso ocurre con el Derecho Civil y el ordenamiento tributario, ha sido necesario atender, en cada caso, a los efectos que respecto de cada sector puedan provocar los pactos libremente acordados por las partes. Esta norma permite, en el ámbito de los efectos jurídico-tributarios de los pactos libremente establecidos por las partes, atender a la *verdadera finalidad* perseguida, prescindiendo de la pura instrumentalización formal que las voluntades concurrentes en el negocio quieran darles. Esta es la explicación del denominado *negocio indirecto*, no se trata, como pretende la auctora, de desconocer los efectos jurídico-civiles pensados y queridos por las partes, mientras no perjudiquen a terceros, *sino, más bien, de evitar, con un sentido práctico, que esa absoluta libertad de configuración, al menos formal y aparente, del contenido de los negocios jurídicos pueda, de hecho, desvirtuar la correcta y natural aplicación de las normas tributarias*" (SAN 25.2.97, *FJ* 10º, reproducida en *Impuestos* 24/33, 1997). Como señala J. I. Ruiz Toledano, la tesis del negocio indirecto "no parece sostenible", por sus difusos contornos (*El Fraude de Ley* ..., p. 173).

68. En contra, cf. P. Pistone, *Abuso* ..., pp. 49 y 50.

El segundo argumento que esgrime el TEAC es aún más falaz: en el fraude de ley existe una norma defraudada de Derecho Positivo, mientras que en el negocio indirecto se trata de meras prescripciones contractuales. Ahora bien, en el supuesto que el TEAC califica de *negocio indirecto* (operaciones de *lease back*) existían normas tributarias defraudadas, e incluso normas de cobertura (el régimen fiscal más beneficioso) que se pretendían invocar mediante el negocio indirecto. Por otra parte, como hemos visto, en el fraude a la ley fiscal (y según al-gún autor, en el fraude de ley civil) no es precisa una norma de cobertura, ya que esta puede radicar en la mera libertad negocial o en una laguna de la propia norma defraudada.[69]

La Audiencia Nacional ha ensayado una argumentación completamente distinta — pero no menos errónea — en relación a los contratos de seguro de prima única: si las partes quieren suscribir un contrato de seguro (lo que excluye la simulación) pero *fijan unas primas que no corresponden a unos correctos cálculos actuariales*, el contrato de seguro será nulo; no obstante, el tribunal contencioso podrá salvar su validez como depósito irregular retribuido (*conversión del contrato nulo*). La "conversión" del negocio determinará el régimen tributario aplicable, pero no podrán aplicarse sanciones, dada la ausencia de culpabilidad (SAN 3.10.97 y 7.11.97). La Audiencia Nacional llega así a un resultado equivalente al fraude de ley tributaria por una vía *oblicua* que excluye el expediente especial. Sin embargo, como ha advertido Palao Taboada, "la cuestión de la naturaleza jurídica de un contrato es independiente de su validez" y "los tribunales contencioso-administrativos carecen de jurisdicción para pronunciarse acerca de la validez o nulidad de un contrato privado".[70]

La Audiencia Nacional excluye el fraude de ley por entender que quiso realizarse un auténtico contrato de seguro (lo que también descartaría la simulación) pero no aporta argumentos de peso para mostrar que no se trata de un negocio indirecto utilizado como instrumento para eludir la ley tributaria (se producen efectos jurídicos que no corresponden a la estructura de un contrato de seguro)[71] ni analiza la polémica cuestión de si es posible un fraude de ley en materia de retenciones.[72] Quizá la sentencia ha buscado una solución cómoda para evitar problemas de prueba, pues admite sin más las alegaciones de la Administración sobre la ausencia de una correcta base actuarial *sin examinar a fondo la realidad y los motivos de tal circunstancia.*

3.2.3 *Negocio fiduciario* — En cuanto a los negocios fiduciarios, se definen como aquellos en que el efecto jurídico *querido* por las partes es desproporcionado respecto de la finalidad práctica que pretenden.[73] En el negocio fiduciario *puro* no hay simulación, sino *desproporción* entre lo estipulado y su causa.[74] Pues bien, si el juez civil de-

69. Es cierto que el actual art. 24.1 LGT se refiere al amparo en "el texto de normas dictadas con distinta finalidad", pero ello no excluye que tal amparo se busque en el propio silencio de la norma defraudada.

70. C. Palao Taboada, "¿Existe el fraude ...?", p. 20; en el mismo sentido, cf. R. Falcón y Tella, "Interpretación jurídica ...", p. 7, y J. I. Ruiz Toledano, *El Fraude de Ley* ..., p. 128.

71. Como ha puesto de relieve C. Palao Taboada ("¿Existe el fraude ...?", p. 22), la SAN 3.10.97 utiliza un concepto de negocio indirecto equivalente al de la simulación ("Para que exista negocio indirecto sería preciso que el negocio creado externamente por las partes (negocio jurídico instrumental o medial) sea querido por aquéllas como medio para celebrar otro negocio jurídico distinto (o negocio realmente querido)".

72. Niega esta posibilidad R. Falcón y Tella, "El fraude a la ley tributaria ... (II)", p. 5.

73. Cf. F. de Castro, *El Negocio Jurídico*, 2ª ed., Madrid, Civitas, 1985, p. 381.

74. La doctrina sostiene mayoritariamente que tiene una causa propia (*causa fiduciae*) como fundamento de la atribución que se realiza; consecuentemente "se suele opinar si en el contrato fiduciario no hay verdadera voluntad de provocar un efecto menor (por ejemplo una transmisión de menor alcance para garantizar un préstamo), sino una apariencia de fiducia que luego se destruye se trataría de un negocio simulado" (J. I. Ruiz Toledano, *El Fraude de Ley* ..., p. 140). En cambio en la jurisprudencia parece primar la teoría del doble efecto, según la cual existe un negocio con efectos plenos frente a terceros (*v.g.*, transmisión de la propiedad) y otro con efectos ex-

clara nulo el negocio fiduciario y válidos los efectos correspondientes a la verdadera causa procederá una recalificación tributaria; en otro caso el negocio fiduciario es un indicio de la intención de eludir el tributo; esto es, del fraude a la ley tributaria.[75] En cambio, no estimamos que sea posible una recalificación tributaria del negocio prescindiendo de los efectos jurídicos *verdaderamente queridos por las partes*, aunque lo desproporcionado de tales efectos sea causa de invalidez (*ex* art. 28.2, *in fine*, LGT). Cuestión distinta es que la denominación de *negocio fiduciario* pueda encubrir una simulación (por ejemplo, una compra mediante persona interpuesta),[76] en cuyo caso la Administración tributaria podrá acudir a la cláusula del art. 25 LGT para gravar el negocio con arreglo a su verdadera naturaleza.

4. Conclusiones provisionales

Es posible sostener la existencia de auténticas lagunas (imperfecciones contrarias al plan) en materia tributaria, dado que existen verdaderos principios estructurales de los tributos (existe un plan) y que la aplicación de los preceptos por vía interpretativa tiene un límite (aquel sentido del texto legal que corresponda a su espíritu y finalidad). Esto no impide negar que la diferencia entre interpretación y analogía no es radical, sino de grado.

La *analogia iuris* (aplicación de un principio general obtenido por inducción del derecho para integrar una laguna) es contraria a la reserva de ley. En cambio, la *analogia legis* (aplicación de un precepto concreto que presenta identidad de razón con el supuesto no regulado) no parece entrar en conflicto con dicha reserva.

La prohibición de analogía que establece el art. 23.3 LGT en cuanto al ámbito del hecho imponible y el de las exenciones y bonificaciones constituye un mecanismo de simplificación que pretende establecer un punto de equilibrio entre las exigencia de la igualdad (que abogan por la integración analógica) y la seguridad jurídica. Tal precepto no ataja directamente la inseguridad jurídica, sino que supone una cautela genérica frente a un procedimiento de aplicación de la ley (la analogía) que *puede* producir inseguridad. Como cláusula de excepción el art. 24 LGT admite la integración analógica en aquellos supuestos en que el obligado busque *aprovechar artificiosamente* las *ventajas* de una laguna jurídica. En efecto, ante tal "rodeo" o artificio no cabe alegar la seguridad jurídica como límite a la analogía. La citada cláusula de salvaguardia no es otra que el mecanismo para reaccionar frente al fraude de ley (art. 24 LGT).

El fraude de ley tributario (art. 24 LGT) no es una mera especificación *por razón de la materia* del fraude de ley civil, pero sí constituye una modalidad del fraude a la ley civil *cualificada por su especial régimen jurídico* (art. 6.4 CC). El Tribunal Supremo ha aplicado en diversas ocasiones el art. 6.4 CC para combatir el fraude de ley en materia tributaria.

Las doctrinas del negocio indirecto y del negocio fiduciario constituyen construcciones de perfiles un tanto difusos que resultan inadecuadas para combatir la elusión en materia tributaria. El negocio indirecto puede constituir un instrumento para realizar el fraude de ley tributario, o constituir un negocio simulado. El negocio fiduciario *puro* no constituye una simulación, aunque sí puede utilizarse como medio para cometer un fraude de ley tributaria. En otro caso, la Administración no podrá *recalificar* el negocio fiduciario.

clusivos entre las partes (*v.g.*, compromiso de devolución del bien cuando se cumpla la obligación garantizada — cf. J. I. Ruiz Toledano, *El Fraude de Ley* ..., p. 139). En realidad, esta postura jurisprudencial se limita a aceptar el negocio fiduciario cuando no incurre en simulación ni vicio de nulidad "aun sirviendo a una finalidad económica distinta de la normal" (STS (Civil) de 28.10.88, *RJ* 7.746).

75. La doctrina civilista ha puesto de manifiesto cómo el negocio fiduciario y el negocio indirecto suelen utilizarse como instrumento para realizar el fraude de ley (aunque no lo suponen necesariamente). Cf. F. de Castro, *El Negocio Jurídico*, 2ª ed., pp. 419 (en relación al negocio fiduciario) y 455 (con respecto al negocio indirecto).

76. Cf. J. I. Ruiz Toledano, *El Fraude de Ley* ..., p. 168.

CADERNOS DE DIREITO TRIBUTÁRIO

AS INFLUÊNCIAS GERMÂNICAS NO DIREITO FINANCEIRO E TRIBUTÁRIO BRASILEIRO

RICARDO LOBO TORRES
Professor Titular de Direito Financeiro na UERJ

1. Tipos nacionais. 2. Iluminismo e cameralismo. 3. Liberalismo. 4. A Constituição republicana de 1891. 5. O Código Tributário Nacional de 1966. 6. A fase positivista. 7. A Constituição de 1988. 8. Situação atual.

1. Tipos nacionais

As finanças públicas variam de acordo com o sistema econômico dos diversos países e com a ideologia neles prevalecente. Neumark[1] chegou a falar de tipos nacionais financeiros para significar que as diferentes nações demonstram certa inclinação para determinado tipo de organização financeira e de apreciação científica, como é o caso da Alemanha, onde prepondera a idéia de sistema e a preocupação com a política fiscal.

Nada obstante, há um diálogo e uma certa harmonia e coincidência entre a percepção científica e a estruturação normativa presentes nos diversos países do mesmo bloco cultural. Nota-se a influência do Direito Positivo e da doutrina jurídica das nações mais cultas sobre os países em fase de desenvolvimento econômico. A cultura jurídica da Alemanha, da França, da Itália, da Inglaterra e dos Estados Unidos tem enriquecido a produção intelectual dos países da América Latina.

No estudo das projeções da cultura germânica sobre o Direito Financeiro e Tributário do Brasil, desde os tempos em que o país era Colônia de Portugal (até 1822), deve ser observada inicialmente, como ponto de fundamental importância, a questão idiomática. A bela, culta e difícil língua alemã não é muito disseminada nos países latinos. Poucos juristas brasileiros, em mais de 200 anos, dominaram ou dominam o idioma de Goethe. Assim sendo, o contato direto com a cultura germânica se dá através de reduzido número de autores brasileiros, situação que, entretanto, vem-se revertendo nos últimos anos.

Em conseqüência dessa barreira idiomática, a influência alemã se faz sentir sobretudo por intermédio da divulgação feita pelos escritores italianos ou das traduções de obras fundamentais publicadas na Itália. Esse fenômeno apresenta-se deste os tempos do iluminismo e do cameralismo (século XVIII) até aproximadamente a dé-

1 Neumark, *Problemas Económicos y Financieros del Estado Intervencionista*, Madri, Ed. Derecho Financiero, 1964, p. 115.

cada de 50 deste século. Ocorre não só no Brasil,[2] como também em outros países da América Latina[3] e até mesmo na Espanha.[4] E não se circunscreve ao Direito Tributário, posto que acontece igualmente nos domínios do Direito Processual Civil[5] e em outros ramos do conhecimento jurídico.

2. Iluminismo e cameralismo

O primeiro grande relacionamento entre a cultura germânica e a luso-brasileira deu-se através do iluminismo e do cameralismo. Portugal, em meados do século XVII, no reinado de D. José I (1750-1777), sob a orientação do seu primeiro-ministro, Marquês de Pombal, procurou realizar a reforma do Estado e da Sociedade, caminhando para o Estado de Polícia, intervencionista e absolutista, no que coincidia com o regime político e econômico da Prússia sob o regime de Frederico II (1740-1786) e da Áustria de Maria Teresa (1765-1790) e de Leopoldo II (1790-1792).

O iluminismo alemão, previamente filtrado na Corte católica da Áustria e nas Universidades italianas, oferecia a visão geral filosófica, jurídica e econômica que permitiria o desenvolvimento do absolutismo esclarecido e a modificação da estrutura do poder fiscal. Os juristas e os filósofos do Direito passam do jusnaturalismo de origem divina para o jusnaturalismo racionalista. Aceitam a idéia de soberania, aprofundam o conceito de direito eminente, começam a distinguir Ética e Direito e apontam a conquista da felicidade como sumo bem. Pufendorf (1632-1694), Thomasio (1655-1728), Heinecke (1681-1741) e Cristian Wolf (1679-1754), bem como os italianos por eles influenciados — Genovesi (1713-1769) e Muratori (1672-1750) —, são lidos e citados abundantemente em Portugal e no Brasil por Verney[6] e Tomás Antônio Gonzaga[7]. Martini (1726-1800), professor de Direito Natural na Universidade Católica de Viena, que não se sabe bem se era austríaco[8] ou italiano,[9] também exerceu muita influência sobre o pensamento luso-brasileiro. Adotam-se após a Reforma Universitária realizada em 1772 em Portugal diversos compêndios: o do alemão Heinecke, que escrevia em Latim e se tornou conhecido como Heinecio,[10] para a Ética, substituído, em 1794, pelo do austríaco Eduardo Job (1730-1821);[11] o de Martini, para o Direito.[12]

Duas circunstâncias devem ser ressaltadas para se compreender a recepção do

2. Cf. Rubens Gomes de Sousa, "Normas de interpretação no Código Tributário Nacional", in Bernardo Ribeiro de Moraes e outros, *Interpretação no Direito Tributário*, São Paulo, EDUC/Saraiva, 1975, p. 371.

3. Cf. Ramón Valdés Costa, "La codificación tributaria en América Latina", *Civitas — Revista Española de Derecho Financiero* 33/90, 1982.

4. Sainz de Bujanda (*Sistema de Derecho Financiero*, v. 2º, Madri, Universidad Complutense, 1985, I, p. 25) traça a *trajectória intelectual* do Direito Tributário a partir da *Reichsabgabenordnung* de 1919; F. Escribano, *La Configuración Jurídica del Deber de Contribuir*, Madri, Civitas, 1988, p. 90.

5. Cf. José Carlos Barbosa Moreira, "A influência do Direito Processual Civil alemão em Portugal e no Brasil", *Revista Brasileira de Direito Comparado* 9/27, 1990.

6. Verney, *O Verdadeiro Método de Estudar*, Lisboa, Livraria Sá da Costa, 1949.

7. Tomás Antônio Gonzaga, *Tratado de Direito Natural*, Rio de Janeiro, Ministério da Educação e Cultura, 1957.

8. Assim entendem os portugueses L. Cabral de Moncada (*Subsídios para uma História da Filosofia do Direito em Portugal* (1772-1911), Coimbra Editora, 1938, p. 18) e A. Braz Teixeira (*O Pensamento Filosófico-Jurídico Português*, Lisboa, Ministério da Educação, 1983, p. 53), que o chama de Karl Anton Von Martini.

9. É a opinião do italiano G. Del Vecchio (*Philosophie du Droit*, Paris, Dalloz, 1953, p. 217).

10. João Gottlieb Heineccio, *Elementos da Filosofia Moral*, Lisboa, Academia Real de Ciências, 1985.

11. Eduardo Job, *Instituições de Filosofia Prática ou Principios de Ética Universal e Particular e Direito Natural*, trad. do Latim por João Batista Correa de Magalhães, Lisboa, Tip. de José Baptista Morando, 1846. O livro teve várias edições em Latim e uma outra tradução no Brasil.

12. Martini, *Positiones de Lege Naturali in Usum Auditorum*, Viena, 1764. Também teve larga divulgação o livro *Positiones de Jure Civitatis*, Conimbricae, Typ. Academico-Regia, 1825.

iluminismo germânico em Portugal e no Brasil. A primeira é que a obra de Pufendorf e Thomasio, sobre conter traços de empirismo e de raciocínio indutivo,[13] bem como a defesa da tolerância religiosa,[14] retomava certos temas e idéias da Escolástica Barroca até então predominantes na Península Ibérica, especialmente as questões ligadas ao internacionalismo e à soberania, tudo o que minimizava a circunstância de serem protestantes alguns daqueles escritores e facilitava sua aclimatação ao mundo luso-brasileiro. A segunda observação consiste nisto: todos esses autores de origem germânica escreveram em Latim, o que facilitou seu conhecimento pelos portugueses e brasileiros, que dominavam aquele idioma e o traduziam.

O cameralismo, emanação do pensamento iluminista, penetrou também em Portugal e no Brasil. Preocupavam-se os cameralistas com as questões sobre o tributo, categoria que, entretanto, mantinha seu caráter extraordinário, geralmente vinculado à necessidade de financiar as despesas de guerra, pelo quê continuava como assunto menor diante da teoria das rendas dominiais.[15] O cameralismo inicia-se na Alemanha como Ciência econômica e se expande para abranger a totalidade das atividades do soberano, compreendendo a Economia (*Ökonomik*), a Ciência da Polícia (*Polizeiwissenschaft*) e a Ciência das Finanças (*Finanzwissenschaft*),[16] preocupadas todas em oferecer a orientação para a conquista da felicidade do Estado e do súdito. Os cameralistas mais importantes, como von Justi e Sonnenfels, ao contrário dos iluministas, não exerceram influência direta, pois escreveram em Alemão; o conhecimento de suas idéias fundamentais se deu principalmente do livro do italiano Muratori,[17] dedicado à felicidade pública.

3. *Liberalismo*

O Brasil encontrou certa dificuldade na recepção do liberalismo no século XIX. É bem verdade que a Constituição de 1824, que se seguiu à independência de Portugal (1822), incorporou diversos pontos da mensagem do liberalismo fiscal, especialmente a separação entre a Fazenda Pública e a figura do imperador, a eliminação da fiscalidade periférica da Igreja e dos estamentos e a proibição dos privilégios em favor da nobreza. Mas o País não conseguiu aderir totalmente aos princípios liberais, mantendo diversos traços do patrimonialismo do antigo regime. As influências mais acentuadas nesse período foram as dos constitucionalismos inglês e francês.

Do ponto de vista doutrinário houve certo afastamento das fontes germânicas que haviam prevalecido no século XVIII. A principal influência passou a ser a de Bentham, que, com a idéia da maior felicidade possível e de certo intervencionismo estatal, servia para manter algumas das características do patrimonialismo. Não conseguiu penetrar no Brasil o criticismo de Kant; embora lido pela elite brasileira, o filósofo de Königsberg não exerceu influência ponderável.

Figura que, estranhamente, tornou-se importante no Brasil, assim como em Portugal e na Espanha, foi a do filósofo Krause, antes fenômeno latino que alemão, pois praticamente não projetou influência em sua pátria; dele não se lembram os historiadores da Filosofia do Direito, a não ser para ressaltar que sua influência se deu fora da

13. Cf. F. Wiaecker, *Privatrechtsgeschichte der Neuzeit*, Göttingen, Vandenhoeck & Ruprecht, 1952, p. 146.

14. Cf. H. Coing, *Epochen der Rechtsgeschichte in Deutschland*, Munique, C. H. Beck, 1971, p. 75.

15. Cf. W. Rainer Walz, *Steuergerechtigkeit und Rechtsanwendung*, Heidelberg, R. v. Decker, 1980, p. 27; J. Jenetzky, *System und Entwicklung des materiellen Steuerrechts in der Wissenschaftlichen Literatur des Kameralismus von 1680-1840*, Berlim, Duncker & Humblot, 1978, p. 63.

16. Cf. H. Maier, *Die ältere deutsche Stasts — und Verwaltungslehre*, Munique, C. H. Beck, 1980, p. 194; J. Jenetzky, ob. cit., p. 15.

17. Muratori, *Della Pubblica Felicità*, Bolonha, Zanichelli, 1941. A 1ª edição foi publicada em 1749.

Alemanha;[18] apenas as histórias da Filosofia do Direito escritas no mundo latino lhe dedicam alguma atenção,[19] pelo quê influiu sobre o pensamento ibérico. Outra particularidade da obra de Krause é que não a leram diretamente os seus discípulos espanhóis, portugueses e brasileiros, senão que dela tomaram conhecimento através dos livros escritos em Francês por Ahrens[20] e Thiberghien,[21] que divulgaram o pensamento do filósofo alemão na Bélgica. Krausistas portugueses foram: a) Vicente Ferrer Neto Paiva (1798-1886), que lançou as bases do liberalismo com estabelecer a síntese entre o jusnaturalismo de origem divina de Krause e o individualismo kantiano em obra[22] suficientemente renovadora para substituir o velho compêndio de Martini, que, influenciado por Wolf, fora adotado oficialmente durante 72 anos na Universidade de Coimbra; b) Cunha Seixas (1836-1895),[23] que, repudiando as componentes kantianas da filosofia de Ferrer, manteve-se mais fiel à obra de Krause, com o objetivo de conciliar o jusnaturalismo teísta dominante em Portugal com algumas novidades trazidas pela Ciência moderna.

No Brasil a influência de Krause se fez sentir principalmente sobre as obras de Galvão Bueno[24] e João Teodoro,[25] professores em São Paulo, que se aproximaram do positivismo e do socialismo filantrópico.

A explicação para o prestígio de Krause está em que era ele um filósofo pré-kantiano, com preocupações metafísicas e adepto da idéia de felicidade promovida pelo Estado, tudo o que se compaginava com os resquícios da ontologia, da gnosiologia e da ética do patrimonialismo luso-brasileiro e favorecia a conciliação das velhas concepções jusnaturalistas com os novos ideais do liberalismo.

Posteriormente a Ciência Jurídica alemã encontrou notável intérprete em Tobias Barreto,[26] que, combatendo o positivismo, então crescente no Brasil, divulgou a obra de diversos filósofos e juristas alemães, sem, todavia, preocupar-se com as questões financeiras.

4. A Constituição republicana de 1891

Com a queda da Monarquia (1889) e a instauração da República, a Constituição de 1891 consolidou o liberalismo e aderiu ao federalismo. A grande influência ideológica veio dos Estados Unidos, inclusive no que concerne à Constituição Fiscal. Rui Barbosa, o mais importante constitucionalista brasileiro e primeiro-ministro da Fazenda da República, incumbiu-se de traduzir em linguagem normativa (arts. 7º, 8º, 9º e 10) a doutrina das imunidades fiscais proclamada pela Suprema Corte americana desde os tempos do *chief-justice* Marshall. O diálogo com a cultura constitucional da Alemanha foi pequeno no período, até porque Rui Barbosa e os outros juristas de renome não dominavam o idioma alemão.

18. Wieacker (ob. cit., p. 244) anota que Krause "encontrou rapidamente uma potente continuação na Espanha e nos Estados ibero-americanos e ainda continua influindo com mais força nos países românicos, inclusive na Bélgica e na Áustria"; M. Stolleis (*Geschichte des öffentlichen Rechts in Deutschland*, Zweiter Band (1800-1914), Munique, C. H. Beck, 1992, p. 428): "Assim, serviu ele (Ahrens) de intermediário, a partir de Bruxelas, para a divulgação da filosofia de Krause no mundo de língua francesa e espanhola, principalmente na América do Sul".

19. Cf. G. Del Vecchio, ob. cit., p. 137.

20. Ahrens, *Cours de Droit Naturel ou de Philosophie du Droit*, Leipzig, Brockaus, 1875.

21. Thiberghien, *Enseignement et Philosophie*, Bruxelas, Gustave Mayolez, 1875.

22. Vicente Ferrer Neto Paiva, *Elementos de Direito Natural ou de Filosofia*, Coimbra, Imprensa da Universidade, 1844.

23. Cunha Seixas, *Galeria de Ciências Contemporâneas*, Porto: Livraria Internacional, 1879; *Princípios Gerais de Filosofia*, Lisboa, Imp. Lucas, 1897.

24. Galvão Bueno, *Noções de Filosofia Acomodadas ao Sistema de Krause e Extraídas das Obras Filosóficas de C. Tiberghien e Ahrens*, São Paulo, Tip. de Jorge Seker, 1876.

25. João Teodoro, *Teoria Transcendental do Direito*, São Paulo, Tip. de Jorge Seker, 1876.

26. Tobias Barreto, *Estudos Alemães*, Rio de Janeiro, 1926.

5. O Código Tributário Nacional de 1966

Até aproximadamente a metade deste século o Direito Tributário não teve muito aprofundamento no Brasil, nem no plano positivo nem no doutrinário.

Na década de 60 é que se incrementou, extraordinariamente, o estudo da disciplina, principalmente em decorrência das discussões e da renovação de idéias proporcionada pela elaboração do Código Tributário Nacional. E nesse período houve a retomada do contato com a cultura fiscal germânica.

O próprio Código Tributário Nacional (Lei 5.172, de 25.10.66) sofreu diversas influências do Código alemão de 1919. Trouxe a definição de tributos, estabeleceu normas para a interpretação da legislação tributária e disciplinou a obrigação tributária, o lançamento e a responsabilidade do sujeito passivo. Continua em vigor e não sofreu modificação em sua parte geral.

A doutrina também sofreu a influência das idéias em voga na Alemanha. Juristas dos mais importantes daquela época foram Rubens Gomes de Sousa e Gilberto de Ulhôa Canto, membros da Comissão do Código Tributário Nacional e que receberam o influxo das idéias desenvolvidas pela tributarística alemã através de autores italianos. Recorde-se que a geração italiana que escreveu entre 1937 e 1955, aproximadamente, incorporou e divulgou para os países latinos as orientações básicas da doutrina germânica, seja na linha da jurisprudência dos interesses e da consideração econômica do fato gerador (*wirtschaftliche Betrachtungsweise*), desenvolvida por E. Becker, que repercutiu sobre a obra de Vanoni e de Griziotti, seja na vertente que defendia, com Hensel, Nawlasky e Blumenstein, a idéia da relação jurídica tributária (*Steuerrechverhältnis*) independente da relação de poder (*Gewaltverhältnis*), que influenciou principalmente A. D. Giannini.

Outro jurista importante foi Amílcar de Araújo Falcão,[27] que teve acesso direto às fontes alemães, sendo influenciado fortemente por A. Hensel; divulgou no Brasil as obras de O. Bühler, E. Forsthoff, Hettlage, Hübschmann, Kruse, O. Mayer, Merk, Neumark e J. Wackernagel; deixou, ao falecer em 1967, a mais importante biblioteca de livros alemães de Direito Tributário, hoje incorporada à Universidade do Estado do Rio de Janeiro, da qual foi professor titular.

Deve-se registrar, ainda, que Aliomar Baleeiro — professor, deputado e ministro do STF —, talvez o mais importante tributarista daquela época, não denota em sua extensa obra a influência alemã, posto que, além de não conhecer o idioma, escrevia principalmente sobre a constituição financeira e as limitações ao poder de tributar, revelando profundo contato com o constitucionalismo americano.

Digna de nota, também, foi a divulgação extraordinária obtida no Brasil pelos livros de A. Hensel[28] e Blumenstein,[29] traduzidos para o Italiano.

6. A fase positivista

Fenômeno estranho ocorreu a seguir, estendendo-se pelas décadas de 70 e 80, a coincidir com o autoritarismo político. Refiro-me à descoberta temporã de Kelsen e Max Weber. Ressuscitaram-se duas doutrinas esquecidas na Europa, surgidas simultaneamente no início do século dentro do mesmo ambiente cultural, que tinham por

27. Entre seus livros mais relevantes estão: *Sistema Tributário Brasileiro. Discriminação de Rendas*, Rio de Janeiro, Financeiras, 1965; *Introdução ao Direito Tributário*, 3ª ed., revista e atualizada por Flávio Bauer Novelli, Rio de Janeiro, Forense, 1987; *Fato Gerador da Obrigação Tributária*, São Paulo, Ed. RT, 1977.

28. A. Hensel, *Diritto Tributario*, trad. de Dino Jarach, Milão, Giuffrè, 1956.

29. Blumenstein, *Sistema di Diritto delle Imposte*, trad. de Francesco Forte, Milão, Giuffrè, 1954.

denominador comum a suspensão dos juízos éticos e jurídicos e a redução da legitimidade à vontade do governante e às leis por ele editadas.

Com a extrapolação da idéias weberiana de patrimonialismo para a realidade luso-brasileira, com suas inevitáveis contrafações e generalizações, é que alguns autores fornecem a fórmula pronta e acabada para se compreender o Brasil, justificando-se o autoritarismo. As obras de Raymundo Faoro,[30] Simon Schwartzman[31] e Wanderley Guilherme dos Santos,[32] não obstante seus méritos pela erudição e profundidade no enfoque de importantes problemas, transformam-se em visão globalizante, em filosofia social ou em filosofia da história do Brasil, e, pelos seus pressupostos relativistas, em ética do autoritarismo e do pessimismo.

No weberianismo brasileiro o Estado Patrimonial deixa de ser um conceito heurístico e histórico, coincidente com o tipo ideal de dominação tradicional, para se transformar em conceito ontológico e puro. O Brasil estaria condenado a conviver para sempre com a estrutura patrimonialista, sem possibilidade de alcançar o momento do Estado Fiscal, subordinando-se perenemente à dominação tradicional, inevitavelmente autoritária. Justificados estariam, conseguintemente, o intervencionismo estatal direto (Estado-empresário) e o estatismo paternalista no financiamento da previdência e da educação e no fornecimento de serviços inessenciais, que seriam produtos do desenvolvimento histórico. De notar que a transmigração das idéias de Max Weber justificou o autoritarismo brasileiro do período de 1964-1979, coisa que não ocorreria na Alemanha, embora não tenha sido o grande sociólogo modelo de pensador democrático.

30. Raymondo Faoro, *Os Donos do Poder*, Porto Alegre, Globo, 1984.

31. Simon Schwartzman, *Bases do Autoritarismo Brasileiro*, Brasília, UnB, 1982.

32. Wanderley Guilherme dos Santos, *Ordem Burguesa e Liberalismo Político*, São Paulo, Duas Cidades, 1984; *Cidadania e Justiça*, Rio de Janeiro, Campus, 1979.

A outra vertente do pensamento autoritário apoiou-se em Kelsen. A Dogmática alemã tem captado a presença extemporânea de Kelsen nos países da América Latina nas últimas décadas.[33]

No Brasil a teoria pura transmigrou até mesmo para o Direito Tributário, ao contrário do que ocorreu na Alemanha, na Áustria e na Suíça, e alguns autores passaram a escrever sobre a teoria da norma tributária[34] e sobre a pirâmide normativa.[35] De notar que esses tributaristas se louvaram principalmente na divulgação da obra de Kelsen levada a efeito pelo italiano Bobbio, na primeira fase dos seus escritos, e pelo argentino Cossio.

7. A Constituição de 1988

A redemocratização do País, com a Constituição Federal de 1988, não modificou o Sistema Tributário, mas trouxe diversas inovações quanto à constituição financeira, quase todas sob a inspiração da Lei Fundamental da República Federal da Alemanha.

A Constituição Federal de 1988 inaugura o capítulo "Das Finanças Públicas" (arts. 163 e 164) dispondo sobre normas gerais de Direito Financeiro, a serem baixadas por lei complementar, que, embora já previstas no texto anterior, ganharam

33. Cf. Th. Viehweg, "Que veut-on dire par positivisme juridique?", *Archives de Philosophie du Droit* 10/184, 1965; Erich Fechner, "Ideologie und Rechtspositivismus", in: W. Maihofer (Hrsg), *Ideologie und Recht*, Frankfurt, Vittorio Klostermann, 1969, p. 110.

34. Paulo de Barros Carvalho, *Teoria da Norma Tributária*, São Paulo, Ed. RT, 1981, p. 18: "O ponto de partida é o conceito atônico de 'norma jurídica', tantas vezes versado, mas tão pouco aprofundado, como, aliás, sói acontecer com as noções cediças. Firmando um conceito que se esforça nas lições de Kelsen e Bobbio, ingressamos no campo do Direito Tributário, excogitando de seus principais institutos à luz daquela premissa que tomamos por verdadeira".

35. Geraldo Ataliba, *Hipótese de Incidência Tributária*, 5ª ed., 7ª tir., São Paulo, Malheiros Editores, 1998, pp. 47 e ss.

maior amplitude, devendo disciplinar o endividamento público. A Constituição da Alemanha, apesar de desconhecer a categoria das leis complementares de grau hierárquico superior, que adotamos, despertou para o grave problema da dívida pública no início da crise financeira internacional, e desde 1969, por emenda ao art. 109, estabeleceu a possibilidade de edição de "normas gerais de Direito Orçamentário válidas para a União e os Estados" ("für Bund und Länder gemeinsam geltende Grundsäatze für das haushaltsrecht"), acrescendo (art. 109, 4, 1) que "para evitar uma perturbação do equilíbrio econômico geral poderão ser editadas, mediante lei federal, aprovada pelo Conselho Federal, disposições sobre quantidades máximas, condições e cronologia da tomada de créditos pela corporações territoriais e comunidades administrativas" ("Zur abwehr einer Störung des Gesamt wirtschaftlichen Gleichgewichts können durch Bundesgesetz, das der Zustimmung des Bundesrates bedarf, Vorschirften über Höchstbeträge, Bedingungen und Zeitfolge der Aufnahme von Krediten durch Gebietskörperschaften und Zweckverbäude").

O Banco Central recebeu referência constitucional no art. 164. A Constituição da Alemanha, pioneiramente — no que foi imitada posteriormente pela de Portugal (art. 105, 2) —, disse, no art. 88: "A União criará um banco monetário e de emissão como Banco Central" ("Der Bund errichtet eine Währungs — und Notenbank als Bundesbank").

O art. 164, § 1º, da CF veda "ao Banco Central conceder, direta ou indiretamente, empréstimos ao Tesouro Nacional e a qualquer órgão ou entidade que não seja instituição financeira". Na Alemanha o *Bundesbank* está também proibido de conceder empréstimos à União e aos Estados, que devem obtê-los no mercado de capitais.[36]

O art. 164, § 3º, prevê que as disponibilidades de caixa da União serão depositadas no Banco Central e as dos Estados e Municípios e outros órgãos ou entidades do Poder Público em instituições oficiais. A Constituição da Alemanha tem dispositivo semelhante (art. 109, 4, 2), que autoriza a lei a criar "a obrigação de a União e os Estados manterem depósitos sem juros no Banco Central" — reserva de equilíbrio conjuntural ("eine Verpfichtung von Bund und Ländern, unverzinsliche Guthaben bei der Deutschen Bundesbank zu unterhalten – Konjunkturausgleichsrüchklagen").

Alguns dos dispositivos dedicados ao orçamento (arts. 165-169) também se inspiraram na Lei Fundamental de Bonn.

A Constituição brasileira estabelece no art. 165 a tripartição das leis orçamentárias: a do plano plurianual, a de diretrizes orçamentárias e a do orçamento anual. A Constituição alemã prevê a edição do plano plurianual (*mehrjährige Finanzplanung* — art. 109, 3), do plano orçamentário (*Haushaltsplanung* — art. 110, 1) e da lei orçamentária (*Haushaltsgesetz* — art. 110, 2).

A Constituição Federal de 1988 contém vários dispositivos para o controle do endividamento público, dentre os quais sobressaem: a necessidade de lei, que pode ser a orçamentária, que autorize a contratação de operações de crédito, ainda que por antecipação de receita (arts. 165, § 8º, e 167, III e IV); a vedação de operações de créditos com finalidade específica, aprovados pelo Poder Executivo por maioria absoluta (art. 167, III). A nova disciplina coincide amplamente com o art. 115 da CF alemã: "A tomada de créditos e a prestação de fianças, garantias e a assunção de outras obrigações, que possam ocasionar despesas em exercícios futuros, necessitam de uma lei que determine ou permita determinar o seu montante. Os ingressos dos créditos não podem ultrapassar a soma dos gastos de investimento previstos no plano orçamentário, as exceções apenas se admitem para evitar uma perturbação do equilíbrio econômico geral" ("Die Aufnahme von Krediten sowie die Übernahme von Bürgschaften, Garantien oder sonstigen Gewähr-

36. Cf. G. Püttner, *Staatsverschuldung als Rechtsproblem*, Berlim, W. de Gruyter, 1980, p. 21.

leistungen, die zu Ausgaben in Künftigen Rechnungsjahren führen konnen, bedürfen einer der Höhe nach bestimmten oder bestimmbaren Ermächtigung durch Bundesgesetz. Die Einnahnen aus Krediten dürfen die Summe der im Haushaltsplan veranschlagten Ausgeben für Investitionen nicht überschreiten; Ausnahmen sind nur zulässig zur Abwehr einer Störung des Gesamtwirtschaftchen Gleichgewichts").

O art. 70 da CF trouxe uma grande novidade ao estabelecer que a fiscalização contábil, financeira, orçamentária, operacional e patrimonial da União se estenderá aos aspectos da legalidade, legitimidade e economicidade. O art. 114, 2, da CF de Bonn prevê que o Tribunal Federal de Contas (*Bundesrechnungshof*) controlará as contas, assim como a economicidade e a legalidade da gestão orçamentária e econômica ("prüft die Rechnung sowie die Wirtschaftlichkeit und Ordnungsmässigkeit der haushalts Wirtschaftsführung").

A nova constituição financeira oferece o arcabouço normativo para a superação dos inúmeros problemas com que atualmente nos defrontamos. A influência alemã é benfazeja, eis que a Constituição de Bonn, de 1949, com as reforma de 1967 e 1969, contém algumas soluções plenamente aplicáveis ao Brasil, especialmente o rígido controle do endividamento público, o aperfeiçoamento dos princípios da unidade, universalidade e transparência dos orçamentos e a amplitude do papel do Tribunal de Contas, que passa a controlar a economicidade e a moralidade na gestão do dinheiro público.

Resta que o intérprete procure o equilíbrio no trabalho de compreensão do novo texto, compatibilizando-o com os avanços do constitucionalismo hodierno.

Aliás, algumas averbações devem ser feitas sobre o problema da interpretação da constituição financeira da Alemanha, que se refletirão na compreensão da brasileira.

Seja a primeira que a Lei Fundamental de Bonn, de 1949, foi reformada em 1967 e 1969. Vinte anos depois de elaboradas as normas constitucionais antecipou-se o legislador à crise financeira da década seguinte e modificou substancialmente a disciplina dos arts. 109 e 115, adotando as idéias de Keynes sobre o orçamento cíclico, as finanças conjunturais e a possibilidade do endividamento público. Sucede que, decorridos outros 20 anos da reforma de 1967, a política keynesiana tornou-se incapaz de resolver a grave crise financeira dos anos 80, o que levou parcela considerável da doutrina germânica, capitaneada por H. H. von Arnin[37] e G. Püttner,[38] a abandonar aqueles pressupostos teóricos e a reinterpretar a constituição financeira pelo figurino do controle da dívida pública e da diminuição do tamanho do Estado. É necessário, pois, que na interpretação que se fizer no Brasil dos dispositivos inspirados no modelo estrangeiro tenha-se o cuidado para não se adotar a interpretação keynesiana que lá surgiu nos anos seguintes à reforma de 1967/1969 e hoje abandonada.

A segunda anotação é a de que os dispositivos da constituição financeira alemã são de difícil interpretação, abrindo-se a diferentes posições por parte dos juristas. O art. 115, que proíbe os créditos superiores aos gastos de investimento (*Ausgaben für Investitionen*) e que influenciou o art. 167 da CF, que veda os créditos superiores às despesas de capital, é apontado pela doutrina alemã como confuso.[39] As tentativas de classificar o *Haushaltsplan*, que corresponde à nossa Lei de Diretrizes Orçamentárias, como lei material dotada de eficácia modificativa das leis tributárias, foram abandonadas (o mesmo aconteceu na França com a *Loi de Finance*). De modo que no Brasil o intérprete deverá dar atenção à obra dos autores estrangeiros a fim de economizar tempo e esforço, evitando as controvér-

37. H. H. von Arnin, "Grundprobleme der Staatsverschuldung", *Bayerische Verwaltungsblätter*, 1981, p. 516.

38. Püttner, op. cit., p. 9.

39. Cf. D. Birk, "Die finanzverfassungsrechtlichen Vorgaben und Begrenzung der Staatverschuldung", *Deutsches Verwaltungsblatt*, 1984, p. 745.

sias estéreis que por lá ocorreram e aproveitando os aportes significativos trazidos pela sua rica produção científica.

8. Situação atual

A reforma do Sistema Tributário que se encontra no Congresso Nacional (Projeto de EC 175/95) começa a denotar a influência da constituição fiscal alemã. É que as "sugestões" (*sic*) apresentadas em novembro/98 pelo Min. Malan, com base em trabalho inicial de Pedro Parente, para substituir a proposta anterior do Governo no que concerne ao imposto sobre circulação de mercadorias e serviços (ICMS), foram buscar no art. 106, § 3º, da Lei Fundamental da Alemanha a inspiração para revolver os problemas criados na aplicação daquele imposto segundo as regras da Constituição Federal de 1988. Pela nova proposta o ICMS passará à competência legislativa da União, mantido com o Estado-membro o poder de arrecadar e partilhado o resultado da arrecadação entre os três entes da Federação. Na Alemanha, que não conhece o federalismo tridimensional, o poder de legislar fica com o *Bund*, o de arrecadar com os *Länder* e o produto da arrecadação é dividido entre eles segundo os critérios previstos em lei.

O diálogo com a cultura financeira germânica nos últimos anos cresceu muito, principalmente porque aumentou o número de professores e escritores com o conhecimento do idioma alemão.

O professor Ruy Barbosa Nogueira, catedrático de Direito Tributário na Faculdade de Direito da USP, vem-se dedicando há longo tempo a divulgar as obras de diversos autores alemães, especialmente Tipke, Kruse, K. Vogel e von Wallis. Fez o levantamento da bibliografia alemã de Direito Tributário[40] e traduziu trabalhos esparsos.[41] Foi um dos responsáveis também pela tradução e edição do Código Tributário alemão de 1977.[42]

Flávio Bauer Novelli, catedrático de Direito Financeiro na Faculdade de Direito da UERJ, escreveu sobre o cameralismo[43] e vem divulgando as idéias de Larenz e Kruse.[44]

Brandão Machado, profundo conhecedor da doutrina alemã, pouco tem escrito sobre temas fiscais, preferindo se dedicar à advocacia de empresas e às traduções.[45]

Tércio Sampaio Ferraz Júnior, professor titular de Filosofia do Direito na USP, tem derivado nos últimos anos para os temas tributários.[46]

40. Ruy Barbosa Nogueira, *Direito Tributário Comparado*, São Paulo, Saraiva, 1971, p. 385.

41. Klaus Tipke, "Limites da integração em Direito Tributário", *Direito Tributário Atual*, v. 3, São Paulo, IBDT/Resenha Tributária, 1983, pp. 513-522.

42. *Novo Código Tributário Alemão*, trad. de Alfred J. Schmidt, Brandão Machado, Eduardo Frederico de A. Carvalho, Gerd W. Rottmann, Henry Tilbery e Ruy Barbosa Nogueira, Rio-São Paulo, IBDT/Forense, 1978.

43. Flávio Bauer Novelli, "Considerações sobre o cameralismo", *Revista de Direito Público e Ciência Política* 5(1)/22-43, 1962.

44. Flávio Bauer Novelli, "Anualidade e anterioridade na Constituição de 1988", *RDA* 179-180/19-50, 1990; "Segurança dos direitos individuais e tributação", *RDT* 25-26/159-175, 1983.

45. Traduziu os seguintes trabalhos, publicados no livro por ele coordenado (*Direito Tributário. Estudos em Homenagem ao Prof. Ruy Barbosa Nogueira*, São Paulo, Saraiva, 1984): H. Beisse, "O critério econômico na interpretação das leis tributárias segundo a mais recente jurisprudência alemã", pp. 1-39; E. Höhn, "Evasão do imposto e tributação segundo os princípios do Estado de Direito", pp. 283-304; H. W. Kruse, "Semelhanças e diferenças na tributação da renda no Brasil e na Alemanha", pp. 317-334; K. Tipke, "Princípios de igualdade e idéia de sistema no Direito Tributário", pp. 517-530; K. Vogel, "Tributos regulatórios e garantia da propriedade no Direito Constitucional da República Federal da Alemanha", pp. 541-554. Traduziu, ainda: K. Vogel, "Importância do Direito Tributário Internacional para os países em desenvolvimento", in A. Toffoli Tavolaro, Brandão Machado e Ives Gandra da Silva Martins (coords.), *Princípios Tributários no Direito Brasileiro e Comparado. Estudos em Homenagem a Gilberto de Ulhôa Canto*, Rio de Janeiro, Forense, 1988, pp. 470-487. Traduziu, finalmente, escrevendo também o "Prefácio" e as notas, o livro de Whilhelm Hartz, *Interpretação da Lei Tributária. Conteúdo e Limites do Critério Econômico*, São Paulo, Resenha Tributária, 1993.

46. Tércio Sampaio Ferraz Júnior, "Das Leistungsfähgkeitsprinzip und die brasilianische Verfas-

Alberto Xavier, professor português radicado no Brasil desde os anos 70, demonstra grande conhecimento da literatura germânica, aderindo a algumas teses de Werner Flume e H. Kruse.[47]

Gerd Rothman, da USP, também tem divulgado as obras de autores alemães.[48]

O advogado Henry Tilbery, doutor em Direito pela Universidade de Praga, publicou diversos trabalhos apoiado em sólida bibliografia alemã.[49]

Dentre os jovens tributaristas deve ser destacado o nome de Luís Eduardo Schoueri, Mestre em Direito pela Universidade de Munique, que publicou livros nos quais se nota a influência do pensamento germânico,[50] tendo ainda coordenado a obra em homenagem a Brandão Machado,[51] para a qual traduziu importantes artigos de professores alemães.[52]

Eu mesmo tenho procurado divulgar alguns dispositivos do Direito Positivo alemão e a obra de diversos autores, principalmente as ligadas aos temas constitucionais financeiros, à interpretação do Direito Tributário, à justiça fiscal e às relações entre os direitos fundamentais e a tributação, como sejam as de K. Tipke, F. Lang, K. Vogel, J. Isensee, P. Kirchhof, G. Pütner, K. Stern, P. Häberle, entre outros.[53]

sung von 1988", *43º Congresso da "International Fiscal Association"*, Seminário E: "Das brasilianische Steuesystem", São Paulo, Resenha Tributária, 1988, pp. 42-50; "A Constituição, sua unidade e aparente conflito interno. ICMS: não-cumulatividade e suas exceções constitucionais", in *Direito Tributário Atual* 10/2.571-2.600, 1990.

47. Alberto Xavier, *Os Princípios da Legalidade e da Tipicidade da Tributação*, São Paulo, Ed. RT, 1978; *Direito Tributário Internacional do Brasil*, São Paulo, Resenha Tributária, 1997; *Do Lançamento no Direito Tributário Brasileiro*, São Paulo, Resenha Tributária, 1998.

48. "Considerações sobre Extensão e Limites do Poder de Tributar". In BARBOSA, Ruy Nogueira (Dir.). *Estudos Tributários*. São Paulo: Ed. Resenha Tributária, 1974, p. 207-221.

49. "Inflação e tributação", in Brandão Machado (coord.), *Direito Tributário ...*, pp. 445-514; "Reflexões sobre a tributação do patrimônio", in A. Toffoli Tavolaro e outros, *Princípios Tributários no Direito Brasileiro e Comparado*, pp. 311-370.

50. Luís Eduardo Schoueri, *Planejamento Fiscal Através de Acordos de Bitributação: "Treaty Shopping"*, São Paulo, Ed. RT, 1995; *Distribuição Disfarçada de Lucros*, São Paulo, Dialética, 1996.

51. Luís Eduardo Schoueri (coord.), *Direito Tributário. Estudos em Homenagem a Brandão Machado*, São Paulo, Dialética, 1998.

52. K. Tipke, "Sobre a unidade da ordem jurídica", pp. 60-70; K. Vogel, "Harmonia decisória e problemática da qualificação nos acordos de bitributação", pp. 71-81; M. Lehner, "Consideração econômica e tributação conforme a capacidade contributiva. Sobre a possibilidade de uma interpretação teleológica de normas com finalidades arrecadatórias", pp. 143-154.

53. *Sistemas Constitucionais Tributários*, Rio de Janeiro, Forense, 1986; *Normas de Interpretação e Integração do Direito Tributário*, Rio de Janeiro, Forense, 1992; *A Idéia de Liberdade no Estado Patrimonial e no Estado Fiscal*, Rio de Janeiro, Renovar, 1991; *Os Direitos Humanos e a Tributação: Imunidades e Isonomia*, Rio de Janeiro, Renovar, 1995; *O Orçamento na Constituição*, Rio de Janeiro, Renovar, 1995.

CONTRATO DE CONCESSÃO DE VENDAS E TRIBUTOS SOBRE O FATURAMENTO[1]

EDUARDO BOTTALLO

Professor Assistente do Departamento de Filosofia e Teoria Geral do Direito da Faculdade de Direito da USP — Juiz-Jurista do TRE/SP — Advogado em São Paulo

1. Introdução. 2. Contratos de concessão de vendas: suas peculiaridades. 3. A base de cálculo das contribuições para o PIS e a COFINS. 4. Conclusão.

1. Introdução

As empresas concessionárias de veículos, pelo desempenho de suas atividades, são sujeitos passivos das contribuições para o Programa de Integração Social (PIS) e para o Financiamento da Seguridade Social (COFINS), instituídas, respectivamente, pelas Leis Complementares 7/70 (e alterações posteriores) e 70/91, e incidentes sobre seu faturamento.

Segundo entendemos, em razão da natureza diferenciada das relações que referidos contribuintes mantêm com as empresas concedentes, os ingressos de dinheiro registrados em suas escritas comerciais decorrentes da venda de veículos, peças e acessórios não atendem integralmente ao conceito de "faturamento", base de cálculo daquelas exações.

O propósito do presente trabalho é expor as razões que fundamentam esta assertiva, bem como analisar suas conseqüências no pertinente ao dimensionamento das aludidas contribuições.

2. Contratos de concessão de vendas: suas peculiaridades

As relações jurídicas entre concessionárias de veículos e concedentes (montadoras) baseiam-se na Lei 6.729/79, modificada pela Lei 8.132/90.

O exame destes diplomas mostra que referidas relações envolvem a realização de complexa gama de operações entre as partes, evidenciando, com toda a clareza, que não se está diante de mera e convencional relação contratual de compra e venda.

Trata-se, ao revés, de situação totalmente diferenciada, já que, em concreto, a concedente impõe à sua rede de concessionárias não apenas a quantidade (quotas) de produtos a serem adquiridos, mas também os preços a serem praticados, bem como a forma e as condições de pagamento, tanto nas compras como nas vendas que estas realizam.

1. Colaborou na elaboração deste artigo o Dr. José Antônio Balieiro Lima, Mestrando em Direito Tributário pela PUC/SP.

Mais ainda: a concedente reserva-se o poder de direcionar — inclusive através de interpostas pessoas, sobre as quais detém total controle — o fluxo das movimentações de recursos financeiros das concessionárias, de sorte a torná-las, sob muitos aspectos, verdadeira *longa manus* de si própria.

Na prática há pouca liberdade das concessionárias em negociar seja a compra, seja a venda dos veículos, peças e acessórios, o que limita sobremodo sua atuação.

Isto se estende, como é curial, aos mecanismos de satisfação das obrigações de pagamento assumidas pelas concessionárias, o que as leva a agir como meras "canalizadoras", à concedente, de parte substancial dos valores recebidos de terceiros (adquirentes dos produtos objeto da concessão).

Na verdade, as concessionárias somente conseguem "atuar" — isto é, efetivar as vendas dos produtos aos consumidores finais — aderindo ao "sistema" determinado pela montadora (concedente).

Tal sistema, a seu turno, conquanto possa apresentar, caso a caso, variações em aspectos operacionais (secundários), tem, em essência, entre seus propósitos o de garantir à concedente o recebimento das importâncias que lhe são devidas em razão da comercialização de veículos, peças e acessórios, com um grau de interferência das concessionárias bastante reduzido — ou mesmo ausente —, apesar de serem estas os canais necessários por via dos quais se processa a colocação dos produtos objeto da concessão no mercado consumidor.

Sem que, no presente trabalho, seja necessário descer a minúcias na descrição desses intrincados mecanismos jurídicos, podemos assentar que as condições comerciais e financeiras que eles criam para as concessionárias confirmam estarmos diante de realidade jurídica muito distante daquela que se estabelece quando se trata de relações "normais" entre fornecedores e adquirentes de mercadorias destinadas a revenda.

Particularmente, fica evidenciado nestas operações que as concessionárias, independentemente do volume de vendas de veículos, acessórios e peças de reposição que venham a celebrar com seus clientes, a rigor, auferem como efetiva receita própria ("faturamento") apenas uma parcela de seus ingressos de caixa (a denominada "margem de comercialização"), sendo o restante — de peso significativamente maior — direcionado, quase que de modo automático, para a própria concedente.

Importa destacar que esta maneira singular de atuação não ocorre apenas em nosso País, mas, ao revés, tem foros de universalidade, posto que onde quer que se configure a concessão de vendas nela se destaca a ascendência do produtor (concedente) em relação aos concessionários: "*A supremacia técnica do produtor*. Ela está implícita em sua função. *Não se manifesta apenas no estágio da fabricação, mas igualmente no estágio da distribuição*. O interesse do produtor é o de zelar pela formação técnica dos concessionários, de tal modo que nenhuma característica ou inovação de fabricação lhes escape, nas suas relações com a clientela. O predomínio técnico do produtor sobre as firmas concessionárias é tanto mais forte quanto mais elevada a tecnicidade do produto (...). Esses dois fatores conjugados, um de ordem econômica, outro de ordem técnica, *asseguram a hegemonia do produtor na direção da rede. Ele é o único em condições de exercê-la*".[2]

Não se pode negar, pois, que a atividade das concessionárias de veículos não se submete às condições de livre mercado, no qual os adquirentes de produtos destinados a revenda agem com autonomia jurídica e econômica, vale dizer, com liberdade de decisão, segundo suas conveniências empresariais.

Embora não se chegue ao ponto de haver confusão de personalidades jurídicas entre concedente e concessionárias, o certo, entretanto, é que estas operam estritamente segundo as determinações por aque-

2. Jean Guyénot, *Les Contrats de Concession Commerciale*, Paris, 1968, p. 342.

la fixadas, estando, outrossim, obrigadas a atender a procedimentos de natureza financeira, empresarial e administrativa ditados pelo interesse comum da fábrica (a montadora) e sua rede.

Em suma: a comercialização dos veículos e demais produtos compreendidos na concessão só se torna possível através da concatenada e sofisticada operacionalização do sistema, o que, incontestavelmente, repercute na ação das concessionárias, em suas margens de comercialização e, por necessária decorrência, no seu "faturamento" ou sua "receita bruta operacional".

Disso se extrai a confirmação da proposta de raciocínio a princípio assentada: o contrato de concessão de veículos, típico e nominado, com disciplina em lei especial (a Lei 6.729/79, alterada pela Lei 8.132/90), diferencia-se, em tudo e por tudo, do tradicional contrato de compra e venda.

Enquadra-se, em verdade, entre os denominados "contratos-moldura", assim entendidos aqueles que emergem de um conjunto de diferentes relações jurídicas que, quando reunidas, como que "perdem" sua individualidade para dar origem a figura contratual nova, com prejuízo de parte significativa das características originárias de suas componentes.

Bem por isso que, discorrendo sobre o tema, com sua reconhecida lucidez, assinala o insigne Miguel Reale: "O contrato de concessão comercial, em virtude de sua omniabrangência, combinando, em unidade lógico-sistemática, relações de *mandato, agência, distribuição, compra e venda* e *fornecimento*, na realidade ***altera cada uma destas figuras jurídicas, na medida em que as correlaciona num modelo jurídico novo. Daí a dificuldade de defini-la, conceitualmente***, prevalecendo noções de caráter operacional, nas quais a nota característica da 'exclusividade' assume, geralmente, as formas mais diversas".[3]

A natural conseqüência da diferenciação apontada é que as operações promovidas por contribuintes com fundamento em contrato de concessão de vendas não podem submeter-se ao mesmo tratamento tributário reservado à compra e venda típica, posto apresentarem diferenças em pontos essenciais, tais como a livre disponibilidade dos bens, a liberdade de fixação dos preços de venda, a forma e condições de pagamento etc.

Cabem, pois, as considerações que seguem acerca do adequado tratamento tributário a ser dado às referidas operações, particularmente no tocante à composição da base de cálculo das contribuições para o PIS e a COFINS.

3. A base de cálculo das contribuições para o PIS e a COFINS

O estudo da base de cálculo dos tributos tem particular significação pelas conseqüências práticas decorrentes de sua precisa fixação, e que dizem respeito ao próprio dimensionamento do *quantum* da obrigação tributária.

Não sem razão, pois, a reflexão de Alfredo Augusto Becker quando afirma que, "dentre os múltiplos elementos da hipótese de incidência, a base de cálculo é o núcleo de incidência que estrutura a regra da tributação".[4]

No caso concreto das contribuições de que se cuida, sua base de cálculo, como vimos, é o "faturamento", assim entendido a receita bruta da venda de bens, do preço de serviços prestados e do resultado auferido nas operações de conta alheia.

Diga-se, desde logo, que o conceito de "receita bruta da venda de bens" nem sempre compreende todo o conjunto de

3. Miguel Reale, "Estrutura normativa da Lei 6.729 sobre concessão comercial entre produtores e distribuidores de veículos automotivos terrestres", *Revista da Faculdade de Direito da USP* 91/66 (as expressões em itálico constam como no original; os negritos foram inseridos).

4. Alfredo Augusto Becker, *Teoria Geral do Direito Tributário*, 2ª ed., São Paulo, Saraiva, 1972, p. 343.

entradas de caixa que venham a ocorrer no curso das atividades desempenhadas pelos contribuintes.

O delicado ponto de distinção entre o que constitui receita tributável para o contribuinte e aqueles valores que, embora transitando em seu caixa, não guardam tal configuração foi muito bem demonstrado pelo pranteado mestre Geraldo Ataliba na seguinte passagem, que cabe como luva no contexto do presente discurso: "O conceito de *receita* refere-se a uma espécie de entrada. Entrada é todo dinheiro que ingressa nos cofres de determinada entidade. Nem toda entrada é receita. Receita é a entrada que passa a pertencer à entidade. Assim, só se considera *receita* o ingresso de dinheiro que vem a integrar o patrimônio da entidade que a recebe".[5]

Embora estivesse, então, o ilustre publicista discorrendo a propósito da base de cálculo do ISS, suas reflexões aplicam-se perfeitamente à situação das contribuições para o PIS e a COFINS a cargo das concessionárias de veículos.

Deveras, tanto quanto lá, parte significativa das quantias destinadas à satisfação dos compromissos financeiros das concessionárias perante a concedente — e que, conforme a sistemática atrás descrita, são obtidas por ocasião da venda de veículos e demais produtos ao consumidor final — apenas transita pelo caixa daquelas, sem se integrar ao seu patrimônio.

Assim, receita bruta das concessionárias (o "faturamento"), em verdade, é apenas a parcela representada pela "margem de comercialização" que lhes é propiciada por estas operações.

Dessa forma, as "entradas" não compõem a base de cálculo das contribuições em apreço, já que o conceito de "faturamento" ou de "receita bruta operacional" apenas considera aqueles importes que efetivamente se incorporam ao patrimônio da empresa.

Neste diapasão é, também, o entendimento manifestado pela jurisprudência. Vale transcrever, a título exemplificativo, as seguintes e expressivas passagens.

"(...) na receita bruta da empresa, não há como fazer integrar importâncias que apenas transitam por ela e que, quando do seu ingresso, já t6em sua destinação definida (...) sem qualquer acréscimo patrimonial para a empresa contribuinte."[6]

"Faturamento, nesse sentido, partilha conceito semelhante ao de 'receita', vale dizer, acréscimo patrimonial que adere definitivamente ao patrimônio do alienante. A ele, portanto, não se podem considerar integradas importâncias que apenas 'transitam' em mãos do alienante, sem que, em verdade, lhe pertençam em caráter definitivo."[7]

Ainda em reforço da argumentação aqui desenvolvida, mostra-se pertinente invocar o ainda eficaz Enunciado 182 das Súmulas do extinto TFR, segundo o qual: "É ilegítimo o lançamento do imposto de renda arbitrado com base apenas em extratos ou depósitos bancários".

Conquanto versando tema que, aparentemente, nada teria a ver com o objeto do presente estudo, a lembrança deste enunciado é oportuna porque ele foi inspirado em raciocínio jurídico que, em substância, se harmoniza com o aqui desenvolvido.

Com efeito, a semelhança entre a situação apontada no precedente sumulado e o tema ora em consideração está em que o abandono, para fins de tributação pelo imposto de renda, dos extratos ou depósitos bancários se deu porque o Poder Judiciário entendeu — com toda a propriedade, diga-se de passagem — que eles não possibilitam a separação entre meras entradas de caixa e receitas próprias do contribuinte, em conformidade com as definições aqui expostas.

5. Geraldo Ataliba, "ISS — Base imponível", in *Estudos e Pareceres de Direito Tributário*, v. 1º, São Paulo, Ed. RT, 1978, p. 81.

6. *RTRF-3ª R.* 7/123.

7. TRF-3ª R., Ap. cível 90.03.00915-5-SP.

Logo, não expressam capacidade contributiva. Para usar a consagrada expressão de Becker, não são elementos signo-presuntivos da percepção de renda.

Assim também, e por argumentos equivalentes, não são aptas a expressar "faturamento" (receita bruta) as quantias que apenas circulam pelo caixa das concessionárias, já que estão inexoravelmente preordenadas rumo aos cofres da concedente da marca.

Em outras palavras: haverá de ser considerada "faturamento" apenas a "margem de comercialização" assegurada às concessionárias, pois só esta mede-lhes a capacidade contributiva (CF, art. 145, § 1º). O entendimento oposto atenta frontalmente contra o princípio da isonomia tributária, intimamente atrelado ao da vedação ao confisco (CF, art. 150, II e IV).

A tributação, por sua própria natureza, interfere, de modo contundente, no patrimônio das pessoas, razão pela qual não pode representar ônus superior às forças desse patrimônio, sob pena de inconstitucionalidade.[8]

Tem, pois, como limite insuplantável a capacidade contributiva do sujeito passivo.

Daí decorre que a inclusão na base de cálculo das contribuições para o PIS e a COFINS de "entradas" que são apenas "canalizadas" pelas concessionárias representa, indubitavelmente, o combatido efeito de confisco, violando os princípios constitucionais atrás referidos.

4. Conclusão

O que foi exposto permite concluir que a concessão de vendas, contrato típico e nominado, tem natureza jurídica que se diferencia, em tudo e por tudo, da compra e venda convencional.

Desta figura contratual resultam conseqüências tributárias também próprias, distintas daquelas geradas por meras operações de compra e venda de bens.

Em razão da peculiar natureza das relações que se estabelecem entre concessionárias e concedente, aquelas agem, sob muitos aspectos, como meras "canalizadoras" de recursos que a esta pertencem.

Assim, tais recursos não podem ser tidos como partes integrantes das bases de cálculo das contribuições para o PIS e a COFINS devidas pelas operações praticadas pelas concessionárias.

Em suma, parece-nos ser direito destes contribuintes utilizar na composição das mencionadas bases de cálculo tão-somente os ingressos correspondentes às "margens de ganho" das operações de venda de produtos que realizam, pois apenas estes são verdadeiras receitas ("faturamento" — receita bruta operacional), na melhor acepção que comportam as leis tributárias pertinentes.

8. José Eduardo Soares de Melo, *O Imposto sobre Produtos Industrializados (IPI) na Constituição de 1988*, São Paulo, Ed. RT, p. 61.

CADERNOS DE DIREITO TRIBUTÁRIO

OS TÍTULOS DA DÍVIDA PÚBLICA E A GARANTIA DA EXECUÇÃO*

LEON FREJDA SZKLAROWSKY
Juiz Arbitral — Advogado — Consultor Jurídico

Os títulos da dívida pública derivam de empréstimos contraídos pelo Estado, ou, na expressão de Veiga Filho, o Estado tem o poder de dispor do capital alheio, por meio de empréstimo, comprometendo-se a reembolsar o credores.

As quatro entidades políticas podem lançar títulos públicos, sob forma nominativa e ao portador.

A Constituição estabelece regras rigorosas concernentes à dívida pública, que vão desde os princípios que informam o Direito Financeiro a que se sujeitam os créditos públicos até as normas especiais a estes destinadas.

As denominações desses títulos variam, de acordo com o fim a que se destinam, distinguindo-se as apólices, bônus do Tesouro Público, cupões, obrigações, bilhetes etc.

A lei permite que o executado dê em garantia título da dívida pública e títulos de crédito com cotação na Bolsa; contudo, a compensação de créditos tributários com créditos líquidos e certos, vencidos ou vincendos, do sujeito passivo contra a Fazenda Pública (qualquer delas) poderá ser feita, desde que a lei ordinária específica autorize, porque esta é a sinalização impositiva do art. 170 do CTN, com o que está de acordo o ilustre Procurador da Fazenda Nacional Aldemário Araújo Castro.

A Lei 6.830/80 dispõe sobre a cobrança da dívida ativa da União, dos Estados, do Distrito Federal, dos Municípios e respectivas autarquias, aplicando-se subsidiariamente o Código de Processo Civil. Proposta a execução fiscal e citado o executado, tem este o prazo de cinco dias para pagar a dívida com os juros e multa de mora e encargos legais, ou então garantir a execução.

No entanto, o art. 53 da Lei 8.212/91, de duvidosa constitucionalidade, produziu sérios estragos no sistema legal vigente ao tratar da execução da dívida ativa da União e de suas autarquias e fundações públicas em sede imprópria, permitindo ao credor-exeqüente indicar bens à penhora, que se fará, concomitantemente, com a citação do devedor, ficando, desde logo, indisponíveis os bens do devedor, o que constitui retrocesso imperdoável, digno de ser revogado. Estas figuras espúrias são danosas e ferem

* Excerto da conferência proferida, no Rio de Janeiro e em São Paulo, entre 25 e 29.1.99, no evento sobre os "Títulos da Dívida Pública", para o pagamento de tributos e encargos sociais, promovido pelo Centro Ibero-Americano de Administração e Direito e TOP Eventos.

frontalmente o Texto Magno, não se harmonizando com o Direito moderno.

A citada Lei 6.830 autoriza, categoricamente, que o executado, em garantia da execução da dívida, juros e multa de mora e encargos indicados na certidão da dívida ativa, efetue depósito em dinheiro, ofereça fiança bancária, nomeie bens à penhora com observância do art. 11 ou, ainda, indique à penhora bens oferecidos por terceiros e aceitos pela Fazenda Pública. Além de ser facultativa, a iniciativa de oferecer bens à penhora é do credor, pois o art. 10 adverte que, não ocorrendo o pagamento nem a garantia referida, a penhora poderá recair sobre quaisquer bens do executado, excepcionados os impenhoráveis, por imposição da lei. Essa nomeação far-se-á ao oficial de justiça ou por petição ao juiz e poderá ser recusada se o bem indicado não for de fácil comercialização, em consonância com a sábia lição de aresto do STJ relatado pelo Min. Ari Pargendler.

A indicação de bens de terceiro tanto poderá referir-se a móveis, incluindo-se os títulos da dívida pública e os créditos com cotação na Bolsa, quanto a imóveis, e, neste caso, imprescindível será a anuência do proprietário e de seu cônjuge.

A MP 1.763-62, de 1999, que consolidou a legislação em vigor sobre os títulos da dívida pública, no art. 6o comanda que, a partir da data de seu vencimento, os títulos da dívida pública terão poder liberatório para pagamento de qualquer tributo federal, de responsabilidade de seus titulares ou de terceiros, pelo seu valor de resgate, assim que, se, para o pagamento de tributos a lei concedeu autorização, obviamente também poderá o executado indicar os títulos oferecidos por terceiros a fim de garantir a execução que lhe é movida, porque a Lei 6.830 e o Código de Processo Civil expressamente autorizam.

O art. 11 da LEF impõe uma ordem a ser obedecida, que não pode ser desprezada, vindo os títulos da dívida pública e os de crédito com cotação na Bolsa, em segundo lugar. Mas essa ordem, de acordo com Heraldo Garcia Vitta, não é de rigor e pode, com a concordância do credor, ser desconsiderada. Em sentido contrário apregoa Silva Pacheco, sentenciando que, não seguida a ordem legal, mesmo que com a anuência do juiz, considerar-se-á como não-feita, conquanto poderá o magistrado, a qualquer tempo, por solicitação do credor, substituir por outros, ainda que não obedecida a ordem apontada pelo citado dispositivo. Exige-se, contudo, a motivação para o sucesso deste pedido.

Ou, ainda ao executado, poderá o juiz deferir a substituição da penhora por depósito ou fiança bancária. Se, por um lado, alguns tribunais têm anunciado que não vale o oferecimento pelo devedor de títulos da dívida pública se o executado dispunha de dinheiro, não menos verdade é que o STJ, em acórdão relatado pelo Min. Carlos Mário Velloso, fez prevalecer o entendimento de que a gradação proposta pelo Código de Processo Civil e pela Lei 6.830 é relativa e pode ser alterada pelas circunstâncias e tendo em vista as peculiaridades de cada caso. Justifica-se, ademais, a nomeação de direito de crédito sobre o precatório se este é muito superior ao crédito cobrado na execução. Títulos de clube que não tenham cotação na Bolsa, porém têm valor econômico e são de fácil aceitação, podem ser penhorados se antes não foram indicados, o mesmo ocorrendo com os títulos de créditos autônomos, como letra de câmbio, warrant, cédula de crédito industrial etc., o que é perfeitamente legal. Os títulos da dívida pública não se prestam para substituir o depósito em dinheiro e não suspendem a execução, segundo orientação mansa e reiterada do STJ; contudo decidiu esta Corte que a não-aceitação pela Fazenda Pública do oferecimento de títulos da dívida agrária para fins de penhora na execução que lhe é movida por esta constitui violação do direito subjetivo, amparado por mandado de segurança.

Observe-se que a LEF deu primazia ao oferecimento de títulos públicos e de créditos, em lugar dos metais e pedras preciosos, navios e aeronaves, bens imóveis, veículos, móveis e semoventes ou direitos e ações.

NATUREZA JURÍDICA DA RELAÇÃO TRIBUTÁRIA

AURÉLIO PITANGA SEIXAS FILHO

Professor Titular de Direito Financeiro e Tributário da Universidade Federal Fluminense
e de Direito Administrativo da Economia da Universidade Gama Filho

"A relação jurídica entre o Fisco e o contribuinte é regida integralmente pelo Direito Público, não configurando, conseqüentemente, uma relação obrigacional, nem sendo pertinente o uso de princípios de Direito Privado."

No Estado moderno a manutenção de suas despesas depende de contribuições impostas legalmente ao cidadão-contribuinte, correspondentes à respectiva capacidade econômica.

O sistema tributário bem como os direitos do contribuinte são extensamente previstos na Constituição, não só num capitulo próprio, o de n. 1, do Título VI, referente à tributação e ao orçamento, como em diversos e numerosos dispositivos esparsos, tendo em vista a necessidade de se distribuir entre as unidades da Federação os tributos possíveis, e cabíveis, e de se ditar peremptoriamente quais os fundamentais direitos do cidadão-contribuinte.

Entretanto, obedecidas as limitações constitucionais e as prescrições das leis complementares versando, exclusivamente, matérias reservadas pelo texto constitucional, é ao legislador ordinário que cabe instituir o tributo, definindo o respectivo fato gerador com uma extensão maior ou menor, segundo as conveniências ditadas pela política tributária, em geral, e a capacidade econômica do contribuinte, em especial.

Tributar em toda extensão permitida pela Constituição, não tributar, conceder isenção, seja qual for a sua espécie, como diferimento, alíquota zero, redução parcial etc., são formas de exercer a competência tributária, que, ordinariamente, pertence ao Poder Legislativo.

Pela sistemática constitucional é vedada a invasão de competência tributária, não sendo lícito, de outro lado, que o titular de uma competência tributária delegue, total ou parcialmente, sua competência — legislativa — em favor de outro titular.

Neste sentido é a lição de Bernardo Ribeiro de Moraes:

"A competência tributária, que compreende a competência legislativa plena, constitui uma atribuição constitucional, não podendo, pois, ser alterada por normas jurídicas menores. *Deve* ela respeitar, portanto, os princípios e as normas constitucionais, bem como a hierarquia das leis tributárias (CTN, art. 6º). Daí o princípio da indelegabilidade da competência tributária. A competência tributária 'é indelegável', dispõe o Código Tributário Nacional (art. 7º). Sendo parcela de poder, a competência tributária tem a natureza deste e, portanto, torna-se intransmissível. Sua aquisição deve ser sempre originária, com fulcro na soberania do Estado. O poder 'é em si e por si intransmissível', lembra Benedetto Cocivera. Somente à pessoa jurídica de Direito Público Constitucional a quem tenha sido atribuída competência tributária cabe a competência para legislar sobre o respectivo tributo. Outras pessoas não podem fazê-lo, sob pena de invasão de competência tributária ou prática de ato de incompetência tributária.

"De se notar que a atribuição de competência tributária, por obra de disposição constitucional, a uma pessoa de Direito Público outorga a esta uma faculdade que pode ou não ser utilizada. A entidade tributante não é obrigada a decretar o tributo. Devemos ver que na hipótese do não-exercício da competência tributária nenhum direito perde o poder tributante. O não-uso da competência tributária não provoca decadência do respectivo direito, pois o poder fiscal é imprescritível por natureza. E nem pode a entidade tributante, por sua vez, deferir tal parcela de poder a outra pessoa, pois a matriz da atribuição de competência tributária é unicamente a Constituição. Corolário da afirmação de que a competência legislativa é indelegável, temos essa outra conclusão: o não-exercício da competência tributária não a defere a pessoa diversa daquela a que a Constituição a tenha atribuído. A conclusão é evidente" (*Compêndio de Direito Tributário*, v. I, Rio, Forense, 1993, p. 266).

Esclarecido que a competência tributária é privativa das pessoas jurídicas de Direito Público, titulares de poder de legislar, cabe examinar, agora, quem pode ser titular do exercício da função fiscal, isto é, quem pode exercer a função fiscal de arrecadar ou fiscalizar tributos, ou, então, de executar leis, serviços, atos ou decisões administrativas em matéria tributária, conforme dispõe o art. 7º do CTN.

Para Roque Antônio Carrazza "a capacidade tributária ativa se correlaciona exatamente com o sujeito que ocupa a posição de credor dentro da obrigação tributária, e que detém, portanto, a titularidade do direito subjetivo à prestação tributária. Costuma-se dizer, com inegável acerto, que ela se situa no plano da atividade tributária em sentido secundário, sendo logicamente posterior ao surgimento da obrigação de pagar o tributo" (*O Sujeito Ativo da Obrigação Tributária*, São Paulo, Resenha Tributária, 1977, p. 31).

A linguagem utilizada pelo professor Roque Carrazza demonstra sua posição doutrinária de considerar a Fazenda Pública como um credor, titular de um direito subjetivo, de natureza obrigacional, de exigir do devedor-contribuinte o pagamento de sua prestação tributária.

Naturalmente, é ao Fisco (Fazenda Pública), departamento especializado do Poder Executivo, que compete executar as leis tributárias para efeito de cobrar e fiscalizar o correto pagamento dos tributos, no exercício ordinário de sua função administrativa, que, na precisa e sintética definição de Miguel Seabra Fagundes, consiste em *aplicar a lei de ofício* (*O Controle dos Atos Administrativos pelo Poder Judiciário*, Rio, Forense, 1957, p. 17).

Como sujeito ativo da relação tributária, o Fisco exerce sua função submetendo-se às mesmas leis a que estão sujeitos os contribuintes, cumprindo-as nos seus estritos termos, o que vem caracterizar a relação tributária como uma relação jurídica, e não uma relação de poder.

Curvando-se às normas legais idealmente impostas pelo Poder Legislativo, o Fisco, como departamento do Poder Executivo, situa-se na relação tributária como um órgão público, encarregado de uma específica função administrativa (aplicação, de ofício, das leis tributárias), não possuindo *poder normativo originário* frente ao contribuinte, não sendo, também, mero credor de uma determinada obrigação.

A função do Fisco de apurar e determinar o valor do tributo (acertamento e liquidação do tributo) e de exigi-lo do respectivo devedor compõe um conjunto de atribuições próprias de um órgão da Administração Pública, cujo exercício não se equipara a mero direito subjetivo exigível por um credor, como bem apontou Gian Antonio Micheli, mestre dos tributaristas da Escola de Roma: "Uma análise minuciosa e articulada do fenômeno já obrigou a examinar a posição subjetiva ativa da entidade impositora, não propriamente em termos de direito de crédito, mas sim de *potestade de imposição*" (grifamos) (*Curso de Direito Tributário*, São Paulo, Ed. RT, 1978, p. 121).

Esta *potestà d'imposizione* — "poder-dever", *potestade* ou poder derivado — da Administração Pública foi bem caracterizada por outro mestre italiano, Massimo Severo Giannini, nos seguintes termos: "Le potestà pubbliche sono sempre predeterminate dalle norme, sono indisponibili, inalienabili, intrasmissibili e irrinunciabili, ma possono non essere esercitate o l'esercizio può essere delegato o sospeso, in fine sono imprescrittibili, ma l'esercizio può essere soggetto a decadenza" (*Diritto Amministrativo-I*, Milão, Giuffrè, 1970, p. 506).

O conjunto de atribuições que o Fisco ou a Fazenda Pública tem o dever de desenvolver por disposição legal, e que Micheli e outros professores italianos preferiram denominar de *potestà d'imposizione*, compõe aquilo que outro mestre italiano, Renato Alessi, mais apropriadamente, considerou como o exercício das *funções* de um órgão do Poder Executivo, enquadrando, então, a função tributária como uma função administrativa complementar ou derivada dos comandos primários da função normativa (R. Alessi e G. Stammati, *Istituzioni di Diritto Tributario*, Turim, UTET, s/d, p. 5).

A função tributária exercida pelo Fisco, ao exigir do contribuinte, por imposição da norma tributária, uma parcela do seu patrimônio para a manutenção do Estado, tem, realmente, um caráter patrimonial.

O caráter patrimonial da relação tributária traz semelhanças com as obrigações regidas pelo Direito Privado, sendo discutível, entretanto, que em decorrência deste fator patrimonial, seja a relação tributária enquadrável como pertencente ao gênero obrigacional, da espécie de obrigação *ex lege* de Direito Público.

Clóvis Beviláqua assim se manifestou sobre a matéria em questão: "Quanto às obrigações que se originam das relações de família (...) às que vão prender suas raízes na organização social (como a de concorrer, por meio de impostos, para as despesas do Estado e do Município), escapam todas, pela índole natural que lhes seria fácil apontar, ao quadro dentro do qual se tem de escrever este livro, e acharão suas normas noutras seções da Ciência do Direito, que não dentro das raias da teoria das obrigações" (*Direito das Obrigações*, Bahia, ed. J. Luiz da F. Magalhães, 1910, p. 19).

A posição de Clóvis Beviláqua de preservar a teoria das obrigações para aquelas relações jurídicas em que as pessoas têm a livre disponibilidade de seus bens e direitos, regidas, em conseqüência, pelo Direito Privado, afastando para outro ramo da Ciência Jurídica a relação tributária, em que a autoridade administrativa não tem o poder de dispor sobre os bens e interesses públicos, não foi, e nem é, entretanto, uma colocação prevalente na doutrina, especialmente entre os cultores do Direito Público, que, apesar de apontar as diferenças existentes, não as consideravam suficientemente relevantes para distinguir os deveres jurídicos regidos pelo Direito Público, as obrigações *ex lege*, das obrigações propriamente ditas, regidas pelo Direito Privado.

Ao estudar especialmente as "obrigações públicas", Massimo Severo Giannini chegou à conclusão de que as obrigações públicas se distinguiriam das obrigações de Direito Privado exclusivamente no aspecto *funcional*; mesmo assim, a diferença seria tendencialmente pouco relevante, já que estruturalmente não existiria qualquer distinção entre ambas, que nasceriam e se extinguiriam da mesma forma (*Le Obbligazioni Pubbliche*, Roma, Jandi Spadi, s/d, p. 73).

As diferenças apontadas por M. S. Giannini encontrar-se-iam no *funcionamento* da obrigação pública, que consistiria na utilização pela autoridade administrativa dos seus poderes próprios, como o poder de indagar, o poder de fixar unilateralmente o débito do cidadão ou da própria Administração — diferença funcional, esta, considerada quase irrelevante, como já apontado (ob. cit., p. 72).

Considerando-se que a identificação da verdadeira natureza jurídica dos fenômenos jurídicos depende, essencialmente, do seu funcionamento, ou do seu regime legal ou jurídico, e que, *estruturalmente*, todos os deveres jurídicos nascem da mesma maneira, não é pouco relevante — ao contrário — a diferença funcional ou de funcionamento entre os deveres jurídicos tributários e os deveres jurídicos obrigacionais, como será demonstrado.

No campo do Direito Tributário a doutrina majoritária seguiu a esteira de A. D. Giannini, enquadrando o regime jurídico da relação tributária como obrigacional, mal se referindo à existência de alguma distinção com as obrigações de Direito Privado.

Para esta posição doutrinária foi bastante enfática a conclusão a que chegou esse autor italiano, nos seguintes termos: "Puede llegarse, portanto, a la conclusión de que la deuda impositiva no es solo *afin* a la obligación del Derecho Civil, sino que es la misma obligación, utilizada por el ordenamiento jurídico en materia tributaria, lo que encuentra su esencial justificación lógica en el hecho de que no existe en nuestra Dogmática Jurídica una figura de obligación pecuniaria propia del Derecho Público. Esta idea se relaciona con otra ya apontada (n. 24, nota 20) según la cual la distinción entre Derecho Público y Derecho Privado es una distinción instrumental, es decir, de medios y de institutos jurídicos, por lo qué puede afirmarse, sin violentar la lógica, que la deuda impositiva constituye siempre, a pesar de formar parte de una relación que en su conjunto y en algunas de sus manifestaciones pertenece al Derecho Público, una obligación conforme al esquema tradicional del Derecho Privado" (*Instituciones de Derecho Tributario*, Madri, Editorial de Derecho Financiero, 1957, pp. 90 e 91).

Como visto, os dois Giannini nenhuma relevância concedem às *distinções* entre as obrigações *ex lege* e as obrigações de Direito Privado, considerando um que a obrigação tributária obedece ao mesmo esquema tradicional do Direito Privado, enquanto o outro afirmou, *categoricamente*, que as obrigações públicas vivem e se extinguem como as obrigações de Direito Privado, sem atentar para o fato que o "funcionamento" da obrigação pública, aspecto distintivo que apontou, tem muito a ver com a vida e extinção das obrigações, que no caso da "obrigação tributária" funciona e se extingue em regime jurídico próprio e especial, sem se encaixar nos moldes delineados no Código Civil, como, aliás, já havia sido apontado por Giorgio Tesoro, nos seguintes termos: "Esaminando gli elementi, l'accerttarnento e la estinzione dell'obbligazione tributaria, sarando messe in rilievo le piu importanti, peculiarità dell'obbligazione tributaria, è bene però precisara sin d'ora quelli che sono i caratteri essenziali dell'obbligazione tributaria, ed i più interessanti caratteri distintivi che differenziano la obbligazione tributaria dalla obbligazione civile" (*Principii di Diritto Tributario*, Bari, ed. Macri, 1938, p. 49).

Posteriormente, Massimo Severo Giannini, em seu *Diritto Amministrativo*, de 1970, ao analisar a natureza jurídica do "acertamento tributário" e as diversas teorias sobre o tema, teve a oportunidade de observar o seguinte: "La critica del Russo è molto persuasiva. Il problema però resta aperto; anche col suggerimento qui avanzato, di configurare gli accertamenti tributari come procedimenti dichiarativi ablatori, si potrebe obiettare che la spiegazione è data mediante una formula atipica; è probabile che la via da percorrere sia di teoria generale, cioè di rivedere a fondo la teoria delle obbligazioni *ex lege* e le obbligazioni pubbliche *ex lege* in particolare" (*Diritto Amministrativo-II*, Milão, Giuffrè, 1970, p. 1.271).

Representativa do pensamento da doutrina alemã, oriundo da vertente da escola de Otto Mayer, é a lição do professor Heinz Paulick, que, em um estudo introdutório ao Código Tributário alemão, em sua versão de 1977, ensina o seguinte:

"El Derecho Tributario alemán há logrado grandes resultados en este orden de cosas sobre la base de la Ordenanza Tributaria. Es cierto que el Derecho Tributario se caracteriza incluso en una democracia moderna por un cierto rasgo autoritario. A pesar de todas las garantías propias de un Estado de Derecho, éste, como titular de la soberanía tributaria, y los obligados tributarios no están equiparados en sus respectivas posiciones jurídicas. Antes bien, no puede desconecerse la existencia de una relación de supremacía y subordinación, que muestra características autoritarias. Los preceptos jurídico-privados y del Derecho Procesal Civil no pueden aplicarse, ni siquiera com carácter subsidiario, por ser la distribución de los papeles entre las partes en el Derecho Tributario distinta que en el Derecho Privado.

"No obstante, esta relación de supremacía y subordinación há recibido en la Ordenanza Tributaria una configuración propia en todos los sentidos de un Estado de Derecho y garantiza al obligado tributario una acabada protección jurídica. Entre los principios fundamentales de un Estado de Derecho garantizados por la Ordenanza Tributaria figuran en especial los de generalidad, legalidad y tipicidad de la imposición, el principio de proporcionalidad, el de previa audiencia, el derecho del obligado tributario a servirse en cualquier fase del procedimiento de un representante técnico, la apelación ante los tribunales financieros independientes y la posibilidad de recurrir ante el Tribunal Constitucional Federal cuando un obligado tributario se sienta lesionado en sus derechos fundamentales por medidas de las autoridade de la Administración Financiera. Por todo ello, la Ordenanza Tributaria responde a la concepción actual de un Estado de Derecho. Com ella el legislador ha establecido una relación equilibrada entre el postulado de justicia material de un lado y los de protección de la confianza y de seguridad jurídica de otro" ("La Ordenanza Tributaria de la República Federal Alemana. Su función y significado para el Derecho Tributario", in *Ordenanza Tributaria Alemana*, Madri, Instituto de Estudios Fiscales, Ministerio de Hacienda, 1980, pp. 38 e 39).

Esta qualificação da relação tributária como uma relação jurídica regida pelas regras próprias do Direito Administrativo, não compatíveis com as regras jurídicas de Direito Privado, foi corretamente desenvolvida por Otto Mayer, porém não compreendida, nem aceita, por Hensel, Nawiasky, A. D. Giannini, Sainz de Bujanda e seus seguidores, que, repudiando o caráter autoritário, subordinado às leis, da função administrativa fiscal, desvirtuaram sua natureza própria, forcejando seu enquadramento como uma relação jurídica obrigacional.

A desconformidade do regime jurídico obrigacional para a cobrança dos tributos não passou despercebida para Rafael Bielsa: "Para algunos la obligación fiscal no tiene caracteres propios o exclusivos, es decir, diferenciales respecto de la obligación civil en el concepto tradicional, y que es aún el dominante en los códigos de esa rama de la legislación. En nuestra opinión, por el contrario, la obligación fiscal se diferencia netamente de la obligación civil, tanto por la índole de la relación jurídica como por el carácter de uno de los sujetos, o sea, el Estado —Fisco —, en sentido lato; porque cuando se dice 'Estado' se comprende a la Nación, a las provincias, a las comunas, y aún a las entidades autárquicas que, por virtud de delegación legal, tienen el poder de establecer contribuciones *obligatorias*" ("Nociones generales sobre la obligación fiscal", in *Estudios de Derecho Público — Derecho Fiscal*, Buenos Aires, Depalma, 1951, p. 128).

Também na Argentina, Giuliani Fonrouge, ao reproduzir lição de Ingrosso, declara sua opinião no sentido de existir substancial diferença entre o credito tributário e a obrigação civil, apesar de, incompreensivelmente, afirmar existir reduzida importância prática na diferença. Seu texto é o seguinte: "Por su parte, Ingrosso se manifiesta de acuerdo con la doctrina germánica, destacando que la obligación tributaria pertenece al Derecho Público y constituye un instituto autónomo, separado aún de otros negocios de Derecho Público. Estima, por lo demás, que si bien la expresión 'crédito tributario' (*credito d'imposta*) aparece en el léxico del Derecho Privado, nada tiene que ver com éste; el crédito fiscal es, simplemente, análogo al crédito pecuniario del Derecho Privado, pero en su aspecto sustancial tiene contenido quizá antitético. Compartimos esta última opinión, pero es adecuada la observación de que la cuestión es de interés dogmático y de escasa importancia práctica, pues las consecuencias no difieren mayormente en cualquier solución que se adopte" (*Derecho Financiero-I*, Buenos Aires, Depalma, 1970, p. 377).

O caráter *não-obrigacional* da relação tributária foi revelado, na Espanha, por Pérez de Ayala e Eusébio González, em seu *Curso de Derecho Tributario*, nas seguintes condições:

"Ahora bien: las ideas anteriores conducen a una conclusión muy importante y 'revolucionária' en la Dogmática tradicional del tributo: que la prestación de dar en que consiste el pago del tributo no es, siempre y necesariamente, contenido u objeto de una obligación tributaria, la conocida deuda tributaria, sino que puede darse casos en los que aquella prestación de dar sólo sea contenido de un deber jurídico particular de pagar el tributo, *sin carácter obligacional*..

"Las implicaciones de esta conclusión son, a su vez, muy interesantes e importantes. La primera, y fundamental, es la siguiente: en la mayor parte de los casos en que, tradicionalmente, se consideraba por un sector doctrinal que la obligación tributaria material nacía com la realización del hecho imponible, habrá que reformular tal proposición. Lo que nacerá, en tal caso, inmediatamente y sólo de la realización del hecho imponible, es un deber jurídico particular de pagar el tributo (y ello incluso en los supuestos en que se vincula a aquella realización una auto-liquidación y correlativo ingreso a cargo del contribuyente). Nunca una obligación propiamente dicha. Porque ésta presupone, como decíamos, que el ente público puede ejercitar algún derecho de crédito frente al sujeto pasivo por la sola realización del hecho imponible y de forma inmediata. Y ello es lo que no sucede. Cuando el hecho imponible se realiza, el sujeto pasivo del tributo debe pagar porque la ley le obliga a ello. Pero el ente publico no tiene aún reconocida por la ley una situación activa que pueda traducirse en un 'comportamiento activo de pretender la prestación' (Micheli). Antes de que pueda actuar esta pretensión há de ejercitar una potestad administrativa, dirigida previamente a verificar si se han realizado los supuestos legales y si el administrado há observado el comportamiento debido (declarar, auto-liquidar, retener, ingresar etc., según los casos).

"Ello conduce, en la más reciente doctrina, a afirmar que a consecuencia de la realización del hecho imponible no nace inmediatamente una relación obligacional tributaria. Solo, de un lado, un deber jurídico particular. De outro lado, existe un poder-deber de la Administración, una potestad administrativa, dirigida a los fines más arriba indicados; o, más bien, un conjunto de potestades" (*Curso de Derecho Tributario-I*, Madri, Edersa, 1986, pp. 122 e 123).

Compartilham este mesmo pensamento na Espanha Matias Cortes Dominguez e

F. Pérez Royo, e na Itália Alessi, Micheli, Maffezzoni, Fantozzi e Fedele.

Também quem situou com muita propriedade a questão foi o jurista paranaense Marçal Justen Filho, em seu *Sujeição Passiva Tributária*, valendo reproduzir, resumidamente, sua opinião:

"A nosso ver, a introdução do conceito de 'obrigação' no Direito Tributário decorreu da intenção de contrapor-se à pretensão de existência de uma relação de fato, não sujeitada ao Direito.

"No embate pela defesa do Estado de Direito e pela rejeição da potestade tributária ao regime legislativo, a natural tentativa de reconduzir o fenômeno enfocado às categorias já conhecidas acabou por subsumir a situação jurídica a outra que se visualizou assemelhada ou idêntica: a relação jurídica obrigacional. Ou seja, no repúdio à concepção de uma relação não subordinada ao Direito, a doutrina buscou identidade entre o fenômeno tributário e o arsenal jurídico então conhecido. Poderia haver-se optado pela simples afirmativa de que a relação tributária, pelas suas peculiaridades, era jurídica — talvez essa tivesse sido a melhor opção...

"(...). Porém, a doutrina não se apercebeu, ao que parece, dos riscos envolvidos na tese, porquanto o resultado último seria desembocar em um fenômeno de Direito Privado. Atribuir à relação tributária a natureza obrigacional e inseri-la em um gênero essencialmente privatístico significa uma elevada incorreção doutrinária, porquanto a relação tributária é essencialmente fenômeno público.

"(...). Sustentamos, porém, que é *inútil* aludir a uma *obrigação tributária*. Ao menos, a tentativa de identificar a figura tributária à figura de Direito Privado não merece êxito cientificamente. Nem ao menos, a nosso ver, apresenta qualquer utilidade didática.

"(...). A discussão se põe exatamente porque o fenômeno analisado não se identifica com urna obrigação de Direito Privado.

"Não vemos utilidade em sustentar que a relação tributária seria uma 'obrigação *sui generis*' ou algo do estilo, por significar que estamos, simultaneamente, identificando e diferenciando condutas logicamente incompatíveis. Ou se trata de figura abrangível no conceito de obrigação ou não se submete a tal conceito. E, se não se submete, podemos repudiar a natureza obrigacional do instituto.

"(...). Há, então, um profundo equívoco científico na conduta de caracterizar como 'obrigacional' toda e qualquer relação jurídica da qual decorra uma prestação consistente em dar, fazer ou não-fazer. Esse equívoco se agiganta quando se intenta atribuir à 'obrigação' a condição de categoria da Teoria Geral do Direito (portanto, aplicável a todo e qualquer campo normativo).

"Olvida-se que se trata de instituto peculiarmente do Direito Privado, dentro de cujos quadros se justifica sua existência. Fora desses lindes, porém, não há como prestar-se a algo porque perde a sua referência conceptual e sua utilidade classificatória.

"É que, como vimos, toda relação jurídica, em seu conteúdo, importa uma regulação do fazer humano, em termos de permissão, proibição ou obrigação.

"(...). Ora, obrigação tem estrutura definida. Tal estrutura é simples. Se a estrutura da 'obrigação tributária' é 'complexa', não pode tratar-se de 'obrigação'. Portanto, é ilógico e indefensável, a nosso ver, utilizar a expressão *obrigação* para indicar um conceito que não pode ser reconduzido ao conceito tradicionalmente identificado por ela" (*Sujeição Passiva Tributária*, Belém, CEJUP, 1986, pp. 71, 72, 75, 76, 78 e 81).

Ora, tanto o lançamento tributário (acertamento tributário de responsabilidade jurídica do Fisco) como as hipóteses de extinção do crédito tributário são fenômenos jurídicos regidos por normas de Direito Público, em que o Fisco, como sujeito ativo da relação tributária, não tem como dispor livremente de sua vontade, nem para formalizar, através de um ato jurídico, a dívida tributária (lançamento tributário), nem como dar *quitação* pelo integral cumprimento do dever jurídico tributário por parte do sujeito passivo.

A vontade das partes na relação jurídica de natureza obrigacional, regida pelo Direito Privado, é fundamental para a formação e extinção do respectivo vínculo.

O *credor* da relação jurídica obrigacional é *dono* de sua vontade, podendo dispor da mesma, livremente, inclusive para perdoar o devedor do cumprimento de sua obrigação ou dever jurídico, enquanto a relação tributária nasce, e se forma, sem depender diretamente da vontade dos sujeitos participantes da mesma, que devem cumprir — isto, sim — a vontade da lei.

Antonio Berliri tentou demonstrar que a indisponibilidade não poderia ser considerada como uma característica essencial da relação tributária (olvidando que a indisponibilidade dos direitos públicos é um fenômeno de abrangência maior, de Direito Administrativo), pinçando na legislação fiscal italiana hipóteses extraordinárias de diferimento de pagamento, passíveis de concessão pelo Fisco, dentro de parâmetros legais, e outros casos que, pela sua excentricidade, servem para provar o contrário desejado pelo criativo professor peninsular, que não deixou de reconhecer a diferença existente entre a regulação formal da "obrigacão" tributária frente à obrigação comum, apesar de haver concluído que aquela nada mais seria do que uma "obrigação *tout court*, tal como regulada com preceitos de caráter geral pelo Código Civil" no aspecto substancial (*Principios de Derecho Tributario-II*, Madri, Editorial de Derecho Financiero, 1971, pp. 157 e 164).

A indisponibilidade do exercício da função do Fisco tem sido amplamente apregoada, pois é uma qualidade própria da função administrativa, sendo bastante pertinente reproduzir a lição do mestre Hely Lopes Meirelles, que diz: "Na Administração Pública não há liberdade nem vontade pessoal. Enquanto na administração particular é licito fazer tudo que a lei não proíbe, na Administração Pública só é permitido fazer o que a lei autoriza. A lei para o particular significa 'poder fazer assim', para o administrador público significa 'deve fazer assim'" (*Direito Administrativo Brasileiro*, 24ª ed., São Paulo, Malheiros Editores, 1999, p. 82).

Também a lição de Celso Antônio Bandeira de Melo é no mesmo sentido: "Em suma, o necessário — parece-nos — é encarecer que na administração os bens e os interesses *não se acham entregues à livre disposição da vontade do administrador*. Antes, para este, coloca-se a obrigação, o dever, de curá-los nos termos da finalidade a que estão adstritos. É a ordem legal que dispõe sobre ela. Relembre-se que a Administração não titulariza interesses públicos. O titular deles é o Estado, que, em certa esfera, os protege e exercita através da função administrativa, mediante o conjunto de órgãos (chamados administração, em sentido subjetivo ou orgânico), veículos da vontade estatal consagrada em lei" (*Curso de Direito Administrativo*, São Paulo, Malheiros Editores, 1997, pp. 33 e 34).

Como bem observou o professor Marçal Justen Filho, a. identidade, apontada pelos diversos autores citados, entre a *obrigação* tributária e a obrigação de Direito Privado não seria decorrente da qualidade *obrigacional* da relação tributária, porém da condição de ser esta urna relação jurídica, pois o conteúdo ou estrutura da relação tributária é que é substancial ou materialmente análogo ao conteúdo ou estrutura das relações jurídicas de natureza obrigacional, em que ambos os sujeitos possuem deveres jurídicos recíprocos de natureza patrimonial.

Visto, assim, que a analogia entre a relação tributária e a relação obrigacional deve-se a que ambas as relações intersubjetivas estruturam-se substancialmente como *relações jurídicas*, cabe, agora, examinar as observações selecionadas dos professores citados anteriormente, no sentido de que o funcionamento da relação tributária, especialmente a formalização do crédito tributário pelo lançamento e sua posterior extinção, teria aspectos distintos das obrigações de Direito Privado.

Ora, a relação tributária funciona de forma diferente das obrigações de Direito Privado, porque seu regramento jurídico é todo de Direito Público, especialmente com regência do Direito Administrativo e particularidades do próprio Direito Tributário, sendo sua principal característica a *indisponibilidade* sobre o cumprimento dos deveres jurídico-tributários, impostos diretamente pela lei.

As relações obrigacionais são regidas basicamente pelo Código Civil, com as particularidades de outros ramos do Direito Privado, como o Direito Comercial etc., sendo sua característica fundamental a livre disponibilidade que possui o sujeito ativo ou credor sobre o cumprimento da "obrigação".

A calhar para o esclarecimento desta questão é a lição de José Souto Maior Borges, proferida no seguinte texto:

"A relação entre obrigação e dever jurídico não é uma relação entre espécie e gênero, mas uma relação entre forma e conteúdo (...).

"Nesse sentido há deveres que são obrigacionais e deveres que não são obrigacionais. Porque, enquanto o dever responde a uma categoria formal, passível de preenchimento por conteúdos de normatividade os mais diversos, a obrigação é uma categoria jurídico-dogmática, e portanto apenas um dos conteúdos passíveis de incorporar-se àquela categoria formal. (...).

"Como a obrigação não é uma categoria lógico-jurídica, mas jurídico-positiva, construção de Direito Posto, é ao Direito Positivo que incumbe definir os requisitos necessários à identificação de um dever jurídico qualquer como sendo um dever obrigacional. Significa dizer: a obrigação é definida, em todos os seus contornos, pelo Direito Positivo" (*Obrigação Tributária — Uma Introdução Metodológica*, São Paulo, Saraiva, 1984, p. 23).

Assim, na relação jurídico-tributária os deveres jurídicos tanto do sujeito ativo-Fisco como do sujeito passivo-contribuinte possuem conteúdo de normatividade de Direito Administrativo-Tributário, enquanto os deveres obrigacionais estão sistematizados no Direito Privado, principalmente no Código Civil.

No Direito Positivo brasileiro, como, de resto, no Direito Comparado, os deveres jurídico-tributários têm conteúdo normativo bastante distinto do conteúdo normativo dos deveres obrigacionais, não merecendo, portanto, os deveres jurídicos oriundos de uma relação tributária ser enquadrados como deveres obrigacionais.

O sujeito passivo da relação tributária deverá cumprir seus deveres jurídicos específicos, conforme determinarem as normas tributárias.

O Fisco (Fazenda Pública), como sujeito ativo da relação tributária, não é um mero "credor com direito subjetivo a cobrar a obrigação tributária"; porém, como um *órgão administrativo*, exercerá sua *função pública* de exigir do sujeito passivo o cumprimento dos seus deveres jurídicos, impostos, especialmente, pelo Direito Tributário e, genericamente, pelo Direito Administrativo.

Cabe esclarecer que a existência de um direito público subjetivo sempre foi contestada, conforme pode ser visto no seguinte texto de Adolfo Merkel: "Constatemos y retengamos que solo el *derecho objetivo* puede ser concebido como *derecho subjetivo* en general y como *derecho público* subjetivo en especial. Cualquiera que sea el sentido que se dé al derecho público subjetivo, la condición previa necesaria será la presencia de derecho público objetivo. La idea del *derecho público subjetivo* si es concebible lo es únicamente como *contenido del derecho público objetivo*" (*Teoría General del Derecho Administrativo*, Madri, Editorial Revista de Derecho Privado, 1935, p. 181).

Caso o Fisco, para exigir o pagamento do tributo, não possua um titulo jurídico hábil formalizado pelo próprio devedor, confessando e liquidando o valor da dívida tributária (como é próprio do Direito das Obrigações), deverá funcionar neste sentido, obedecendo aos ditamos do Direito Administrativo, porquanto em termos de Direito Privado não é admissível que um credor possa formar unilateralmente, sem o aceite do devedor, um título jurídico dotado de liquidez e certeza, características do lançamento tributário, segundo o Código Tributário Nacional, que o define como um procedimento a ser obrigatoriamente desenvolvido pelo Fisco, vinculadamente à lei que rege o respectivo fato gerador do tributo.

Aproveitando, mais uma vez, a lição de Marçal Justen Filho:

"Quando se alude à supremacia do interesse público sobre o privado não se está pleiteando existir uma relação de 'poder'. Ou seja, não se trata de relações acima ou fora do Direito. Aliás, se diversamente fosse, inexistiriam relações jurídicas de Direito Público (expressão que constituiria uma contradição em termos).

"(...). No campo tributário, essa superioridade do interesse público externa-se no conteúdo da relação jurídica, que é orientada a favorecer e a beneficiar o sujeito ativo, não por especial consideração a ele, mas por ser ele o veículo de potencialização do interesse público (...).

"(...). Evidentemente, o poder jurídico e a superioridade do sujeito ativo são definidos nos estritos termos da lei, à qual incumbe definir tipificadamente tanto a hipótese de incidir como o mandamento.

"Essa superioridade jurídica do sujeito ativo decorre da necessidade de consecução do interesse publico. É o meio pelo qual o Direito vislumbra realizável o interesse público.

"Isso bem se define quando se adita a indisponibilidade do interesse público, para indicar que não é dado ao sujeito ativo arbitrariamente valer-se dos poderes jurídicos que lhe são concedidos (...).

"(...). Muito mais do que diferenças estruturais ou substanciais, portanto, é o regime jurídico que distingue a relação tributária de outras relações aparentemente próximas. Esse regime jurídico produz diversidades notáveis.

"É que o regime de Direito Público, como visto, importa não apenas a superioridade do interesse público mas sua indisponibilidade. Logo, acarreta uma gama maior de poderes jurídicos, acompanhados de uma sujeição à realização do interesse público.

"Torna-se, assim, distinta e inconfundível a situação ativa, absolutamente distinta da posição que possa encontrar-se em qualquer relação obrigacional de Direito Privado.

"A situação ativa, na relação tributária, corresponde a uma função, tal como exposto anteriormente. Ou seja, o sujeito pode ser dito ativo, se cotejada sua situação isolada e exclusivamente com a situação do sujeito passivo. Porém, o próprio sujeito ativo é destinatário de deveres e sujeições, porquanto a sua tarefa é realizar interesse alheio (no caso, interesse público).

"Não há como dissociar a supremacia do interesse público (e, portanto, o aspecto dos poderes jurídicos recebidos) da sua natureza indisponível (ou seja, a utilização dos poderes jurídicos necessariamente, para a realização do interesse público)" (ob. cit., pp. 84 e 87).

Categorias que normalmente não têm condições de se adaptar a um regime de Direito Público são as formas extraordinárias de extinção do crédito tributário, apesar de estabelecidas no próprio Código Tributário Nacional.

O legislador ordinário, ao prever extraordinariamente uma forma de extinção do crédito tributário, não está obrigado a se jungir às hipóteses típicas de lei complementar tributária, não só porque as hipóteses de transação, remissão, compensação e as outras são figuras jurídicas próprias do Direito Privado, caracterizadas pela livre disponibilidade dos direitos em discussão, e que por isto mesmo não se enquadram apropriadamente nas regras do Direito Público, como também a liberdade criativa do aludido legislador ordinário não precisa, necessariamente, ficar restrita aos modelos oriundos do Direito Privado, pois, desde que não colida com dispositivos constitucionais, poderá usar seus poderes tributários para construir uma tipicidade mais adaptável às necessidades e conveniências do interesse público do momento, servindo de exemplo para isto as diversas leis instituidoras de cancelamento e de parcelamento do crédito tributário, que, rigorosamente, não se amoldam, no primeiro caso, quer a uma remissão, quer a uma anistia, e, no segundo caso, a uma moratória, novação ou transação.

Mesmo no caso de compensação, hipótese bem mais aplicável no Direito Tributário, a prática tem demonstrado como tem sido complicada sua implantação.

Em conclusão, pode ser afirmado que o Fisco, como sujeito ativo da relação tributária, não é um mero credor — titular de um direito subjetivo — frente ao contribuinte, sujeito passivo; porém, como um órgão do Poder Executivo, exerce sua função pública de exigir o correto pagamento do tributo, não aplicando as regras de Direito Privado, mas sim num regime de Direito Público, que informa integralmente a relação jurídica entre ambos.

Rio de Janeiro, 31 de março de 1999

CADERNOS DE DIREITO TRIBUTÁRIO

PODER TRIBUTARIO Y TUTELA JUDICIAL EFECTIVA*

JOSÉ JUAN FERREIRO LAPATZA
Professor Catedrático da Universidade de Barcelona

Recae sobre mí este año, por edad y escalafón, el honor de dictar esta lección inaugural del curso académico 1997-1998 en la Facultad de Derecho de la Universidad de Barcelona.

Y, como entiendo debe hacer siempre, antes de cada clase, todo profesor leal a su ofício, he preparado detenidamente mi intervención. La he preparado, dada la especial circustancia en la que se pronuncia, cocienzuda y minuciosamente, sin dejar a la improvisación ninguna frase, ningún párrafo, ni siqueira los dos, en absoluto inocuos, que acabo de leerles.

Pues con ellos, con estos dos párrafos, deseo subrayar ante quienes me escuchan y empiezan hoy su carrera universitaria ciertos valores que están en la esencia misma de la comunidad en la que hoy ingresan y que son hoy, por desgracia, olvidados com frecuencia cuando no menospreciados.

He dicho, en primer lugar, que me corresponde estar aquí por mi edad y mi puesto en el escalafón de Catedráticos al servicio de esta Facultad. No se trata de um puro dato ni de un orden automático desprovisto de significación y contenido. La Universidad es una comunidad científica, de quienes aprenden y enseñan; no es una comunidad igualitaria y horizontal; es una comunidad de miembros desiguales y vertical en donde se otorga el máximo rango a quien, sin dejar de aprender, sabe y enseña. El tiempo trancurrido desde que se demonstró la aptitud para la enseñanza, supuesta la honestidad de quien lo ha vivido y empleado, es una garantía de autoridad que la Facultad toma como base para ofrecer esta primera lección.

Una lección teórica, una lección magistral, lo más difícil de hacer, lo más útil, aprovechable y mejor que podéis buscar en ella, y que la Facultad os quiere mostrar como ejemplo del núcleo irrenunciable y diferenciador del quehacer universitario: la especulación teórica, la aprehensión racional, el conocimiento lógico que tienen en la realidad en la que la Universidad vive su punto natural de referencia; que tienen en la Universidad su campo natural de cultivo al servicio de una elaboración científica que ha de servir a quienes por ella pasan para aplicar los conocimientos en ella adquiridos a la práctica de los distintos oficios que

* Conferencia pronunciada en la inauguración del Curso académico 1997-1998 en la Facultad de Derecho de la Universidad de Barcelona y publicada en AAVV, *Tres lecciones magestrales*, Marcial Pons-Facultad de Derecho de la Universidad de Barcelona, 1998.

la sociedad demanda. Sin que quepa confundir la enseñanza y encauzamiento de esta práctica, objeto de las escuelas profesionales, públicas o privadas, corporativas o particulares, colectivas o individuales, adscritas administrativamente o no a la Universidad, com la esencia teórica que, desde la Academia, ha servido de raíz a la Universidad como paradigma de la acción racional típica de una civilización europea hoy universalizada.

Frente a tantas voces que reivindicam lo más fácil, la práctica, como supremo valor, la Universidad debe ser fiel a esta tradición y repetir una y otra vez que la práctica huérfana del saber teórico sólo puede conducir a una regresión en el triunfo de la razón sobre los factores irracionales que anidan también en el alma humana.

Mi intervención de hoy (y ya sé que he puesto el listón muy alto) quiere servir de ejemplo de lo que podéis buscar y debéis exigir de la Universidad, con una reflexión sobre el poder en el ámbito de los tributos y los frenos que una sociedad libre ha de poner a este poder.

Una reflexión que, lejos de elevarse a un plano desligado de la realidad, hunde sus pies en ella, tratando de hacernos ver que sólo la reflexión teórica puede aportar soluciones sólidamente fundamentadas a los problemas, prácticos, que cada día nos aquejan.

A cualquiera que se acerque al estudio del Derecho financiero y tributario en nuestras Universidades a través de cualquiera de los manuales que en ella se utilizan le llamará, sin duda, la atención el especial detenimiento, la especial importancia que en ellos, como en general en el resto de nuestra literatura especializada, se presta al análisis del "poder financiero"o "poder tributario", aludiendo com estas expresiones al poder político en cuanto se refiere o manifiesta en el campo de los ingresos y gastos públicos, es decir, en el ámbito de la actividad financiera del Estado.

Y el lector ya iniciado advertirá de modo inmediato algo todavía más significativo: el análisis del poder tributario no se realiza asumiendo sólo una perspectiva estrictamente jurídica, integrándolo plenamente en el estudio del ordenamiento. Por el contrario, el poder, en el tipo de análisis más generalizado en nuestra doctrina, se estudia, en cierto sentido, de forma "separada", no desconectándolo totalmente de un plano distinto al ordenamiento, de un plano "superior" pre o metajurídico.

Nuestra doctrina conecta así de modo inmediato con la doctrina juspublicista alemana de finales del siglo XIX y de principios de este siglo que trató de juridificar la acción del Estado sin hacerlo descender de una posición superior que le impedía, muy especialmente en el ámbito tributario, tratar y relacionarse con sus súbditos en un plano de absoluta igualdad.

Gran parte de nuestra doctrina no ha superado todavía esta visión, como sí lo ha hecho la parte más consistente y progresiva de la doctrina europea y latinoamericana. Por el contrario, con una admiración infantil ha importado, copiado y divulgado entre nosotros, colmando de confusión nuestras leyes, reglamentos y jurisprudencia, una doctrina creada en los últimos decenios en Italia, la teoría de la función, que no es sino una versión superficial, regresiva y vulgar de la vieja doctrina alemana de la relación de poder. Concibiéndose en ella el tributo como manifestación esencial, atributo o emanación de un poder político "superior" sin el que éste no podría cumplir su "essencial" tarea, su función característica, su deber de procurar el interés general.

Se da de lado así, con igual dosis de ignorancia que de osadía, a una línea de progreso que, en la mejor doctrina europea de este siglo, ha concebido al tributo, sin que éste pierda su valor como instrumento al servicio del interés general, con una relación obligacional en la que ambas partes, el Estado acreedor y el ciudadano deudor, se encuentran en el mismo, en igual plano de sumisión a la Ley y al Derecho.

Se da de lado así, se intenta orillar, debilitar y empequeñecer una de las conquistas fundamentales de la Ciencia jurídica del siglo XX: la aplicación generalizada de la idea de la personalidad jurídica del Estado que permite concebir sus relaciones con los ciudadanos como relaciones de persona a persona, es decir, como relaciones bilaterales plenamente sometidas, en un plano inferior e igual en su sometimiento, a la Ley y al Derecho.

Una idea que, como con inigualable lucidez expuso Forsthoff en su *Tratado*, publicado precisamente recién derrotado el régimen nazi y acabada la Segunda Guerra Mundial, en la que se encuentra el germen que hace posible la creación de un Derecho administrativo y, por tanto, de un Derecho financiero y tributario, creados para un Estado democrático de Derecho tal y como éste se concibe hoy, a finales del siglo XX.

Pues bien, entiendo y tengo para mí que el abandono de esta perspectiva metajurídica en el estudio y el análisis del poder tributario, tan extendida en nuestra doctrina como gravemente errónea en ordem a la construcción de un sistema jurídico democrático; la reducción a términos estrictamente jurídicos de este análisis; o, si se quiere, como en una memorable conferencia había dicho García de Enterría, el abandono en el análisis del poder del plano metafísico para residenciar su estudio jurídico en el plano jurídico de la organización social, en la Ciencia y técnica del Derecho como Ciencia y técnica de la organización social, exige, de un lado, la colocación del poder en el mismo plano y dentro de la organización social a la que sirve; y exige, de otro, residenciar su estudio, dentro de la Ciencia del Derecho, en un sector de la misma que, para mí, ha de identificarse con la teoría de las fuentes y, más concretamente, con la teoría de las fuentes materiales del Derecho, tan descuidada en la teoría general del Derecho que, en la normalidad de los casos, se refiere a ellas únicamente para diferenciarlas de las fuentes formales centrando, después, en éstas únicamente su estudio.

Y, para ello, nada mejor que partir del art. 1 de nuestra Constitución y de una cita de incuestionable autoridad.

El art. 1 CE nos dice de forma clara y directa que "la soberanía nacional reside en el pueblo español, del que emanan los poderes del Estado".

Este artículo recoge con una más que razonable precisión una idea de máxima importancia que es preciso tener muy clara.

No dispone ni se produce en virtud de él una transferencia o transposición del poder del pueblo al Estado, sino que el Estado se concibe en él como "la totalidad de la organización jurídicopolítica de la nación española" (cfr. STC 32/1981).

Se recoge así, a mi juicio, la idea que con mayor y magistral precisión expresó Kant al decir que "un Estado es la reunión de una pluralidad de hombres bajo leyes jurídicas". El Estado somos nosotros.

Es, pues, el pueblo constituido en Estado, el pueblo en tanto que Estado y el Estado es tanto que pueblo, políticamente organizado el titular de todos los poderes. Sólo desde este prisma, en efecto, podemos decir que el Estado es el verdadero y último titular de los poderes que detenta.

Y tales poderes, en cuanto conllevan la facultad de crear normas jurídicas, se identifican con las fuentes materiales del Derecho residenciadas tanto en los entes que pueden emanar tales normas, como en los órganos a los que, dentro de tales entes, corresponde su creación.

Y de este modo la teoría de las fuentes materiales enlaza con la teoría del poder. Pero no ya un poder situado en un plano superior o metafísico ligado más al Estado que al pueblo del que procede; sino de un poder conceptualizado como lo que jurídicamente es: una técnica de organización social desprovista de cualquer connotación sobrenatural o metafísica o, si se quiere, irracional. Pues son estas connotaciones, especialmente presentes en el aire de Barcelona estos días, las que, consciente o inconscientemente, justifican y empujan al legislador, inspirado muchas veces por ella, a conceder a la Administración áreas de poder inmunes a las exigencias de los principios fundamentales del orden democrático, concediéndole una protección, una libertad de acción y unos poderes muchas veces injustificados e incompatibles con este orden y para cuya utilización, con demasiada frecuencia arbitraria, basta a la burocracia la invocación no de concretas normas jurídicas, sino la de un difuso "interés general o colectivo" que ni siquiera puede conceptualizarse como un concepto jurídico indeterminado, sino que, trascediendo a los propios ciudadanos, se coloca también, como el poder que así se ejercita, en un plano ajurídico, metajurídico, o si se quiere, también, sobrenatural.

Y si bien estas áreas vacías dc derecho, intocadas o inmunes a los principios de organización social recogidos en la Constitución, y que, ellos sí, responden al interés general manifestado expresamente por los ciudadanos al aprobarla, pueden detectarse quizá, y por desgracia, en todos los sectores del ordenamiento, se evidencian con especial fuerza y frecuencia en el ámbito de los ingresos públicos, sin duda porque el poder político sabe que los ingresos públicos, y muy especialmente los tributos, no son sólo la manifestación más clara del poder, sino que constituyen *conditio sine qua non* para la existencia misma del poder.

Por ello el poder político, que con frecuencia trata, en todas las democracias, de liberarse de las ataduras del Derecho, manifiesta con especial virulencia esta tendencia en el ámbito del poder tributario.

Y la manifiesta, ya en nuestro país, con una especial perseverancia en la resistencia del poder a someterse, con todas sus consecuencias, en el ámbito tributario, al principio de tutela judicial efectiva, tutela judicial que la Constitución coloca, casi podríamos decir, como "cláusula de cierre" como recurso último, en manos de los ciudadanos, para procurar la vigencia y aplicación efectiva del resto de los principios constitucionales.

Esta resistencia, que entronca con una tradición fortalecida por la influencia en España del Derecho administrativo francés que nace con la Revolución y por cuya savia discurre, sin duda, con fuerza, el poso histórico que han dejado los largos períodos de no democracia vividos por España en su historia reciente..., esta resistencia, digo, ha ido venciéndose paulatinamente en todos los ámbitos del quehacer administrativo, pero conserva todavía áreas no conquistadas, especialísimamente, y como veremos en seguida, en el ámbito de acción del poder tributario, a pesar de la especial fuerza con que la CE de 1978 reconoce a la tutela de jueces y tribunales como último recurso en manos de los ciudadanos frente a todo aquel que vulnere sus derechos y, por tanto, también frente a los abusos, arbitrariedades y acciones antijurídicas de la Administración.

En efecto, como há subrayado J. Pérez Royo, "una de las innovaciones de la Constitución Española ha consistido en incluir entre los derechos fundamentales con el máximo "plus de fundamentalidad" una serie de derechos procesales, que son básicamente derechos instrumentales, es decir, derechos que tienen una función de garantía o protección de los demás derechos".

Y, así, el art. 24 CE reconoce el derecho a la tutela judicial efectiva en toda su amplitud y complitud diciendo que "todas las personas tienen derecho a obtener la tutela efectiva de los jueces y tribunales en el ejercicio de sus derechos e intereses legítimos, sin que en ningún caso pueda producirse indefensión". Y que "asimismo, todos tienen derecho al juez ordinario predeterminado por la ley, a la defensa y a la asistencia de letrado, a ser informados de la acusación formulada contra ellos, a un proceso público sin dilaciones indebidas, a utilizar los medios de prueba pertinentes para su defensa, a no declarar contra sí mismos, a no confesarse culpables y a la presunción de inocencia".

Y, sin embargo, el ordenamiento tributario español sigue conservando amplias zonas en las que la actuación administrativa puede considerarse inmune a las exigencias que se derivan de los derechos reconocidos en el art. 24 de la Constitución.

Tres zonas de inmunidad son, a mi juicio, especialmente significativas, tanto por la frecuencia de las actuaciones administrativas que en ellas se producen como por el alejamiento, en ocasiones muy acentuado, de las normas vigentes en ellas respecto al principio de tutela judicial. Y se localizan en el ámbito de las normas tributarias que regulan tres aspectos o especificaciones fundamentales de este principio: el derecho al proceso, el derecho a la igualdad de las partes en el proceso y el derecho a no declarar contra sí mismo. Voy a referirme a continuación y por separado a cada uno de ellos.

Pero antes quiero decir, aún, que el juicio sobre las normas que en el ámbito tributario pueden afectar a cada uno de estos tres derechos no debe de reducirse, a mi parecer, aun juicio de constitucionalidad o inconstitucionalidad. Los principios generales o fundamentales de un ordenamiento deben ser entendidos, en mi opinión, como focos o polos de atracción, inalcanzables en su plenitud, pero a los que el legislador ordinario debe intentar acercarse, con sus leyes, lo más posible. La labor del lesgislador, las normas ordinarias no constitucionales, deben ser juzgadas de acuerdo con la mayor o menor aproximación al principio que reflejen aunque no lleguen a traspasar el límite de la anticonstitucionalidad.

Sentadas estas premisas podemos empezar a hablar ya del derecho al proceso.

El ordenamiento jurídico español reconoce de manera amplia y general el derecho de todo ciudadano a oponerse a los actos de gestión de la Administración tributaria cuando considera que éstos son contrarios a Derecho, sometiendo la controversia a Tribunales ordinarios, es decir, integrados en el sistema judicial común y formados únicamente por jueces, especializados en Derecho administrativo, a través de la jurisdicción contencioso-administrativa.

Desde esta perspectiva global, el sistema de judicialización plena, general y efectiva de las controversias entre los administrados y la Administración tributaria ha de ser juzgado en forma muy positiva ya que respeta plenamente el derecho al proceso de los contribuyentes.

Pero el derecho al proceso, así entendido, como posibilidad de acudir, aún en última instancia, a un Tribunal ordinario sólo representa el núcleo esencial y mínimo del derecho al proceso.

También forma parte del mismo, una parte más que necesaria, esencial, el derecho a un proceso sin dilaciones indebidas. Sin dilaciones no sólo dentro del proceso (un problema gravísimo pero común a todos los ámbitos de la Administración de Justicia del que no voy a tratar ahora), sino también, y sobre todo, antes del proceso, en el seno de los procedimientos administrativos de gestión, inspección y revisión, al determinar éstos obstáculos y dilaciones de tal envergadura que hacen del proceso, cuando éste llega a celebrarse y concluir, algo parcial o totalmente inútil para la reparación del daño causado por las actuaciones administrativas que se recurren ante el Tribunal; y que, en este sentido, pueden llegar a significar algo equivalente a una auténtica denegación del derecho al proceso.

Pues bien, desde esta perspectiva, el panorama que presenta el ordenamiento tributario español es ciertamente desolador.

El contribuyente que recibe la notificación del inicio de un procedimiento de inspección (elegido, dicho sea de paso, conforme a planes de inspección que la Administración elabora de forma secreta y con una ilimitada discrecionalidad) puede verse sometido a él y a los gravosos y, mi juicio, exorbitantes deberes de colaboración e información que conlleva, durante años, *sine die*, dependiendo su finalización no tanto de la complejidad de la investigación, como de la libre voluntad del inspector. Tras la propuesta de liquidación de éste, reflejada en un acta, el contribuyente que muestra su disconformidad habrá de esperar, en ocasiones más de un año, y sin que se apliquen en este supuesto las técnicas del silencio administrativo, a la decisión del inspector jefe. Frente a ésta, el contribuyente puede interponer recurso de reposición, y en lugar de éste o después de éste, si la cantidad excede de 5.000.000 de pesetas, está obligado a interponer recurso de dos instancias ante los Tribunales económico-administrativos antes de acudir al juez. Estas dos instancias pueden durar, y duran, como mínimo, dos años, pues al año de interponer el recurso en cada una de ellas el contribuyente puede entenderlo desestimado. Pero el contribuyente puede ejercitar su derecho a una resolución expresa en cada una de estas instancias, en cuyo caso lo normal es que el paso por los Tribunales administrativos dure cuatro, cinco o más años. De tal modo que, desde que se inicia la inspección hasta que se puede acudir a un juez transcurren, como mínimo, en cuantías de más de 5.000.000 de pesetas, dos años y medio y como máximo, y con mucha frecuencia, tres, cinco, siete o más años.

La tardanza, después, de los jueces en resolver, dos o tres años normalmente ante la Audiencia Nacional y dos o tres años normalmente en un eventual recurso de casación ante el Tribunal Supremo, se suma, así, en el ámbito tributario, a un período de tiempo exageradamente prolongado en el que el contribuyente permanece en manos de la Administración, forzosamente, antes de poder acudir ante los Tribunales de Justicia.

Y a esto se une una cicatera regulación en la suspensión del acto recurrido que sólo se concede de forma automática, y esto sólo en la vía administrativa, si se prestan determinadas garantías (depósito en dinero o valores, o aval bancario) muy difíciles de conseguir frecuentemente por personas físicas o empresas en dificultades. La suspensión con otras garantías o, en casos excepcionales, sin garantías se deja en manos de la Administración. Y, lo que es aún peor, este régimen general de suspensión se aplica también a las sanciones impuestas por la Inspección. Y debe hacerse ver en este punto que la Ley 30/1992 impuso en todo el ámbito administrativo la no ejecutividad de las sanciones impuestas por la Administración mientras tales sanciones no fueran firmes; con una norma directamente derivada del principio de presunción de inocencia contenido también, como vimos, en el art. 24 de la Constitución. Pues bien, con una contumacia constraconstitucional increíble, la Ley 25/1995, de reforma de la LGT, volvió a excepcionar la norma general administrativa restableciendo la ejecutoriedad de las sanciones en el ámbito tributario con un régimen de suspensión similar al régimen general de suspensión de todos los actos de gestión que he expuesto hace un momento.

Este acto del lesgislativo hace ver, quizá como ninguno otro en los últimos tiempos, la resistencia del poder tributario a un completo y real sometimiento a la Constitución.

Los excesivos obstáculos y el excesivo período de tiempo que el contribuyente ha de atravesar para situarse ante el juez, unidos al régimen de suspensión al que acabo de referirme, hacen que, en ocasiones, cuando se alcanza una decisión judicial favorable los perjuicios ocasionados ya son irrecuperables y de tal calibre que la tutela otorgada no deja de ser una sarcástica caricatura de lo que debía haber sido y no fue.

Las soluciones técnicas en el ámbito administrativo tributario a los problemas que acabo de apuntar son muy fáciles y están en la mente de todos: suspensión automática con la adopción de las medidas cautelares oportunas en ausencia de garantías suficientes prestadas por el contribuyentes; reducción de todos los recursos administrativos a un único recurso, para preservar el derecho de la Administración de reexaminar sus propios actos antes de someterse a la Justicia ordinaria; y plazo máximo (p.ej., un año) de duración de las actuaciones inspectoras.

Y, sin embargo, ni se han adoptado, ni se adoptan, ni, previsiblemente, se adoptarán. ¿Por qué, si con ellas no se perjudica a nadie y se beneficia a todos? El sistema actual perjudica a la Administración porque hace que tarde mucho más de lo debido en cobrar un importantísimo volumen de deudas tributarias; perjudica a los contribuyentes que reclaman en justicia sus derechos; y sólo protege a los contribuyentes que, sabiéndose deudores, tratan de retrasar lo más posible el pago.

Si esto es así, y ello es tan evidente y objetivo, que no puede siquiera ponerse en duda, ¿por qué no se cambia la situación?

La respuesta no puede darse, ingenuamente, desde el lado estricto de la técnica jurídica.

El afán de poder sobre los demás que se esconde en el lado más oscuro del alma humana se refleja también en el lado más oscuro del poder político. El poder de la burocracia sobre el que se asienta, también, el poder del gobierno, del legislativo y, en general, de toda la clase política se resiste, muchas veces con apelaciones trascendentales y demagógicas al interés general o a la lucha antifraude, a someterse a las normas jurídicas que derivan de la Constitución aprobada por los ciudadanos y que refleja, ella sí, el interés común a la mayoría de ellos.

Bajo el manto de unas normas que no traducen sino que contradicen el interés común reflejado en la Constitución, el poder político trata de alejar de los ciudadanos la tutela de jueces y tribunales, porque sabe que no es lo mismo tratar con un ciudadano que puede acudir con inmediatez ante un juez a dirimir sus controversias con la Administración que tratar con un ciudadano que no ve esta protección judicial sino como un horizonte muy lejano, tras un camino muy largo lleno de dificultades.

Y no me estoy colocando también yo en un plano sobrenatural o metafísico. Me coloco, por el contrario, en el plano concreto de los poderes concretos que la Administración tributaria ejercita día a día, cada día frente a ciudadanos concretos frente a los que puede ejecer un poder de coacción, que para muchos, no para mí, es consustancial al Derecho, con arreglo a normas que en realidad consagran un poder libre a las ataduras jurídicas que las normas constitucionales debieran imponerle. Un poder coactivo de hecho, situado de espaldas cuando no frente a la propia Constitución.

Es este mismo rostro del poder el que asoma tras muchas de las normas que en el ordenamiento tributario español regulan el proceso en materia tributaria y que afectan directamente al derecho a la igualdad de las partes en el proceso.

Pues, ¿cómo se puede hablar de igualdad de las partes en un proceso en el que el juez tiene que aplicar frecuentemente el sin-número de ficciones legales y presunciones *iuris et de iure* establecidas en este sector del ordenamiento siempre, indefectiblemente, y con el *alibi* de la lucha contra el fraude, a favor de la Administración?

Siempre he sido partidario de los impuestos "objetivos", que gravan valores o rentas medias o potenciales, porque son fáciles de aplicar por Administración y administrados, porque, cuando están razonablemente calculados, priman al contribuyentes diligente castigando al que no lo es e incentivan así la actividad económica, y porque su regulación puede ser muy clara y sencilla, más que en otro tipo de impuestos y, por tanto, desde el punto de vista jurídico, segura. Y, en este sentido, también soy partidario de las estimaciones objetivas realizadas por la Ley, bien sea a través de un sistema especial de determinación de la base, bien sea a través de reglas de valoración, presunciones *iuris et de iure* o ficciones jurídicas, siempre que sean aplicables, de modo general y amplio, aun dentro de un impuesto "no objetivo", a una categoría de contribuyentes, de rentas o de valores.

Pero de la misma forma, entiendo ahora, matizando posiciones mías anteriores, que debemos oponernos a las reglas de valoración que encierran una ficción, y a las presunciones *iuris et de iure* referidas a hechos muy concretos dentro de la regulación general de un impuesto, pues con ellos no sólo se quebranta el principio de capacidad gravando probablemente capacidades inexistentes, sino también el de igualdad al crear dentro de los sujetos sometidos a un tributo situaciones inaceptables de discriminación. Tales normas, que siempre tratan de justificarse en aras del interés general o de la lucha contra el fraude, protegen fundamentalmente, en mi opinión, o bien la inepcia del legislador a la hora de aplicar la técnica adecuada para la delimitación, a través de una norma general y abstracta, del hecho imponible; o bien protegen la comodidad de la Administración a la que, simplemente, eximen de la necesidad de probar los hechos en virtud de los cuales se exige el pago de un tributo, debilitando así gravemente la posición del contribuyente, haciendo, sin más, inaplicable la tutela judicial.

Y ésta, y el derecho a la igualdad de las partes en un proceso, se ve igualmente atacada por las presunciones *iuris tantum,* tan profusamente utilizadas en nuestro ordenamiento tributario, siempre a favor de la Administración, pues al invertir la carga de la prueba colocan al contribuyente en una situación de debilidad real que en nada corresponde, tampoco, con la igualdad formal.

A ello debe añadirse la profusa utilización en la legislación tributaria de conceptos jurídicos indeterminados (intereses económicos fundamentales, precios de mercado, etc.), y el otorgamiento más que generoso de facultades discrecionales a la Administración que, si bien se sitúan fundamentalmente en el ámbito del procedimiento, se encuentran también en el Derecho material, sumándose en ocasiones, a la utilización de conceptos jurídicos indeterminados. Y así, en uno de los últimos ejemplos que ofrece el ordenamiento español, la Ley del Impuesto sobre Sociedades nos dice que la Administración podrá valorar, así, sin más límites, a precio de mercado determinadas operaciones.

Téngase aquí en cuenta que si, como parece opinar el legislador tributario de todos los países, el fin primordial, cuando no único, de todas las normas tributarias es la recaudación, deviene extremadamente difícil utilizar el criterio teleológico para aplicar correctamente un concepto jurídico indeterminado o para juzgar sobre la correcta utilización de una facultad discrecional. La indeterminación de los conceptos y la discrecionalidad ínsita en las normas tributarias fortalecen, así, los poderes de la Administración encargada de aplicar estas normas debilitando la posición del contribuyente que recurre ante el juez esta aplicación.

Pero donde el plano de igualdad de las partes en el proceso se desdibuja más es, sin duda, cuando, en su actuación previa a él, la Administración ha utilizado las facultades que la Ley le otorga para practicar una estimación indirecta, indiciaria, en donde puede determinar hechos y bases utilizandos datos, a veces puramente estadísticos, que pueden no referirse directamente al contribuyente y que se alejan, a veces mucho, sobre todo de la prueba por presunciones, del campo de pruebas generalmente admitidas en el resto del ordenamiento. Protegiendo así a la Administración de que se le aplique también a ella el universal principio de que quien alegue un derecho ha de probarlo. La estimación indirecta, tal y como hoy está regulada en el ordenamiento español, supone una excepción a este principio basilar que no debería tener cabida en el ordenamiento de un Estado de Derecho en el que, aun dentro del sistema de estimación indirecta, sólo deberían tener cabida los medios de prueba generalmente admitidos en todo el ordenamiento, pues no puede comprenderse fácilmente por qué los medios de prueba que a todos reconoce el ordenamiento son insuficientes sólo cuando el acreedor es la Administración tributaria.

Y ya desde un punto de vista más general resulta difícilmente compresible cómo la Administración tributaria de un Estado de Derecho reclama para sí como necesaria, y el legislador se la concede, una situación de poder inmune a los principios más generales y fundamentales de un ordenamiento jurídico democrático. Al principio, en concreto, y según hemos estado intentando ahora hacer evidente, de la igualdad de las partes en el proceso, condicionado en su aplicación por el deber insostayable de probar los derechos que a cada una de ellas les asisten.

Pues, de otro modo, según creo acabamos de ver, la igualdad de las partes en el proceso se convierte en una igualdad puramente formal ya que las cartas que pueden jugar en él cada una de ellas han sido marcadas ya por el legislador, siempre a favor de la Administración, con reglas de valoración, ficciones, presunciones, conceptos indeterminado que ha de determinar la Administración en cada caso, facultades discrecionales y sistemas de estimación indirecta o administrativa.

La reconducción de esta situación a los imperativos del derecho a la igualdad de las partes en el proceso es, en este caso, más difícil que en el supuesto, y en los términos en que antes me he referido a él, del derecho al proceso, y pasa, indefectiblemente, por la utilización, por un lesgislador que no quiera proteger exageradamente los intereses propios de la Administración o del poder como intereses diferenciados tanto del interés general como del de los ciudadanos a los que sirve, de una técnica jurídica adecuada que impida una exagerada separación entre la realidad de los hechos y la realidad legal; o, si se quiere, entre la capacidad contributiva real y la capacidad contributiva legal; y que utilice el lenguaje técnico adecuado, más preciso, precisamente, porque es un lenguaje técnico; sabiendo ya de antemano que, como con su sobrada autoridad subrayó Kelsen, toda norma, aun la más depurada técnicamente, incorpora elementos de indeterminación en su contenido y elementos de discrecionalidad en su aplicación.

Pero en este punto del discurso creo ya debemos todos tener la evidencia de que no son precisamente dificultades de técnica jurídica lo que impide reconocer en el ámbito tributario, plenamente, los derechos fundamentales reconocidos en la Constitución. Y si ello no es así bastaría para probarlo la persistente negativa del lesgislador y de la Administración tributaria, del poder tributario, rechazando de forma tajante el derecho del ciudadano en cuanto contribuyente a no declararse culpable o a no proporcionar datos a la Adminstración que supongan una autoinculpación.

El Tribunal de Estrasburgo ha abierto en Europa una brecha fundamental en este muro de rechazo que parecía infranqueable. Dos sentencias recientes de este Tribunal (S. de 25 de febrero de 1993, Funke; Asunto 82/1991, y S. de 24 de noviembre de 1994, Beu-Demoun, Asunto 3/1993) afirman que en todo procedimiento en que puedan ser impuestas multas u otro tipo de sanciones (en concreto, una inspección fiscal) el contribuyente puede reivindicar las garantías del art. 6 del Convenio Europeo para la Protección de los Derechos Humanos y de las Libertades Fundamentales de 1950; y que en el ordenamiento español reconoce el art. 24 de la Constitución, es decir, el derecho a no declarar y a no contribuir a su propia incriminación. La Administración, como en un lúcido comentario a estas sentencias ha señalado Falcón, no queda con ello inerme: simplemente está obligada a buscar las pruebas de las infracciones cometidas sin vulnerar los derechos fundamentales de los ciudadanos. Nunca he podido comprender cómo el derecho a no autoinculparse se reconoce por todos sin dudarlo aun en el caso en que alguien haya matado a una persona y se niega, por los defensores del poder tributario, cuando alguien ha actuado en contra de las leyes que regulan los tributos. A no ser que se admita, y me temo que algunos, no pocos, así lo piensan, que el dinero, público o privado, en este caso público, es más importante que la vida de un ciudadano.

La brecha abierta por el Tribunal de Estrasburgo en uno de los muros que con más ahínco había defendido el poder tributario abre una vía de esperanza hacia la plena aplicación de los principios democráticos también en los otros ámbitos en donde este poder actúa.

Pero la resistencia del poder tributario a la plena aplicación de tales principios y, en concreto, al pleno reconocimiento del derecho de todo ciudadano a una tutela judicial encuentra otras vías de blindaje distintas y más sutiles o menos perceptibles que la simple excepción o negativa, establecida en una ley, a su aplicación.

Me refiero a unas leyes tributarias hechas, en gran medida, de espaldas a las más elementales enseñanzas de la técnica jurídica, redactadas en medida no deseable sólo bajo la inspiración de técnicos en otras materias, economía y contabilidad fundamentalmente, extrañas al Derecho. Unas leyes tributarias que redactadas de este modo se ofrecen a los juristas no especializados, incluidos jueces, como algo esotérico, extraño al mundo del Derecho, en donde, en consecuencia, caben todo tipo de excepciones a las reglas fundamentales del ordenamiento.

Esta imagen de los tributos como algo extraño al Derecho tiene, para mí, una doble y grave consecuencia.

De una parte, los jueces, al fin y al cabo también parte del Estado, pueden tender a dejarse influir de modo exagerado por los pareceres de la Administración y de sus expertos, expresados al emitir el acto de liquidación o al resolver los múltiples recursos administrativos previos al contencioso.

De outro lado, los jueces pueden no sentirse atraídos por especializarse en el estudio de un sector del ordenamiento que aparece como demasiado lejos de la ciencia jurídica en que ellos se han formado.

El círculo, ciertamente vicioso, del poder se va así cerrando: un Derecho tributario formulado de espaldas a la Ciencia del Derecho aleja de sí a los juristas y éstos, cuando actúan como jueces, pueden carecer de los conocimientos especializados precisos para otorgar una tutela judicial efectiva.

Y, lo que es peor, pueden verse tentados a actuar no como boca de la Ley, el único modo de actuar, a mi juicio, de un juez en un orden democrático, sino como encarnación de una Justicia que, lo mismo que el poder al que juzgan, se encuentre situada en un plano superior al de las normas concretas, caóticas, contradictorias, confusas y muchas veces ininteligibles, que, por desgracia, componen el ordenamiento tributario. Como encarnación de una Justicia que trata de ignorar estas normas y que se sitúa al lado, en el mismo plano trascendente, que el Poder tributario del Estado del que también forma parte el poder judicial y los jueces que han de juzgarlo.

Al lado, sosteniéndose mutuamente, y por encima de un pueblo del que procede toda su legitimación para actuar.

Es bien sabido, y con estas consideraciones acabo, que el poder judicial es el menos permeable al principio de soberanía popular consustancial con todo orden democrático.

Las soluciones ideadas de modo general, es decir, sin referencias concretas a un sector del ordenamiento (jurado, elección, intervención del Parlamento, etc.), para solucionar el déficit democrático del poder judicial no son objeto, no pueden serlo, de mis consideraciones. Pero sí puedo decir que el déficit democrático del poder judicial empuja a considerar al juez como último recurso para la resolución, también en el menor número de casos posible, de las controversias entre contribuyentes y Administración tributaria. Y empuja a impulsar la aplicación de las técnicas de transación y arbitraje que se están abriendo paso con fuerza en los ordenamientos europeos, concretamente en los ordenamientos alemán e italiano.

Pero ésta no es sino una de las muchas vías que deben analizarse para colocar al poder, concebido simplemente como una técnica de organización al margen de cualquier connotación sobrenatural o metafísica, entre el conjunto de ciudadanos que, como pueblo, son la primera y única fuente de todos los poderes del Estado.

Junto a estos ensayos, es preciso luchar, desde ahora y en todo momento, en una lucha en la que los juristas especializados en Derecho tributario deben de ocupar un primer plano, contra los círculos inmunes del poder tributario a los que he venido refiriéndome a todo lo largo de mi exposición. En la lucha, en primerísimo lugar, por un derecho claro, inteligible, técnicamente correcto cuyas normas dejen el mínimo de liberdad posible en su interpretación y aplicación a ciudadanos, jueces y funcionarios. Pues cuanto menor sea en este sentido la libertad de los funcionarios, cuanto menor sea la libertad de los jueces, más libres seremos todos los ciudadanos.

Un Derecho claro, técnicamente correcto, es mucho más importante que la mayor dotación de medios personales y materiales que el poder pide en todo momento para solucionar conflictos en parte creados por él con un Derecho técnicamente mal elaborado; unas leyes hechas para la Comunidad, por el pueblo y para el pueblo organizado en comunidad. Y no por y para los sumos sacerdotes de la política, de la judicatura o de la burocracia administrativa. Un Derecho para todos que entendamos todos y no sólo los sumos sacerdotes del poder. Que nadie se deje engañar, este Derecho es posible: basta sólo con saber hacerlo. Y para aprender a hacerlo no nos hacen falta escuelas de práctica jurídica: nos hace falta una Universidad.

CADERNOS DE DIREITO TRIBUTÁRIO

PROFILI DI POLITICA LEGISLATIVA AI FINI DEL CONTRASTO DELLA ELUSIONE FISCALE INTERNAZIONALE — LA PROSPETTIVA ITALIANA

CLAUDIO SACCHETTO
Professore nella Università di Bergamo/Italia

1. Introduzione. 2. Inadeguatezza della normativa tributaria italiana per contrastare il fenomeno dell'elusione fiscale nei rapporti internazionale: 2.1 Inadeguatezza per mancato considerazione delle norme costituzionali — 2.2 Inadeguatezza delle specifiche norme interne: 2.2.1 Clausula settoriale — 2.3 Clausole antiabuso contenute nelle Direttive Comunitarie — 2.4 Clausole antiabuso contenute nei "treaty shopping". 3. Vantaggi e svantaggi connessi all'introduzione di strumenti non contemplati dall'ordinamento tributario. 4. La necessità di una regolamentazione a livello comunitario.

1. Introduzione

Il tema della elusione fiscale internazionale è diventato in questi ultimi anni di estrema attualità anche per l'enorme impatti in termini di entrate che esso produce.

Si distingue tra elusione interna ed internazionale per differenziare il fenomeno in ragione, per l'elusione internazionale, della circostanza che essa è caratterizzata dal comportamento del contribuente che attraverso l'intenzionale sfruttamento delle divergenze tra le normative esistenti tra i diversi paesi mira ad ottenere un risparmio di imposta.

Una definizione non recente ma ancora valida per un approccio iniziale allo studio della elusione fiscale internazionale è quella di Wisselink, secondo cui essa consiste in una "reduction or annihiliation of tax liability through the movement of persons (individual or legal) or of bodies without separate legal personality or of funds (money or other assets) across tax boundaries by legal or legitimate methods".[1]

1. Cfr. A.A.V.V., *International Tax Avoidance Part A*, Rotterdam, Institute for Fiscal Studies, 1979, p. 338. Le definizioni date nel testo hanno valore più descrittivo ed empirico del fenomeno che scientifico. I tentativi di dare una definizione della elusione internazionale sono ormai molteplici (qui per economia di spazio ci asteniamo di fornirne l'elenco) ma per lo più non omogenei, rivelando che la percezione del fenomeno non è ancora del tutto chiara e che nello studio della elusione vi sono approcci differenti basati su diversi punti di vista a seconda che l'indagine si basi su regole di *civil law* o di *common law*.

Nel campo del Diritto Tributario, inoltre, ogni ordinamento nasce e si modifica sulla spinta di una serie di elementi storici, politici, economici e sociali che ne condizionano la struttura e soprattutto lo rendono unico rispetto agli altri.

Originatasi nell'ambito dell'*International Tax Planning*, che è una tecnica considerata comportamento lecito, essa è venuta delineandosi nel tempo come un comportamento che è invece connotato da disvalore per gli Stati (sia pure con gradi, reazioni e morfologia diverse), al punto da essere equiparata, in tale giudizio, alla evasione, da cui si differenzia per non rappresentare, almeno in apparenza ed in principio, una palese violazione della norma imperativa tributaria. L'elusione fiscale anche quella internazionale non è un fenomeno nuovo, ma tra le diverse cause che l'hanno in anni recenti favorita, vi è sicuramente il tendenziale aumento della pressione fiscale nei paesi industrializzati, la globalizzazione dei mercati e le differenze di incidenza normative fiscali dei vari Stati (soprattutto per quanto riguarda le aliquote), la struttura normativa delle legislazioni interne (soprattutto in sistemi come quello italiano, in cui si applica un metodo di legislazione c.d *casistico*).

Paradossalmente vi hanno contribuito anche gli stessi trattati contro le doppie imposizioni che, nati per ovviare a tale fenomeno, sono diventati strumenti (tramite il loro abuso o c.d. *treaty shopping*) di violazione delle norme interne statuali. Oggi rischiano di divenire strumenti di abuso anche le Direttive CEE.

Ignorare il fenomeno della elusione fiscale internazionale è ormai impossibile per tutti gli Stati (anche, paradossalmente, per quelli che lo favoriscono), sia per ragioni di integrità delle entrate degli Stati e più in generale perché il fenomeno sta sconvolgendo le regole si libera concorrenza su cui almeno in principio, dovrebbe reggersi il commercio mondiale, sia perché il fenomeno sta producendo una alterazione dei sistemi fiscali degli Stati per l'aspetto della normativa avente rapporti con l'estero nel senso che sta scardinando principi e criteri sui quali da sempre si è basata la normativa fiscale interna e convenzionale nei rapporti con fattispecie estere. Basti por mente alle nozioni di residenza e di domicilio che nel tentativo di tenere conto delle varie ipotesi elusive, ha assunto caratteri strutturali non sistematici e incoerenti.

Non è questa la sede per indugiare su questi aspetti e problemi che vantano ormai una letteratura vastissima e che rimangono ancora aperti in ragione della loro complessità Qui più semplicemente si vorrebbe operare alcune riflessioni, alla luce della esperienza finora maturata, sui mezzi e strumenti che gli Stati e soprattutto l'Italia (di cui si conosce meglio la normativa) potrebbero valutare per contrastare in modo più efficace l'elusione fiscale internazionale e per eliminare alcune parti della loro normativa che paiono allo Stato inadeguate.

2. *Inadeguatezza della normativa tributaria italiana per contrastare il fenomeno dell'elusione fiscale nei rapporti internazionali*

2.1 *Inadeguatezza per mancato considerazione delle norme costituzionali*

Tale affermazione deve essere ovviamente precisata, definendo i termini di tale inadeguatezza.

Tre sono i principali profili che rendono più comprensibile tale concetto:

a) *certezza*: gli strumenti di contrasto devono essere rispettosi del principio di certezza del Diritto, ai sensi dell'art. 23 Cost., che stabilisce che nessuna prestazione può essere imposta se non in base alla legge; appare quasi ovvio che una qualunque disciplina di questa materia si debba fondare, come ogni altra fiscale, su norme ordinarie e non su fonti di disciplina di rango inferiore per non dire circolari ministeriali e similia;

La consapevolezza di questo stato di elaborazione ed evoluzione del fenomeno della elusione fiscale internazionale e la necessità di procedere con metodologie di risposta empiriche è ammessa anche dall'OECD come si ricava dal suo fondamentale studio del 1980, *International Tax Avoidance and Evasion, Four Related Studies*, 1987, p. 11.

b) *equità*: gli strumenti approntati devono risultare correttamente strutturati, nel senso che si devono presentare compatibili con l'obiettivo o la *ratio* che si prefiggono di raggiungere, che è quella di contrastare l'elusione, evitando situazioni di iniquità, nel senso che anche le disposizioni antielusive non possono sottrarsi al rispetto del principio di capacità contributiva di cui all'art. 53 Cost. ne deriva che tutte le disposizioni antielusive devono ammettere la prova contraria, e deve essere assicurato anche un diritto di interpello, o *ruling* che possa operare concretamente;

c) *efficacia*: infine le norme predisposte devono essere efficaci, e con ciò si intende in grado di funzionare, cioè non devono apparire in contrasto con altre disposizioni di grado diverso, che ne potrebbero impedire o limitare l'operatività (ad esempio principi del Trattato CEE o disposizioni convenzionali).

L'esperienza mostra che le norme sinora emanate in materia paiono dettate solo dalla preoccupazione contingente di far fronte al fenomeno della elusione al fine di tener conto del pur giusto interesse allo Stato del corretto reperimento delle entrate ma senza una valutazione di cornice nel quadro delle norme costituzionali in materia tributaria.

2.2 *Inadeguatezza delle specifiche norme interne*

L'approccio italiano nel contrasto all'elusione fiscale internazionale è costituito dalla presenza di una clausola di tipo settoriale, da disposizioni specifiche di Diritto interno e da clausole contenute nei trattati contro le doppie imposizioni. Manca nella normativa italiana una norma generale per contrastare l'elusione interna e/o quella internazionale.

2.2.1 *Clausola settoriale* — Una clausola settoriale è prevista nell'art. 37-bis del DPR 600/73 che definisce il comportamento elusivo in generale, e quindi introduce nel nostro ordinamento il principio, in adeguamento alle Direttive Comunitarie, che l'elusione debba essere combattuta attraverso il disconoscimento degli effetti fiscali, tuttavia poi stabilisce che tale disconoscimento si applica solo nel caso vengano utilizzate determinate operazioni, e questo non è sempre in linea con il principio di equità. Occorre verificare che le operazioni non incluse nell'elenco dell'art. 37-bis e per le quali il comportamento elusivo non viene sottoposto a disconoscimento siano effettivamente meritevoli di tutela da parte dell'ordinamento. La clausola settoriale riduce ma non elimina la generalità e astrattezza delle clausole generali e quindi le problematiche connesse alle possibili violazioni del principio di certezza del Diritto. Meglio allora la clausola generale, che pur sacrificando il principio di certezza permette di realizzare meglio quello di equità e permette soprattutto di contrastare tutte le fattispecie elusive a carattere internazionale e non solo alcune.

Infatti, come si vede nel modello tedesco, l'approccio dominante seguito dalla giurisprudenza del *Bundesfinanzhof* consente di definire il comportamento elusivo descritto dalla clausola generale interna sulla base di criteri di tipo oggettivo, restringendo al massimo la discrezionalità nelle decisioni.[2]

Va comunque riconosciuto un pregio alla clausola settoriale inserita nel nostro ordinamento: quello di aver introdotto la possibilità, per tutte le disposizioni antielusive, di offrire la prova contraria.

Quanto alle norme vigenti, esse poi non sono in grado di contrastare efficacemente l'elusione internazionale, soprattutto con riferimento alle tecniche che utilizzano paesi a regime fiscale privilegiato.

Tra le motivazioni alcune sono da attribuire alla struttura delle norme stesse, che, essendo di tipo analitico, sarebbero insufficienti a comprendere le nuove fattispecie e le le più sofisticate articolazioni del-

2. Cfr. Pistone, *Abuso del Diritto ed Elusione Fiscale*, Padova, 1996, pp. 317-318.

la elusione fiscale.Un'altra causa è da ricondurre alla tendenza del legislatore tributario di elaborare norme fiscali mutuando termini da altri settori del Diritto, soprattutto da quello del Diritto Commerciale. Ad esempio il termine di "controllo" è utilizzato nella normativa antiparadisi fiscali, in quella sul *transfer-pricing* ecc., ma la dottrina e la giurisprudenza hanno dato di tale termine differenti accezioni anche perché non esiste, neppure nel Diritto Commerciale, una definizione univoca della nozione di controllo.

L'appartenenza alla Comunità Europea ostacola la predisposizione di misure di contrasto contro le *holdings* e i centri finanziari comunitari anche se qualcosa si sta studiando in questo senso nell'ambito del progetto del Codice di Condotta Monti; d'altra parte, disposizioni di tale tipo potrebbero trovarsi in contrasto con i principi fondamentali di libertà di stabilimento previsti dal Trattato CE e dalla Corte di Giustizia.

L'art. 76-7-bis del Testo Unico delle Imposte Dirette, che è predisposto per contrastare l'uso dei paradisi fiscali, presume fino a prova contraria l'indeducibilità delle spese e degli altri componenti negativi derivanti da operazioni intercorse tra imprese residenti e società domiciliate in paesi a regime fiscale privilegiato non appartenenti alla Comunità Economica Europea le quali direttamente controllano l'impresa, ne sono controllate o sono controllate dalla stessa società che controlla l'impresa. La prova può consistere, alternativamente, nel dimostrare che la società estera svolge attività commerciale effettiva o che le operazioni poste in essere hanno avuto concreta esecuzione e rispondono ad un effettivo interesse economico.

Dalla lettura delle principali caratteristiche della norma appaiono le seguenti lacune: il contribuente, provando che la società estera svolge una attività commerciale effettiva, non prova che l'operazione non è elusiva, ma solo che non si tratta di una operazione evasiva.

Inoltre la norma non trova applicazione alla società estere domiciliate in Stati-membri della Comunità Europea o in territori di cui un paese-membro ha la rappresentanza con l'estero in base all'art. 227, 4 comma, del Trattato CEE.

Ora così attualmente strutturato, l'articolo citato non impedisce l'applicazione di trattati contro le doppie imposizioni conclusi dall'Italia con paesi a bassa fiscalità quali Filippine, Malesia, Malta, Singapore, Venezuela e Svizzera. Infatti la maggior parte di questi trattati contiene la *clausola di non discriminazione* prevista all'art. 24 OCSE.

Infatti il collocamento di *holdings* in Olanda, Lussemburgo ecc. non è assoggettabile alla normativa dell'art. 76-7-bis e 7-ter.

Inoltre, la definizione di *regime fiscale privilegiato* è basata solo sul criterio quantitativo di incidenza della tassazione, mentre dovrebbero essere prese in considerazione anche altre caratteristiche che sono tipiche e rilevanti dei paradisi fiscali, quali il segreto bancario e la mancanza di norme nei trattati contro le doppie imposizioni, di scambi di informazioni.

I paradisi fiscali sono indicati in un Decreto Ministeriale del 24 febbraio 1992, in una lista che dovrebbe comportare continui aggiornamenti, mentre finora non è stata modificata una sola volta. Nella lista mancano Stati come Madeira e Gibilterra.

Anche l'art. 96,comma 1-bis, dei TUIR presenta delle incongruenze. In base a tale norma il *privilegio di affiliazione* viene limitato se la società che distribuisce gli utili è collegata ed è residente in paesi a regime fiscale privilegiato. Senonchè è discutibile che per il mero fatto che la società estera collegata sia residente in paesi a regime fiscale privilegiato sia di per sé motivo sufficiente per considerare l'operazione come elusiva.

Infatti nel caso in cui la società italiana abbia solo il collegamento e non anche il controllo, non avrebbe potere decisionale sulla società estera e quindi si manifesterebbe quello che nella dottrina viene chiamato con il termine di *conflitto di interessi*. La società estera non sacrificherebbe cioè i propri interessi a favore di quella italiana, e quindi potrebbe non trovarsi condizionata nelle sue decisioni, compresa quella di distribuzione degli utili. Inoltre tale norma non ammette la prova contraria a meno che non possa essere ad essa applicata l'art. 37-bis, comma 8, del DPR 600/73.

2.3 *Clausole antiabuso contenute nelle Direttive Comunitarie*

Anche sul recepimento nell'ordinamento nazionale delle clausole antiabuso contenute nelle due Direttive Comunitarie 90/434/CEE sul *regime applicabile alle fusioni, alle scissioni, ed ai conferimenti di attivo ed agli scambi di azioni* e la 90/435/CEE sulla *tassazione dei dividendi tra società madri e figlie nella CEE* si possono fare alcuni rilievi critici.

Le disposizioni di recepimento dovrebbero essere compatibili con le Direttive Comunitarie e con i principi del Trattato UE e della Corte di Giustizia e, in particolare, con quelli di proporzionalità, specialità e necessarietà. Sotto questo profilo l'art. 96-bis del TUIR, che recepisce la norma antiabuso contenuta nella Direttiva 90/434, si presenta coerente con tali principi. Per contro non è coerente con la Direttiva CEE l'art. 37-bis del DPR 600/73 che, oltre a costituire la clausola settoriale antielusiva, rappresenta anche la norma di recepimento della clausola antiabuso contenuta nella Direttiva sulle riorganizzazioni aziendali.

Inoltre vi sono problemi di interpretazione con riguardo ad alcuni termini utilizzati nelle due norme, ad esempio, nell'art. 96-bis la norma non chiarisce chi sia l'effettivo destinatario della disposizione: se in base al tenore letterale, la disposizione appare diretta alle società figlie comunitarie che distribuiscono i dividendi, vi è chi sostiene che essa debba essere indirizzata alle società madri residenti in Italia, in quanto la norma antiabuso non può che riferirsi ai soggetti passivi di imposta in Italia.

Inoltre alla società, ai fini della applicazione dei benefici derivanti dall'art. 96-bis, viene dato l'onere di provare di non essere stata costituita ai soli fini di beneficiare di tale regime, ma non viene specificato su quali elementi debba avvenire tale dimostrazione.

2.4 *Clausole antiabuso contenute nei "treaty shopping"*

La pratica elusiva del *treaty shopping*, e il connesso uso delle *base companies*, collocate in regimi fiscali privilegiati, è contrastata dalla sola presenza di tali clausole contenute nei trattati anche se non tutti i trattati stipulati dall'Italia contengono simili disposizioni e anche quando un trattato le contenga, si tratta di clausole specifiche, dirette a contrastare solo alcune possibili tecniche di *treaty shopping*. Vengono quindi lasciati numerosi spazi aperti per poter operare, magari costituendo *holdings* o società *conduit* sia del tipo *direct conduit* che *stepping stone* nei cosiddetti *treaty havens*, le quali poi operano con società collocate in paradisi fiscali.[3]

3. Sulla inadeguatezza delle disposzioni antiparadisi fiscali e anti-*treaty shopping* cfr. L. Vicentini, "Using internazional low-tax jurisdiction", in *Alcune Riflessioni sull'Elusione Fiscale Internazionale*, a cura di Casertano, Melis, Vicentini, Quasar, Roma, 1996, p. 62: "The most significant feature of the italian structure (as opposed to Germany, France and United Kingdom) is the lack of any antiavoidance legislation directed towards EC low-tax countries. This makes particularly advantageous the use of countries, such as Ireland, The Netherlands and Luxemburg. In addition economic areas such as Madeira and Gibraltar are also excluded from the application of antiavoidance provisions and offer interesting opportunities for italian resident investors (...). Finally, given the very limited anti-treaty shopping measures, low-tax jurisdictions included in the black list may still offer significant advantages to italian resident companies in areas not covered by the Law n. 413, as the anti-tax haven legislation only covers costs deductibility and tax credits on dividends. The use of a more sophisticated tax structure may provide additional advantages. The lack of effective anti-treaty shopping

L'approccio tedesco alla pratica del *treaty shopping* appare sicuramente più complesso ed efficiente: oltre alle clausole antiabuso, sia specifiche che generali inserite nei trattati, la Germania utilizza la clausola generale interna e l'art. 50d della *Einkommensteuergesetz,* una norma interna specificamente diretta a contrastare l'abuso dei trattati. Questa soluzione non è però soddisfacente in assoluto in quanto può generare problemi di *treaty overriding*. La soluzione più "adeguata" sarebbe quella di inserire in ogni trattato contro le doppie imposizioni una clausola generale antiabuso; d'altra parte, questa pratica richiederebbe una revisione di tutti i trattati contro le doppie imposizioni stipulati con l'Italia, e soprattutto, il consenso di tutti gli Stati contraenti.

3. *Vantaggi e svantaggi connessi all'introduzione di strumenti non contemplati dall'ordinamento tributario*

Nell'ordinamento italiano mancano disposizioni volte a contrastare le pratiche ad esempio di *thin capitalization* e non sono state introdotte disposizioni del tipo *Controlled Foreign Corporations (CFC)* adottate ormai da numerosi Stati

a) I vantaggi derivanti dall'introduzione delle *CFC rules* sono riconosciuti in pressochè tutti gli Stati che ne hanno fatto adozione.[4]

Anche la dottrina italiana ritiene la loro introduzione auspicabile soprattutto come mezzo per contrastare l'uso dei paradisi fiscali in modo più efficace del vigente art. 76-bis.

L'introduzione delle *CFC rules* in Italia aprirebbe tuttavia alcune problematiche:[5] tale norma si scontra contro il principio di autonoma soggettività tributaria della società rispetto al socio. Con la CFC, infatti, alla controllante sono attribuiti i redditi prodotti in capo alla controllata, sulla base della percentuale di possesso. Anch'essa inoltre si basa su una definizione di paradiso fiscale basata esclusivamente

provisions could allow italian companies to incorporate holding companies in treaty countries, with little or none anti-tax haven legisaltion and low corporate tax rates and withholding (so callled treaty havens). Such holding companies could then operate with tax havens related companies without incurring in the limitations provided by italian antiavoidance rules(...). Further extensive loopholes are provided by the absence of Subpart F provisions. It is infact perfectly lawful, for example, to transfer to a low-tax company industrial rights, originally held by an italian company, increase the value of such assets after the transfer through specific activities and then license the product to third countries, enjoing the benefits of the low-tax jurisdictions on the profits arising from the licensing business".

4. Sul punto cfr.: Arnold, *The Taxation of Controlled Foreign Corporations. An International Comparison*, Toronto, Canadian Tax Foundation, 1986; Ruding Committee, *Report of the Committe of International Experts on Company Taxation*, Brussels, Commission of the European Community, 1992.

5. Ad esempio, sono concordi con tale affermazione L. Vicentini, "Using international low-tax jurisdictions", cit., p. 62. Questa autrice afferma indirettamente la necessità di una clausola CFC quando osserva come la mancanza di una tale disposizione aumenta la possibilità di compiere liberamente pratiche elusive con l'utilizzo di paradisi fiscali.

Secondo B. J. Arnold ("The taxation of controlled foreign corporations: an international comparison", *Canadian Tax Paper* 78/132, 1986), alcune delle problematiche possono esssere descritte nel modo seguente: "the resident shareholders of a foreign corporation provides an easy and practical solution to the enforcement difficulties of taxing foreign corporation directly. But taxing the resident shareholders of a foreign corporation causes its own difficulties:

"First, it can be argued that it is inequitable to tax a person on income that he does not legally own or to which he is not legally entitled. This is probably because one of the major reasons that the legislation of most country is limited to controlled foreign corporations. Where a resident shareholder controls a foreign corporation, he has the power to require the corporation to distribute its income currently. Consequently, he has the ability to obtain funds with which to pay tax on the corporation's undistributed income.

"Second, although a country may have effective jurisdiction over the resident shareholders of a controlled foreign corporation, the tax will be computed on the basis of the undistributed income of the corporation, which is considered a separate legal entity. In certain circumstances, shareholders may have difficulty in obtaining the necessary information concerning the corporation's income."

sul livello di tassazione, mentre dovrebbero essere prese in considerazione anche le altre caratteristiche del paradiso fiscale.

b) L'introduzione di una disposizione anti-*thin capitalisation* potrebbe avere il vantaggio di impedire eccessive sottocapitalizzazioni societarie, dannose sia per la società che per lo stesso erario, che si vede restringere, grazie alla deducibilità degli interessi, il reddito imponibile della società. È però evidente che la strada scelta dall'Italia è stata un'altra, quella di favorire la capitalizzazione (attraverso l'introduzione della *Dual Income Tax — DIT*) della società e non di sfavorirne la sottocapitalizzazione. Inoltre, la stessa normativa sulla *thin capitalisation* operante in Germania viene soggetta a numerose critiche in quanto considerata in violazione del principio di libero stabilimento all'interno della UE e incompatibile con l'art. 24 dell'OCSE. Da ultimo, la norma anti-*thin capitalisation*, se non correttamente strutturata può dare origine a situazioni di iniquità: questo avviene quando la norma anti-*thin capitalisation* non ammette prova contraria.

4. La necessità di una regolamentazione a livello comunitario

La lotta all'elusione fiscale internazionale richiede un più massiccio impiego della collaborazione fiscale nello scambio di informazioni tra gli Stati. Tuttavia la circostanza che le disposizioni interne e convenzionali possano in alcuni casi trovarsi in contrasto con i principi previsti dal Trattato CE e dalla Corte di Giustizia fa sì che la soluzione al problema dell'elusione internazionale non possa che essere raggiunta attraverso una regolamentazione comunitaria.[6]

A ciò si aggiunga che dopo una fase di stasi il problema della armonizzazione delle imposte dirette è tornato nuovamente alla ribalta e così anche quello della concorrenza tra gli Stati della Comunità in materia fiscale anche sotto la spinta della entrata della moneta unica Euro.[7] Sia il Comitato Economico e Sociale della UE che nel dicembre 1995 ha adottato un parere[8] sul tema della fiscalità diretta, nel quale è stata nuovamente proposta l'introduzione di una base imponibile minima e l'armonizzazione dei principali parametri per determinare tale base, sia il Comitato Monti con l'elaborazione del *Codice di Condotta*, dimostrano come il problema dell'elusione all'interno della Comunità e la concorrenza fiscale tra i diversi Stati-membri siano problemi di estrema rilevanza. Più nelle specifico, sulla base di tale Codice di Condotta, la Commissione Euro-

6. Secondo E. Kemmeren ("EC law — specific observations", in *The Compatibility ot Antiabuse Provision?*, p. 39, dall'analisi delle sentenze della Corte di Giustizia):

"European law permits provisions to prevent both national and international tax abuse. For this purpose it is allowed to restrict the fundamental freedoms of th EC treaty (because of a rule of reason), if: 1) the branch concerned has not been harmonized; 2) combating the fiscal behaviour involved is a legitimate purpose of public interest; 3) the measures taken are appropriate; and 4) the measures taken are proportional.

"The prevention of and fight against tax avoidance violating the objective and purpose of tax treaty is a legitimate purpose of public interest. The (sole) risk of tax avoidance is an insufficient reason."

7. Come giustamente afferma H. O. Ruding ("After the Euro: corporation tax harmonization?", *EC Tax Review* 2/72, 1998): "After Euro, I espect the political debate in 1999 produce two different views, which reach different conclusions on the need of tax harmonization. On one side, there are those who argue that the EMU has reduced substantially the national room for manouvres after the elimination of interest rate policy and exchange rate policy as national instruments. Consequently, fiscal policy will be one of the very few remaining macroeconomic policy tools that national governments have left and should not give up. On the other side are those the European Commission, several national politicians and academics — from whom the EMU strengths, rather than *reduces*, the need for tax harmonization. I share the view of the latter group and I thin Mario Monti in the 'Discussion paper of march 1996', made the point convincingly by saying: 'it would appear contradictory to do nothing to remove tax distortions while trying to remove distortions related to misalignments of exchange rates'".

8. *Guce*, C 82, 19.3.96.

pea ha presentato un pacchetto[9] di misure dirette a combattere, a livello comunitario, gli effetti distorsivi della concorrenza fiscale.[10] Il Codice di Condotta, pur giuridicamente non vincolante, potrebbe riuscire a prevenire le distorsioni economiche e l'erosione di base imponibile, grazie anche all'assunzione da parte degli Stati-membri di un chiaro impegno politico a dare attuazione alle regole dallo stesso enunciate.[11]

D'altra parte, il problema della concorrenza fiscale dannosa è stato attualmente oggetto di studio da parte dell'OCSE, che nel *rapporto* "Harmful tax competition — An emerging tax issue', approvato dal Consiglio il 9.4.98, con l'astensione di Svizzera e Lussemburgo, giunge alla considerazione che la concorrenza fiscale tra gli Stati possa essere considerata dannosa in determinate situazioni.[12]

Al di là di tutte le considerazioni finora espresse, un'azione comunitaria in tema di elusione fiscale internazionale sia all'interno che all'esterno della Comunità, sarebbe soggetta ad una serie di limitazioni importanti. Primo tra tutti il fatto che la fiscalità diretta non sia fra gli obiettivi fondamentali del Trattato CE e che interventi nella fiscalità diretta debbano rispettare il principio di sussidiarietà; in secondo luogo occorre rammentare che tutte le decisioni in materia fiscale devono essere prese all'unanimità.

Un'eventuale azione sull'armonizzazione o sulla eliminazione della concorrenza fiscale dannosa, che indirettamente tentasse di risolvere il problema della elusione, dovrebbe pertanto sottostare a queste condizioni:

1. L'azione comunitaria volta ad una riduzione dell'elusione fiscale internazionale dovrebbe agire su due importanti aspetti: l'armonizzazione e il problema dell'unanimità delle decisioni UE.

2. Occorre meditare sul fatto se sia vantaggioso per la Comunità Europea inse-

9. *COM* (1997), 495/4 del 1. 10.97.

10. Per una analisi di tale comunicazione, "Società e CE, Osservatorio", *Le Società* 111.358, 1997.

11. Il Codice dovrebbe trovare applicazione nei riguardi di tutte le misure aventi natura legislativa, regolamentare o di prassi amministrativa, che hanno o potrebbero avere una incidenza sensibile sulla localizzazione delle attività economiche nella Comunità. Sono considerate potenzialmente distorsive le misure fiscali che stabiliscono un livello di imposizione effettiva nettamente inferiore al livello impositivo generale dello Stato-membro interessato. Al fine di individuare le misure pregiudizievoli viene suggerito di verificare se: 1) agevolazioni particolari siano accordate esclusivamente ai non-residenti; 2) tali agevolazioni siano per il resto del tutto avulse dall'economía domestica; 3) le stesse siano disponibili anche in assenza di qualsivoglia attività economica reale; 4) le regole relative alla determinazione dei profitti derivanti da attività interne di un gruppo multinazionale divergano da quelle generalmente accolte a livello internazionale, e in particolare da quelle approvate in sede OCSE; 5) il dispositivo fiscale manchi di trasparenza, il che si verifica, ad esempio, quando le agevolazioni risultano da un'applicazione meno rigorosa delle norme da parte delle autorità amministrative, senza che tale prassi sia resa pubblica.

Il testo del Codice di Condotta prevede anche un meccanismo di reciproca comunicazione, fra Stati-membri, delle misure rientranti nel campo di applicazione del Codice, nonché la possibilità per gli stessi di formulare osservazioni in merito alle misure adottate a livello nazionale. I medesimi Stati si impegnano a non introdurre nuove misure fiscali pregiudizievoli per gli interessi della Comunità, a riesaminare quelle vigenti in vista di una loro progressiva soppressione, nonché a cooperare nella lotta contro l'evasione e la frode fiscale. Così, "Società e CE, Osservatorio", *Le Società* 111/1.358, 1997.

12. Secondo l'OCSE la concorrenza fiscale dannosa sarebbe originata da quei sistemi fiscali qualificabili come: 1) paradisi fiscali, cioè giurisdizioni che non prelevano imposta sui predetti redditi ovvero applicano un'imposta insignificante; 2) regimi fiscali preferenziali, in cui lo Stato preleva in genere imposte significative, ma consente in taluni casi di tassare il reddito ad un'aliquota ridotta o nulla; 3) gli Stati le cui aliquote effettive sono oggettivamente inferiori rispetto a quelle di un altro Stato.

L'azione dì contrasto della concorrenza dannosa dovrà basarsi su una e più efficace attività di coordinamento sovranazionale, attraverso la sottoscrizione di accordi multilaterali che coinvolgano il maggior numero di Stati. Tra le raccomandazioni quella più importante riguarda l'istituzione di un *forum* sulla concorrenza fiscale, per la discussione ed esecuzione delle linee guida indicate dal rapporto e per l'eliminazione entro cinque anni e al più, entro il 2005, dei regimi fiscali considerati dannosi.

rire norme dirette a contrastare i fenomeni elusivi all'interno della Comunità o se invece siano i singoli Stati che, gelosi della propria potestà tributaria, non vogliono vedere allontanare gettito fiscale verso altri paesi comunitari, senza potersi opporre.

Per la Comunità Europea intesa come un tutto l'elusione fiscale all'interno della Comunità non può essere considerata sempre e sia pure entro determinati limiti come dannosa, in quanto favorisce gli scambi, le riorganizzazioni societarie e la creazione di gruppi "comunitari". Sono invece i singoli Stati ad essere danneggiati, attraverso una riduzione di gettito.

La Comunità Europea potrebbe essere maggiormente motivata a definire e fornire delle disposizioni uniformi per contrastare l'elusione fiscale internazionale *fuori dalla comunità*, magari definendo misure comuni di lotta ai paradisi fiscali extracomunitari. Ma, in questo caso, sarebbero i singoli Stati a non trovarsi d'accordo perché vi osta l'attuale rete delle convenzioni bilaterali contro le doppie imposizioni, che sono tuttora vigenti e che possono avere stabilito delle particolari relazioni con determinati paesi a regimi fiscali privilegiati i quali assicurano dei benefici che non vogliono perdere.

Bergamo 22 febbraio 1999

CADERNOS DE DIREITO TRIBUTÁRIO

EL IMPUESTO GENERAL A LAS VENTAS Y LA EXONERACIÓN DE LOS SERVICIOS DE CRÉDITO

JORGE BRAVO CUCCI
Abogado Senior de la División de Consultoría Tributaria de Pazos, López de Romaña, Rodríguez, Representantes en el país de BDO

1. Introducción. 2. Naturaleza de las exoneraciones. Circunstancias neutralizantes objetivas y subjetivas: 2.1 Aspectos previos: 2.1.1 Concepto de exoneración — 2.1.2 Teoría de la dispensa de pago — 2.1.3 Teoría de la no-exigibilidad de la prestación tributaria — 2.1.4 Teoría de la hipótesis neutralizante — 2.1.5 Posición del Tribunal Fiscal — 2.2 Clasificación de las exoneraciones de acuerdo a sus circunstancias neutralizantes. 3. Los servicios de crédito en el ámbito de aplicación del impuesto general a las ventas: 3.1 Hipótesis neutralizantes — 3.2 Circunstancia neutralizante objetiva — 3.3 Circunstancia neutralizante subjetiva: 3.3.1 En la prestación de servicios — 3.3.2 En la utilización de servicios. 4. Consideraciones finales.

1. Introducción

El tema del presente trabajo se encuentra íntimamente relacionado con la Teoría General del Derecho Tributario. El objetivo que perseguimos es aparentemente simple, pues pretendemos absolver una pregunta que insistentemente se viene formulando en nuestro medio y que a continuación reproducimos: ¿Se encuentran exonerados del impuesto general a las ventas los intereses percibidos por sujetos no domiciliados por servicios de crédito utilizados en el país? No obstante ello, a los efectos de dar respuesta a tal interrogante, se vuelve imprescindible discurrir por conceptos previos, los cuales consideramos necesarios para un cabal entendimiento de nuestra posición.

2. Naturaleza de las exoneraciones. Circunstancias neutralizantes objetivas y subjetivas

2.1 Aspectos previos

2.1.1 *Concepto de exoneración* — No existe en la doctrina un consenso respecto de lo que debe entenderse por exoneración, institución a la cual los más destacados autores y la legislación comparada se refieren de forma unánime como exención, y que se califica como una especie del genero "beneficios tributarios". La doctrina se ha esforzado en establecer la naturaleza jurídica de la exoneración, dando como resultado diversas teorías sobre el concepto de exoneración, tres de las cuales a continuación comentamos.

2.1.2 *Teoría de la dispensa de pago* — Esta tesis ha sido sostenida por connotados autores españoles como Pérez de Ayala y Eusebio González, para los cuales la diferencia entre exoneración y no-sujeción reside en que en la primera se ha producido el hecho imponible, naciendo, por tanto, el deber de realizar la prestación tributaria correspondiente, lo que según tal corriente de opinión no ocurre en el caso de la exoneración. El supuesto de exoneración libera precisamente del cumplimiento de esos deberes; y si libera o exime de ellos, es lógico concluir que previamente han debido nacer.

En tal orden de ideas, sostienen que la exoneración califica como una hipótesis de sujeción, naciendo el deber de realizar la prestación tributaria, liberando el supuesto de exoneración del cumplimiento de esos deberes; tal situación se produce porque *el presupuesto de hecho del tributo y el supuesto de exención es simultáneo, pero la realización de este segundo tiene por efecto paralizar los efectos que derivan de la realización del primero.*

Obsérvese muy atentamente que la tesis bajo comentario implica que producido el soporte fáctico en el mundo fenoménico, el deber de prestación ha nacido, de cuyo cumplimiento nos releva la norma exoneratoria, y por consiguiente un eventual pago de la prestación tributaria originaría un pago indebido sujeto a restitución a favor del sujeto exonerado.

2.1.3 *Teoría de la no-exigibilidad de la prestación tributaria* — Sostenida por un importante sector de la doctrina tradicional brasileña, entre los que destacan las opiniones de Amílcar de Araújo Falcão y Rubens Gomes de Sousa, se afirma que cuando se produce el acaecimiento de la hipótesis exoneratoria, se origina la relación jurídico-tributaria y como consecuencia de ello nace la deuda tributaria, la misma que no puede ser *exigida por el ente público acreedor, en mérito al precepto legal.* Señala Araújo Falcão que en la exención hay incidencia, se produce el hecho generador, pero el legislador, "sea por motivos relacionados con la apreciación de la capacidad económica del contribuyente, sea por consideraciones extrafiscales, *establece la no-exigibilidad de la deuda tributaria*".[1]

La tesis bajo comentario no señala que el precepto legal que contiene la hipótesis exoneratoria extingue la obligación tributaria sino que, en virtud de ésta, el acreedor tributario carece de la facultad de exigir el pago de la deuda o en su caso el deudor tiene la potestad de oponer la excepción de exigibilidad. Trátase de una situación bastante similar a la prescripción de la obligación tributaria, en donde el acreedor carece de la facultad coercitiva para el exigir el pago de la deuda tributaria. Así las cosas, dada la inexigibilidad de la deuda tributaria, quien resulta exonerado califica como sujeto pasivo de la obligación tributaria, de tal suerte que si efectúa el pago del tributo éste calificaría como un pago válido pues existe obligación tributaria aunque la misma es inexigible.

2.1.4 *Teoría de la hipótesis neutralizante* — Esta teoría, a la cual adherimos nuestra línea de pensamiento, se sustenta en que si bien en la realidad fáctica los elementos tipificantes del hecho imponible se producen, por razones de índole económica, política, social, financiera etc., expresamente se exime al sujeto pasivo, a través de un mandato legal del pago del impuesto, operando las hipótesis exoneratorias como hipótesis neutralizantes totales de la configuración del hecho imponible, de tal suerte que con su acaecimiento no nace la obligación tributaria.

García Vizcano afirma que didácticamente las exoneraciones o beneficios tributarios operan como una tijera que corta los hilos que unen los hechos imponibles con la obligación tributaria: "En las exenciones, la tijera corta todos los hilos, operando como una hipótesis neutralizante total. En los beneficios tributarios son cortados algunos hilos — no todos —, de modo

1. Amílcar de Araújo Falçao, *Fato Gerador da Obrigação Tributária*, 6ª ed., pp. 64 y 65.

que la hipótesis neutralizante es parcial, con la consecuencia de que la obligación tributaria nace, pero por un importe menor o con un plazo mayor para su pago".[2]

Por su parte, Villegas ha señalado con relación a la hipótesis exoneratoria que ésta "tiene la virtud de poder *cortar* el nexo normal entre la hipótesis como causa y el mandato como consecuencia. En efecto, cuando se configuran exenciones o beneficios tributarios, la realización del hecho imponible ya no se traduce en el mandato de pago que la norma tributaria originariamente previó (...). Así — continúa afirmando — se tiene una hipótesis legal condicionante tributaria (hecho imponible). Pero no está sola. Está escoltada por una hipótesis legal neutralizante tributaria. La consecuencia de la primera es el precepto de pagar el exacto monto tributario que la ley ordena. La consecuencia de la segunda es impedir (total o parcialmente) la realización de la primera se traduzca en el originario precepto".[3]

Alfredo Augusto Becker[4] — a nuestro juicio uno de los más preclaros defensores de ésta teoría en el Brasil — expresa que la regla jurídica de la exoneración incide para que la regla jurídica de la tributación no pueda incidir. Señala dicho autor que para que pudiese existir la relación jurídico-tributaria sería indispensable que antes de la incidencia de lo que él denomina regla jurídica de exención hubiese ocurrido la regla jurídica de la tributación (acaecimiento de la hipótesis de incidencia),[5] lo cual en nuestra opinión no es sostenible por cuando el acaecimiento de tales hipótesis en el mundo fenoménico se produce en una misma unidad de tiempo, y no en momento anterior o posterior. En contraposición Becker opina que la regla jurídica de la exoneración acaece en oportunidad anterior a la regla jurídica tributaria. Una tercera posición, que por el matiz que contiene es digna de resaltar, es la de Lima Nogueira, quien, influenciado por el pensamiento del profesor Paulo de Barros Carvalho, señala que el fenómeno de las normas de incidencia exoneratoria se dá en el plano normativo, con lo cual no se precisa aludir al nivel de los hechos concretos, mixturando el lenguaje del Derecho Positivo con la realidad social que normatiza.[6]

Finalmente queremos traer a colación la opinión de Sainz de Bujanda,[7] para quien las normas que contienen la exoneración no son normas interpretativas o aclaratorias, sino que contienen un mandato muy concreto, el cual es privar al hecho imponible de su eficacia para generar la obligación tributaria. Es esta última la principal diferencia que a nuestro criterio existe con las teorías antes esbozadas, pues mientras para estas los efectos del hecho imponible se habrían producido dando nacimiento a la obligación tributaria, para la tesis que sostenemos no se ha producido el nacimiento de la obligación tributaria, pues los efectos producidos por el acaecimiento de la hipótesis de incidencia han sido neutralizados por la hipótesis exoneratoria.

2.1.5 *Posición del Tribunal Fiscal* — La concepción de exoneración planteada por la teoría de la hipótesis neutralizante ha sido recogida en algunas resoluciones del Tribunal Fiscal de nuestro País.

Así por ejemplo la *RTF* 657-5-97 expresa que: "(...) a efecto del presente análisis

2. Catalina García Vizcano, *Derecho Tributario. Consideraciones Económicas y Jurídicas*, t. I, Depalma, 1996, p. 322.

3. Héctor Villegas, *Curso de Finanzas, Derecho Financiero y Tributario*, Depalma, 1996, p. 281.

4. Alfredo Augusto Becker, *Teoria Geral do Dereito Tributário*, Saraiva, 1972, p. 277.

5. Eurico Diniz de Santi expresa que la regla-matriz de incidencia tributaria es una norma jurídica de comportamiento que en su estructura implicacional asocía a un acto o hecho lícito de posible ocurrencia (hipótesis tributaria) una relación que obliga a un determinado sujeto pasivo a reconocer cierta cuantía a las arcas fiscales (*Lançamento Tributário*, Max Limonad, 1996, p. 110).

6. Roberto Wagner Lima Nogueira, "Contribuição ao estudo das normas de exoneração tributária no plano da Teoria Geral do Direito Tributário", monografía inédita, p. 16.

7. Sain de Bujanda, cit. por Juan José Ferreiro Lapatza, *Curso de Derecho Tributario Español*, Marcial Pons, p. 363.

es necesario distinguir entre los conceptos de exoneración e inafectación: en la exoneración se produce el hecho imponible, pero en virtud de una norma legal neutralizante no surge obligación de pago; en la inafectación no nace la obligación tributaria ya que el hecho no encuadra o no está comprendido en el supuesto establecido por la ley como hecho generador".

Como puede advertirse, la exoneración tiene — si quiere llamársele así — un propósito muy claro, evitar el nacimiento de la obligación tributaria, con lo cual no habrá acreedor ni deudor tributario, y obviamente tampoco deuda tributaria. La exoneración neutraliza los efectos de la hipótesis de incidencia acaecida, con lo cual si bien se produce el hecho imponible, no se configura la relación jurídico tributaria.

2.2 *Clasificación de las exoneraciones de acuerdo a sus circunstancias neutralizantes*

La clasificación de las exoneraciones en objetivas y subjetivas ha sido cuestionada por un sector de la doctrina,[8] bajo el argumento que quien resulta liberado del pago del tributo es siempre el sujeto, con lo cual no habría cabida a las denominadas exoneraciones objetivas. El argumento que usualmente se esgrime es que no habría una diferencia entre la inafectación por falta de configuración del aspecto material de la hipótesis de incidencia y la denominada exoneración objetiva.

No obstante ello, si bien coincidimos en el hecho que quien se encuentra exonerado del pago del tributo es siempre un sujeto, pues el propósito de la exoneración es impedir el nacimiento de la obligación tributaria y no la configuración del hecho imponible, opinamos que es posible diferenciar a las exoneraciones en objetivas y subjetivas, de acuerdo al criterio que a continuación señalamos.

8. Washington Lanziano, *Teoría General de la Exención Tributaria*, Depalma, 1979.

La hipótesis exoneratoria que en mérito de su acaecimiento impide el nacimiento de la obligación tributaria, al neutralizar los efectos normales del acaecimiento de la hipótesis de incidencia tributaria, contiene en esencia dos tipos de circunstancias neutralizantes hipotéticas que de modo conjunto o independientemente pueden encontrarse presentes en la descripción hipotética del precepto legal, y que tienen como propósito vincular la hipótesis exoneratoria con la hipótesis de incidencia cuyos efectos ha querido el legislador neutralizar. Las primeras son las *circunstancias neutralizantes subjetivas*, las cuales determinan que la hipótesis exoneratoria produzca su efecto neutralizante cuando ocurran determinadas condiciones y características respecto del sujeto al que se pretende exonerar del pago del tributo. Las segundas, las *circunstancias neutralizantes objetivas*, no se refieren al aspecto material de la hipótesis de incidencia, sino que determinan que la hipótesis exoneratoria produzca su efecto neutralizante cuando ocurra determinado comportamiento por parte del sujeto.

En tal sentido, una *exoneración será subjetiva* cuando la circunstancia que la integra y que neutraliza los efectos de la hipótesis de incidencia es subjetiva. En sentido contrario, una *exoneración será objetiva* cuando está integrada por una circunstancia neutralizante objetiva. Sin embargo puede presentarse una tercera clase de exoneraciones, a las que la doctrina se refiere como *mixtas*, caracterizándose por encontrarse integradas a la vez por circunstancias neutralizantes subjetivas y objetivas.

3. Los servicios de crédito en el ámbito de aplicación del impuesto general a las ventas

3.1 *Hipótesis neutralizantes*

En mérito a lo expuesto en párrafos anteriores, la pregunta formulada en nuestra "Introducción" se encuentra incorrectamente estructurada, y mas bien debería plantearse del siguiente modo: ¿Se encuentran exonerados los sujetos que utilizan servicios de crédito prestados por sujetos no domiciliados?. A continuación procederemos a darle respuesta.

El numeral 1 del Apéndice II del Decreto Legislativo 821 (Ley del IGV) contiene, de manera conjuntiva, la hipótesis neutralizante aplicable a los *servicios de crédito*. El tenor del mencionado numeral es el siguiente:

"*Apéndice II — Servicios exonerados del impuesto general a las ventas*

"1. *Servicios de crédito*: Sólo los ingresos percibidos por los Bancos e Instituciones financieras y crediticias, por concepto de ganancias de capital, derivadas de las operaciones de compraventa de letras de cambio, pagarés, facturas comerciales y demás papeles comerciales, así como por concepto de las operaciones propias de estas empresas."

Si bien la norma tributaria no contiene una definición de lo que debe entenderse por *servicios de crédito*, y únicamente se cuenta con la lacónica indicación mencionada en el párrafo anterior, por Decreto Supremo 052-93-EF se preciso la relación de servicios de crédito no comprendidos en el mencionado concepto, dentro de los cuales se mencionó al arrendamiento financiero, custodia de bienes, valores, alquiler de cajas de seguridad, entre otros servicios.

Como se sabe, por la regla de territorialidad que inspira al IGV por la adopción del principio de imposición exclusiva en el país de destino que lo inspira, los servicios, entre ellos los de crédito, pueden ser (a) prestados o (b) utilizados en el país.

Los *servicios son prestados en el país* cuando el sujeto que los presta se encuentra domiciliado en el país de acuerdo a las reglas del impuesto a la renta. Por su parte, los *servicios son utilizados en el país* cuando, siendo prestados por un sujeto no domiciliado,[9] son consumidos o empleados económicamente en el territorio peruano.

En el primer caso, es claro que tanto el prestador como el usuario del servicio se encuentran ubicados en el territorio nacional, razón por la cual la ley instituye en la calidad de contribuyente al prestador del servicio en estricta aplicación de la técnica del valor agregado quien resulta ser el *contribuyente "de iure"* (quien es designado como obligado al pago del impuesto al Fisco), mientras que el *contribuyente "de facto"* (quien soporta la carga económica del impuesto y se encuentra obligado a aceptar la traslación del mismo) es el usuario del servicio.

En el segundo caso, quien presta el servicio es un sujeto no-domiciliado que se encuentra *ubicado fuera del territorio nacional*, razón por la cual, si bien el servicio es utilizado económicamente en el país, produciéndose con ello un acto de consumo, no resultará posible alcanzar a dicho sujeto con el impuesto, por obvias reglas de territorialidad que impiden que el Fisco peruano pueda exigir el pago del impuesto

9. Recientemente a través de una modificación a la Ley del IGV, se ha sustituido el concepto de sujeto establecido por el de sujeto domiciliado de acuerdo a las normas del impuesto a la renta, para precisar cuando un servicio es prestado en el país. Ocurre que con la redacción original de la norma se indicaba que un sujeto se consideraba establecido en el país cuando se encontraba ubicado en el mismo, término ambiguo que creó una serie de interpretaciones aberrantes respecto de su aplicación. En efecto, en virtud de una de ellas se afirmaba que si un sujeto no domiciliado que se encontraba ubicado en el país prestaba un servicio, tal hecho originaba la configuración de dos hechos imponibles a la vez; por un lado una prestación de servicios, habida cuenta que el sujeto calificaba como sujeto establecido, y por otro lado una utilización de servicios, por cuanto el sujeto era un no-domiciliado y el consumo o empleo económico se realizaba también en el país. Tal situación ha pretendido ser aclarada con la reciente modificación, a partir de la cual se señala que los servicios prestados por sujetos no-domiciliados, se encuentren o no ubicados físicamente en el país al momento de la prestación del servicio, calificarán como utilización de servicios. No obstante ello, con la actual redacción de la norma se aparta del criterio de territorialidad, pues si un sujeto domiciliado presta un servicio en el exterior, el mismo calificará como prestación de servicios en el país gravado con el IGV, aún cuando el servicio es consumido o empleado económicamente en el exterior.

a un sujeto no-ubicado en el territorio nacional. Frente a tal imposibilidad, nuestra Ley del IGV vigente há colocado en calidad de *contribuyente "de iure"* al usuario del servicio quien adicionalmente resulta ser *contribuyente "de facto"*, permitiendo que luego del pago del impuesto pueda utilizar como crédito fiscal el impuesto pagado en calidad de contribuyente, ello a los efectos de no distorsionar la técnica del valor agregado que ha adoptado nuestro IGV, el cual es uno de sustracción sobre base financiera, bajo la modalidad de impuesto contra impuesto, de deducciones financieras en cuanto a la extensión del crédito fiscal y que adopta, como indicáramos anteriormente, el principio de imposición exclusiva en el país de destino.

Por lo tanto, somos de la opinión que el Apéndice II, numeral 1, contiene en realidad dos hipótesis neutralizantes claramente diferenciables; la primera relacionada a la prestación de servicios en el país y la segunda relacionada a la utilización de servicios prestados por sujetos no-domiciliados.

De optarse por una interpretación literal del numeral bajo comentario, se concluiría que lo que estaría exonerado son los ingresos percibidos por los bancos e instituciones financieras y crediticias, por los denominados servicios de crédito. Nada mas alejado del rigor científico, pues, de acuerdo a lo anteriormente explicado, el IGV grava a los *sujetos* en tanto realizan *operaciones* (art. 1º de la Ley del IGV) las cuales constituyen el aspecto material de su hipótesis de incidencia. Así las cosas, los ingresos percibidos por la prestación de los servicios de crédito constituyen la base imponible o aspecto mensurable del aspecto material de la hipótesis de incidencia *pero no el aspecto material en sí*, pues el IGV, como cualquier otro impuesto estructurado bajo la técnica del valor agregado, grava la manifestación de riqueza traducida en los consumos (operaciones) y no en la renta (ingresos).

3.2 Circunstancia neutralizante objetiva

Respecto del IGV, la circunstancia neutralizante objetiva se produce cuando se realiza un servicio de crédito (el IGV recae sobre operaciones), con lo cual quienes se encuentran exonerados del IGV son los sujetos que realizan las *operaciones consistentes en servicios de crédito*, lo cual resulta aplicable tanto al caso de *prestación* como el de *utilización de servicios*. La diferencia está dada que en la utilización de servicios de crédito el hecho de que el servicio sea prestado por un banco o institución financiera es parte del aspecto material de la hipótesis de incidencia, mientras que en la prestación de servicios tal hecho representa la circunstancia neutralizante subjetiva contenida en la hipótesis exoneratoria, como se verá en el siguiente punto. Con ello, si un sujeto del impuesto utiliza un servicio de crédito prestado por un sujeto domiciliado que no sea un banco o una institución financiera, el mencionado servicio se encontrará gravado.

3.3 Circunstancia neutralizante subjetiva

3.3.1 *En la prestación de servicios* — En el caso concreto de la *prestación de servicios de crédito*, la circunstancia neutralizante subjetiva que impide el nacimiento de la obligación tributaria se encuentra dada por el hecho que sea un banco o institución financiera o crediticia quien preste el servicio, para que se produzca el acaecimiento de la hipótesis neutralizante.

3.3.2 *En la utilización de servicios* — Respecto del supuesto de afectación *utilización de servicios de crédito, no existe una circunstancia neutralizante subjetiva* contenida en la hipótesis exoneratoria, pues, a diferencia de prestación de servicios, el banco o la institución financiera o crediticia no-domiciliados no son sujetos del impuesto, razón por la cual no podría exonerárseles del mismo.

	Supuesto de hecho *prestación de servicios de crédito*	**Supuesto de hecho** *utilización de servicios de crédito*
Circunst. neutraliz. Objetiva	*que se preste un servicios de crédito*	*que se utilicen servicio de crédito prestados por un banco o institución financiera*
Circunst. neutraliz. subjetiva	*que el sujeto sea un banco o institución financiera*	*no existe*

4. Consideraciones finales

Vale traer a colación que el Decreto Supremo 009-98-EF, el cual precisa que se encuentran gravados con el IGV los ingresos percibidos por asociaciones que operan con fondos de empresas del sistema financiero, indica en su art. 1º que están gravados con el IGV los intereses y comisiones percibidos por asociaciones que operen con fondos de instituciones bancarias financieras y crediticias, *establecidas o no en el País*, toda vez que, como indica en su Tercer Considerando, la exoneración prevista en el numeral 1 del Apéndice II de la Ley del IGV "(...) sólo comprende las comisiones e intereses por operaciones efectuadas directamente por Bancos e Instituciones Financieras y Crediticias, *establecidas o no en el País*", vale decir, la propia norma, que tiene un cariz interpretativo, señala que la exoneración es aplicable a supuestos de utilización de servicios de crédito.

Así, *quedan claros los alcances de la exoneración*, que comprende también a los servicios prestados por *sujetos no establecidos en el País*[10] (entiéndase bancos e instituciones financieras y crediticias); es decir, justamente el supuesto de utilización de servicios en el país.

De otra parte es importante mencionar que el propio Apéndice II contiene otros supuestos exoneratorios, en los cuales hay involucrados servicios prestados por no-domiciliados que son utilizados en el País y que se encuentran igualmente exonerados. Tal es el caso del numeral 3 del mencionado Apéndice, que establece como servicios exonerados del impuesto los servicios de transporte de carga que se realicen desde el exterior hacia al País.

Luego de lo expuesto en líneas anteriores, carece de todo sustento técnico afirmar que la exoneración en mención no alcanza a los servicios de crédito prestados bajo la hipótesis de la utilización de servicios, tesis que viene siendo sostenida por la Administración Tributaria, y que se sustenta en que la hipótesis exoneratoria contemplada en el numeral 1 del Apéndice II del Decreto Legislativo 821 no es aplicable al mencionado supuesto de hecho, toda vez que, según tal errada interpretación, lo que se pretende exonerar son los *ingresos percibidos* (ganancia o utilidad por colocación de capitales), así como comisiones e intereses, en tanto aquellos tuvieran la calidad de *retribución por un servicio prestado por los bancos*, quienes califican como sujetos del impuesto. Bajo tal tesis, se señala que lo que se pretende gravar es el valor agregado y que en la medida que el usuario del servicio es deudor de un interés por un financiamiento efectuado por un banco no-domiciliado, el

10. Como lo explicáramos en la nota 9, la norma original del IGV señalaba que el servicio era prestado en el país cuando el sujeto que lo realizaba se encontraba establecido en el territorio nacional. Con ello, un sujeto no-establecido en el país que prestaba un servicio que era consumido o empleado económicamente en el territorio nacional no era otro que un sujeto no-domiciliado, encontrándose gravada tal operación como una utilización de servicios en el país.

mismo no tiene carácter de un ingreso financiero para el sujeto domiciliado sino la naturaleza de una cuenta por pagar, motivo por el cual no procedería la exoneración.[11]

Ya en nuestro medio sobre el particular se ha pronunciado Talledo Mazú, quien de manera acertada afirma que: "(...) tal opinión parte de una consideración errónea, la de considerar que el IGV (al igual que los demás impuestos al valor añadido o IVA) pretende gravar directamente el valor agregado de los contribuyentes (así como el impuesto a la renta grava el ingreso neto o aumento patrimonial) como signo o evidencia de la capacidad contributiva de éstos".[12]

En efecto, no puede prosperar una interpretación semejante dentro de un impuesto al consumo estructurado bajo la técnica del valor agregado, pues vulneraría de plano el objetivo perseguido, uno de los cuales es evitar la piramidación del impuesto. De prosperar tal interpretación, sería un contrasentido mantener las exoneraciones contenidas en el Apéndice II relacionadas con los otros supuestos de utilización de servicios contenidos en el numeral 3.

En conclusión, en nuestra opinión el numeral 1 del Apéndice II de la Ley del IGV contiene dos hipótesis neutralizantes. La primera de ellas de *carácter mixto*, relacionada a la *prestación de servicios de crédito*, en virtud de la cual, para que proceda la exoneración se requiere que se trate de un servicio de crédito y que quien lo preste sea una entidad bancaria o institución financiera o crediticia. La segunda hipótesis neutralizante es una de *carácter objetivo*, en virtud de la cual se exonera la *utilización servicios de crédito prestados por bancos o instituciones financieras*, con prescindencia de circunstancias subjetivas relacionadas al sujeto del impuesto, que es en dicho caso el usuario del servicio.

11. En similar sentido ver "Intereses por colocación de líneas de crédito en el País provenientes de bancos e instituciones financieras del exterior", en *Revista Análisis Tributario*, agosto/97.

12. César Talledo Mazú, "Manual de IGV", Editorial Economía y Finanzas, *Boletín* 101/9.

NOTAS & COMENTÁRIOS

O ABUSO DO DIREITO NO DIREITO TRIBUTÁRIO BRASILEIRO

MARIA LUÍZA VIANNA PESSOA DE MENDONÇA
Juíza Federal em Belo Horizonte — Doutoranda em Direito na UFMG

1. Introdução. 2. O princípio da legalidade em matéria de tributação e a esfera de liberdade do particular. 3. Os limites da liberdade fiscal do particular: 3.1 O exercício dos direitos subjetivos e os seus limites — 3.2 O abuso do direito: 3.2.1 Denominação — 3.2.2 Conceituação: 3.2.2.1 A validade intrínseca de um ato que configura abuso do direito — 3.2.2.2 As três correntes doutrinárias sobre a caracterização do abuso do direito — 3.2.2.3 O ato abusivo do direito como ato ilícito, seu suporte fático e as sanções impostas para sua prática — 3.3 O abuso do direito no campo do Direito Tributário. 4. Conclusão.

1. Introdução

A teoria do abuso do direito surgiu dentro do movimento de reação ao individualismo exacerbado que orientou as construções jurídicas do século XVIII. Na atualidade é ponto assente que não há direitos absolutos, que o exercício dos direitos encontra limites e que exercitar um direito além desses limites faz configurar abuso do direito, que deve ser reprimido pela lei.

Colocou o nosso Código Civil na categoria dos atos ilícitos os atos que configuram abuso do direito.

Neste trabalho iremos estudar a aplicação da teoria do abuso do direito no Direito Tributário Positivo brasileiro em vigor.

O ponto de partida fundamental para este estudo é o princípio da legalidade, que rege a tributação. Por força dele, a lei tributária, positivamente considerada, estabelece os limites estritos para a tributação e, negativamente considerada, demarca o campo dentro do qual o particular pode exercitar sua liberdade fiscal, ou seja, seu direito à economia fiscal, dentro do qual ele pode conformar livremente seus negócios sem se sujeitar ao pagamento de tributos. Por isso, iniciaremos nosso trabalho pelo estudo desse princípio, de modo a deixar clara a extensão dessa liberdade do particular em matéria de tributação.

Em seguida passaremos a discorrer sobre os limites dessa liberdade fiscal ou direito à economia fiscal. Para isso examinaremos, primeiro, o instituto do abuso do direito na Teoria Geral, para depois fazê-lo sob a ótica do Direito Tributário. Iremos, então, descrever os limites específicos para o exercício do direito à economia fiscal, os elementos que compõem o suporte fático do abuso do direito em matéria tributária e, finalmente, as conseqüências que advêm para o particular da prática do abuso do direito no campo tributário. Torna-se imprescindível, neste ponto, analisar o princípio da legalidade em matéria de tributação dentro do contexto maior em que ele se insere, que é a Constituição de um Estado Social, a qual consagra também expressamente o princípio da igualdade material, da solidariedade e a dignidade humana como valores fundamentais (arts. 1º e 3º da CF), além do princípio da igualdade formal (art. 5º, *caput*) e do princípio da capacidade contributiva (art. 145, § 1º); buscaremos, aí, encontrar o ponto de equilíbrio entre esses princípios, quando todos eles estão aptos a reger, em situação de aparente antinomia, uma hipótese concreta de uso de forma negocial abusiva com o fim único e exclusivo de propiciar a economia de imposto.

Os arts. 109 e 118 do CTN, em combinação com o art. 160, I, do CC, como veremos, constituem os dispositivos legais centrais de regência do abuso do direito em matéria tributária.

A aplicação da teoria do abuso do direito ao Direito Tributário não pode chegar ao ponto de anular a esfera da liberdade fiscal do contribuinte. Veremos, aqui, que a conceituação do que se pode entender como forma contratual abusiva para o Direito Tributário também comporta limites, os quais apontaremos neste trabalho.

O objetivo deste trabalho é, portanto, demonstrar que é aplicável ao Direito Tributário Positivo brasileiro a teoria do abuso do direito e estabelecer as coordenadas que regem essa aplicação. E, mais do que isso, o de demonstrar a importância inegável de que se reveste a aplicação da teoria do abuso do direito no campo da tributação.

Cumpre registrar aqui a escassez de material bibliográfico sistematizado sobre a matéria que é objeto deste trabalho. Sob o ponto de vista do Direito Tributário o que se encontra são estudos sobre a chamada elisão fiscal, em que o abuso do direito é enfocado diagonalmente, como um item apenas dentro do campo maior estudado, não obstante constitua o abuso do direito em matéria tributária uma figura de fundamental importância para a fixação do limite à esfera de liberdade fiscal do contribuinte.

2. O princípio da legalidade em matéria de tributação e a esfera de liberdade do particular

O fim mais pragmático objetivado pelo Estado de Direito é a segurança jurídica[1] e o caminho a que se chegou para alcançá-la foi a lei.

A lei é "o veículo e fundamento de todos os atos e intervenção no Estado de Direito" (Kelsen, *apud* Derzi, 1988:87).

Nos Estados que adotam o regime democrático o poder decorre do povo e é por ele exercido; e, sendo indireta a democracia, o poder de legislar é exercido por um órgão colegiado cujos membros devem ter

1. Como escreve José Luís Shaw, fundando-se na doutrina de Recaséns Sichens: "Si nos preguntamos ¿por qué y para qué los hombres establecen el Derecho? y tratamos de descubrir el sentido germinal del surgimiento del Derecho, a fin de percatarnos de su esencia, caeremos en la cuenta de que la motivación radical que ha determinado la existencia del Derecho no deriva de las altas regiones de los valores éticos superiores, sino de un valor de rango inferior, a saber: de la seguridad en la vida social. El Derecho surge precisamente como instancia determinadora de aquello a lo cual el hombre tiene que atenerse en sus relaciones con los demás: certeza; pero no sólo certeza teorética (saber lo que se debe hacer) sino también certeza práctica, es decir, seguridad, saber que esto tendrá forzosamente que ocurrir porque será impuesto por la fuersa, si es preciso, inexorablemente. La seguridad, por consiguiente, no requiere expresa consagración constitucional, siendo valor inherente al propio orden jurídico, cualquiera sea la concepción que del mismo se tenga y la ideología a que el mismo responda" (Shaw, 1985:46).

sido eleitos pelo povo e os quais são juridicamente responsáveis perante esse mesmo povo.

O princípio da legalidade em matéria de tributação atende ao princípio da representação, que é inerente à democracia, faz presumir o auto e prévio consentimento dos cidadãos à imposição de encargos tributários e é de aplicação obrigatória para a salvaguarda dos direitos individuais, entre os quais avultam a segurança jurídica, a propriedade e a liberdade, pois que "el poder de crear, de manejar, de intervenir el Tesoro Público, es el resumen de todos los poderes. En la formación del Tesoro puede ser saqueado el país, desconocida la propiedad privada e hollada la seguridad personal; en la elección y cantidad de los gastos, puede ser dilapidada la riqueza pública, embrutecido, oprimido, degradado el país" (Alberdi, *apud* Uckmar, 1976:7).

Por isso as Constituições democráticas vigentes prevêem explicitamente que os tributos devem ser aprovados pelos órgãos legislativos competentes, donde se pode constatar que, no que diz respeito à matéria tributária, o Poder Executivo só pode emanar disposições com eficácia legislativa se e na medida em que estiver a isso autorizado por uma norma legislativa primária, vale dizer, por lei formal.

A CF brasileira, no seu art. 150, I, estabeleceu o princípio específico da legalidade da tributação, como direito individual do contribuinte.

O princípio da legalidade da tributação, no Direito Constitucional brasileiro, está consorciado e tem parte do seu alcance determinado pelo princípio previsto na letra "a" do inciso III do mesmo art. 150 — *princípio da irretroatividade da lei tributária* —, pelo princípio previsto na letra "b" do mesmo inciso III — *princípio da anterioridade da lei tributária* —, e constitui uma especialização, no campo tributário, do princípio da legalidade previsto genericamente no inciso II do art. 5º ("ninguém será obrigado a fazer ou deixar de fazer alguma coisa senão em virtude de lei"), todos estes artigos da CF de 1988.

Constata-se, então, que a Constituição Federal não só enfatizou o acolhimento do princípio da legalidade em matéria tributária como também traçou-lhe o respectivo conteúdo.

Somente a lei formalmente considerada, ou seja, como ato promanado do Poder Legislativo, constitui ato normativo capaz de tornar jurígenos determinados fatos e estabelecer, como conseqüência da sua ocorrência, obrigações tributárias. Além disso, essa lei, de modo geral, não pode ser retroativa e sua vigência deve respeitar o princípio da anterioridade.

Em matéria de tributação a Constituição Federal de 1988 só se abre exceção à aplicação do princípio da legalidade para a fixação das alíquotas dos impostos que têm finalidades predominantemente extrafiscais — isto, no entanto, dentro dos limites fixados em lei (art. 153, § 1º).

Estas são fortes razões, mas não as únicas para que se conclua que não se coaduna com o atual sistema constitucional tributário brasileiro a instituição de tributos por meio de medida provisória editada pelo Presidente da República, ainda que posteriormente convertida em lei.

O impropriamente chamado princípio da tipicidade[2] diz respeito ao conteúdo da

2. Misabel de Abreu Machado Derzi, no seu *Direito Tributário, Direito Penal e Tipo*, critica o uso que se tem feito da palavra "tipo" no campo do Direito Penal e também no campo do Direito Tributário, observando que "grande parte daquilo que se chama tipo jurídico é convertido, na realidade, em conceito fechado, pela lei ou pela Ciência do Direito. Assim acontece, por exemplo, no Direito Penal ou Tributário"; esclarecendo que "o pensar tipologicamente, o tipificar, em sentido técnico, ao contrário do que se supõe, não é estabelecer rígidos conceitos de espécies jurídicas, baluartes da segurança do Direito. Essa função compete aos conceitos fechados, determinados e classificatórios". Define ela: "Os tipos propriamente ditos (ou apenas tipos), *stricto sensu*, além de serem uma abstração generalizadora, são ordens fluidas, que colhem, através da comparação, características comuns, nem rígidas, nem limitadas, onde a totalidade é critério decisivo

lei, ao seu grau de concreção. A tipicidade significa o legislador descrever os fatos jurígenos e as suas conseqüências com tamanho grau de especificação que o intérprete e o aplicador da lei fiquem habilitados a determiná-los com precisão, uma vez havendo a incidência da norma jurídica. Onde o legislador quer reforçar a segurança jurídica impõe-se a aplicação do princípio da tipicidade: a lei se enrijece em favor da segurança jurídica.

No Direito Tributário, em razão da importância da segurança jurídica neste campo, exige-se que a lei tipifique não somente os fatos jurígenos e suas conseqüências como, também, que ela elimine, tanto quanto possível, ao fazê-lo, a imprecisão conceitual. Com isso procura-se afastar ao máximo a discricionariedade inerente aos atos de aplicação da lei.[3]

para a ordenação dos fenômenos aos quais se estende. São notas fundamentais ao tipo a abertura, a graduabilidade, a aproximação da realidade e a plenitude de sentido na totalidade. 'Tipo', em sentido impróprio, são conceitos classificatórios, cujas notas se cristalizam em número rígido e limitado. Observe-se, mais uma vez, que o tipo, quer usado em sentido próprio, quer impróprio, tem sempre o significado nuclear de abstração generalizadora ou padrão, e oferece rica descrição do objeto. Nos tipos propriamente ditos essas abstrações ou padrões apresentam-se em ordens, e nos impróprios em conceitos fechados" (Derzi, 1988:48). Ela prefere utilizar a expressão "princípio da conceitualização normativa especificante" em lugar de "princípio da tipicidade" (Derzi, 1988:96). Utilizamos neste trabalho a expressão "princípio da tipicidade" referindo-nos ao conceito impróprio de tipo, cujo uso está generalizado na doutrina brasileira, como a citada autora reconhece na sua obra; uso, este, consagrado por Alberto Xavier, dentre outros.

3. Segundo Alberto Xavier: "O órgão de aplicação do Direito deve ter na lei predeterminado o conteúdo da sua decisão, donde resulta que se procura subtrair ao seu arbítrio ou critério subjetivo a eleição dos fatos tributários (como no Direito Penal se retira ao juiz a livre incriminação dos fatos) mas, mais ainda, que se lhe pretende retirar o critério da tributação, isto é, a fixação da medida do tributo. O órgão de aplicação do Direito encontra-se, deste modo, submetido quer aos tipos legais de fatos tributários, quer aos tipos de efeitos jurídicos decorrentes da verificação dos fatos, abrangendo a medida dos tributos" (Xavier, 1978:73).

Os caracteres da tipicidade apreendem-se noutros tantos subprincípios que regem a matéria tributária, os quais são assim nominados e resumidos por Alberto Xavier em monografia clássica sobre este assunto:

"O princípio da *seleção* significa que o legislador não pode descrever o tributo pela utilização de conceito ou cláusula geral abrangendo todo o quadro das situações tributáveis, ou seja, as reveladoras de capacidade contributiva, da mesma forma que não é também possível a incriminação com base num conceito ou cláusula geral de crime. Pelo contrário, os tributos devem constar de uma tipologia, isto é, devem ser descritos em tipos ou modelos, que exprimam a seleção, pelo legislador, das realidades que pretende tributar, dentro do quadro mais vasto das que apresentam aptidão para tanto. Os tipos tributários são todos eles emanação do conceito geral de tributo, mas não esgotam esse conceito. Existem assim — o que é próprio da tipologia (por oposição à classificação) — realidades *excluídas* pela atividade seletiva do legislador.

"O princípio do *numerus clausus* especifica um tanto mais o princípio da seleção, pois enquanto este se limita a ordenar que o legislador elabore os tributos através de uma tipologia, aquele esclarece que, de entre as três formas possíveis de tipologia — a exemplificativa, a taxativa e a delimitativa —, a tipologia tributária é inegavelmente *taxativa*. Quer isto dizer que o fato tributário é um fato típico o qual, para produzir os seus efeitos, necessário se torna corresponda, em todos os seus elementos, ao tipo abstrato descrito na lei: basta a não-verificação de um deles para que não haja, pela ausência de tipicidade, lugar à tributação.

"O princípio do *exclusivismo* exprime que a conformação das situações jurídicas aos tipos legais tributários é não só absolutamente necessária como também suficiente à tributação. (...). Trata-se, pois, de uma tipicidade fechada (na terminologia de Larenz), enquanto não admite quaisquer elementos adicionais não completamente contidos na descrição normativa.

"O princípio da *determinação* (o *Grundsatz der Bestimmtheit* de que fala Friedrich) exige que os elementos integrantes do tipo sejam de tal modo precisos e determinados na sua formulação legal que o órgão de aplicação do Direito não possa introduzir critérios subjetivos de apreciação na sua aplicação concreta. Por outras palavras: exige a utilização de conceitos determinados, entendendo-se por estes (e tendo em vista a indeterminação imanente a todo conceito) aqueles que não afetam a segurança jurídica dos cidadãos, isto é, a sua capacidade de previsão objetiva dos seus direitos e deveres tributários" (Xavier, 1982:14 e 15).

Em decorrência do princípio da legalidade e seu subprincípio, o princípio da tipicidade, aplica-se ao Direito Tributário o brocardo *nullum tributum sine lege*.

Desses dois princípios decorre também que os tributos estão previstos na lei em *numerus clausus*, de tal modo que fora daquele campo delimitado pelo legislador o particular tem um terreno livre de atuação, imune a qualquer tributação. Não se trata, aí, de lacuna da lei, mas de uma esfera de atuação livre de tributação.

É nessa esfera de liberdade fiscal do particular que podem ocorrer casos da chamada elisão fiscal[4] (ou elisão tributária); melhor dizendo, é neste campo que o particular pode proceder a um planejamento tributário dos seus negócios com o fito de economizar impostos sem ofensa à lei ou aos interesses arrecadatórios do Estado.

Diva Prestes Marçondes Malerbi conceitua a elisão tributária (a também chamada elisão fiscal) como direito subjetivo público:

"A liberdade proporcionada pela não-regulação tributária representa, na verdade, um limite jurídico ao poder do Estado, em uma de suas manifestações (a ação estatal de tributar), e uma área de proteção jurídica do particular, porquanto o Estado nela não pode interferir, sob pena de inconstitucionalidade.

"Vale dizer, o ordenamento jurídico brasileiro não só permite a existência de uma esfera de liberdade na tributação (não-regulação), mas também a protege, por impor ao Estado a obrigação de não interferir nessa área reservada ao particular (além do limite: a lei).

4. Sobre o que se pode entender por elisão fiscal ou elisão tributária remetemo-nos ao que escreveu Diva Prestes Marcondes Malerbi: "A propósito, pois, da questão terminológica — embora haja, no uso lingüístico do termo, diversas configurações tributárias conotadas à figura da elisão tributária, demonstrando inevitavelmente a dissensão que há na doutrina a respeito da própria formulação e compreensão desse conceito — é importante assinalar nesse sentido, como o faz exponencialmente A. R. Sampaio Dória, que 'expressões como evasão, evasão ilícita ou ilegítima ou ilegal, fraude, fraude ilícita ou ilegal, para designar a modalidade dolosa de frustrar a satisfação de um tributo devido, pontilham obras diversas, em vários idiomas. Em contraponto se alinham, para caracterizar a modalidade válida de evitar o surgimento da obrigação tributária, elisão, evasão, evasão lícita ou legítima ou legal, fraude lícita ou legal, economia fiscal'. Por tais motivos, e numa 'tentativa de neutralização e estabilização da nomenclatura', propõe o magno autor: 'os termos de fraude e evasão para exprimir a ação tendente a eliminar, reduzir ou retardar o pagamento de tributo devido. E os de elisão ou economia fiscal (o termo economia ou poupança fiscal é preferido pelos doutrinadores de língua alemã. O de elisão particularmente pelos de língua espanhola) para a ação tendente a evitar, minimizar ou adiar a ocorrência do próprio fato gerador'. Em outras palavras, elisão tributária (em sentido estrito) é a expressão empregada pela doutrina para designar a descrição tipológica de determinados comportamentos que os particulares manifestam perante a tributação, e que se fundam num ponto referencial comum a todos: comportamentos tendentes a evitar uma incidência tributária ou a obter uma incidência tributária menos onerosa, mediante a via jurídica lícita que lhe proporcione tal desiderato. Expressa-se, assim, o comportamento elisivo na prática de atos ou negócios jurídicos que são fundamentalmente motivados pelos efeitos tributários (mais benéficos) dela decorrentes. A escolha de tais atos ou negócios é essencialmente determinada pela intenção de evitar-se determinadas incidências tributárias, equiparando-se o resultado prático obtido aos daqueles atos ou negócios jurídicos sujeitos ao regime tributário desfavorável" (Malerbi, 1984:14 e 15).

"Assim, só a meditação sobre a área de ingerência estatal na tributação já serve para evidenciar o perfil jurídico assumido pelo direito subjetivo público denotativo da elisão tributária: um direito constitucional de liberdade a que corresponde um dever por parte do Estado a uma conduta omissiva na tributação" (Malerbi, 1984:75 e 76).

A doutrina tem denominado essa esfera de liberdade de atuação do particular sem sujeição a tributação de direito à economia de imposto ou economia fiscal, direito à prática dos negócios fiscalmente menos onerosos ou direito à livre utilização dos institutos e formas do Direito Privado.[5] Tais denominações parecem-nos mais apropriadas ao direito que se quer definir do que elisão fiscal ou tributária. A elisão fiscal ou tributária não é o direito propriamente dito, mas o comportamento que configura o exercício do direito à economia fiscal — este, sim, direito subjetivo público do particular.

Os atos praticados pelo particular dentro desta esfera de liberdade fiscal são, assim, atos lícitos, por não contrariarem a lei, e constituem o resultado do exercício de um direito desse mesmo particular à economia de imposto.

Tratando-se de liberdade fiscal, de direito à economia de imposto ou economia fiscal, de direito à prática dos negócios fiscalmente menos onerosos, ou de direito à livre utilização dos institutos e formas do Direito Privado, é certo que essa liberdade ou esse direito comporta limites que não podem ser ultrapassados, sob pena de se desbordar para o campo da ilicitude.

3. *Os limites da liberdade fiscal do particular*

3.1 O exercício dos direitos subjetivos e os seus limites

É relevante no direito subjetivo o fato de que ele consiste num poder que a sociedade atribui ao indivíduo — poder, esse, reconhecido, sancionado e protegido pela lei, considerada esta em sentido geral. O direito subjetivo é, assim, um poder juridicamente protegido.

De outro lado, o direito subjetivo é exercitado por uma vontade autônoma, a de seu titular. Exercer um direito significa, portanto, pôr em movimento esse poder juridicamente protegido.

O exercício de um direito ocorre por meio de fatos materiais ou por meio dos negócios jurídicos.

A noção hoje corrente é a de que os direitos subjetivos não constituem poderes que possam ser exercitados por seu titular sem qualquer limitação.

Nem sempre, no entanto, se pensou assim. Noticia Pontes de Miranda que: "A propósito de exercício dos direitos, houve o princípio-tese da absolutidade do exercício dos direitos, com o aforismo romano *qui iure suo utitur neminem laedit* (ou *nemo iniuria facit qui iure suo utitur*). O princípio-antítese foi o *summum ius summa iniuria*. A síntese operou-se pela inclusão do abuso do direito na classe dos atos ilícitos, ou empregando-se regra jurídica de inclusão, por meio de enunciado proibitivo (CC alemão, § 226: *Die Ausübung eines Rechts ist unzulässig, wenn sie nur den Zweck haben kann, einem Anderen zuzufügen*: 'o exercício de um direito é proibido se somente pode ter por fim causar dano

5. Alberto Xavier, em posição em parte descoincidente com a de Diva Malerbi, também admite que se possa conceituar essa esfera de liberdade do particular sem tributação como um direito desse particular: "Não repugna, todavia, a referência a um direito, aludindo assim à imputação subjetiva dessa realidade, desde que se tenha presente que a tal posição jurídica não corresponde uma posição jurídica passiva que lhe esteja simetricamente relacionada" (Xavier, 1982:17). A posição de Diva Malerbi, no nosso entendimento, tirante a denominação desse direito, à qual faremos reparo a seguir, apreende melhor a realidade evidenciada pela esfera de liberdade fiscal, pois o Estado está obrigado a respeitar o direito do particular de não ser tributado pela prática de ato situado dentro do campo de sua liberdade de atuação livre de tributação, e, se não o fizer, está sujeito a ser acionado em juízo para ser compelido a fazê-lo.

a outrem'), ou de enunciado preexcludente da contrariedade a direito, por se ter incluído entre os atos contrários a direito o exercício irregular ou *abuso de direito* (CC brasileiro, art. 160: 'Não constituem atos ilícitos: I — Os praticados ... no exercício regular de um direito reconhecido')" (Pontes de Miranda, 1954:291).

O legislador, ao atribuir um direito subjetivo público ou privado a alguém, o faz em função da liberdade e personalidade do seu titular e em decorrência de um juízo de valor seu que engloba esses dois fatores citados, em si mesmos considerados, e eles em consonância com a função útil prevista pelo Direito como um sistema para aquele determinado direito. O direito assim conferido pelo legislador ao seu titular tem seu exercício jungido ao cumprimento da função útil para o qual ele foi instituído.

Essa função útil dos direitos subjetivos, por sua vez, tem como fonte e fundamento o chamado fim social do direito, o qual, como ressalta José Olímpio de Castro Filho (1959:20), "só existe para assegurar a existência do homem em sociedade com os outros homens". Tal concepção da finalidade do direito resultou de uma reação ao exacerbado individualismo que orientou as construções jurídicas do século XVIII. Clóvis Beviláqua, em lição ainda atual, ressaltando o conteúdo moral e o fim social do direito, observa que:

"A evolução do Direito se tem operado no sentido do maior desenvolvimento e accentuação de seus intuitos ethicos, e correspondente reducção dos seus elementos egoisticos. A Sociologia, comprehendendo-o como força moral destinada a manter o equilíbrio das energias sociaes em acção, contribuiu fortemente para a solução do problema do abuso do direito. Se a funcção do Direito é manter em equilíbrio os elementos sociaes collidentes, desvirtuar-se-á, mentirá ao seu destino, quando se exaggerar, no seu exercício, a ponto de se tornar um principio de desharmonia.

"Essa tendência depuradora do direito e a sua finalidade social exigem a socialização do exercício. O direito é a resultante das solicitações dos interesses do indivíduo e da sociedade. O seu exercicio deve seguir a linha média traçada por essas duas solicitações.

"Este pensamento, que, hoje, se acha embebido na consciencia geral, esclarecido e divulgado pela Sociologia, foi bem expresso por Bardesco, quando escreveu: 'O Direito destina-se a alcançar o bem geral, ao mesmo tempo que a satisfação dos interesses individuaes; o abuso do direito, que é o exercício anti-social de um direito, gera a responsabilidade. Os direitos não são fins em si, porém meios de realizar um fim, que lhes é exterior. Por outros termos, os direitos não são absolutos, quanto ao seu exercicio, porém limitados pelo seu proprio fim. Abusar do direito é tomar o meio pelo fim, é exercel-o de modo contrario ao interesse geral, e á noção de equidade tal como se apresenta, num dado momento da evolução jurídica. Abusar do direito é servir-se delle, egoisticamente, e não socialmente. Em um estado jurídico, em que a justiça e a equidade tendem, como actualmente, à socialização do direito, o seu abuso compromette a responsabilidade de quem o pratica' (*L'Abus du Droit*, p. 226)" (Beviláqua, 1977:432 e 433).

No mundo atual alargou-se ainda mais o conceito da finalidade do Direito.

Nos dias de hoje os Estados, no mundo ocidental, na sua maior parte, se constituem em Estados Democráticos de Direito, também chamados Estados Sociais.

"Estado Democrático de Direito é o Estado que mantém clássicas instituições governamentais e princípios como o da separação de Poderes e da segurança jurídica. Erige-se sob o império da lei, a qual deve resultar da reflexão e co-decisão de todos. Mas não é forma oca de governo, na qual possam conviver privilégios, desigualdades e oligocracias. Nele, há compromisso inseparável com a liberdade e a igualdade, concretamente concebidas, com a evolução qualitativa da democracia e com a erradicação daquilo que se chamou de o 'ser oligárquico', subsistente em quase todas as democracias.

"Não há incompatibilidade entre Estado de Direito e Estado Social, mas síntese dialética que supera o individualismo abstrato e a neutralidade do Estado Liberal. Nas novas fórmulas encontradas pelas Constituições mais modernas não há, de modo algum, renúncia às clássicas garantias jurídicas. Entretanto, ao mesmo tempo se buscam metas de maior justiça social, condições efetivas de uma vida digna para todos, por meio do desenvolvimento e da conciliação entre liberdade e solidariedade" (Derzi, 1994:193).

A Constituição do Estado Democrático de Direito contém, dentre outras, normas que veiculam princípios e diretrizes voltados à consecução de determinadas metas e ao desenvolvimento de políticas públicas e normas que consagram os denominados direitos sociais, econômicos e culturais, que, ao lado dos direitos individuais, passam a integrar a categoria dos chamados direitos fundamentais. Por isso é que a lei, nessa espécie de Estado, deixa de ser apenas uma lei de arbitragem, pois precisa influir na realidade social, construindo-a.

O direito, entendido como instrumento utilizado para manter o equilíbrio das forças sociais (devendo seu exercício compatibilizar, ao mesmo tempo, o interesse do indivíduo com o interesse da sociedade), incorporou mais uma função positiva, a de influir na realidade social, tornando-se também um instrumento a serviço dos interesses da coletividade. É o que se vem denominando de *função social do direito* (*v.g.*, a função social do direito de propriedade). O direito que não cumpre sua função social pode ter seu exercício limitado ou vir a ser retirado do seu titular por força de lei.

O exercício dos direitos subjetivos privados nos chamados Estados Democráticos de Direito, então, deve ter como mais um fator de sua regularidade, além daquele que até agora aqui abordamos, a manutenção do equilíbrio entre o interesse individual do seu titular e o interesse coletivo consagrado constitucionalmente. Esse equilíbrio pressupõe o equilíbrio entre os elementos sociais colidentes — o fim último do direito —, na expressão utilizada por Clóvis Beviláqua, mas encontra-se especificamente na conciliação constante e permanente da liberdade individual com a igualdade material e a solidariedade social.

Não são estes, no entanto, os únicos limites ao exercício dos direitos.

Como já ficou ressaltado no trecho da lavra de Clóvis Beviláqua que transcrevemos neste trabalho, a regra moral também constitui um limite ao exercício dos direitos.

A este propósito, Georges Ripert elaborou estudo clássico no qual se propôs a demonstrar "que o direito, na sua parte mais técnica, é dominado pela lei moral" (Ripert, 1937:9). O ponto central da sua teoria, que se restringe à obrigação civil, pode ser extraído do seguinte trecho do seu trabalho:

"Se existe de fato uma espécie de vida secreta da obrigação jurídica, é preciso reencontrá-la sob a forma técnica de que se é obrigado a revesti-la para lhe dar acesso no mundo jurídico. Não há investigação mais apaixonante do que esta, porque sob o aspecto frio da regra de Direito ela deixa perceber em volta do princípio, da vida, e do desaparecimento desta regra as razões profundas que tem a alma humana de a desejar, de a aperfeiçoar ou de a combater.

"Não se trata, de resto, de se iludir com palavras ou de se contentar com fórmulas gerais e fáceis. Que o Direito Positivo é mais ou menos fundado sobre a idéia de justiça toda a gente sabe, e não serviria de nada demonstrar que a maior parte das instituições assenta sobre a necessidade de dar satisfação a esta idéia. Quando pretendo procurar a influência da lei moral na elaboração prática das regras de Direito pelo legislador e pelo juiz, não entendo por lei moral qualquer vago ideal de justiça, mas essa lei bem precisa que rege as sociedades ocidentais modernas e que é respeitada porque é imposta pela fé, a razão, a consciência, ou simplesmente seguida pelo hábito ou pelo respeito humano.

"Este problema jurídico domina a elaboração da lei pelo legislador, a sua aplicação pelo juiz, a sua interpretação pelo doutor.

"Até que ponto o mundo jurídico se poderá organizar, fora de toda a preocupação moral, sobre os dados práticos e racionais? Quando se trata de regrar os efeitos legais das vontades e das atividades, de organizar a troca de capitais e de serviços, poder-se-á sobre um ideal bastante vago ou necessidade econômica fazer construções jurídicas abstratas, e depois divertir-se a escrever equações de relações jurídicas e a transformá-las? Não é, pelo contrário, preciso ter presente que o credor e o devedor, ligados um ao outro pela relação de direito, são homens que fazem parte da mesma comunidade, que uma moral sublime chama irmãos e que não podem ter um os direitos, outro as obrigações, senão na medida em que a lei moral permite tirar de alguém proveitos e serviços, ou não o impede em todo o caso de o prejudicar?" (Ripert, 1937:13).

Quanto à aplicação da regra moral no campo específico do exercício dos direitos, esse autor escreveu:

"A regra moral pode ser estudada primeiro na sua *função normativa*, quando ela vem impedir o abuso da forma jurídica que se queria utilizar para fins que a moral reprova. Contra o princípio da autonomia da vontade ela cria a necessidade para as partes de respeitar a lei moral, a proteção necessária devida ao contratante que se encontra em condição de inferioridade, e que é explorado pela outra parte; ensina que a justiça deve reinar no contrato e que a desigualdade das prestações pode ser reveladora da exploração dos fracos; lança a dúvida sobre os acordos que são a expressão de uma vontade demasiado poderosa dominando uma vontade enfraquecida.

"Contra o exercício ilimitado dos direitos, ensina que pode haver uma injustiça a esgotar as prerrogativas duma faculdade; que se deve controlar a ação do credor provinda do contrato e ligando a si o devedor; que o juiz deve apreciar com que sentido e com que fim age aquele que pretende exercer um direito, e, se essa ação não é lícita, recusar-lhe o seu concurso" (Ripert, 1937:14).

Finalmente, para que se desborde do uso regular de um direito, configurando-se o exercício irregular do direito, é nota fundamental a causação de prejuízo a outrem. O interesse lesado pode ser material ou moral, consoante ressalta Pontes de Miranda (1954:294).[6]

3.2 O abuso do direito

3.2.1 *Denominação* — Toda vez que o indivíduo, no exercício de um direito subjetivo, excede os limites da regularidade desse exercício impostos pelo Direito Positivo, aí compreendidos o texto legal, as normas éticas que coexistem em todo o sistema jurídico e a finalidade social do direito — aqui considerada no sentido amplo aplicável ao Direito do Estado social —, causando prejuízo a outrem, verifica-se o que se convencionou denominar *abuso do direito*.

Isto porque o direito subjetivo, poder de agir, na sua realização própria, normal, é considerado *uso*, e na sua realização anormal, imprópria, é considerado *abuso*.

Planiol, o mais tenaz dos opositores da denominação *abuso do direito*, sustentou haver aí uma logomaquia, pois no seu entender é incompreensível que "possa haver uso abusivo de um direito qualquer, pela razão irrefutável de que um só e mesmo ato não pode ser ao mesmo tempo conforme ao direito e contrário ao direito" (*apud* Castro Filho, 1959:22).

6. Muitas vezes, como, por exemplo, no caso do interdito possessório que retira de uma gleba seu ocupante, o exercício regular de um direito também causa prejuízo. A nota distintiva para que se tenha como caracterizado o abuso do direito, dando-se preferência ao direito lesado, é a irregularidade do exercício do direito.

Carvalho Santos rebate a crítica de Planiol com os seguintes argumentos, a nosso ver irrespondíveis:

"A crítica de Planiol foi desde logo posta à margem como improcedente, pois a sua afirmativa parte de um suponendo inexato, como lembra Orosimbo Nonato: dá ao direito subjetivo contornos nítidos, lindes infranqueáveis, âmbito definido dentro do qual o exercício do titular não tem limites, só tendo os limites que definem o próprio direito.

"Nem é exato, como parece fazer crer Planiol, que o abuso do direito seja um ato praticado sem direito, por isso que, como se sabe, casos há em que o ato é praticado nos limites do direito e é, todavia, abusivo, se, por exemplo, foi praticado com o intuito exclusivo e manifesto de causar dano a outrem" (Carvalho Santos, 10ª ed., s/d:339).

3.2.2 *Conceituação* — *3.2.2.1* A validade intrínseca de um ato que configura abuso do direito: Georges Ripert (1937:176) chama a atenção para o fato de que para que se encontrem hipóteses reais de abuso do direito é necessário que o ato praticado seja em si irrepreensível, realçando que: "Reentrando no exercício normal e habitual do direito ele seria suportado sem recurso, se não fosse viciado pelo espírito que o inspira".

3.2.2.2 As três correntes doutrinárias sobre a caracterização do abuso do direito: relata José Olympio de Castro Filho que os sistemas de Direito Positivo podem ser classificados em três grupos no que diz respeito à conceituação do abuso do direito:

"Assim, para alguns, mais de uma vez denominados *subjetivistas*, para determinar se há ou não abuso do direito atende-se exclusivamente à intenção do agente. O exercício de um direito é abuso, e torna-se ilícito, se aquele que o exerce apenas teve em vista prejudicar terceiros, sem nenhum ou com insignificante proveito para si. Podem ser incluídos entre os autores que assim fazem caracterizar o abuso do direito, entre outros, Bonnecase, Demogue, Ruggiero, Lalou.

"Na legislação têm sido geralmente apontados como sancionadores do critério subjetivista: o Código alemão de 1900, art. 226; o Código Civil suíço de 1907, art. 2º; o Código Civil turco, de 1926, e o Código Civil chinês, de 1929.

"Para outros, denominados *objetivistas*, pode haver abuso do direito mesmo sem a intenção de prejudicar. O ato é lícito ou ilícito conforme se realize ou não de acordo ou em harmonia com a *finalidade* do instituto jurídico. Para esses, o exercício abusivo do direito sem proveito próprio, ou com a intenção de prejudicar, constitui sempre um abuso, sendo esta a sua forma mais freqüente e expressiva; todavia, entendem, é difícil de ser apurada e é insuficiente a intenção para caracterizar o abuso; mais objetivamente, acham que deve ser surpreendido toda vez que o direito é exercido em desacordo com a sua finalidade social.

"São expoentes dessa corrente Saleilles e Josserand.

"No Direito Positivo têm sido apontados como normas consagradoras do critério objetivo o Código Civil soviético, de 1923, e o Código Civil brasileiro, art. 160, I.

"As dificuldades inerentes à aplicação de qualquer teoria subjetivista vêm dando maior realce e maior número de adeptos aos partidários da teoria objetivista, eis que, na verdade, esta satisfaz melhor, em certas formas do abuso do direito, as finalidades do instituto.

"Jorge Americano refere a doutrina — que denomina de *mista* — que 'analise, por assim dizer, objetivamente, a intenção, isto é, com os elementos que dá o estudo do procedimento normal dos homens, e conclua pela anormalidade do procedimento do agente quando se não conforme com essa medida, e faça decorrer daí a obrigação de ressarcir o dano. É o método preconizado por Giorgio, Huc, Ferraroti, Ricci e Chironi, e a tal doutrina se filiou Henri de Page, quando ensinou que o uso anormal do direito consiste no seu desvio, no seu emprego com outros fins diversos daquele que a lei entendeu de proteger. Este desvio pode consistir seja na intenção de prejudicar, seja numa falta na execução, seja na falta do interesse legítimo, seja no desvio do direito da sua função social" (Castro Filho, 1959:25-29).

3.2.2.3 O ato abusivo do direito como ato ilícito, o seu suporte fático e as sanções impostas para a sua prática: a ilicitude configura-se em situações que têm como característica comum a violação da ordem jurídica, implicando, portanto, contrariedade a direito.[7]

A prática de atos ilícitos pode gerar diversos tipos de conseqüências no campo jurídico, sendo a mais comum a indenização das perdas e danos. A indenização por perdas e danos estará sempre presente no caso dos atos ilícitos definidos no art. 159 do CC. Mas a ilicitude pode fazer nascer outros efeitos, "como, por exemplo, gerar a pretensão à desconstituição do negócio jurídico ou da relação jurídica, como nos casos de pretensão à resolução, resilição, denúncia, ou também exigir o desfazimento de resultado fático do descumprimento da obrigação de não-fazer (CC, art. 883)" (Mello, 1998:214), isto no caso dos atos ilícitos que se configuram pela violação de deveres resultantes de relações jurídicas de direito relativo, nascidas de negócio jurídico ou ato jurídico *stricto sensu*; ou a perda de um direito (no caso dos atos ilícitos caducificantes) e a invalidade do ato de violação do direito (no caso do ato ilícito invalidante).

O exercício irregular de um direito ou o abuso do direito, porque implica violação da ordem jurídica, como já deixamos claro ao conceituá-lo, enquadra-se na categoria dos atos ilícitos. Como ato ilícito que é, a culpa pode fazer ou não parte do seu suporte fático, dependendo da corrente a que se filie o ordenamento jurídico considerado. O art. 159 do CC — que trata do ato ilícito — contém a regra genérica que se aplica na falta de outra previsão expressa e específica acerca da ilicitude; e, quanto à culpa nele prevista, há controvérsia, na doutrina e na jurisprudência, se ela compõe ou não o suporte fático do abuso do direito — ato ilícito que é —, devendo, de acordo com a tese que se adotar, ser ela ou não objeto de prova. A doutrina tem-se inclinado majoritariamente por enxergar no Direito brasileiro, no que se refere ao abuso do direito, o acolhimento da doutrina objetivista citada por José Olympio de Castro Filho em trecho que transcrevemos neste trabalho.[8] Outra corrente, capitaneada por Jorge Americano (*apud* Carvalho Santos, 10ª ed., s/d:355 e 356), entende que a culpa a ser provada, no caso do abuso do direito, constitui questão que "não se confina no âmbito da psicologia individual", mas no "estudo da psicologia das médias humanas para propor-se de forma a indagar se o ato realizado está em conformidade com o modo pelo qual os homens costumam proceder, em harmonia com as regras da boa-fé e da moral social". O que se deve ter em mente, no entanto, na nossa opinião, para se avaliar sobre a configuração de um ato abusivo do direito, é que o art. 159 do CC não afasta a previsão da ilicitude em outras normas jurídicas específicas; ele contém apenas uma previsão genérica acerca da ilicitude, a ser aplicada na falta de disposi-

7. A culpa não é elemento essencial para a caracterização do ato ilícito. Como exemplos de situações em que não se verifica a culpa mas que constituem inegavelmente atos ilícitos encontramos as dos arts. 1.527 e 1.528 do CC, podendo-se concluir do que se acha disposto neles que "(...) o sistema jurídico brasileiro não se cingiu à culpa; adotou o princípio da transubjetividade na responsabilidade civil, em razão do qual se estabelece um nexo entre o fato danoso e o homem, que transcende a pura subjetividade da culpa e não se compraz com a só objetividade do risco: vê-se a contrariedade a direito objetivamente, imputando-a a alguém a ela ligado, em razão de certos pressupostos de natureza subjetiva" (Mello, 1998: 195 e 196). Como exemplos de ilícitos sem culpa que não fazem configurar hipóteses de transubjetividade temos os ilícitos contra a posse, como o esbulho e a turbação, nos quais a culpa é irrelevante.

8. É a opinião, dentre outros, do próprio José Olympio de Castro Filho, de Clóvis Beviláqua, de Pedro Batista Martins e Alvino Lima (os dois últimos *apud* Guilherme Fernandes Neto, 1990:176).

ção específica. E, tratando-se de abuso do direito, no campo do Direito Civil há a disposição específica do art. 160, I, do CC; no caso do Direito Tributário, como veremos mais adiante, o abuso do direito recebe tratamento próprio. Em princípio, portanto, não há que se entender a culpa, no Direito brasileiro, como compondo o suporte fático do abuso do direito. Assim, no campo do Direito Civil, havendo alegação de prática de ato abusivo do direito, cabe a quem a faz provar a prática do ato e o dano dela advindo para si, apontando a contrariedade a direito, abrindo-se ao culpado do dano a oportunidade de provar a regularidade do exercício do direito por ele. Isto porque a regra do art. 160, I, é preexcludente: se há dano, o que exercia o direito comete ato ilícito, salvo se regularmente o exercia, do que decorre que o ônus da prova no Direito brasileiro incumbe ao causador do dano, e não ao que o sofreu; a este incumbe provar a prática do ato e o dano, apontando onde houve a contrariedade ao direito. O que alega que o ato foi praticado no regular exercício do direito é que tem que provar a regularidade desse exercício. Esta é, para nós, a melhor interpretação do art. 160, I, do CC.

A noção de abuso do direito faz surgir a idéia de responsabilidade ou uma sanção. As conseqüências para a prática do ato abusivo — as sanções — vão depender do que dispuser a esse respeito a parte do ordenamento jurídico que estiver sendo violada por ela. Normalmente, a ordem jurídica sanciona o abuso do direito por meio da indenização das perdas e danos causadas pelo ato abusivo (o que ocorrerá se for o caso de enquadrar-se o abuso do direito na regra genérica do art. 159 do CC); quando isto não se faz possível e adequado a sanção costuma consistir na supressão ou anulação do ato abusivo, restabelecendo-se, então, o *statu quo ante*. Serpa Lopes observa, no entanto, que, resultando o ato abusivo de um ato jurídico, deve-se afastar a solução da sua nulidade, "sobretudo pela possibilidade de poder afetar o interesse de terceiros, confiados na aparente legalidade do ato. Em tais casos, a sanção deverá resumir-se nas perdas e danos" (Serpa Lopes, 1962:552). Luiz da Cunha Gonçalves refere-se a outras espécies de sanção para o abuso do direito: proibição de repetir o abuso sob pena de multa, demolição da obra abusivamente feita, reintegração das coisas no estado anterior, publicidade da sanção moral etc. (Cunha Gonçalves, 1951:263).

3.3 O abuso do direito no campo do Direito Tributário

A norma tributária, tanto na sua *hipótese*, ao descrever o fato cuja ocorrência é causa necessária e suficiente para o nascimento da obrigação tributária principal, como na sua *conseqüência*, ao referir-se a fatos dos quais depende a mensuração da matéria tributável, como, também, a norma tributária de estrutura, ao prever fatos impeditivos do nascimento da obrigação tributária principal — casos de isenção —, podem, essas normas, para os aludidos fins, mencionar atos ou negócios jurídicos tipificados no Direito Privado. Assim o fazendo, delimitam o campo em que o particular pode tanto exercitar seu direito à economia fiscal como pode abusar desse seu direito à economia fiscal.

A fronteira entre esses dois tipos de prática ou, mesmo, a existência ou não dessa fronteira têm sido objeto dos mais acesos debates na doutrina e na jurisprudência pátrias.

A maior parte dos doutrinadores brasileiros, até onde nos foi possível consultar, vem concluindo pela verdadeira impossibilidade de se configurar o abuso do direito em matéria tributária, em virtude da rigidez da aplicação do princípio da legalidade nesse campo do Direito. Em síntese, segundo esse segmento da doutrina, se o particular praticou ato ou celebrou negócio jurídico (a) dando a um ou a outro forma diversa daquela do ato ou negócio previsto na lei tributária impositiva (a que prevê a obrigação tributária), embora visando à mesma finalidade econômica; (b) dando a um ou a outro uma forma diversa da que seria a habitual para o fim visado, isto com o objetivo específico de enquadrá-lo no suporte fático estabelecido por uma norma tributária de estrutura (a que prevê hipótese de isenção); ou (c) dando a um ou a outro uma forma também diversa da usual para o objetivo econômico mirado, que os coloque no âmbito de aplicação de norma que, mencionando aquele ato ou negócio, de um ou de outro faça decorrer tratamento tributário mais favorável, esse particular terá direito, conforme o caso, (a) de não sofrer tributação; (b) de se ver ao abrigo da isenção; (c) de receber o tratamento tributário mais favorável (redução de base de cálculo ou de alíquota), não obstante a manipulação, por ele, das formas jurídicas. Tudo isto por força do princípio da legalidade aplicável à matéria tributária, cujo contorno já deixamos claro neste trabalho. Este posicionamento equivale a conferir ao denominado direito à economia fiscal caráter absoluto, evidenciando posição que configura um individualismo exacerbado que não se coaduna mais com a visão atual do Direito e muito menos com os princípios que decorrem do Estado Social.[9]

Não entendemos assim, no entanto.

A legislação tributária, ao disciplinar a tributação, visando a alcançar a realidade econômica, muitas vezes, como já escrevemos aqui, utiliza-se de referências a atos negociais tipificados no Direito Privado.[10] Os particulares, para se furtarem ao pagamento de tributos ou diminuírem a carga tributária que deve por eles ser suportada, nesses casos, invocando o princípio da tipicidade da tributação, utilizam-se, então, muitas vezes, para atingir o mesmo objetivo econômico, de outra forma jurídica negocial diferente daquela prevista na lei, com o quê, no seu entender, estaria afastada a ocorrência do fato gerador ou estaria configurado um fato impeditivo da tributação (isenção) ou um fato ao qual a lei atribui a dedutibilidade na base de cálculo do tributo.[11-12]

9. Dentre os autores que se filiar a esta corrente, sem dúvida prestigiosa, citamos como exemplos, por terem sido os que se dedicaram à elaboração de estudos profundos e sistematizados sobre a elisão fiscal, Diva Prestes Marcondes Malerbi e Antônio Roberto Sampaio Dória. É certo que esses autores não reviram ou não tiveram oportunidade de rever a questão à luz da Constituição Federal de 1988, que define a República Federativa do Brasil como um Estado Democrático de Direito. A primeira autora citada conclui que, "sob o prisma da norma tributária elidível, portanto, o comportamento elisivo demonstra-se juridicamente irrelevante, na medida em que não se encontra definido na hipótese dessa norma como condição necessária e suficiente para a exigência de um tributo" (Malerbi, 1984:60). O segundo autor citado afirma, a respeito da elisão: "Ora, enquanto não se realiza *in concreto* a hipótese de incidência, enquanto o fato gerador está latente ou potencial, não terá cabimento que o Fisco pretenda direito à percepção do tributo. Se pela elisão o fato gerador não chega a se manifestar, porquanto o contribuinte, que visava a certo resultado econômico, foi suficientemente hábil na estruturação de seu negócio, afastando-se do protótipo previsto na norma, então a obrigação fiscal não se instaura, por estar ainda em sua primeira etapa, de caráter abstrato" (Sampaio Dória, 1977:85 e 86).

10. Ou, como afirmou Amílcar de Araújo Falcão, "algumas vezes, como dissemos, o legislador tributário identifica o fato gerador pela menção a atos ou negócios jurídicos; assim procede para designar elipticamente a relação econômica típica subjacente no negócio ou ato" (Falcão, 1994:48).

11. Distingue-se o abuso das formas jurídicas da chamada simulação fiscal. No negócio simulado produz-se, por meio dele, uma aparência contrária à realidade, seja porque não existe negócio (hipótese de simulação absoluta), seja porque ele é diverso daquilo que a forma de que ele se reveste aparenta (hipótese de simulação relativa). Assim, na simulação relativa há o negócio que se exterioriza, que é o negócio simulado, e o negócio oculto, que é aquele efetivamente querido pelas partes; o negócio simulado não é querido pelas partes mas serve para dar roupagem jurídica diferente para o negócio oculto. Na simulação não há abuso de formas; há divergência entre a vontade e a declaração formal; ela é causa de nulidade do ato jurídico. No abuso de formas o negócio ajustado é efetivamente querido pelo contribuinte e apenas tem roupagem diferente daquela usualmente utilizada para a espécie, autorizada pela lei, embora usada irregularmente.

12. Entendemos que pode perfeitamente ser enquadrado como hipótese de abuso de formas jurídicas o chamado negócio jurídico indireto, assim denominado por Alberto Xavier, *apud* Sacha Calmon Navarro Coêlho (989:47). O negócio indireto, segundo Alberto Xavier, constitui-se dos esquemas negociais utilizados pelos particulares com o fim indireto de se subtrair à aplicação de determinados regimes tributários. Por meio desses esquemas o contribuin-

Do ponto de vista do Direito Civil não é absoluta a liberdade ou o direito de contratar. O princípio da autonomia da vontade — a faculdade que as pessoas têm de contratar ou não contratar, e, contratando, de concluir livremente os seus contratos — não é absoluto. Ele está limitado primeiro pelas restrições trazidas pela sobrelevância da ordem pública, que estabelece restrições a esse princípio em benefício do interesse coletivo, e depois pelo dirigismo contratual considerado em seu sentido estrito, que é a intervenção do Estado na economia do contrato mediante a atuação do aparato judicial, contendo seus efeitos, alterando-os ou, mesmo, liberando o contratante em desvantagem. Arnoldo Wald (1983:122 e 123) afirma que não se pode, na atualidade, enxergar uma autonomia absoluta da por ele chamada *liberdade contratual* — possibilidade de estabelecer o conteúdo dos contratos — em virtude do dirigismo contratual, que fez com que o contrato passasse a ter um conteúdo que se pode chamar de direito público porque decorrente da lei, tudo isso em nome da defesa dos economicamente mais fracos, privilegiando-se, assim, o princípio da isonomia no campo contratual. Outro limite ao auto-regramento da vontade em matéria contratual, aplicável a qualquer tipo de contrato em decorrência de princípio específico vigente no campo do Direito das Obrigações, é a necessidade de respeito às esferas jurídicas alheias. Leia-se, a este propósito: "Acrescente-se, ainda, que, em razão do *princípio da incolumidade das esferas jurídicas*, como o denomina Pontes de Miranda, o poder de auto-regramento da vontade sofre, também, a limitação que se estabelece pela necessidade de respeito às esferas jurídicas alheias; quer dizer, a vontade somente poderá ser livremente manifestada enquanto não prejudique interesses que integram esferas jurídicas de outras pessoas, salvo *lex specialis*" (Mello, 1998:161 e 162).

Se assim é perante o Direito Civil, Direito Privado, com muito mais razão há de se enxergar princípios que limitam a autonomia da vontade no campo do Direito Tributário, Direito Público por excelência.

A elisão fiscal abrange diversas figuras e práticas, que se estendem desde a chamada reorganização societária até a celebração de negócios especialmente desenhados com o fito de aproveitamento das lacunas existentes na lei fiscal de modo a se obter a economia de imposto. Essas figuras e práticas podem se fundar em razões econômicas consistentes ou podem ter como única razão o intuito de reduzir o montante do tributo devido ou, mesmo, evitar seu pagamento.

Na esfera da liberdade fiscal, o exercício do direito do particular à economia de imposto encontra um limite específico, que deve ser buscado no campo do Direito Constitucional, que se liga à finalidade da tributação, que é ampla, abrangendo desde o suprimento, ao Estado, dos recursos financeiros necessários para que ele exerça as atividades que lhe são próprias, hoje de largo espectro — suprimento, este, que compete àqueles que têm a capacidade contributiva para fazê-lo e que devem exercitar a solidariedade social —, até o caráter extrafiscal da tributação, principalmente no que diz respeito à redistribuição da renda nacional. A tributação incide sobre as riquezas produzidas pelos particulares no tráfico econômico. Portanto, as atividades econômicas dos particulares têm inegavelmente um fim social específico — gerar excedentes que irão ser absorvidos pela tributação — que não pode ser frustrado por motivos meramente egoísticos. Afinal, o Estado Social "é enfim Estado produtor de igualdade fática" (Benevides, 1997:343). E o Estado Brasileiro, Estado social, está voltado a construir uma sociedade justa e solidária (art. 3º, I, da CF). Isto exige que todos os que demonstrem a capacidade contributiva eleita pelo legislador como suporte à tributação contribuam com os recursos necessários para que o Estado não só funcione como, também, imple-

te chega ao mesmo resultado que chegaria com a utilização dos negócios diretos correspondentes, mas por outras vias não previstas na lei de tributação.

mente suas políticas públicas com o objetivo de propiciar a todos os brasileiros condições de vida dignas e reduzir as desigualdades sociais (arts. 1º, III, e 3º, III, da CF). De outro lado, no que se refere ao caráter extrafiscal da tributação ressalta ainda mais a função social dos direitos do particular no campo negocial.

Além disso, o princípio da isonomia tributária estabelecido no art. 5º, *caput*, da CF, que exige que as pessoas que se encontrem na mesma situação que evidencie capacidade econômica para participar do rateio das despesas públicas contribuam para isso com parcela igual da sua riqueza, exercitando, todas elas, a solidariedade social, impede que o particular, ao conformar seus negócios, o faça de modo a se furtar da incidência da lei tributária, sem que haja uma razão jurídica ou econômica consistente para a forma por ele eleita, colocando-se em situação de vantagem sobre aqueloutro que utilizou-se da forma negocial apropriada.[13]

13. Isto porque "(...) a capacidade contributiva não é figura ligada apenas ao montante a pagar, mas se vincula, principalmente, à manifestação da aptidão de participar no rateio das despesas públicas, como instrumento para a busca de uma sociedade mais justa e solidária (CF/88, art. 3º), em que os que mais podem contribuem em dimensão maior do que os que menos podem. Por sua vez, a capacidade contributiva, inserida entre os pressupostos de fato contidos na lei, pretende assegurar que todas as manifestações daquela aptidão sejam efetivamente atingidas pelo tributo. Nessa ótica, somente haverá isonomia tributária se todos os que se encontrarem na mesma condição forem chamados a suportar carga fiscal idêntica. Se, com igual capacidade contributiva, um contribuinte, pela manipulação de formas jurídicas, puder fugir ao imposto, estará sendo comprometido o princípio da igualdade, princípio, esse, que deve ser visto dentro do mesmo quadro de importância que o da proteção da propriedade e da segurança jurídica. Quando o processo elisivo, mediante o abuso de formas, inibe a eficácia da norma tributária, está a um só tempo inibindo a plenitude dos princípios da capacidade contributiva e da isonomia. Os atos dos particulares, mesmo que juridicamente válidos, não serão oponíveis ao Fisco quando frutos de um ato abusivo do direito de auto-organização, comprometendo a aplicação e a eficácia dos princípios da capacidade contributiva e da isonomia fiscal" (Huck, 1997:151 e 152, remetendo-se à opinião de Marco Aurélio Greco).

Em matéria de Direito Tributário, outrossim, não se pode negar a aplicação do princípio que impõe o respeito à incolumidade das esferas jurídicas alheias como limitativo do exercício do direito do particular de eleger as formas contratuais. E essa incolumidade não deve ser encarada tão-somente sob o ponto de vista da mera preservação do interesse arrecadatório — financeiro — do Estado, que seguramente será lesado pelo ato abusivo. Mas, principalmente, do ponto de vista do interesse da coletividade, que será ferido se se negar ao Estado todos os recursos de que ele necessita para exercer as atividades que lhe são próprias, ou se se permitir que a política econômica objetivada pela tributação seja, ainda que em parte, frustrada pelo particular por meio de práticas abusivas.

Portanto, hoje em dia, embora se reconheça ao contribuinte o direito de organizar livremente sua vida econômica, ajustando seus negócios de forma a pagar menos imposto, não se pode mais afirmar que esse direito seja absoluto, limitado apenas pelo respeito à legalidade da tributação. O contribuinte não pode, com sua ação, atender apenas ao seu interesse individual, desconhecendo a finalidade da tributação, fugindo ao seu dever de solidariedade social, por motivos egoísticos, meramente econômicos, causando prejuízo ao Estado e — o que é mais grave — à coletividade.

A admissão do abuso do direito no campo do Direito Tributário não implica desprestigiar ou reduzir o alcance da aplicação do princípio da legalidade em matéria tributária. O que ela implica é o sopesamento dos princípios constitucionais envolvidos na tributação, como afirma Hermes Marcelo Huck, estribado nas opiniões de Tércio Sampaio Ferraz e de Marco Aurélio Greco:

"O princípio da estrita legalidade do tributo segue sendo protegido constitucionalmente, pois trata-se de fator indispensável à segurança individual contra possíveis arbitrariedades do Estado. Mas o Estado moderno — e nesse sentido a Constituição brasileira de 1988 em determinados aspectos adotou o modelo —, além das garantias e dos direitos individuais, consagrou a democracia social. Antes de tudo, o art. 1º do diploma constitucional define o Brasil como um Estado Democrático, e não apenas como um Estado de Direito. A exigência da compatibilidade de ambos os conceitos está presente e é uma exigência da norma constitucional. A segunda metade do século XX foi testemunha da passagem ou, mais precisamente, da transformação do Estado Liberal burguês, definido e consagrado como Estado de Direito, para um novo modelo denominado Estado Social.

"No Estado de Direito aparecem nítidos os conceitos de liberdade, segurança e propriedade, alinhados à preocupação de restringir ao máximo a atuação do Estado. Já no Estado Social ou Democrático de Direito segue havendo a intenção de limitar os avanços do Poder Público, mas a interpretação do ordenamento jurídico supõe que sejam compatibilizados os valores típicos do Estado de Direito — liberdade negativa, liberdade formal, proteção à propriedade — com os inerentes da nova proposta de Estado Social, que inclui os valores da liberdade positiva, da igualdade e da solidariedade. Essa conjugação, no entanto, não deve implicar o sacrifício das garantias fundamentais da pessoa humana, como não conduz a uma situação de dominação disfarçada.

"O planejamento tributário, que inclui a figura da evasão lícita dentre os seus diversos instrumentos, deve corporificar essa compatibilização, sopesando-se os valores da liberdade, da propriedade e da segurança com os da igualdade e solidariedade. A justiça deixa de ser formal e passa a ser substancial. Nesse quadro, analisando-se o tema da elisão, é de admitir-se, com Recaséns Siches, que, às vezes, a urgência da segurança jurídica choca-se com o desejo de uma melhor justiça e que a solução desse conflito pende ora para a justiça, ora para a segurança.[14]

"O tema do planejamento deve ser encarado, analisado e admitido não apenas sob a ótica das formas jurídicas permitidas, mas

14. Sobre uma das formas que tem sido utilizada para a solução de conflitos entre princípios constitucionais, escrevemos: "Para que se aplique o princípio da unidade da Constituição, não se pode admitir a existência, dentro do texto constitucional, de princípios reciprocamente incompatíveis, pois isto levaria a que se tivesse que dar validade absoluta a certos princípios em detrimento e com sacrifício de outros, com a destruição da unidade axiológico-normativa da referida Lei Fundamental. Portanto, para a fixação do alcance e do conteúdo dos princípios dentro do texto constitucional, há que se harmonizar os princípios constitucionais que se achem em aparente antagonismo. A questão do conflito entre princípios constitucionais toma uma direção diferente quando se trata não de se apurar o conteúdo e o alcance dos princípios constitucionais aparentemente antagônicos, considerados que sejam eles dentro do próprio texto de que fazem parte, mas de se solucionar, diante de um caso concreto a ser decidido, uma hipótese de antinomia entre princípios constitucionais, ou seja, uma hipótese em que dois princípios conflitantes devem ser considerados para a solução de um determinado caso. (...). Na opinião de J. J. Gomes Canotilho, em caso de tensão ou antagonismo entre princípios constitucionais, a única solução possível é a harmonização entre esses princípios mediante a utilização do processo de ponderação dos valores respectivos. Eros Roberto Grau admite como possível, em caso de antagonismo entre princípios, numa hipótese como a de que ora se cuida, optar o aplicador ou o intérprete do Direito por um deles em detrimento do outro que com ele se acha em confronto, o que não implica, no seu entendimento, que esse outro seja eliminado do sistema. (...). Alerta, no entanto, Eros Roberto Grau que a atribuição de peso maior a um princípio e não a outro não é discricionária. e fundamenta ele essa sua afirmativa com as seguintes palavras: '(...) intérprete e autoridade judiciária estão vinculados pelos princípios; não se interpreta a Constituição em tiras, aos pedaços. O momento da atribuição de peso maior a um determinado princípio é extremamente rico porque nele, desde que se esteja a perseguir a definição de uma das soluções corretas, no elenco das possíveis soluções corretas a que a interpretação jurídica pode conduzir, pondera-se a Constituição inteira, como totalidade. Variáveis múltiplas, de fato — as circunstâncias peculiares do problema considerado — e de ordem jurídica — lingüísticas, sistêmicas e funcionais —, são descortinadas. E, paradoxalmente, é precisamente o fato de ambos, intérprete e autoridade judiciária (intérprete qualificado, pois), estarem vinculados, retidos pelos princípios, que torna mais criativa a prudência que praticam'. E acrescenta: 'Uma das pautas que pronunciadamente concorre para limitar o elenco daquelas soluções, corretas, é a da ideologia constitucional'" (Mendonça, 1996:52-54).

igualmente sob a perspectiva de sua utilização concreta, de seu funcionamento e dos resultados que gera, à luz dos valores básicos da igualdade, da solidariedade social e da justiça. O direito do contribuinte de organizar sua vida econômica da melhor forma que lhe convenha não é absoluto, pois o exercício de direitos absolutos repugna à experiência moderna de convívio em sociedade, sobre a qual se erige o Estado Democrático de Direito" (Huck, 1997:135-137).

O princípio da igualdade é "o centro medular do Estado Social e de todos os direitos de sua ordem jurídica " (Bonavides, 1997:340). A igualdade que ele visa a assegurar "deixou de ser a igualdade jurídica do liberalismo para se converter na igualdade material da nova forma de Estado" (Bonavides, 1997:341). No Estado Social "os direitos fundamentais não mudaram, mas se enriqueceram de uma dimensão nova e adicional com a introdução dos direitos sociais básicos. A igualdade não revogou a liberdade, mas a liberdade sem a igualdade é valor vulnerável" (Bonavides, 1997:343). A igualdade a que se refere aqui é a igualdade de condições materiais de vida entre os componentes da sociedade. Não se deve esquecer que o Estado Brasileiro se propôs como meta reduzir as desigualdades sociais (art. 3º, III, da CF). Dar-se total primazia ao princípio da legalidade em matéria tributária, afastando-se a aplicação da teoria do abuso do direito em Direito Tributário, significaria consagrar a liberdade em detrimento da igualdade material.

O princípio da legalidade continua sendo respeitado quando se adota a teoria do abuso do direito no campo do Direito Tributário; ele apenas deixa de ser aplicado com a extrema rigidez com que se configuraria se se admitisse como absoluto o direito do particular de organizar livremente seus negócios elegendo as formas jurídicas. E este temperamento ao princípio da legalidade deve ocorrer por força do necessário equilíbrio que deve existir entre ele e os princípios da igualdade material e igualdade formal, da capacidade contributiva, da solidariedade social e da democracia.

A segurança jurídica também não sai vulnerada com o acolhimento da teoria do abuso do direito no campo do Direito Tributário. O particular sabia que estava sujeito à tributação prevista na lei, tanto assim é que ajustou seus negócios visando a se furtar a ela — ajuste, este, feito única e exclusivamente com esse objetivo.

Não é qualquer hipótese de utilização de figura negocial inusual, distinta daquela prevista na lei tributária, que faz configurar abuso do direito. A forma eleita pelo particular, ainda que não seja a habitual, há de se justificar pela sua conveniência pessoal ou por interesses seus de ordem econômica evidenciáveis no contexto do negócio celebrado, mas não pela simples e isolada razão de possibilitar a economia tributária.[15]

Neste passo, cabe chamar a atenção para dois pontos importantes:

a) Se o sistema jurídico em vigor admite a autonomia da vontade, sua manifes-

15. Neste mesmo sentido lê-se em Amílcar de Araújo Falcão:

"(...). No mundo das relações econômicas, a cada intenção empírica, ou *intentio facti*, corresponde uma intenção jurídica, ou *intentio juris*, adequada, que se exterioriza através de uma forma jurídica típica. Imagine-se que, para levar a cabo essa mesma *intentio facti*, o contribuinte adote uma forma jurídica completamente anormal ou atípica, embora não proibida pelo Direito Privado, com o único objetivo de, através da manipulação da *intentio juris*, obter o não-pagamento, o menor pagamento ou o pagamento diferido no tempo de um tributo (*Steuervorteil*, vantagem fiscal), isto é, adotou-se uma forma economicamente inadequada com o único objetivo de provocar a evasão do tributo (*Steuerumgehung*).

"(...). Convém entender que nem toda vantagem fiscal alcançada pelo contribuinte constitui uma evasão. Para tanto é indispensável que haja uma distorção da forma jurídica, uma atipicidade ou anormalidade desta última em confronto com a relação econômica que através dela se exterioriza.

"De outro modo, evasão não há. Pode ocorrer que o contribuinte disponha seus negócios de modo a pagar menos tributos. Nada o impede, desde que não ocorra aquela manipulação do fato gerador, no que toca ao seu revestimento jurídico.

"A doutrina reconhece como válido e perfeitamente legítimo aquilo que se denomina de economia fiscal (*Steuereinsparung*)" (Falcão, 1994:33 e 34).

tação irá gerar negócio jurídico, mas os efeitos visados por meio dele só irão ocorrer quando a vontade estiver compatível com as normas jurídicas vigentes que limitam seu campo de ação; ocorrendo incompatibilidade entre a vontade e a norma cogente, prevalece essa, do que decorre que os efeitos desejados e previstos por aqueloutra não irão se realizar.

b) A liberdade das partes contratantes de criarem novos tipos contratuais é limitada pela própria realidade jurídica da regulamentação dos contratos. Assinala Marcos Bernardes de Mello que: " Embora a doutrina se refira a novos tipos negociais, parece-nos que neles não há, a rigor, a criação de *tipos*, mas espécies que resultam da associação de vários tipos regulamentados. O *leasing*, que usamos como exemplo, é um híbrido de arrendamento com promessa de compra e venda. Os tipos regulados pelas normas jurídicas, como resultado da experiência milenar da humanidade, parecem esgotar as necessidades do tráfico social, cabendo, apenas, a sua modernização, pois que precisam atender a aspectos novos de velhas carências" (Mello, 1998:160).

Assim, quando a lei tributária fez menção expressa a determinado tipo, ela está visando a determinados efeitos econômicos que predominam no negócio celebrado pelas partes; a eleição de outro tipo negocial apenas para fugir à sua incidência será sempre forçada e não impedirá que se enxergue no negócio celebrado, em posição dominante, os elementos do tipo básico previsto na lei tributária.

Transplantando o conceito de abuso do direito decorrente da disposição contida no art. 160, I, do CC para o campo do Direito Tributário, o que está autorizado pelo art. 109 do CTN, constata-se que a culpa *lato sensu* não integra o suporte fático do abuso do direito à economia fiscal. Para se configurar o abuso do direito em matéria tributária a autoridade administrativa deverá demonstrar apenas, com base em elementos fáticos e com a consideração dos usos e costumes, que a forma eleita pelo particular para a prática do negócio por ele objetivado é inusual e que o negócio efetivamente praticado por ele é típico, gerando o nascimento da obrigação tributária; ou que o negócio efetivamente praticado por ele é outro e não se ajusta ao tipo previsto na lei tributária mais benéfica. Ao particular fica aberto o caminho da alegação e da prova de que exerceu regularmente seu direito de eleger a forma negocial.

O prejuízo causado pelo ato abusivo praticado com o fim de evitar ou minorar a carga tributária decorre da falta de recolhimento aos cofres públicos dos tributos a eles devidos e faz parte do próprio conceito de ilicitude no caso. Sua extensão já foi objeto de abordagem neste trabalho, ao discorrermos sobre os limites do exercício do direito à economia fiscal.

Admitido por nós o abuso do direito em matéria de tributação, passaremos a analisar quais são as conseqüências que a legislação tributária estabelece para esse tipo de prática.

O sistema tributário brasileiro baseia-se sobre o princípio da capacidade contributiva, que é a expressão econômica do princípio da igualdade em matéria tributária. O ponto de referência nodular desse sistema, em matéria de atos jurídicos, está na sua eficácia, assim entendida a aptidão desses atos para produzir seus efeitos e ao mesmo tempo como expressão dos efeitos efetivamente causados; e não na sua validade e licitude.

Citemos como exemplo do que acabamos de afirmar o ato praticado pelo particular que esteja eivado de nulidade: ele pode ser executado, produzindo efeitos que perduram no tempo. Em razão do que dispõe o art. 118 do CTN, enquanto tais efeitos se realizarem e persistirem revela-se uma capacidade contributiva que justifica a tributação. O princípio da capacidade contributiva, neste caso, põe a eficácia com primazia sobre a validade, justificando-se, desta forma, a tributação dos atos nulos que tenham sido executados.

Tratamento semelhante deve ser dado aos casos em que o particular exercita irregularmente seu direito à economia fiscal, praticando ato válido perante o Direito Privado mas com abuso do direito frente ao Direito Tributário. Não se justifica a anulação de tal ato porque ele é válido perante o Direito Privado, e deve-se prestigiar essa validade para a segurança do tráfico jurídico. Mas o ato abusivamente praticado denota uma capacidade contributiva que a lei quis alcançar por meio da tributação. O ato assim abusivamente praticado pelo particular irá ser desqualificado perante a legislação tributária, pela autoridade administrativa, e sua requalificação será feita por ela de acordo com a mesma legislação, sem prejuízo, é claro, da aplicação das sanções previstas naquela legislação especificamente para o ilícito tributário de modo geral, como multa e juros de mora. A principal conseqüência da ilicitude no caso do abuso do direito opera no campo da eficácia do ato praticado. O abuso do direito à economia fiscal é, assim, um ilícito fiscal não-invalidante.

A autorização para o Fisco desconsiderar tanto aquela invalidade como a ilicitude do ato praticado pelo particular está no art. 118 do CTN. A invalidade é apenas uma espécie de sanção para a ilicitude, donde se há de concluir que o legislador, no art. 118 do CTN, tendo tomado a conseqüência — sanção/invalidade — pela sua causa — ilicitude —, o fez apenas para conferir a necessária primazia à eficácia do ato praticado pelo particular — às conseqüências desse ato no campo da tributação — sobre a sua ilicitude, considerada esta como gênero.

A norma do art. 118 do CTN dirige-se ao aplicador da lei tributária, primeiro, o administrador na esfera administrativa, e depois, evidentemente, o juiz, na fase de aplicação dessa lei sobre a realidade fática, pois ela se refere não ao fato descrito hipoteticamente na lei como capaz de dar nascimento à obrigação tributária, mas ao fato efetivamente ocorrido no mundo real.

Para a aplicação do art. 118 do CTN não se faz obrigatório que a autoridade administrativa trilhe a via judicial para ver declarada a ilicitude do ato para, só após, efetuar o lançamento. Seria um contra-senso, existindo dispositivo de lei com natureza de lei complementar com tal conteúdo, que se exigisse do sujeito ativo da obrigação tributária que provocasse e aguardasse uma decisão judicial acerca da ilicitude do ato praticado pelo particular com repercussão na esfera tributária para que só depois disso poder retirar desse ato as conseqüências que ele efetivamente tem no campo da tributação. Isto feriria o princípio da praticabilidade que rege a tributação. Esta colocação não afasta a necessidade do respeito ao direito de defesa do particular com relação à atuação da autoridade administrativa, seja na esfera administrativa, seja na esfera judicial. E privilegia os interesses arrecadatórios do Estado, que configuram o interesse da própria coletividade.

Admitir aquela espécie de conseqüência no campo do Direito Tributário para a prática do ato abusivo não implica permitir ao Fisco que adote a chamada interpretação econômica da lei tributária, segundo a qual os conceitos de Direito Privado utilizados por ela deixariam de ser conceitos de Direito Privado para o serem de Direito Tributário, facultando-se ao seu intérprete, sempre, alcançar a realidade econômica encoberta sob a forma jurídica utilizada no texto legal, qualquer que tenha sido a forma negocial eleita pelo particular. Essa técnica de interpretação da lei tributária não está autorizada pelo Direito Tributário Positivo brasileiro; e sua utilização, tal como ela é defendida por seus adeptos, fere os princípios constitucionais da segurança jurídica, da legalidade da tributação, e seu subprincípio, o da tipicidade da tributação — todos estes consagrados na nossa Constituição Federal.

O que estamos a advogar, aqui, é a interpretação econômica dos negócios efetivamente praticados pelo contribuinte encobertos pela forma jurídica abusiva com o fito único de minorar ou evitar a tributação, o que é uma operação de aplicação da lei, estando a desconsideração dessa forma abusiva, por parte do Fisco, expressamente autorizada pelo art. 118 do CTN.[16]

Sob outro enfoque, afasta-se outro argumento contrário a essa operação segundo o qual, ao se admitir a desconsideração, pelo Fisco, da forma abusiva utilizada pelo contribuinte, permitindo-lhe alcançar a realidade econômica, estar-se-ia admitindo tributação com base na analogia, expressamente vedada pelo sistema (integrado pelos princípios da segurança jurídica, legalidade e tipicidade da tributação) e pelo Código Tributário Nacional em previsão expressa (art. 108, § 1º). Ora, o tributo está previsto em lei. Havendo hipótese de manipulação das formas jurídicas, o contribuinte apenas terá se utilizado de uma forma jurídica abusiva, manipulada, inadequada, para mascarar, sob outra roupagem jurídica, a mesma realidade econômica alcançada pela lei por meio da referência à forma jurídica usual própria para o negócio tributado. Não se está admitindo, portanto, a tributação da forma jurídica abusiva, manipulada, não contemplada pela lei, ou de uma situação fática semelhante àquela prevista na lei mas não coincidente com ela; o que se está fazendo é permitir ao Fisco alcançar o fato praticado pelo contribuinte, perfeitamente enquadrado na lei, como se ele tivesse revestido a forma jurídica própria, adequada, usual, tributando-o.

4. *Conclusão*

No que se refere ao Direito Tributário brasileiro entendemos que não há, no sistema que ele forma, óbice ao acolhimento da teoria do abuso do direito. Pelo contrário, sustentamos a necessidade da aplicação dessa teoria nesse ramo do Direito, haja vista a finalidade extremamente relevante da tributação.

Em decorrência do princípio da legalidade e seu subprincípio, o chamado princípio da tipicidade, aplica-se ao Direito Tributário brasileiro o brocardo *nullum tributum sine lege*. Desses princípios deflui, ainda, que fora do campo de incidência da lei tributária o particular tem um terreno livre de atuação, imune a qualquer tributação. Não se trata, aí, de lacuna da lei, mas de uma esfera de atuação livre de tributação, que faz configurar um direito público subjetivo do particular, o qual se tem denominado *direito à economia de imposto, direito à economia fiscal, direito à prática de negócios fiscalmente menos onerosos* ou *direito à livre utilização dos institutos e formas do Direito Privado*.

É nessa esfera de liberdade fiscal do particular que podem ocorrer os casos da chamada elisão fiscal (ou elisão tributária); melhor dizendo, é neste campo que o particular pode proceder a um planejamento tributário dos seus negócios com o fito de economizar impostos sem ofensa à lei ou aos interesses arrecadatórios do Estado.

A norma tributária impositiva, tanto na sua hipótese, ao descrever o fato cuja ocorrência é causa necessária e suficiente para o nascimento da obrigação tributária, como na sua conseqüência, ao referir-se a fatos dos quais depende a mensuração da matéria tributável, como também a norma tributária de estrutura, ao prever na sua hipótese fatos impeditivos do nascimento da obrigação tributária principal — casos de isen-

16. Renato Martins Prates refere-se a uma corrente de estudiosos do Direito Tributário brasileiro que admite essa chamada interpretação econômica dos fatos ou da realidade fática. Noticia ele: "Existe, por outro lado, uma corrente de estudiosos com uma visão bastante peculiar da interpretação econômica, para a qual ela nada mais é do que 'um critério de explicitação de uma determinada relação jurídica'. Para esta corrente, na qual se alinham, entre outros, José Eduardo Monteiro de Barros, Misabel de Abreu Derzi e Hugo de Brito Machado, a interpretação econômica não é vista como interpretação da norma jurídica, mas da realidade fática, visando à correta aplicação da lei ao caso concreto. Como afirma Misabel Derzi, com base na lição de Isensee, 'econômicos são os dados da realidade' e a interpretação econômica, que não é particularidade do Direito Tributário, nada mais faz do que indicar 'o mergulho do intérprete nas circunstâncias peculiares e individualizadas do caso concreto'" (Prates, 1992:74 e 75).

ção —, podem, essas normas, para os aludidos fins, mencionar atos ou negócios jurídicos tipificados no Direito Privado. Assim o fazendo, elas delimitam o campo em que o particular pode tanto exercitar seu direito à economia fiscal como abusar desse seu direito à economia fiscal.

Nos dias de hoje, embora se reconheça ao particular o direito de organizar livremente sua vida econômica, ajustando seus negócios de forma a pagar menos imposto, não se pode mais afirmar que esse direito seja absoluto, limitado apenas pelo respeito à legalidade da tributação.

O exercício do direito no Estado Social deve buscar a conciliação da liberdade individual com o interesse geral, bem assim, e ao mesmo tempo, a conciliação da liberdade individual com a igualdade material e a solidariedade social.

O particular pode, então, eleger as formas negociais livremente, desde que elas atendam às suas finalidades próprias. Não pode, no entanto, usar formas negociais anômalas, inusuais, distintas daquelas previstas na lei tributária impositiva, ou adaptadas de propósito àquelas previstas na lei tributária mais benéfica, inadequadas embora não imprestáveis para o fim econômico visado e não proibidas pelo Direito Privado, com o objetivo único de fugir ao pagamento de tributos. Isto porque, ao fazê-lo, ele estará atendendo exclusivamente ao seu interesse individual, frustrando o fim social do seu direito de contratar, fugindo ao seu dever de solidariedade social, retirando do Estado recursos necessários para que ele possa implementar suas políticas públicas visando a diminuir as desigualdades sociais; estará ferindo os interesses arrecadatórios desse mesmo Estado, ferindo sua esfera jurídica; estará comprometendo a aplicação e a eficácia dos princípios constitucionais da igualdade formal e da capacidade contributiva.

A admissão do abuso do direito no campo do Direito Tributário não implica desprestigiar o princípio da legalidade em matéria tributária; esse princípio apenas deixa de ser aplicado com a extrema rigidez e supremacia sobre os demais princípios constitucionais envolvidos na tributação, as quais se configurariam se se admitisse como absoluto o direito do particular de organizar seus negócios elegendo livremente as formas jurídicas. O temperamento ao princípio da legalidade que decorre do acolhimento do abuso do direito em matéria tributária deve ocorrer por força do necessário jogo de equilíbrio que deve acontecer entre ele e os princípios da igualdade material, da solidariedade social, da igualdade formal e da capacidade contributiva.

Não é qualquer hipótese de utilização de figura negocial inusual, distinta daquela prevista na lei tributária, que faz configurar abuso do direito. A forma eleita pelo particular, ainda que não seja a habitual, há de se justificar pela sua conveniência pessoal ou por interesses seus de ordem econômica evidenciáveis no contexto do negócio celebrado, mas não pela simples razão de possibilitar a economia tributária.

Transplantando o conceito de abuso do direito decorrente da disposição contida no art. 160, I, do CC para o campo do Direito Tributário, o que está autorizado pelo art. 109 do CTN, constata-se que a culpa *lato sensu* não integra o suporte fático do abuso do direito à economia fiscal. Para se configurar o abuso do direito em matéria tributária a autoridade administrativa deverá demonstrar, com base em elementos fáticos e com a consideração dos usos e costumes, que a forma eleita pelo particular para a prática do negócio por ele objetivado é inusual e que o negócio efetivamente praticado por ele é típico, gerando o nascimento da obrigação tributária; ou que o negócio efetivamente praticado por ele é outro e não se ajsta ao tipo previsto na lei tributária mais benéfica. Ao particular fica aberto o caminho da alegação e da prova de que exerceu regularmente seu direito de eleger a forma negocial.

O prejuízo causado pelo ato abusivo praticado com o fim de evitar ou minorar a carga tributária decorre da falta de recolhimento aos cofres públicos de tributos a eles devidos e faz parte do próprio conceito de ilicitude, no caso.

Duas são as conseqüências para a prática de ato abusivo no campo tributário. A primeira delas está ligada à eficácia do ato assim praticado: esse ato, válido perante o Direito Privado, não sofrerá a sanção de nulidade; porém, considerando-se que o sistema tributário brasileiro funda-se sobre a capacidade contributiva, expressão econômica do princípio da igualdade em matéria tributária, e que o ato abusivamente praticado denota uma capacidade contributiva que a lei quis alcançar por meio da tributação, a autoridade fiscal desconsiderará a forma eleita pelo particular e requalificará aquele ato de acordo com a legislação tributária, efetuando sobre ele o lançamento tributário. A outra conseqüência para a prática do ato abusivo aqui considerado consiste na sanção pecuniária a ela imposta em decorrência da sua ilicitude, como multa e juros de mora.

O abuso do direito à economia fiscal é, assim, um ilícito fiscal não-invalidante.

O fundamento para a autoridade administrativa desconsiderar a forma abusiva utilizada pelo particular, lançando o tributo como se ele houvera celebrado seu negócio por meio da forma adequada, usual, prevista na lei tributária, encontra-se no art. 118 do CTN. Ao particular, no entanto, nessa hipótese, deverá ser assegurado amplo direito de defesa na esfera administrativa e, se necessário, na esfera judicial, de modo a que se lhe dê a oportunidade de demonstrar a regularidade do direito por ele exercido, afastando, então, a tributação ou assegurando-se a ele a aplicação da lei tributária mais benéfica.

Com isto não estamos advogando a tese de que o Fisco pode praticar a chamada interpretação econômica da lei tributária. Advogamos, sim, a possibilidade de o aplicador da lei tributária interpretar os fatos efetivamente ocorridos ou praticados pelo particular do ponto de vista dos seus efeitos ou resultados econômicos quando ele abuse da sua liberdade fiscal.

Afastamos, também, a ocorrência, nessa hipótese, do emprego da analogia para exigência de tributo não previsto em lei. A forma jurídica considerada para efeito de tributação é a forma adequada, prevista na lei. Não se está tributando a forma abusiva eleita pelo particular, inadequada, inusual, não prevista na lei.

Concluindo, é perfeitamente aplicável ao Direito Tributário brasileiro a teoria do abuso do direito, apenas que com as necessárias adaptações decorrentes das peculiaridades do sistema em que ela está inserida.

Referências bibliográficas

BEVILÁQUA, Clóvis. *Código Civil dos Estados Unidos do Brasil*. Edição Histórica. Rio de Janeiro, ed. Rio, 1977 (pp. 427-434).

BONAVIDES, Paulo. *Curso de Direito Constitucional*. 7ª ed. São Paulo, Malheiros Editores, 1997.

CARVALHO SANTOS. *Código Civil Brasileiro Interpretado*. 10ª ed., v. 3. Rio de Janeiro, Freitas Bastos, s/d.

CASTRO FILHO, José Olímpio de. *Abuso do Direito no Processo Civil*. 2ª ed. Rio de Janeiro, Forense, 1960.

COÊLHO, Sacha Calmon Navarro. "Interpretação econômica em Direito Tributário". *Imposto de Renda — Estudos*. São Paulo, Resenha Tributária, 1989 (pp. 27-52).

CUNHA GONÇALVES, Luiz da. *Princípios do Direito Civil Luso-Brasileiro — Parte Geral, Dos Direitos Reais ou Direitos sobre as Cousas*. São Paulo, Max Limonad, 1951.

DERZI, Misabel de Abreu Machado. *Direito Tributário, Direito Penal e Tipo*. São Paulo, Ed. RT, 1988.

__________. "O princípio da igualdade e o Direito Tributário". *Revista da Faculdade de Direito Mílton Campos* 1. N. 1. Belo Horizonte, 1994.

FALCÃO, Amílcar de Araújo. *Fato Gerador da Obrigação Tributária*. 6ª ed. Rio de Janeiro, Forense, 1994.

FERNANDES NETO, Guilherme. "O abuso de direito no Projeto 634-B". *Revista de Informação Legislativa* 27/173-179. N. 106. Brasília, 1990.

HUCK, Hermes Marcelo. *Evasão e Elisão: Rotas Nacionais e Internacionais do Planejamento Tributário*. São Paulo, Saraiva, 1997.

MALERBI, Diva Prestes Marcondes. *Elisão Tributária*. São Paulo, Ed. RT, 1984.

MELLO, Marcos Bernardes de. *Teoria do Fato Jurídico: Plano da Existência*. 8ª ed. São Paulo, Saraiva, 1998.

MENDONÇA, Maria Luíza Vianna Pessoa de. *O Princípio Constitucional da Irretroatividade da Lei: a Irretroatividade da Lei Tributária*. Belo Horizonte, Del Rey, 1996.

PONTES DE MIRANDA, F. C. *Tratado de Direito Privado — Parte Geral*. t. 2. Rio de Janeiro, Borsói, 1954 (pp. 290-294).

PRATES, Renato Martins. *Interpretação Tributária e a Questão da Evasão Fiscal*. Belo Horizonte, Del Rey, 1992.

RIPERT, Georges. *A Regra Moral nas Obrigações Civis*. Trad. da 3ª ed. francesa por Osório de Oliveira. São Paulo, Saraiva, 1937.

SAMPAIO DÓRIA, Antônio Roberto. *Elisão e Evasão Fiscal*. 2ª ed. São Paulo, José Bushatsky Editor, 1977.

SERPA LOPES, Miguel M. de. *Curso de Direito Civil — Introdução, Parte Geral e Teoria dos Negócios Jurídicos*. 4ª ed. Rio de Janeiro, Freitas Bastos, 1962.

SHAW, José Luís. "Principio de la irretroatividad de la ley tributaria material". *RDT* 9/22-59. N. 32. São Paulo, abril-junho/85.

UCKMAR, Víctor. *Princípios Comuns de Direito Constitucional Tributário*. Trad. de Marco Aurélio Greco. São Paulo, Ed. RT/EDUC, 1976.

XAVIER, Alberto. *Direito Tributário Empresarial: Pareceres*. Rio de Janeiro, Forense, 1982.

________. *Os Princípios da Legalidade e da Tipicidade da Tributação*. São Paulo, Ed. RT, 1978.

WALD, Arnoldo. *Obrigações e Contratos*. 6ª ed. São Paulo, Ed. RT, 1983.

NOTAS & COMENTÁRIOS

PROCESSO ADMINISTRATIVO FISCAL

LINTNEY NAZARENO DA VEIGA
Juiz de Direito em Santa Catarina

1. Introdução. 2. O acesso à Justiça no âmbito da Administração Pública: 2.1 Generalidades — 2.2 O exercício da função "jurisdicional" pelos poderes (órgãos independentes) do Estado — 2.3 A concepção moderna do processo — 2.4 A ampla processualidade — 2.5 A processualidade no Direito Administrativo. 3. O processo administrativo na área tributária: 3.1 Considerações preliminares — 3.2 Da denominação do processo administrativo na área tributário-fiscal — 3.3 Conceito de processo administrativo fiscal — 3.4 Finalidade do processo administrativo fiscal — 3.5 Princípios constitucionais do processo administrativo — 3.6 Princípios gerais norteadores do processo administrativo fiscal — 3.7 Fases do processo administrativo fiscal. 4. Conclusão.

1. Introdução

Este trabalho objetiva demonstrar, através do método de construção do conhecimento que visa a evidenciar as contradições da realidade social, a questão da processualidade no âmbito da Administração Pública e se seu escopo maior, ou seja, o acesso à ordem jurídica, dentro da atuação estatal.

Evidentemente que o assunto é polêmico; processualistas e administrativistas têm tergiversado em doutrina, principalmente nas questões que envolvem o exercício das funções estatais, mormente a função jurisdicional; em questões de semântica envolvendo as expressões *processo administrativo* ou *procedimento administrativo*. Não há unanimidade também na direção a ser dada à construção do arcabouço teórico que dará sustentação ao processo administrativo fiscal; pois os processualistas, esforçando-se na elaboração de uma *Teoria Geral do Processo*, têm trazido o *processo administrativo fiscal* para as cercanias do processo civil, produzindo algumas incongruências; e alguns administrativistas o têm afastado da processualidade, levando-o à órbita do Direito Material Administrativo.

O assunto é vertente e incipiente no campo teórico, apesar de vetusto na prática administrativa, mas vem aumentando sua premência a partir da Constituição Federal brasileira de 1988 e do gradativo devir da jovem sociedade brasileira.

Destarte, analisaremos num primeiro momento, como prolegômenos, o alcance da expressão *acesso à Justiça* e o efetivo exercício da *função jurisdicional*, para que sejam atingidos os escopos de uma sociedade justa e perfeita.

Daí por que partimos do geral para o particular, ou seja, procuramos demonstrar e estabelecer a forma de manifestação do poder estatal, através do *processo*, ou seja, sua instrumentalidade, alinhamos à analise o efetivo acesso à ordem jurídica justa, requisito inafastável de um Estado Social Democrático de Direito; tudo para demonstrar a ampla processualidade nas atividades da Administração Pública.

Ultimamos aglutinando ao processo administrativo na área tributário-fiscal todos estes pressupostos jurídico-político-sociais, procurando determinar seus atributos e suas características, sempre estribados na prática hodierna do *processo administrativo fiscal* no sistema jurídico pátrio.

2. *O acesso à Justiça no âmbito da Administração Pública*

Justitia est contam et perpetua voluntas jus suin cuique tribuendi.

2.1 Generalidades

A expressão "acesso à Justiça" pode, *a priori*, carecer de imprecisão semântica, daí a necessidade de demarcar seu alcance.

Segundo Horácio Wanderley Rodrigues[1] a expressão tem, em sentido doutrinário, basicamente, dois significados: no primeiro, "acesso à Justiça" pode ser entendido como acesso ao Poder Judiciário, ou seja, pode-se acessar o órgão judicial para obter a tutela jurisdicional. No segundo sentido, mais amplo e partindo de uma visão axiológica e teleológica da expressão "acesso à Justiça", ter-se-ia como acesso a uma ordem determinada de valores e direitos fundamentais para o ser humano, e sempre este segundo, mais amplo, englobaria o primeiro. Pode-se dizer, portanto, que *acesso à Justiça* é gênero e *acesso ao Judiciário* é espécie daquele.

Tem-se clareza nas palavras de Kazuo Watanabe:[2]

"A problemática do acesso à Justiça não pode ser estudada nos acanhados limites do acesso aos órgãos judiciais já existentes. Não se trata apenas de possibilitar o acesso à Justiça enquanto instituição estatal, e sim de viabilizar o *acesso à ordem jurídica justa*.

"Todos os obstáculos à efetiva realização do direito devem ser corretamente enfrentados, (...) também na área da Ciência Processual, para a reformulação de institutos e categorias processuais e concepção de novas alternativas e novas técnicas de *solução dos conflitos* (...)."

Já Mauro Cappelletti e Bryant Garth[3] delimitam bem a expressão "acesso à Justiça" ainda na "Introdução" da obra conjunta, ao afirmarem: "A expressão *acesso à Justiça é* reconhecidamente de difícil definição, mas serve para determinar duas finalidades básicas do sistema jurídico — o sistema pelo qual as pessoas podem reivindicar seus direitos e/ou resolver seus litígios sob os auspícios do Estado. Primeiro, o sistema deve ser igualmente acessível a todos; segundo, ele deve produzir resultados que sejam individual e socialmente justos. (...). Sem dúvidas, uma premissa básica [é] que a justiça social, tal como desejada por nossa sociedade moderna, *pressupõe* o efetivo acesso [à Justiça]".

Horácio Wanderley Rodrigues[4] conclui que a jurisdição e o acesso à Justiça, objetivos maiores do Estado contemporâneo, devem ser vistos com base nos princípios norteadores desse Estado: a jurisdição, visando à realização dos seus fins; o Direito Processual, buscando a superação das desigualdades que impedem o acesso, bem como a participação através do próprio processo na gestão do Estado e na concretização da democracia e da justiça social.

1. Horácio Wanderley Rodrigues, *Acesso à Justiça no Direito Processual Brasileiro*, São Paulo, Acadêmica, 1994, p. 28.

2. *Apud* Horácio W. Rodrigues, ob. cit., pp. 29 e 30.

3. Mauro Cappelletti e Bryant Garth, *Acesso à Justiça*, trad. e revisão de Ellen Gracie Northfleet, Porto Alegre/RS, Sérgio Antônio Fabris Editor, 1988, p. 8.

4. Horácio W. Rodrigues, ob. cit., p. 31.

2.2 O exercício da função "jurisdicional" pelos poderes (órgãos independentes) do Estado

O Estado contemporâneo, isto é, Estado Social Democrático de Direito, enquanto dinamizador do poder social, desenvolve suas funções objetivando atingir os escopos da sociedade que o instituiu. Isso porque a fase privatista que dominou durante milênios a produção jurídica está superada, hodiernamente tanto a legiferação, a jurisdição e a administração pública propriamente dita devem buscar a pacificação social, a justiça social e o equilíbrio social, tendo em vista a pluralidade social existente.

Assim sendo, neste estudo analisar-se-á a "jurisdição" como função típica do Estado, através da qual é aplicado concretamente o Direito.

Para o professor Horácio Wanderley Rodrigues:[5] "A jurisdição, como se sabe, é uma função estatal, regra geral exercida pelo Poder Judiciário. Segundo José Albuquerque Rocha, é ela 'que tem a finalidade de manter a eficácia do direito em última instância no caso concreto, inclusive recorrendo à força, se necessário' (...). Segundo Cândido Rangel Dinamarco, 'não fosse a jurisdição institucionalizada, perderia sentido o ordenamento jurídico estatal como fonte autoritativa de regras de convivência e perderia sentido o próprio Estado que o instituiu e que, para coesão do grupo, tem estrita necessidade da preservação do ordenamento'".

Observa-se que a função *jurisdicional* está intimamente ligada à realização do ordenamento jurídico. O eminente processualista Cândido Rangel Dinamarco, tratando da *instrumentalidade do processo*, descortina os escopos da jurisdição, que são: a) o jurídico, segundo o qual a jurisdição serve para atuar concretamente o Direito; b) o social, que engloba a pacificação social com justiça e a educação para o exercício dos direitos e obrigações; e c) o político, que inclui a afirmação do poder do Estado (de sua capacidade de decidir) e a garantia de participação democrática e controle desse poder pela sociedade (concretização do valor liberdade).[6]

Frente a isso, é necessário pensar a jurisdição não mais como mera aplicação do Direito, calcada na tradicional separação tripartida dos Poderes, mas sim como sendo a *jurisdição* uma das funções do Estado Social Democrático de Direito, devendo assim ser compreendida sua atividade; buscando cumprir seus escopos, nos quais é indispensável considerar as necessidades e aspirações da sociedade. A *jurisdição* é função do Estado, portanto é dever de seus órgãos desempenhá-la com efetividade.

Cabe analisar o desempenho da função *jurisdicional* pelo órgão Judiciário, cuja atividade preponderante é a *tutela jurisdicional*. É quase unânime em doutrina falar-se em *tutela jurisdicional* ou *prestação jurisdicional*. Convém, portanto, limitar o termo "tutela" dentro da função jurisdicional *lato sensu*.

A tutela jurisdicional constitui, em nosso sistema, a maior fatia do gênero *função jurisdicional do Estado*. A *tutela*[7] *jurisdicional* é o papel preponderante dos órgãos do *Poder Judiciário*, onde o Estado, por vedar a autotutela, põe-se à disposição para a solução dos conflitos no campo da realização do direito.

"Do que ficou dito, resulta que a função jurisdicional exerce-se em grande número de casos (Carnelutti afirmava que sempre) com referência a uma lide que a parte interessada deduz ao Estado, pedindo um provimento [tutela] a respeito. A existência da lide é uma característica constante na atividade jurisdicional [do Poder Judiciário], quando se trata de pretensões

5. Horácio W. Rodrigues, ob. cit., p. 22.

6. *Apud* Horácio W. Rodrigues, ob. cit., p. 23.

7. Segundo De Plácido e Silva (*Vocabulário Jurídico*): "Tutela. Do Latim *tueri* (proteger), vulgarmente entende-se a proteção, a assistência instituída em benefício de alguém".

insatisfeitas que poderiam ter sido satisfeitas pelo obrigado. Afinal, é a existência do conflito de interesses que leva o interessado a dirigir-se ao juiz e pedir-lhe uma solução; e é precisamente a contraposição dos interesses em conflito que exige a substituição dos sujeitos em conflito pelo Estado."[8]

Em nosso sistema corrobora tal afirmação o inciso XXXV do art. 5º da CF brasileira: "a lei não excluirá da apreciação do Poder Judiciário lesão ou ameaça a direito".

Apura-se esta visão na balizada doutrina pátria de Manoel de Oliveira Franco Sobrinho: [9] "Afaste-se a errônea idéia de que decisão jurisdicional ou ato de jurisdição é privativo do Judiciário. Não é assim. Todos os órgãos e Poderes têm e exercem *jurisdição* nos limites de sua competência institucional, quando aplicam o Direito e decidem controvérsias sujeitas à sua apreciação. Privativa do Judiciário é somente a *decisão judicial*, que faz coisa julgada em sentido formal e material, *erga omnes*. Mas a decisão judicial é espécie do gênero jurisdicional, que abrange toda decisão de controvérsia no âmbito judiciário ou administrativo".

Daí pode se concluir que a noção de tutela jurisdicional está diretamente ligada ao *Poder Judiciário*. Mas somente se pode falar em tutela jurisdicional quando a solução do litígio necessite de terceiro neutro — o Estado-juiz. Isso se dá efetivamente no processo de conhecimento sumário ou exauriente, ou na concessão de tutela satisfativa, no processo de execução; já quando o *Poder Judiciário* atua na chamada *jurisdição voluntária* não tutela o direito, mas administra a justiça.

Assim sendo, não se pode reduzir a função jurisdicional à solução dos conflitos; esta faz parte da fatia tutelar, mas não é a sua totalidade.

Os órgãos dos *Poderes Executivo* e *Legislativo*, quando aplicam as normas gerais e abstratas aos casos concretos, também exercem a função *jurisdicional* de forma secundária, mas devem fazê-lo buscando seus escopos: jurídico, social e político, delimitados por Cândido Rangel Dinamarco.[10]

Alcançar a pacificação social com justiça, garantir a participação democrática através do devido processo legal no qual seja garantido o direito ao contraditório e à ampla defesa, objetivando realizar concretamente o Direito, é papel primordial do Estado como um todo, e não apenas de um de seus *Poderes* (órgão judiciário). E para que a aplicação do Direito aos casos concretos seja justa e perfeita, esse mesmo Estado, além de oferecer à sociedade uma estrutura *tutelar jurisdicional*, fulcrada no princípio da inafastabilidade de apreciação pelo *Poder Judiciário*, deve exercer a função jurisdicional *lato sensu* através de todos os seus órgãos, isto é, deve buscar realizar concretamente o Direito, dentro dos princípios democráticos inseridos nos seus escopos, permitindo, assim, a todos um acesso amplo e legítimo à Justiça.

Luiz Guilherme Marinoni,[11] em brilhante pesquisa, diz: "Giovani Verdi, frisando a decadência do conceito da tripartição de Poderes no Estado contemporâneo,[12] adverte que, se a Constituição italiana for-

8. Antônio Carlos de Araújo Cintra e outros, *Teoria Geral do Processo*, São Paulo, Malheiros Editores, 1995, p. 128.

9. Manoel de Oliveira Franco Sobrinho, *Introdução ao Direito Processual Administrativo*, São Paulo, 1971, p. 163. No mesmo sentido manifesta-se Villar y Romero, *Derecho Procesal Administrativo*, Madri, 1948, p. 5.

10. Cândido Rangel Dinamarco, *A Instrumentalidade do Processo*, 7ª ed., São Paulo, Malheiros Editores, 1999, pp. 149 e ss.

11. Luiz Guilherme Marinoni, *Novas Linhas do Processo Civil*, 3ª ed., São Paulo, Malheiros Editores, 1999, p. 184.

12. Luiz Guilherme Marinoni, ob. cit., nota de rodapé 19, p. 184: "Com maior razão, então, a tripartição parece um esquema abstrato no Estado moderno, que estendeu cada vez mais os seus encargos, arrogando-se funções outrora não imagináveis. É assim que, de um lado, duvida-se de que as funções do Estado sejam somente três (acrescentando-se àquelas tradicionais ao menos a função de governo) e, de outro lado, acaba sendo cada vez mais difícil estabelecer as fronteiras entre uma e outra".

nece elementos suficientes para a distinção entre a função legislativa e a função jurisdicional, não fornece elementos seguros para distinguir a função executiva da jurisdicional, sendo ambas voltadas, em sentido amplo, à atuação das leis do Estado".

O Poder Executivo atua desta forma quando aplica o Direito ao caso concreto; ou buscando solucionar conflitos surgidos entre ela e os administrados, em decorrência de sua própria atuação, ou entre ela e seus servidores, buscando sempre o interesse coletivo, e não o seu próprio interesse.

Entre estes casos tem-se o lançamento fiscal, modalidade tributária do processo administrativo, através do qual constitui-se regularmente o crédito tributário. A Administração Pública (através dos órgãos fazendários) efetivamente está aplicando a norma legal ao caso concreto; valendo-se de normas gerais e abstratas (norma tributária, hipótese legal), especializa-as aos casos concretos (ocorrência do fato gerador). Para Geraldo Ataliba: "Hipótese de incidência é a descrição legislativa (necessariamente hipotética) de um fato a cuja ocorrência *in concretu* a lei atribui a força jurídica de determinar o nascimento da obrigação tributária".[13]

Ademais, a Administração Pública, no âmbito da Fazenda Pública, oferece um *contencioso*[14] como fase revisional do lançamento, dentro de um devido processo legal, onde deverão estar presentes o contraditório e a ampla defesa, garantias *jurisdicionais* da legalidade na administração pública. Neste caso a Administração Pública desempenha a função estatal de jurisdição, buscando alcançar os interesses públicos, ou seja, aplicar as normas gerais e abstratas aos casos concretos, sem olvidar os interesses dos contribuintes, oferecendo-lhes a oportunidade da ampla defesa e do contraditório.

Cabe salientar que o ato administrativo jurisdicional nascido dessas atividades — como explica Bielsa — "constituye una especie de justicia dentro de la Administración Pública ativa, y su objeto es, ante todo, restablecer la legalidade de la acción administrativa".[15]

Não obstante esta verdadeira justiça administrativa, estes atos administrativos, mesmo depois de esgotadas todas as fases de revisão do *contencioso administrativo*, não fazem coisa julgada no sentido judicial da palavra, devido ao princípio da inafastabilidade da apreciação pelo *Poder Judiciário*, adotado em nosso sistema.

Portanto, sem embargo das posições doutrinárias em contrário, pode-se visualizar uma *função jurisdicional* composta de diversos matizes e cuja efetivação transcende os limites organizacionais do Estado.

Conforme análise desenvolvida acima, a função jurisdicional *lato sensu* é desempenhada por todos os órgão (Poderes) do Estado, e não somente pelo órgão Judiciário; tem-se também que a expressão "acesso à Justiça" (gênero) abrange o acesso a uma ordem jurídica justa que deve ser proporcionada pelo Estado, esse instrumento canalizador do poder social. Ora, esse Estado, através de todos os seus órgãos, e principalmente aqueles que *aplicam concretamente o Direito*,[16] deve ofertar à sociedade um acesso livre de empecilhos e entraves, para que se tenha efetivamente a pacificação social, objetivo maior de um Estado Social Democrático de Direito.

13. Geraldo Ataliba, *Hipótese de Incidência Tributária*, São Paulo, Malheiros Editores, 1996, p. 69.

14. "Contencioso", aqui, refere-se às fases de revisão existentes à contestação do lançamento por parte do contribuinte junto à própria Administração, o que constitui, em realidade, uma verdadeira continuação do lançamento ou ao menos sua reabertura. Quando o sujeito passivo contesta os efeitos que se originaram do lançamento este fica suspenso até decisão final do processo, e é exatamente esta decisão que constituíra o lançamento definitivo.

15. Rafael Bielsa, *Compendio de Derecho Público*, *apud* Hely Lopes Meirelles, *Direito Administrativo Brasileiro*, São Paulo, Malheiros Editores, 1996, p. 160.

16. Segundo Dinamarco (ob. cit., p. 209), o escopo jurídico da *jurisdição* é aquele que serve para atuar concretamente o Direito.

Daí por que se concluir: os órgãos da *Administração Pública*[17] de todos os órgãos-Poderes, quando aplicarem concretamente o Direito, devem oferecer mecanismos de fácil acesso, para ver e acompanhar a aplicação do Direito, seja no interesse social ou particular, mas sempre objetivando a legitimação da ação estatal na realização do *bem comum*.

2.3 A concepção moderna do processo

A evolução teórica do processo deu-se lentamente, passando da *adjetividade* à *autonomia*, e desta para a *instrumentalidade*; hoje tem-se, segundo Cintra e outros:[18]

"A fase instrumentalista, ora em curso, é eminentemente crítica. O processualista moderno sabe que, pelo aspecto técnico-dogmático, a sua ciência já atingiu níveis muito expressivos de desenvolvimento, mas o sistema continua falho na sua missão de produzir justiça entre os membros da sociedade. (...). Como tem sido dito, já não basta encarar o sistema do ponto de vista dos produtores do serviço processual (juízes, advogados, promotores de justiça): é preciso levar em conta o modo como seus resultados chegam aos *consumidores*, ou seja, à população destinatária.

"Nesta fase, procura-se superar a visão de processo como atividade técnico-formal, e levá-lo às conotações ideológicas de promoção de uma efetiva *justiça social*."

Para Cintra:[19]

"O Direito Processual é, assim, do ponto de vista de sua função puramente jurídica, um *instrumento* a serviço do Direito Material:[20] todos são institutos básicos (jurisdição, ação, execução, processo), são conhecidos e justificam-se no quadro das instituições do Estado pela necessidade de garantir a autoridade do ordenamento jurídico. O objeto do Direito Processual reside precisamente nesses institutos e eles concorrem decisivamente para dar-lhe sua própria individualidade e distingui-lo do Direito Material.

"Seja ao legislar ou ao realizar atos de jurisdição, o Estado exerce o seu *poder* (poder estatal). E, assim como a jurisdição desempenha uma função instrumental perante a ordem jurídica substancial (para que esta se imponha em casos concretos), assim também toda a atividade jurídica exercida pelo Estado (legislação e jurisdição, consideradas globalmente) visa a um objetivo maior, que é a pacificação social. É antes de tudo para evitar conflitos entre pessoas, fazendo justiça, que o Estado legisla, julga e executa (o escopo social magno do processo e do Direito como um todo)."

O processo é, por este ponto de vista, um *instrumento a serviço da paz social*, e, portanto, um instrumento de que se serve o Estado no exercício de seu *poder-dever*, que se manifesta através das *funções estatais*, objetivando promover legitimamente o acesso a uma ordem jurídica justa e alcançando a pacificação social.

A partir do momento em que se aceita a natureza instrumental do processo torna-se indispensável rever seus institutos fundamentais, a fim de adequá-los a essa nova visão. Isso porque toda a construção se deu

17. Segundo Hely Lopes Meirelles (ob. cit., p. 60), ***Administração Pública**, em sentido material, é o conjunto das funções necessárias aos serviços públicos em geral; e em sentido operacional é o desempenho perene e sistemático, legal, técnico, dos serviços próprios do Estado ou por ele assumidos em benefício da coletividade*. Administração Pública grafada com iniciais maiúsculas, neste trabalho, significa o conjunto de órgãos de todos os Poderes, que exerçam a função administrativa do Estado, que como tal será grafada neste trabalho com iniciais minúsculas.

18. Antônio Carlos de Araújo Cintra e outros, *Teoria Geral do Processo*, São Paulo, Malheiros Editores, 1995, p. 43.

19. Ob. cit., p. 40.

20. Para Cintra e outros (ob. cit., p. 40), Direito Material " é o corpo de normas que disciplinam as relações jurídicas referentes a bens e utilidades da vida (Direito Civil, Penal, Administrativo, Comercial, Tributário, Trabalhista etc.)".

em fases anteriores, quando dominava uma visão exclusivamente técnica e individualista do processo. Hoje, portanto, nenhum estudioso da Ciência do Direito pode estudar o processo sem lhe dar esse cunho instrumentalista. Trata-se, sem dúvida, de uma nova visão do fenômeno processual, instrumento cuja utilidade é medida em função dos benefícios que possa trazer para o titular de um interesse protegido pelo ordenamento jurídico, seja ele privado ou público.

2.4 A ampla processualidade

O processo, visto como *instrumento a serviço da sociedade*, tem sua base ampliada na medida em que se constata que todos os órgãos do Estado desempenham, mesmo que secundariamente, a função *jurisdicional*. Sem embargo da processualidade existente em todas as funções do Estado, analisar-se-á, neste trabalho, a amplitude do processo na manifestação estatal da *jurisidição* no âmbito da Administração Pública, onde está inserida a função da Fazenda Pública.

Nas palavras de Odete Medauar[21] vislumbra-se a amplitude hodiermante dada ao processo:

"(...). Assim, pode-se notar que a concepção publicista do processo levou à idéia de ação como direito independente do direito subjetivo material; levou ao deslocamento da preocupação científica para o tema da jurisdição e possibilitou a idéia desta como poder estatal; por sua vez, a teoria do processo como relação jurídica permitiu visualizá-lo como um conjunto de posições jurídicas ativas e passivas, de cada um dos seus sujeitos (...) e não somente como simples sucessão de atos.

"Tais enfoques, aqui ventilados de modo sucinto, desembocaram na concepção metodológica de uma Teoria Geral do Processo, que vê o 'Direito Processual como um conjunto de princípios, institutos e normas estruturados para o exercício do poder segundo determinados objetivos'. Por conseguinte, emerge perfeitamente clara a idéia de uma processualidade atinente, também, ao Poder Executivo e ao Poder Legislativo."

Vê-se, portanto, que o *processo* é instrumento da função jurisdicional *lato sensu*, e não exclusividade do Poder Judiciário em sua *tutela jurisdicional*. O processo como instrumento serve tanto ao Estado como à sociedade, pois ele serve para indicar um método de formação ou de aplicação do Direito tendente a garantir um resultado bom, isto é, conseguir realmente a paz social, através da justa aplicação do Direito aos casos concretos; o que satisfaz o Estado como provedor da ordem jurídica e também o destinatário da aplicação concreta da lei.

Medauar, citando Couture, diz: "Vistos do ponto de vista de sua estrutura, existe unidade entre o processo parlamentar, o processo administrativo e o processo judicial. Todos eles se apóiam, dentro desse ponto de vista, na necessidade do debate e na conveniência derivada da exposição das idéias opostas, para que se chegue à verdade".[22]

Acompanham este raciocínio Cintra e outros, quando afirmam: "O processo é conceito que transcende ao Direito Processual. Sendo instrumento para o legítimo exercício do poder, ele está presente em todas as atividades estatais (processo administrativo, legislativo)".[23]

Pode-se, então, dizer que processo é instrumento de acesso à Justiça, e, portanto, indispensável à aplicação das normas abstratas aos casos concretos pelos órgãos do Estado, razão por que todas as atividades *jurisdicionais* devem ser conduzidas através desse instrumento corolário de um Estado Social Democrático de Direito.

21. Odete Medauar, *A Processualidade no Direito Administrativo*, São Paulo, Ed. RT, 1993, p. 15.

22. Odete Medauar, ob. cit., p 17.

23. Antônio Carlos de Araújo Cintra e outros, ob. cit., p. 247.

2.5 *A processualidade no Direito Administrativo*

Na magistral abordagem de Odete Medauar sobre a processualidade no Direito Administrativo apura-se: "(...) a doutrina administrativa passou a se preocupar com a processualidade, movida certamente por alguns dados nucleares. A progressiva aproximação entre Administração e administrados, reflexo do menor distanciamento entre Estado e sociedade, levou à necessidade de tornar conhecidos os modos de atuação administrativa e de propiciar ocasiões para que o cidadão se faça ouvir. Por outro lado, o aumento da ingerência estatal teve como contrapartida o cuidado na fixação de parâmetros para a atividade administrativa, em especial a discricionária. Além do mais, despertou-se a atenção para o aspecto garantias prévias a serem propiciadas aos cidadãos nas atuações administrativas, daí a tônica sobre os momentos que antecedem a edição dos atos administrativos".[24]

Observe-se que os processualistas modernos, buscando elaborar uma *Teoria Geral do Processo*, também contribuíram para a concepção de uma ampla processualidade, que transcende a atuação do Poder Judiciário.

Na doutrina pátria o tema processualidade já constava das cogitações teóricas de Themístocles Brandão Cavalcanti, desde 1938, e de José Cretella Júnior, que sempre mostraram-se preocupados com a construção teórica da processualidade no âmbito da Administração; Franco Sobrinho, ilustre mentor e criador do Instituto Brasileiro de Direito Administrativo, sempre fundamentado em doutrina estrangeira, tentou *plantar* a idéia de processualidade em nossa doutrina administrativista. E hoje tem-se a magistral ensinança de Odete Medauar, como imprescindível para o estudo do tema processualidade administrativa também Carlos Ari Sundfeld, que afirma: "O fenômeno processual não é exclusivo da jurisdição, antes é característico das várias funções do Estado e do tipo de vontade que elas expressam".

Parafrasendo-se Ari Sundfeld e enxertando a visão de que a *jurisdição* não é função exclusiva dos órgãos Poder Judiciário, ter-se-á, então: "O fenômeno processual não é exclusivo do Poder Judiciário, antes é característico dos vários órgãos do Estado que exercem a função jurisdicional *lato sensu*".

Acrescenta Sundfeld: "O processo garante que a vontade funcional, que se expressará no ato [administrativo], não seja empolgada pela vontade do agente [público], mas signifique uma vontade equilibrada, esclarecida, racional, imparcial. Em suma, assegura que o agente não se transforme em fim, mas guarde seu papel de mero intermediário. Nesta perspectiva, o processo cumpre uma função mais ampla, a de assegurar a eficiência estatal contra o próprio agente, (...)".[25]

O processo administrativo é instrumento de *acesso a uma ordem jurídica justa* no âmbito da Administração Publica, e para tal deve seguir *procedimentos* adequados, onde as garantias individuais dos cidadãos estejam presentes, ao lado dos interesses públicos.

A questão, obviamente, não é pacífica, pois há aqueles apegados às concepções do processo civil, ou conservadores da *tripartição dos Poderes*, que não visualizam a Administração Pública também exercendo a *função jurisdicional* ao aplicar a norma abstrata ao caso concreto.

Mas o que se propõe parece lógico: conceber uma processualidade administrativa com raízes em uma *Teoria Geral do Processo*, mas voltada para as peculiaridades da Administração Pública, mormente aquelas referentes à Fazenda Pública, que com exclusividade aplica a legislação tributária aos casos concretos, objetivando a

24. Odete Medauar, ob. cit., p. 16.

25. Carlos Ari Sundfeld, "A importância do procedimento administrativo", *RDP* 84/64-74, outubro-dezembro/87.

arrecadação e a fiscalização das imposições tributárias indispensáveis para a consecução dos escopos de um Estado Social Democrático de Direito.

3. *O processo administrativo na área tributária*

"Não se conquista a paz social sem a existência de uma *boa administração* pública. Dinamizada na legalidade e na moralidade."[26]

3.1 Considerações preliminares

Demarcados, nos tópicos anteriores, a abrangência da *função jurisdicional* do Estado contemporâneo e o desempenho desta pelos diversos órgãos (Poderes) do Estado, bem como o relevante papel do *processo* na efetivação da *justiça*, cabe, agora, traçar o perfil do processo administrativo como gênero, onde se inclui a espécie *tributária* ou *fiscal*.

"Pode-se tentar uma síntese, para identificar a função administrativa como atividade estatal que: coadjuva as instituições políticas de cúpula no exercício da atividade de governo; organiza a realização das finalidades públicas postas pelas instituições políticas de cúpula; produz serviços, bens e utilidades para a população.

"Aspecto de relevo a salientar diz respeito à atividade multiforme da função administrativa, expressando-se, portanto, em amplo e complexo leque de atuações. Falta à função administrativa a unicidade (ou uniformização), predominante na função jurisdicional e na função legislativa.

"Por realizar-se de maneira múltipla e complexa, só parte da função administrativa se exerce em esquema processual. Os ordenamentos em geral impõem a processualidade em determinados tipos de atuação administrativa que mais diretamente afetam direitos dos indivíduos ou restringem atividades, como, por exemplo, na decretação de sanções, disciplinares ou não; também no consentimento de atividades que possam prejudicar terceiros ou a coletividade; e ainda, quando a função administrativa sujeita-se, no seu exercício, à observância da igualdade entre administrados."[27]

Constata-se na abordagem acima a falta de distinção entre a função administrativa propriamente dita e a função jurisdicional desempenhada pela administração pública.[28] Tem-se demonstrado que os órgãos de todos os Poderes exercem, ainda que secundariamente, a jurisidição,[29] e quando aproximam sua atuação da *zona nebulosa e comum*[30] às funções jurisdicional e administrativa têm o *processo* como indispensável, e é sob este prisma que se deve estudá-lo.

É salutar analisar-se as ponderações de García de Enterría e Ramón Fernandez encontradas em Medauar,[31] ao afirmarem: "Há semelhança entre os dois [processo judicial e administrativo], mas também há diferenças, como conseqüência necessária da natureza diferente dos fins a que um e outro servem e sobretudo da diferente posição e caráter dos órgãos cuja atividade disciplinam".

Pode-se, então, inferir que o *processo administrativo*, devido ao dinamismo da administração pública imposto pelo intercâmbio constante com as mais diversas áreas do Direito (*v.g.*, Penal, Trabalhista, Tributário, Comercial, Civil, Processual), será multiforme, pois as relações jurídicas, do ponto de vista do Direito Material, a que podem referir-se, são as mais diversas.

26. Manoel de Oliveira Franco Sobrinho, *O Princípio Constitucional da Moralidade Administrativa*, Curitiba, Gênesis, 1993, p. 7.

27. Odete Medauar, ob. cit., p. 54.

28. Assim entendidos os órgãos de todos os Poderes quando atuam no função administrativa, e que neste trabalho será grafada com as iniciais maiúsculas.

29. A separação entre as funções jurisdicional e administrativa não é nítida, havendo uma zona de intersecção, onde estão presentes características de ambas.

30. V. Anexo.

31. Odete Medauar, ob. cit., p. 55.

3.2 Da denominação do processo administrativo na área tributário-fiscal

Sempre ocorreu certa divergência no concernente à denominação: uns optam por denominar processo administrativo tributário, outros processo administrativo fiscal. Tal divergência tem suas raízes nas posições doutrinárias referentes à denominação das disciplinas de Direito Tributário ou Direito Fiscal, ou mais especificamente na autonomia didática de ambas.

Para o inesquecível tributarista Aliomar Baleeiro o Direito Tributário é sinônimo de Direito Fiscal; porém, com a devida vênia, ousamos divergir desse entendimento, pois entendemos que "Fiscal" vem do vocábulo *fiscalis* (Latim), referente a Fisco, ou seja, pertencente ao Fisco, à Fazenda Pública, ou à cobrança do tributo. Já "Tributário" vem do vocábulo *trubitarius* (Latim), referente a tributo, ou seja, de direito pertencente aos tributos, ou à criação destes.

Para Edvaldo Brito (1982):

"Direito Tributário é parte especialíssima do Direito Financeiro, exatamente aquela que regra as relações jurídicas pertinentes aos tributos, as quais são espécie de receita derivada, e, conseqüentemente, um tema específico, bem restrito no amplo campo do Direito Financeiro. Aqui se engasta a relação jurídica tributária, determinada a partir do momento em que um fato se juridiciza realizando a hipótese de incidência da regra jurídica debuxada em uma norma de Direito Positivo.

"Já o Direito Fiscal regula as relações jurídicas travadas entre o sujeito ativo da obrigação tributária, já nascida, e o seu sujeito passivo, no que se refere à exigência e à execução do crédito tributário existente, isto é, nascido com a obrigação tributária. Aqui se encaixa a relação jurídico-fiscal instaurada com o procedimento de lançamento, que é *conditio iuris* para a exigibilidade e execução do crédito tributário."[32]

Razão assiste ao eminente professor Edvaldo Brito, pois Direito Tributário refere-se ao regramento *in abstracto* da imposição tributária, ou seja, trata da relação jurídica decorrente do contrato social, existente entre o Estado tributante, através de sua competência legislativa, e os indivíduos membros da sociedade (contribuintes). Já o Direito Fiscal se refere ao regramento *in concreto*, objetivando a arrecadação e a fiscalização das imposições tributárias; atividade eminentemente administrativa, cuja execução é função do Poder Executivo. Tem-se, então, que o Direito Fiscal é o meio de aplicação do Direito Tributário. Constitui-se em uma ponte entre a criação abstrata da imposição tributária e sua efetiva arrecadação. É a disciplina que estuda o regramento referente à atividade administrativa que aplica a legislação tributária aos casos concretos.

Daí por que adotar-se neste trabalho a denominação de *processo administrativo fiscal*.

3.3 Conceito de processo administrativo fiscal

Para Dejalma de Campos[33] "processo tributário é o conjunto de atos ordenados, com o objetivo de apurar a obrigação tributária ou o descumprimento desta, tendentes a dirimir controvérsias entre o Fisco e os contribuintes".

Hely Lopes Meirelles[34] ensina: "Processo administrativo tributário ou fiscal, propriamente dito, é todo aquele que se destina à determinação, exigência ou dispensa do crédito fiscal, bem como à fixação do alcance das normas de tributação em casos concretos, pelos órgãos competentes tributantes, ou à imposição de penalidades ao contribuinte".

Consoante os doutrinadores, o processo administrativo fiscal abrange toda a ação

32. Edvaldo Brito, *apud* Dejalma de Campos, *O Processo Tributário*, São Paulo, Atlas, 1993.

33. Dejalma de Campos, ob. cit., p. 23.

34. Hely Lopes Meirelles, *Direito Administrativo Brasileiro*, cit.

da Fazenda Pública: do lançamento para constituição do crédito tributário, passando pela interpretação da legislação através da consulta, até a simples autuação de expediente.

Pode-se, então, considerando a instrumentalidade do instituto processual, ensaiar um conceito: "Processo administrativo fiscal é o instrumento de acesso à Justiça no âmbito da Administração Pública, consubstanciado na série de atos e formalidades ordenados através de procedimentos adequados, objetivando o preparo e a edição de atos administrativos na área tributária, objetivando oferecer ampla defesa ao administrado contra possíveis arbítrios e ilegalidades, a fim de que a aplicação do ordenamento jurídico seja justa e legítima".

3.4 Finalidade do processo administrativo fiscal

O processo administrativo, como *instituto* democrático de um Estado de Direito, tem como finalidade maior a realização da *justiça*. Tal postura importa mudança das condutas administrativas, outrora inertes ou negligentes, movidas por má-fé ou não, no atendimento de direitos dos cidadãos (particulares ou servidores). Com mais razão no processo administrativo na área fiscal ou tributária deverá ser observada essa finalidade maior, porém a outras finalidades se presta o processo administrativo fiscal, que, segundo a insigne mestra Medauar,[35] são:

Finalidade de garantia: no campo de sua função garantista, o processo administrativo vem finalizando a garantia jurídica dos administrados, pois tutela direitos que o ato administrativo pode afetar. Atribui-se ao processo administrativo a condição de *primeiro círculo* de garantia das posições jurídicas do administrado, enquanto supõe que a atividade da Administração tem de canalizar-se, obrigatoriamente, por parâmetros determinados, como requisito mínimo para ser qualificada de legítima.

Melhor conteúdo das decisões: no processo administrativo os interessados são ouvidos, apresentam argumentos e provas, oferecem informações. Contribuem, portanto, para a determinação do fato ou da situação objeto do processo. Com isso se ampliam os pressupostos objetivos da decisão administrativa.

Legitimação do poder: a processualidade está associada ao exercício do poder estatal, o poder é por si próprio autoritário. No âmbito estatal a imperatividade, característica do poder, para não ser unilateral e opressiva, deve encontrar expressão em termos de paridade e imparcialidade no processo pré-constituído. Daí a importância dos momentos processuais como legitimação do poder em concreto.

Correto desempenho da função (controle interno): sob vários aspectos o processo propicia condições para o correto desempenho da função; leva ao equilíbrio entre a autoridade do sujeito público e os direitos dos administrados, pois o processo implica posições jurídicas de todos os sujeitos da relação processual, da função administrativa.

Aproximação entre Administração e cidadãos: mediante a colaboração individual ou coletiva de sujeitos no processo administrativo realiza-se a aproximação entre Administração e administrados. Rompe-se, com isso, a idéia de Administração contraposta à sociedade; muda a perspectiva do cidadão visto de modo autoritário e unilateral, quebra-se a tradição de interesse público oposto a interesse privado.

Hoje, o esquema processual, ainda que incipiente, já representa um dos meios para que a vontade da Administração e a vontade dos administrados se encontrem na fase da decisão administrativa.

Sistematização de atuações administrativas: o processo instituído implica organização racional da edição de muitos atos administrativos; sistematizam-se, desse modo, várias atividades. Sob o ângulo da Administração representa meio de simplificar práticas, pois não se pode pedir a cada

35. Odete Medauar, ob. cit., pp. 61-69.

servidor que reinvente, a cada questão que surge, todas as medidas que devam ser adotadas. Para o administrado permite o conhecimento do modo de atuação da Administração.

Facilitar o controle (externo) da Administração: a colaboração dos sujeitos e o conhecimento do modo de atuação administrativa, decorrentes do esquema processual, facilitam o controle por parte da sociedade, do Poder Judiciário e de todos os outros entes que fiscalizam a Administração Pública.

Aplicação dos princípios e regras comuns da atividade administrativa: o processo administrativo constitui-se no ponto de encontro de vários princípios e regras comuns que presidem a atividade administrativa. Tornando-se, então, campo propício à concretização de tais parâmetros, muitos dos quais consagrados constitucionalmente.[36]

3.5 Princípios constitucionais do processo administrativo

Os publicistas têm reafirmado a supremacia da Constituição e a plena eficácia de suas normas e princípios como instrumentos hábeis para assegurar a satisfação dos interesses públicos, a probidade e a justiça social.[37]

Cabe salientar que os princípios constitucionais do processo estão intimamente ligados entre si, ou seja, um decorre do outro, pois tem-se que o *devido processo legal* em um Estado Social Democrático de Direito está, política, jurídica, e ideologicamente, ligado à *ampla defesa*, e esta somente se efetivará mediante o *contraditório* e o *direito de petição*.

a) O devido processo legal: este princípio teve seu germe na Magna Carta de 1215, desenvolvendo-se e ampliando sua importância juntamente com a noção de Estado de Direito. Inicialmente manteve-se ligado à área penal, passando *a posteriori* a todas áreas de atuação judicial e, modernamente, a toda atuação estatal.

A doutrina pátria e também a estrangeira têm-se posicionado favoravelmente a esta tese, ou seja, que o princípio constitucional do *devido processo legal* abrange também a atuação da Administração Pública.[38]

Se se proceder à interpretação conjuntural da Constituição, constatar-se-á que o princípio do *devido processo legal* abrange todas as áreas de atuação estatal. Diz, *in verbis*, o inciso LIV do art. 5º da CF: " ninguém será privado da liberdade ou de seus bens sem o devido processo legal".

Frente à amplitude das expressões "liberdade" e "bens" e à realidade de que a privação da liberdade (corporal; de exercício de atividade; de se estabelecer comercialmente; de construir etc.) bem como dos bens (execução forçada; apreensão de mercadorias; interdição etc.) somente se darão através de sentença ou de *ato administrativo*, infere-se que se a Administração Pública, no desempenho de suas funções, mormente naquelas jurisdicionalizadas, poderá privar o administrado de sua liberdade (exceto a corporal) e de seus bens, é indispensável nestas hipóteses o *devido processo legal* no âmbito da Administração Pública.

b) Princípios da ampla defesa e do contraditório: posta a imposição constitucional de se ter a atuação da Administração Pública dentro do instrumento devido — ou seja, o devido processo legal —, acrescenta, mais, o texto constitucional, no inciso LV do mesmo artigo: "aos litigantes, em processo judicial ou administrati-

36. No art. 37 da CF está bem claro que todo ato administrativo há de conter em sua estrutura/forma, no mesmo instrumento, as premissas de legalidade, impessoalidade, publicidade e moralidade. Cremos ser estes os princípios de que fala Medauar. E mais: entendemos que somente mediante o devido processo é que a administração pública poderá efetivamente cumprir estas previsões constitucionais.

37. "Preâmbulo" da *Carta de Curitiba*, resultado do X Congresso Brasileiro de Direito Administrativo/96.

38. V. Odete Medauar, ob. cit., pp. 79-83.

vo, e aos acusados em geral são assegurados o contraditório e a ampla defesa, com os meios e os recursos a ela inerentes".

Deduz-se, com clarividência, que, ocorrendo conflito, ou seja, litígio, no curso do processo, deverá ser proporcionada ampla defesa, e que está somente se efetivará se presente o contraditório.

Afasta-se, aqui, a visão de muitos de que o processo nasce do contraditório e que esse visa apenas a assegurar a participação do acusado no processo.

"Eis assim o contraditório a identificar-se com a *par condicio*, e não com a igualdade formal."[39] E o que é essa condição se não dar as partes (administração e administrado) a mesma condição de defesa no levantamento de provas periciais, testemunhais e documentais, conhecimento das manifestações e das decisões?

Pode-se concluir que o *contraditório* está intrínseco no princípio da ampla defesa, ou seja, somente haverá *ampla defesa* se presente o *contraditório*. A processualista Ada Pellegrini Grinover,[40] estudando os dois institutos do processo — ação e defesa —, diz serem estes "abrangentes garantias do justo processo. E o contraditório, neste enfoque, nada mais é do que uma emanação daquela ação e daquela defesa". Celso Ribeiro Bastos,[41] na mesma linha, diz: "o contraditório é, pois, a exteriorização da própria defesa".

Constatado que o princípio da *ampla defesa* é corolário do *devido processo legal* e que esta só se efetivará mediante o *contraditório*, tem-se que estes princípios no âmbito da Administração Pública estão intimamente ligados à instrumentalidade do processo administrativo e são os mecanismos de acesso à ordem jurídica justa neste âmbito de atuação estatal.

c) O direito de petição: *prima facie* tem-se que o processo existirá sempre com o administrado ocupando o pólo passivo da relação jurídico-processual administrativa.[42] No entretanto, diz o inciso XXXIV, "a", do art. 5º da CF: "são a todos assegurados, independentemente do pagamento de taxas: a) o direito de petição aos Poderes Públicos em defesa de direitos ou contra ilegalidade ou abuso de poder".

Apura-se, então, que ao administrado é dado o direito de "peticionar" junto a todos os Poderes — e, portanto, em todos os órgãos da Administração Pública — para defender seus direitos ou contra ilegalidades e ilegitimidades praticadas por seus agentes.

Nesta hipótese, figuram o administrado como pólo ativo da relação processual e a Administrarão Pública no pólo passivo, onde também lhe será dado o direito de analisar a questão dentro do *devido processo legal* com *ampla defesa contraditória* ao agente ou servidor, possibilitando, assim, solução motivada à questão, que poderá ser a invalidação ou a manutenção do ato atacado pelo administrado.

Este princípio — ou seja, o direito de petição — constitui-se em um mecanismo constitucional de *acesso à Justiça* no âmbito da Administração Pública, que deverá ser objeto de maior atenção e interesse de doutrinadores e legisladores.

d) Princípios da legalidade, moralidade, impessoalidade e publicidade: a CF/88, em seu art. 37, diz: "A Administração Pública direita, indireta ou fundacional, de qualquer dos Poderes da União, dos Estados, do Distrito Federal e dos Municípios obedecerá aos princípios de legalidade, impessoalidade, moralidade, publicidade (...)".

Estes princípios básicos da Administração Pública são os que hão de pautar to-

39. Ada Pellegrini Grinover, *Novas Tendências do Direito Processual*, Rio de Janeiro, Forense, 1990, p. 7.

40. Ada Pellegrini Grinover, ob. cit., p. 5.

41. Celso Ribeiro Bastos e Ives Gandra Martins, *Comentários à Constituição do Brasil*, São Paulo, Saraiva, 1989, p. 267.

42. A relação processual administrativa é bipolar — Administração/administrado —, diferentemente da relação processual tutelar oferecida pelo Poder Judiciária, que é tríplice — autor/juiz/réu.

dos os atos administrativos; ou, por outras palavras, sustentarão a atividade administrativa no curso de seu objetivo. Relegá-los é desvirtuar a gestão dos negócios públicos, é olvidar o que há de mais elementar para a boa guarda e zelo dos interesses sociais.[43]

Assim, também o *processo administrativo fiscal* deverá ser conduzido dentro destes princípios básicos. Não se pode, portanto, afastar o processo, tanto em sua instauração, desenvolvimento e finalização, do princípio constitucional da moralidade de seus atos e de seus sujeitos; da impessoalidade, buscando sempre o interesse público, jamais o de particulares, ou da própria Administração em particular; e da publicidade, para que a decisão administrativa seja legítima e eficaz.

3.6 Princípios gerais norteadores do processo administrativo fiscal

Entre os princípios gerais do processo administrativo em geral pode-se identificar como basilares e peculiares os princípios da *oficialidade*, do *formalismo moderado*, da *verdade material* e da *motivação das decisões*. Sinteticamente:

a) Princípio da oficialidade: o processo administrativo fiscal ao ser iniciado, independentemente de quem o tenha provocado, passa a pertencer ao Poder Público, a quem compete seu impulso até a decisão final. Se a Administração dele se desinteressa, infringe o princípio da oficialidade e seus agentes podem ser responsabilizados em razão dessa omissão.

Medauar[44] afirma que este princípio também é denominado de impulso oficial ou impulsão de ofício, significa dever, atribuído à Administração, de tomar todas as providências para se chegar, sem delongas, à decisão final. E acrescenta: "Esse princípio não elide a atuação dos sujeitos, garantida pelo contraditório e ampla defesa. Expressa, em especial, a responsabilidade da Administração pelo andamento regular e contínuo do processo, independentemente de provocação dos sujeitos para a realização de atos e providências, inclusive quanto à instauração, no sentido de determinar a coleta de todos os elementos necessários ao esclarecimento de fatos pertinentes aos assunto tratado".

b) Princípio do formalismo moderado: esse princípio, também denominado pela doutrina de princípio do informalismo, tem nas palavras de Medauar a justificativa da denominação proposta: "Porém, não parece correta essa última expressão [informalismo], porque dá a entender que não há ritos e formas no processo administrativo".

Em processo administrativos são indispensáveis algumas formas e ritos adequados para a consecução de seus fins, porém são suficientes "as formalidades estritamente necessárias à obtenção da certeza jurídica e à segurança procedimental".[45]

Medauar acrescenta que é evidente que há exigências decorrentes do contraditório e da ampla defesa, tais como prazos, notificações, motivação etc., que não podem ser consideradas *filigranas* ou formalidades dispensáveis. Afora isto, não é dado apegar-se em excessivo formalismo, pretendendo unicamente impossibilitar o alcance do verdadeiro objetivo do processo administrativo fiscal, ou seja, a *justiça*.

c) Princípio da verdade material: este princípio, também denominado da verdade real, vinculado ao princípio da oficialidade, exprime que a Administração deve tomar decisões com base nos fatos tais como se apresentam na realidade, não se satisfazendo com a versão oferecida pelos sujeitos. Para tanto tem o direito e o dever de carrear para o expediente todos os dados, informações, documentos a respeito da

43. Hely Lopes Meirelles, ob. cit., p. 82.
44. Odete Medauar, *Direito Administrativo Moderno*, São Paulo, Ed. RT, 1996, p. 197.
45. Hely Lopes Meirelles, *O Processo Administrativo e em Especial o Tributário*, Rio de Janeiro, Forense, 1975, p. 19.

matéria tratada, sem estar jungida aos aspectos suscitados pelos sujeitos.[46]

Contrapõe-se, portanto, ao princípio da verdade formal, que prevalece no processo judicial cível, onde o juiz deve ater-se às provas indicadas no devido tempo pelas partes; no processo administrativo a autoridade administrativa pode conhecer de novas provas, e buscá-las, até a decisão final.

d) Princípio da motivação das decisões administrativas: o princípio constitucional da motivação está adstrito aos julgamentos e às decisões administrativas dos órgão do Poder Judiciário, consoante o art. 93, IX e X, da CF;[47] mas, por extensão deste princípio e por argumento próprio, este princípio está presente no processo administrativo. Vejamos.

Antônio Carlos de Araújo Cintra[48] assim preleciona:

"(...) o ato administrativo deve ser motivado, seja ele vinculado ou discricionário, porque as duas categorias se ajustam, indiferentemente, a quase todas as finalidades da motivação. A facilitação do controle do ato administrativo não constitui a única razão para a exigência da motivação, e ainda que fosse, assim mesmo não nos parece que isso constituiria argumento suficiente para excluir a sua necessidade quanto aos atos discricionários. Isto porque, de um lado, há a possibilidade de controle interno, abrangendo o mérito do ato, e, de outro, o exame da motivação pode indicar sintomas de desvio do poder, sujeito à apreciação pelo Poder Judiciário.

"A suficiência da motivação abrange a sua precisão, que importa em levar em conta as peculiaridades e circunstâncias do caso concreto, não se contentando com afirmações genéricas e vagas, com meras repetições da linguagem da lei, com simples referências ao 'interesse público', à 'necessidade do serviço' etc.

"Por outro lado, sob o aspecto formal, a motivação deve ser clara e congruente, a fim de permitir uma efetiva comunicação com seus destinatários. Realmente, se a motivação for obscura, ininteligível, contraditória, redundará na incerteza e insegurança sobre o verdadeiro significado do ato administrativo assim motivado."

Celso Antônio Bandeira de Mello,[49] citando acórdão lavrado pelo Des. Ungaretti no MS 2.335, do TJSP, observa, a propósito: "o que torna exigível a motivação, quando não imposta explicitamente pela lei, é a necessidade de sua existência como meio para aferir-se a consonância do ato com as condições e finalidade normativas previstas para ele. A motivação é um instrumento de garantia dos administrados (..)".

Assim, tem-se que, não obstante ser a Constituição silente quanto à motivação das decisões no âmbito da administrarão pública, este é um princípio indispensável ao processo administrativo, pois, sendo estas decisões administrativas nada mais do que um ato administrativo, como tal devem ser devidamente *motivadas*, por ser uma garantia das relações entre Administração Pública/administrados em geral.

A exemplo, diz a lei de procedimentos administrativos da Argentina: "*Derecho a una decisión fundada*. Que el acto decisorio haga expresa consideración de los principales argumentos y de las cuestiones propuestas, en tanto fueren conducentes a la solución del caso".[50]

46. Odete Medauar, ob. ult. cit., p. 198.

47. "Art. 93. Lei complementar, de iniciativa do Supremo Tribunal Federal, disporá sobre o estatuto da Magistratura, observados os seguintes princípios: (...); IX — todos os julgamentos dos órgãos do Poder Judiciário serão públicos, e fundamentadas todas as decisões, (...); X — as decisões administrativas dos tribunais serão motivadas, (...)".

48. Antônio Carlos de Araújo Cintra, *Motivo e Motivação do Ato Administrativo*, São Paulo, Ed. RT, 1979, pp. 123-128.

49. Celso Antônio Bandeira de Mello, *Ato Administrativo e Direitos dos Administrados*, São Paulo, Ed. RT, 1981, p. 77.

50. Redação do art. 1º, "f ", item 3, da *Ley* 19.549/72.

3.7 *Fases do processo administrativo fiscal*

Segundo Hely Lopes Meirelles[51] as fases comuns a todo processo administrativo propriamente dito — ou seja, a todo aquele destinado a propiciar uma decisão vinculante sobre atos, fatos, situações e direitos controvertidos perante o órgão competente — são, em regra, cinco e se desenvolvem nesta ordem: *instauração*, *instrução*, *defesa*, *relatório* e *julgamento*.

No processo administrativo fiscal estas fases podem se afigurar da seguinte forma:

Instrução: é a fase de elucidação dos fatos, com produção de provas do pólo ativo, ou de complementação das iniciais no processo de controle do crédito tributário (lançamento) ou de outorga — provas, essas, que vão desde o depoimento da parte à inquirição de testemunha, às inspeções pessoais, às perícias técnicas, juntada de documentos etc.

Defesa: conforme o exposto anteriormente, a garantia de ampla defesa e do contraditório no processo administrativo fiscal é corolário do Estado Democrático de Direito e compreende a ciência do acusado, a vista dos autos na repartição, a oportunidade para oferecimento de contestação e provas, argüição de testemunhas e o devido processo legal. A defesa no processo administrativo fiscal poderá ser promovida pelo próprio acusado ou por procurador regularmente constituído para o processo.

Relatório: é a síntese do apurado no processo feita por quem o presidiu individualmente, ou pela comissão processante, com apreciação das provas, dos fatos apurados, do direito debatido, e proposta conclusiva para a decisão da autoridade julgadora competente. Essa peça é informativa e opinativa, sem efeito vinculante para a Administração ou para os interessados no processo. Daí por que a autoridade julgadora pode divergir das conclusões do relatório sem qualquer ofensa ao interesse público ou dos interessados, desde que o faça motivadamente.

Julgamento: é a decisão proferida pela autoridade ou órgão competente sobre o objeto do processo. Essa decisão normalmente baseia-se nas condições do relatório, mas pode contrariá-lo, por interpretação diversa. Neste caso a autoridade julgadora, usando do *poder discricionário* inerente à Administração, motivará sua decisão. Essa motivação deverá se fundamentar nos autos do processo e visar ao interesse público em questão.

As fases acima enunciadas, de um modo geral, devem ser atendidas em todos os processos administrativos fiscais. Mesmo não sendo o objetivo deste trabalho analisar profundamente a questão, cabe, no entanto, salientar que, frente à complexidade e à diversidade das atuações da Administração Pública na área tributária, há casos em que se exige um processo administrativo *bifásico*, onde na primeira fase a Administração Pública instaura e instrui o processo, emite o ato unilateralmente, dá ciência ao administrado e abre prazo à defesa, e por último reexamina-o. *V.g.*, processo administrativo fiscal de *lançamento*, que tem as seguintes fases:[52]

1ª fase (unilateral): *instauração* (auto de infração; termo de início de auditoria, apreensão de mercadorias etc.); *instrução* (a autoridade fazendária, nesta fase, examina documentos, solicita esclarecimentos ao contribuinte, procede à auditagem dos dados contábeis e fiscais; o administrado, nesta fase, apenas fornece dados e documentos necessários à fiscalização tributária); *lançamento* (a autoridade procede ao

51. Hely Lopes Meirelles, *Direito Administrativo — Aplicado e Comparado*, coord. de João Abujamra Júnior, São Paulo, Resenha Universitária, 1979, p. 44.

52. O processo administrativo fiscal na esfera federal é regulado pelo Decreto 70.235/72; e nas esferas estaduais cada Estado-membro tem sua regulamentação (no Estado de Santa Catarina pelo Decreto 22.586/84; em São Paulo pelo Decreto 33.118/91).

lançamento, determinando a matéria tributável, a ocorrência do fato gerador, o cálculo do montante devido, e, se for o caso, propõe a penalidade pecuniária cabível — art. 142 do CTN); *notificação de lançamento* (nesta fase é dada ciência ao sujeito passivo da obrigação tributária para o pagamento do montante devido ou apresentação de impugnação caso haja controvérsias sobre o lançamento).

2ª fase (litigiosa): *defesa* (nesta fase é dada ao contribuinte a oportunidade de contraditar o lançamento e defender-se da imposição tributária); *preparo* (nesta fase o processo é preparado para julgamento, providenciando-se as perícias e diligências solicitadas pelo contribuinte, bem como as informações da autoridade lançadora, referentes às alegações do contribuinte); *julgamento em primeira instância* (nesta fase de julgamento singular a autoridade competente revisa o lançamento e decide mantê-lo, total ou parcialmente, ou cancelá-lo); *julgamento em segunda instância* (nesta fase de julgamento colegiado analisam-se os recursos de ofício e os voluntários quando do inconformismo do contribuinte com a decisão de primeira instância).

Tem-se, então, que, em linhas gerais, as fases dos *processos administrativos fiscais* devam seguir as fases propostas pelo professor Hely, ressalvando-se, porém, as peculiaridades necessárias às *subespécies*, cujos conteúdos técnico e jurídico assim exigem (*v.g.*, processo administrativo fiscal de *lançamento*, processo administrativo *preventivo* e processo administrativo *voluntário*).

Ademais, sendo o *processo administrativo fiscal* um instrumento de acesso à Justiça no âmbito da Administração Pública, deve esta proporcionar condições necessárias para tal desiderato.

4. Conclusão

Este trabalho, ao propor a concepção do *processo administrativo fiscal* como *instrumento de acesso à Justiça no âmbito da Administração Pública*, teve como escopo realçar que:

4.1 O esquema clássico de separação de Poderes do Estado é mítico, não funcionando na prática. Tanto mais isto se evidencia quando se identifica a premência de ampliar também no âmbito da Administração Pública a aplicação justa da lei aos casos concretos. O Estado é uno, seus órgãos independentes (Poderes), incumbidos de legislar, julgar e executar, têm, conjuntamente, o compromisso com a sociedade detentora do poder de efetivar uma ordem jurídica justa, objetivando o *bem comum*.

4.2 Sendo o Estado Social Democrático de Direito o elemento canalizador do poder social, deve utilizar o *processo* como instrumento capaz de realizar a pacificação social. E este deve abranger todas áreas de atuação estatal, isto é, onde o Estado, através de seus órgãos, aplicar as normas abstratas contidas no ordenamento jurídico, deverá legitimar sua atuação através do *processo*.

4.3 A Administração Pública não pode ter sua atuação estribada em interesses outros senão aqueles que visem a atuar concretamente o Direito, buscando a pacificação social com a participação democrática e cidadã da sociedade, pois estes são os pressupostos intrínsecos do *bem comum*, que "constitui-se no conjunto de todas as condições de vida social, que consintam e favoreçam o desenvolvimento integral da personalidade humana".[53]

4.4 Sem embargo da importância científica da elaboração de uma *Teoria Geral do Processo*, deve-se ter presentes a complexidade da Administração Pública Tributária, suas relações multidisciplinares, que lhe impõem uma multiplicidade de formas de atuação. Daí por que a necessidade de se unirem administrativistas, processualistas e tributaristas para, em esforço conjunto, determinar a delimitação científica do *instituto processual administrativo fiscal*.

53. Encíclica *Pacem in Terris*, II, 58.

4.5 Aos princípios constitucionais do processo administrativo fiscal e aos da Administração Pública em geral deve-se somar uma legislação ordinária que busque a uniformidade procedimental, para maximizar o acesso à Justiça no âmbito da Administração Pública, objetivando atingir o escopo teleológico do *processo administrativo fiscal*.

4.6 Enfim, a Administração Pública Tributária, através de uma processualidade ampla, aplicará a legislação tributária e alcançará a plena realização e a satisfação dos interesses públicos dentro da probidade, da moralidade administrativa, buscando a justiça fiscal, pressupostos indissolúveis de um Estado Social Democrático de Direito.

REPRESENTAÇÃO GRÁFICA DO FLUXO DO PODER SOCIAL

Sociedade — Poder — Estado — Função — Poder — Sociedade

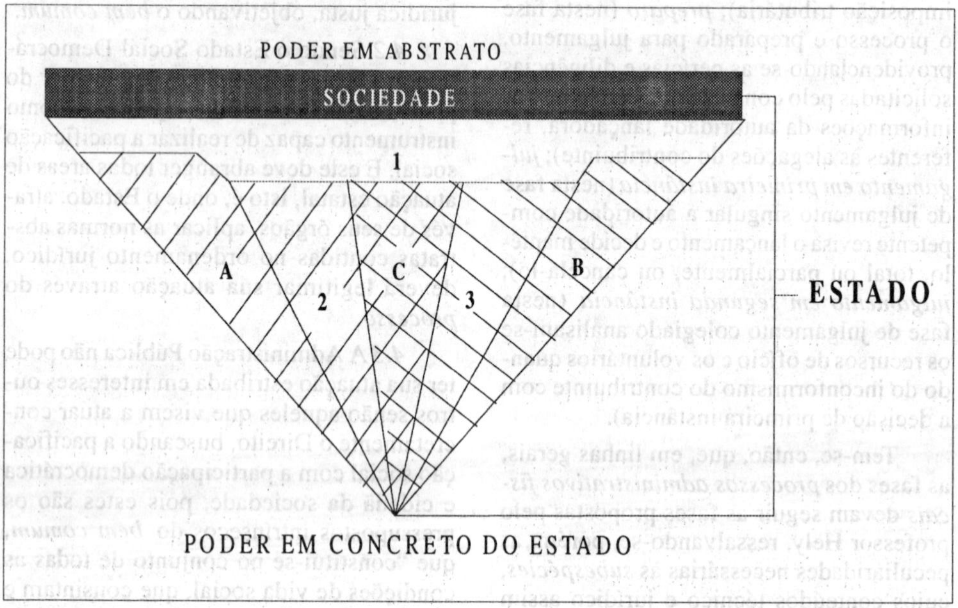

1. Poder Legislativo

Atividade típica (fim) = **Legiferação** (CF, arts. 48 e 49)

1A) Atividade atípica (fim) = **Tutela Jurisdicional** = Competência exclusiva *ratione materiae et personae* (CF, art. 52, I e II)

1B) Atividade atípica (meio) = **Administração de suas Casas** (CF, arts. 51, IV, e 52, XIII; quando da construção de edifícios, aquisição de bens e materiais: CF, art. 37, e Lei 8.666/93, art. 1º)

1C) Atividade atípica (meio) = **Jurisdição Administrativa** = Nas decisões sobre questões administrativas, a saber: disciplina de seus servidores; incidentes em processos licitatórios próprios, em concursos públicos que realizarem etc.

2. Poder Judiciário

Atividade típica (fim) = **Tutela Jurisdicional** (CF, art. 5º, XXXV)

2A) Atividade atípica (meio) = **Legiferação** = Elaboração de seus regimentos (CF, art. 96, I, "a"); Mandado de injunção

(CF, art. 5º, LXXI); Omissões legislativas (LICC, art. 4º)

2C) Atividade atípica (meio) = **Administração Pública quando da Organização e Administração de suas Casas** (CF, art. 96, I, "b", "c" e "f"); **Quando Decide em Questões Administrativas** (como punição de seus servidores, em processos licitatório, em concursos públicos); *(fim)*: **Quando Administra o Processo Eleitoral; Quando da Jurisdição Voluntária** (CPC, arts. 1.103-1.210)

3. Poder Executivo

Atividade típica (fim) = **Administração Pública como Função Estatal.**

3B) Atividade atípica (meio) = **Legiferação** = Medidas provisórias (CF, art.. 62); Leis delegadas (CF, art. 68, § 2º); Atos emitidos através do poder regulamentar da Administração Pública, quando, sob os auspícios de lei, pode regulamentá-la, criando verdadeiras normas *erga omnes*.

3C) Atividade atípica (meio) = **Jurisdição Administrativa** = A todo instante os órgãos do Poder Executivo deferem ou indeferem pedidos de administrados, apreciam defesas e recurso administrativos. Para tanto se organizam em instâncias recursais, criando, no seu interior, tribunais, conselhos. No desempenho destas atividades os órgãos do Poder Executivo estão aplicando a lei aos casos concretos, ou solucionando litígios, mesmo que sem definitividade.

Ministério Público

C) O Ministério Público atua nesta área, pois, como órgão autônomo, administra suas dotações orçamentárias; organiza seus quadros funcionais; propõe a legislação a ele pertinente; decide as questões de jurisdição administrativa, tais como disciplina interna, licitação e concursos. E mais: nas previsões legais *homologa* ou *referenda* acordos, fato que constitui verdadeira administração pública de interesses particulares e de interesses público. Nesta zona nebulosa de atuação estatal, todas as funções se imiscuem.

Referências bibliográficas

ATALIBA, Geraldo. *Hipótese de Incidência Tributária*. São Paulo, Malheiros Editores, 1996 (182 pp.).

BASTOS, Celso Ribeiro, e MARTINS, Ives Granda. *Comentários à Constituição do Brasil*. São Paulo, Saraiva, 1989 (pp. 261-271).

CAMPOS, Dejalma de. *Direito Processual Tributário*. São Paulo, Atlas, 1993.

CAPPELLETTI, Mauro, e GARTH, Bryant. *Acesso à Justiça*. Trad. e revisão de Ellen Gracie Northflled. Porto Alegre/RS, Sérgio Antônio Fabris Editor, 1988 (165 pp.).

CINTRA, Antônio Carlos de Araújo, e outros. *Teoria Geral do Processo*. São Paulo, Malheiros Editores, 1996 (359 pp.).

CRETELLA JÚNIOR, José. *Curso de Direito Administrativo*. 9ª ed. Rio de Janeiro, Forense, 1987 (717 pp.).

_________. *Direito Administrativo Comparado*. 3ª ed. Rio de Janeiro, Forense, 1990 (306 pp.).

_________. *Prática do Processo Administrativo*. São Paulo, Ed. RT, 1988 (pp. 14-30).

DINAMARCO, Cândido Rangel. *A Instrumentalidade do Processo*. 7ª ed. São Paulo, Malheiros Editores, 1999 (342 pp.).

FERREIRA, Sérgio de Andréa. "A garantia da ampla defesa no Direito Administrativo Processual Disciplinar". *RDP* 19/60-68. São Paulo.

FRANCO SOBRINHO, Manoel de Oliveira. *A Prova Administrativa*. São Paulo, Saraiva, 1973 (pp. 88-156).

_________. *Introdução ao Direito Processual Administrativo*. São Paulo, Ed. RT, 1971 (pp. 15-41).

_________. *O Princípio Constitucional da Moralidade Administrativa*. Curitiba/PR, Gênesis, 1993 (173 pp.).

GRINOVER, Ada Pellegrini. *Novas Tendências do Direito Processual*. Rio de Janeiro, Forense, 1990 (pp. 1-44).

MARINONI, Luiz Guilherme. *Novas Linhas do Processo Civil*. 3ª ed. São Paulo, Malheiros Editores, 1999 (280 pp.).

MEDAUAR. Odete. *A Processualidade no Direito Administrativo*. São Paulo, Ed. RT, 1993 (167 pp.).

_________. *Direito Administrativo Moderno*. São Paulo, Ed. RT, 1996 (pp. 186-202).

MEIRELLES, Hely Lopes. *Direito Administrativo Aplicado e Comparado*. São Paulo, Resenha Universitária, 1979 (pp. 40-56)

_________. *Direito Administrativo Brasileiro*. Atualizado por Eurico de Andrade Azevedo e outros. São Paulo, Malheiros Editores, 1996 (733 pp.).

_________. *O Processo Administrativo e em Especial o Tributário*. Rio de Janeiro, Forense, 1975.

MELLO, Celso Antônio Bandeira de. *Ato Administrativo e Direitos dos Administrados*. São Paulo, Ed. RT, 1981 (41 pp.).

OCTAVIANO, Ernomar, e GOLZALSI, Átila. *Sindicância e Processo Administrativo*. São Paulo, Juriscrédi, 1972 (pp. 73-79).

PEREIRA, Jessé Torres. *O Direito à Defesa na CF/88*. São Paulo, Renovar, 1991.

RODRIGUES, Horácio Wanderley. *Acesso à Justiça no Direito Processual Brasileiro*. São Paulo, Acadêmica, 1994 (135 pp.).

SALDANHA, Nélson N. *Sociologia do Direito*. São Paulo, Ed. RT, 1970 (186 pp.).

SILVA, De Plácido e. *Vocabulários Jurídico*. v. II. Rio de Janeiro, Forense, 1988.

SUNDFELD, Carlos Ari. "A importância do procedimento administrativo". *RDP* 84/64-74. São Paulo, outubro-dezembro/87.

NOTAS & COMENTÁRIOS

REVOGAÇÃO DA ISENÇÃO E RESTAURAÇÃO DA EFICÁCIA DA LEI ANTERIOR — SUBSUNÇÃO AO PRINCÍPIO DA ANTERIORIDADE — INCONSTITUCIONALIDADE DA SÚMULA 615 DO STF

JÚLIO CÉSAR BELINI
Advogado

1. Introdução. 2. A norma tributária, sua estrutura e aplicabilidade. 3. Fenômeno da incidência e da não-incidência: 3.1 Não-incidência. 4. A obrigação tributária e o conceito de tributo: 4.1 Visão dualista do tributo — 4.2 Visão unitária do tributo — 4.3 Críticas à visão dualista do tributo. 5. Isenções: 5.1 Teorias doutrinárias acerca da isenção: 5.1.1 Isenção como técnica legislativa delimitadora da hipótese de incidência tributária — 5.1.2 Teoria do favor fiscal — 5.1.3 Teoria da exclusão do crédito tributário — 5.1.4 Teoria da preexclusão de juridicidade — 5.1.5 Teoria da isenção como não-incidência — 5.1.6 Teoria do fato impeditivo — 5.1.7 Teoria da tutela jurídica do interesse do contribuinte — 5.1.8 Teoria de Paulo de Barros Carvalho — 5.1.9 Teoria da norma complexa integrativa da lei tributária — 5.2 Classificação das isenções — 5.3 Alíquota zero — 5.4 Revogação da lei isencional — 5.5 Revogação da isenção e o princípio da anterioridade. 6. Súmula 615: uma inconstitucionalidade manifesta.

1. Introdução

O objetivo último deste trabalho é demonstrar a inconstitucionalidade da qual se reveste a Súmula 615 do STF, publicada em 29 de outubro de 1984. Preceitua a Súmula: "O princípio constitucional da anualidade (*anterioridade*) não se aplica à revogação de isenção de ICM".

Pretendemos demonstrar a verdade da proposição deduzindo-a racionalmente dos princípios que criam e fazem atuar a norma tributária. Para isso teremos que estudar a norma de isenção, sua natureza e de que forma relaciona-se com a obrigação tributária. Feito isso, analisaremos quais as conseqüências jurídicas da revogação da norma isencional, confrontando-as com as garantias individuais e princípios limitadores do poder de tributar estatuídos constitucionalmente.

O princípio da anterioridade, revelado pela inteligência da alínea "b" do inciso III do art. 150 da CF/88 — que pode ser assim enunciado: *não se pode cobrar tributos no mesmo exercício financeiro em que haja sido publicada a lei que os instituiu ou aumentou* —, constitui uma dessas limitações ao poder de tributar que pretendemos demonstrar ser óbice à eficácia imediata da norma tributária restaurada pela revogação da isenção.

2. *A norma tributária, sua estrutura e aplicabilidade*

A doutrina é vasta acerca do assunto. No entanto, esposaremos o pensamento de Sacha Calmon Navarro Coêlho,[1] que desenvolveu sua tese a partir dos trabalhos do professor Paulo de Barros Carvalho, complementando-os.

Sintetizando, poderíamos dizer que, aderindo à terminologia de Carlos Cossio, Paulo de Barros Carvalho enxerga na norma jurídico-tributária as mesmas divisões bipartites — *hipótese endonormativa* e *conseqüência endonormativa* —, chamando de endonorma tributária o conjunto de critérios necessários à identificação do fato lícito, estranho ao acordo de vontades, gerador do dever jurídico. Define, por sua vez, as conseqüências das normas tributárias como o conjunto de critérios esclarecedores da relação jurídica que se forma com a ocorrência *in concreto* do fato jurígeno. Nas hipóteses, ele aponta três critérios: o material (o fato em si), o temporal (determinação circunstancial de tempo que envolve o fato jurígeno materialmente descrito) e o espacial (indicativo das condições de lugar em que o fato deve ocorrer). Nas conseqüências vê dois critérios: pessoal e quantitativo:

— critério pessoal: determina os sujeitos (ativo/passivo) da relação jurídica decorrente da ocorrência do fato hipoteticamente previsto;

— critério quantitativo: esclarece o modo pelo qual será estabelecido o conteúdo do dever jurídico (base de cálculo e alíquotas).

O professor Sacha Calmom, a despeito de diferentes nomenclaturas, a respeito das quais não entraremos no mérito, concorda com o Mestre paulista, a não ser no tocante ao critério pessoal, que o professor mineiro insere juntamente com os critérios *material*, *temporal* e *espacial* como definidores da hipótese endonormativa, sem que para isso devesse retirá-lo do plano da conseqüência. Nessa, que é a diferença principal entre o pensamento dos insignes tributaristas, acompanhamos o professor mineiro, posto que o fato jurígeno está sempre ligado a uma pessoa e, às vezes, os atributos ou qualificações dessa pessoa são importantes para delimitação da hipótese de incidência. Repetindo o mestre mineiro: "Exemplo marcante da importância do aspecto pessoal constante da hipótese de incidência nos oferta o fato gerador do ICMS. Com efeito, não basta haver circulação, é mister que a pessoa promotora da circulação seja industrial, comercial, produtor agropecuário ou prestador".[2]

"O aspecto pessoal que emerge do fato descrito na hipótese de incidência aparece com intensidade quando, por exemplo, se cogita do intrigante fenômeno da sujeição passiva substitutiva. Sem a menção do aspecto pessoal da hipótese seria realmente mais complicado explicar por que 'A' é o sujeito do dever previsto no mandamento da norma, embora não tenha realizado a hipótese de incidência."

Continua o professor Sacha Calmon: "A resposta fica mais inteligível se se considerar a pessoa envolvida com o fato jurígeno descrito na hipótese de incidência como diversa da pessoa destinatária do dever, como sujeito passivo da relação jurídico-tributária. A pessoa envolvida com a hipótese de incidência se 'qualifica' em termos de referência pessoal (aspecto pessoal da hipótese) e nada impede que seja diversa da que, no mandamento, na conseqüência ou no prescritor da norma, (...), suporta o dever de contribuir (o sujeito passivo da relação jurídica). Ocorre, apenas, que na sujeição passiva direta a pessoa envolvida

1. Sacha Calmon Navarro Coêlho, *Comentários a Constituição de 1988*, 6ª ed., Rio de Janeiro, Forense, 1997, pp. 15-17.

2. Sacha Calmon Navarro Coêlho, ob. cit., p 17.

na hipótese da norma é a mesma que, no momento da conseqüência, suporta o dever, e na sujeição passiva 'indireta' são diversas."[3]

Sumariando o pensamento do Mestre mineiro, poderíamos dizer que o sujeito que realiza a hipótese de incidência cumpre o papel de qualificar o fato gerador em termos de referência pessoal , cujo dever correspondente à obrigação tributária nascida será suportado por seu substituto. O dever e seus sujeitos, ativo e passivo, surgem como conseqüência da concreção do fato gerador e não integram a hipótese de incidência. O aspecto subjetivo difere do aspecto pessoal — este, sim, inserido na hipótese para dar especificidade e textura ao fato juridicizado, aquele faz parte do mandamento e tem natureza de conseqüência do fato eleito jurígeno.

As hipóteses de incidência das normas tributárias contêm descrição de fatos que podem ser decompostos nos seus aspectos *material*, *temporal*, *espacial* e *pessoal*. O fato em si mesmo (aspecto material) é o aspecto mais importante, posto que é "âncora" dos demais. Contudo, não é suficiente; se há de amarrá-lo por coordenadas temporais e espaciais, as quais seguirão os aspectos pessoais a qualificar a hipótese e dar suporte lógico aos aspectos subjetivos da conseqüência. Aliás, no tocante às conseqüências das normas tributárias fundamentamo-nos, ainda, no Mestre mineiro, para acrescentar aos incontroversos aspectos já identificados (sujeito ativo/passivo como critério pessoal da conseqüência; base de cálculo e alíquotas como exteriorização dos critérios quantitativos) também outros aspectos imanentes à relação jurídica que se forma com a realização da hipótese de incidência, a saber: *como*, *onde*, *de que modo*, *quando*, *em que montante satisfazer ao débito em favor do sujeito ativo*. Isso porque há tributos que sequer base de cálculo possuem, outros porque o momento de pagamento é diferido e às vezes o *quantum debeatur* só é conhecido após complicados cálculos.

Valemo-nos pois, mais uma vez, das observações do professor Sacha Calmon Navarro Coêlho, para aduzir:

"A melhor doutrina, contudo, vem-se equivocando no estudo da descrição da norma tributária. Toda ênfase é posta na hipótese de incidência (fato gerador abstrato); nela são alojados elementos estruturais que estão, em verdade, nas conseqüências das normas (mandamentos).

"Por isso, é até mesmo lícito falar em escolas que glorificam o fato gerador."[4]

Via de regra, nossos mais insignes tributaristas enxergam nas hipóteses das normas tributárias todos os aspectos a elas inerentes, conseqüentemente esvaziando os mandamentos normativos de estruturação lógica. "Assim, fazem habitar nas hipóteses de incidência, além dos aspectos material, temporal e espacial, outros que são próprios do dever tributário decorrente, isto é, sujeitos ativo e passivo, bases de cálculo, alíquotas, como, onde e quando cumprir a prestação (pagar tributo)."[5]

São viciadas as manifestações doutrinárias desse jaez, pois desrespeitam a integridade conceitual do objeto em análise, a norma jurídica tributária, em cuja estrutura bipartiste dados elementos têm sede na hipótese e outros na conseqüência. Nesse sentido a lição de Paulo Barros de Carvalho (Teoria da Norma Tributária, Ed Lael, São Paulo, pag 100/10; citado por Sacha Calmon, ob, cit, p 16) "Haveremos de repelir, de modo peremptório, qualquer espécie de raciocínio que venha por esvaziar de substância, a conseqüência da norma jurídica tributária, para efeito de deslocar os elementos que a definem como relação jurídica. para a hipótese da mesma regra".

3. Sacha Calmon Navarro Coêlho, idem, ibidem, pp. 17 e 18.

4. Sacha Calmon Navarro Coêlho, idem, ibidem p. 21.

5. Sacha Calmon Navarro Coêlho, idem, ibidem, p. 21.

3. Fenômeno da incidência e da não-incidência

Agora que a estrutura da norma tributária foi arquitetonicamente desvendada, cabe-nos revelar os mecanismos pelos quais as normas tributárias se dinamizam, que se conhecem por incidência tributária e que desde já afirmamos de vital importância para o entendimento de algumas doutrinas acerca das isenções e obrigações acessórias. Para tal parte-se da premissa de que o que *incide* ou *deixa de incidir* é o *mandamus* da norma, criando deveres tributários. A hipótese de incidência é fato e apenas ocorre.

Geraldo Ataliba ensina: "costuma-se designar por incidência o fenômeno especificamente jurídico da subsunção de um fato a uma hipótese legal, como conseqüente e automática comunicação ao fato das virtudes jurídicas previstas na norma".[6]

Ao ensejo desta lição, temos que a incidência tributária está efetivamente na forma de se atingir pela exação determinada matéria tributável, desde que ela esteja prevista na norma jurídica. Para que o mandamento normativo seja aplicado, contudo, faz-se mister que o fato hipotético desenhado pela norma ocorra no mundo fenomênico. Assim, se e quando ocorrido se dá a figura da incidência e instaura-se a relação jurídica, ocorrendo a subsunção do fato concreto à hipótese de incidência.

Consoante a idéia de fundo deste pensamento posicionam-se ilustres tributaristas nacionais do porte de Paulo de Barros Carvalho, Alfredo Augusto Becker, Rui Barbosa Nogueira, Souto Maior Borges, dentre outros de mesmo quilate. No entanto, esta tese não foi abraçada pelos autores do Código Tributário Nacional, que reúne na figura do fato gerador, ao mesmo tempo, tanto o fato previsto em lei como o fato fenomênico (que efetivamente ocorre).

Discordando do que expressa o Código Tributário Nacional e mantendo a coerência com o até aqui exposto, afirmamos que, "para que ocorra a incidência, exige-se a previsão legal e sua materialização em dado momento, e como conseqüência haver o sujeito ativo que criou hipótese legal marcado sua territorialidade por sua jurisdição, e alcançado um *quantum* representativo da prestação a ser cumprida, pelo sujeito passivo".[7]

Pelo estudo que já realizamos da norma tributária e de sua estrutura, vemos que o que incide são as conseqüências (*mandamus*) da ocorrência fática erigida em hipótese legal. Qualquer alteração dos elementos que compõem a hipótese de incidência tributária alterará o *mandamus*, o que significa que afetará a própria incidência. A isso se chama *tipicidade*.

O Direito Tributário assemelha-se, nesse ponto, ao Direito Penal, uma vez que para que seja tida como fato jurídico tributário a ocorrência da vida real tem que satisfazer todos os critérios identificadores da hipótese legal. A dinâmica da incidência deixa de existir se faltar qualquer desses critérios identificadores.

Marcos Bernardes de Mello,[8] inspirando-se em Pontes de Miranda, vê três tipos de conseqüência para a incidência: 1) *juridicização*; 2) *desjuridicização*; e 3) *preexclusão da juridicidade*. Por *juridicização* entende a entrada do fenômeno fático no mundo jurídico pela incidência. *Desjuridicização* ocorre nos casos em que a norma é formulada para tirar a juridicidade de um fato anteriormente jurídico (exemplo: norma de revogação). A *preexclusão* da juridicidade é constituída de normas jurídicas estruturadas com a finalidade de evitar

6. Geraldo Ataliba, *Hipótese de Incidência Tributária*, 5ª ed., 7ª tir., São Paulo, Malheiros Editores, 1998, p. 42.

7. Carlos José Wanderley de Mesquita, "Poder de tributar, isenção e imunidade", *Caderno de Direito Tributário e Finanças Públicas* 15/108, 1996.

8. Marcos Bernardes de Mello, "Estudo da incidência da norma jurídico-tributária", in *Direito Tributário Moderno*, coord. de José Souto Maior Borges, p. 21, cit. por Carlos J. W. de Mesquita, ob. cit., p. 109.

que certo fato venha a se tornar jurídico. Estas normas incidem para não produzir fato jurídico, isto é, conservam-no no mundo fático a despeito da norma que o erigiu a fato jurídico.

Inobstante o valor da construção teórica acima, discordamos do ilustre tributarista, para esposar o entendimento perfilhado por Paulo de Barros Carvalho e Carlos José Wanderley de Mesquita, que assim diz: "(...) essa preexclusão de juridicidade não existe. Porque admitir essa hipótese seria admitir também que da incidência de normas de estrutura ou sobrenormas decorreria a não-incidência, através da exclusão prévia da incidência. O que ocorre, lembra Paulo de Barros Carvalho, é que sobrenormas modificam a norma impositiva proibindo obrigar".[9]

Continua Wanderley de Mesquita: "Como terceira conseqüência poderíamos apontar, justamente, a incidência, concomitante ou não, de sobrenormas que, dando conformação ao fato jurídico, constroem a norma jurídica como um todo, ou como duas facetas da mesma moeda". A respeito de normas e sobrenormas dando unicidade ao ordenamento, Norberto Bobbio[10] ressalta que existem normas para produção de outras normas que dão complexidade ao ordenamento jurídico.

Do ponto de vista formal a teoria da norma jurídica tinha parado nas considerações das normas como imperativos; contudo, se considerarmos as normas para produção de outras normas, teremos duas classes de normas, as imperativas de primeira instância e as imperativas de segunda instância, que se distinguem, as primeiras por trazer comandos de fazer ou não-fazer, e as segundas pelos comandos de comandar. A conjugação dessas normas dá origem a uma sobrenorma complexa, que pode ser classificada em nove tipos:

1) normas que: *mandam obrigar*;
2) normas que: *proíbem obrigar*;
3) normas que: *permitem obrigar*;
4) normas que: *mandam proibir*;
5) normas que: *proíbem proibir*;
6) normas que: *permitem proibir*;
7) normas que: *mandam permitir*;
8) normas que: *proíbem permitir*;
9) normas que: *permitem permitir*.

Assim é pela elevada e brilhante elaboração teórica de Bobbio, que compreende as normas tributárias como sobrenormas que decorrem da incidência simultânea de duas classes de normas — as que prescrevem regras de conduta e as que expressam regras de estrutura —, revelando complexidade.

3.1 Não-incidência

Não-incidência é conceito negativo de incidência, de onde defini-la é exercício que contraria a lógica formal, posto que guarda em si a antítese do que é incidência; o que compreende não só seu contrário como, também, tudo que não é incidência. Devido à larga abrangência axiológica do conceito de não-incidência, para efeitos deste trabalho adotaremos uma definição utilitarista, em contraposição ao conceito de incidência no Direito Tributário. Assim, se a incidência tem o condão de juridicizar e desjuridicizar um fato, constituindo uma ponte dialética entre o mundo dos fatos e o mundo jurídico, a não-incidência guarda em si a idéia de permanência no mundo dos fatos. Isso posto, propomos um conceito de não-incidência vinculado ao de incidência e contaminado pelo utilitarismo: *não-incidência é a falta de valoração dos fatos pela norma tributária*. Em conseqüência, tudo que for não-incidência está fora do mundo jurídico.

4. A obrigação tributária e o conceito de tributo

A obrigação tributária que já se continha em abstrato no mandamento da nor-

9. Carlos J. W. de Mesquita, ob. cit., p. 109.
10. Norberto Bobbio, *Teoria do Ordenamento Jurídico*, Brasília, ed. UnB, 1991, pp. 47 e 48.

ma tributária instala-se no mundo fático com a realização do fato jurígeno previsto na hipótese da norma. A norma tributária é norma de conduta cuja especificidade reside em gerar o dever de pagar o tributo (obrigação tributária). Na hipótese de incidência está o fato jurígeno tributário (ser) ao qual corresponde um dever-ser, que é a própria obrigação de pagar o tributo.

Questão polêmica no Direito pátrio é saber se este dever-ser que traduz a obrigação tributária tem nascimento instantâneo pela superveniência do fato gerador ou se é resultado da conjugação da tributabilidade com a realização da hipótese legal. Isso deu origem a duas correntes: uma que enxerga o tributo com visão dualista e outra que tem visão unitária. Estas distinções têm grave implicação no entendimento do mecanismo das isenções.

4.1 Visão dualista do tributo

Reproduzimos abaixo a nota a esse respeito que a insigne Misabel de Abreu Machado Derzi introduziu na obra *Limitações Constitucionais ao Poder de Tributar*, do saudoso e preclaro Min. Aliomar Baleeiro:

"O tributo é concebido, no plano normativo-abstrato, como conjunto e resultado de dois fatores; o fato gerador e a tributabilidade.

"Em cada caso concreto, o juízo que enuncia a presença do tributo pressupõe dois outros enunciados:

"— o primeiro, positivo, é a constatação da adequação do fato ocorrido (tipicidade dos penalistas) aos elementos ou aspectos do fato gerador;

"— o segundo, negativo, é a verificação de ausência de isenção legal, a qual exclui a tributalidade, mas não a adequação ao fato gerador ou suporte fático.

"Assim, a indagação sobre a tributalidade, em si mesma, resume-se em constatar a inexistência de uma causa excludente, vale dizer, de uma isenção.

"Esta posição é compartilhada por todos aqueles que autonomizam a hipótese de incidência (que, em geral, denominam fato gerador), pois a isenção é suficiente para excluir o dever, impedi-lo ou somente dispensá-lo, mas não é suficiente para negar ou excluir a existência do próprio pressuposto (fato gerador)."[11]

A conseqüência dessa visão dualista do tributo é que a tributabilidade passa a ser um fato extrínseco à hipótese de incidência, verificada pela mera inexistência da isenção. Assim, havendo isenção, esta em nada interfere no fato gerador que dá origem à obrigação mas cujo dever ou é obstado, ou impedido ou automaticamente dispensado, segundo a posição de cada um dos autores que perfilham esta doutrina. Dentre os que entendem que a isenção obsta ao nascimento do dever jurídico citamos Giannini e Bernardo Ribeiro de Moraes;[12] dentre os que vêem a isenção como suspensão do dever que nasceu, Rubens Gomes de Sousa[13] e Amílcar de Araújo Falcão.[14]

4.2 Visão unitária do tributo

Continuamos reproduzindo o pensamento de Misabel de Abreu Machado Derzi:

"Hipótese (pressuposto ou fato gerador) de tributo é a descrição dos fatos, concreção que em si mesma é dotada de tributabilidade, vale dizer, aptidão à criação de um dever de caráter pecuniário (a que o Código Tributário Nacional chama de tributo).

11. "Nota de atualização" de Misabel de Abreu Machado Derzi in Aliomar Baleeiro, *Limitações Constitucionais ao Poder de Tributar*, 7ª ed., Rio de Janeiro, Forense, 1997, p. 401.

12. Bernardo Ribeiro de Moraes, *Compêndio de Direito Tributário*, Rio de Janeiro, Forense, 1995, p. 565.

13. Rubens Gomes de Sousa, cit. por Misabel de Abreu Machado Derzi em "nota de atualização" de Aliomar Baleeiro, *Limitações Constitucionais ao Poder de Tributar*, pp. 401 e 402.

14. Amílcar de Araújo Falcão, *Fato Gerador da Obrigação Tributária*, Rio de Janeiro, Financeiras, 1964, pp. 60-66.

"Não sendo possível, juridicamente, a existência da relação jurídico-tributária, não há de se falar em fato gerador, pressuposto ou hipótese. Assim, a essência da hipótese é a tributabilidade, enquanto aptidão à produção do específico efeito tributário.

"Não existe aqui uma ontologização dos fatos-'tipos' (ou geradores), mas a sua essência é definida a partir dos efeitos que gera. Se não há obrigação tributária, não há de se falar em fato típico, situação típica, pressuposto ou hipótese tributária."[15]

As conseqüências dessa visão de tributo são entendimentos diversos quanto à natureza da norma isencional, que alguns vêem como de autonomia lógico-funcional e outros como norma não-autônoma, mera delimitação da norma tributária. Em comum, todas correntes unitárias afirmam que a isenção tem por efeito a não-incidência tributária.

Concluindo:

— a norma de isenção modifica e delimita negativamente a norma criadora do tributo;

— a norma de isenção, quer compreendida como regra especial, quer apenas como um elemento negativo da tributação, é sempre parcial e relacional, sua compreensão depende da existência de uma outra norma (a que diz o tributo), em cuja estrutura interna haverá de atuar.

4.3 Críticas à visão dualista do tributo

A concepção de que a tributabilidade é fato extrínseco à hipótese tributária significa dizer que, ausente a tributabilidade, o fato permanece no mundo jurídico mesmo inapto a produzir efeitos jurídicos. Isso é uma contradição lógica e afronta a estrutura das normas positivadas de Direito, em que vige o binômio "se ocorrer 'A', então deve-ser 'B'", pois, *a contrario sensu* lógico, "se não deve-ser 'B', não ocorreu 'A'". Portanto, a concepção dualista do tributo mostra-se ilógica, posto que não é possível conceber fato jurídico que não produza efeitos jurídicos; como pode existir fato gerador sem o tributo correspondente?

Despir o fato gerador de sua tributabilidade é o mesmo que retirar-lhe a força normativa para que prevaleça a facticidade pura.

5. Isenções

Antes de nos aprofundarmos no estudo das isenções tributárias convém que conheçamos a etimologia da palavra. "Isenção" vem do Latim *exemptus*, que quer dizer eximido, posto fora, tirado. No mesmo sentido leciona Pontes de Miranda: "Isento veio de *exemptus*, através de *eisento*, que foi a forma entre exceto e isento. Significa tirado, eximo, tirado para fora".[16] posto isso, parece-nos claro que a significação tributária não pode refugir drasticamente à significação etimológica, o que nos faz, desde já, prequestionar a precisão e veracidade de conteúdo de definições como favor legal para dispensa de pagamento do dever tributário.

De tudo que já vimos, fazemos idéia de que a isenção tem por efeito a não-incidência tributária. Cabe-nos, agora, entender qual a natureza da causa, vendo-a em si mesma, e não pelos seus efeitos. Na doutrina são inúmeras as teorias a esse respeito, dentre as quais destacamos as que abaixo seguem, reproduzidas do artigo "Poder de tributar, isenção e imunidade", do ilustre tributarista Carlos José Wanderley de Mesquita.[17]

5.1 Teorias doutrinárias acerca da isenção

Sem nenhuma preocupação de apresentar as teorias em ordem cronológica his-

15. Misabel de Abreu Machado Derzi, in Aliomar Baleeiro, ob. cit., p. 402.

16. Pontes de Miranda, cit. por Carlos J. W. de Mesquita, ob. cit., p. 107.

17. Carlos J. W. de Mesquita, in ob. cit., pp. 117 e 118, com continuação no *Caderno de Direito Tributário* 16/39-45.

tórica ou ordem valorativa pelo número de seguidores ou, mesmo, pelas qualidades de seus expoentes seguidores, seguiremos a ordem proposta pelo autor supra-referido, sumariando sua obra.

5.1.1 *Isenção como técnica legislativa delimitadora da hipótese de incidência tributária* — **Tese**: "A isenção não passa de mera técnica legislativa para delimitar, por forma negativa, a exata compreensão da hipótese de incidência do tributo".

Pregam os adeptos dessa teoria que as normas isencionais prestam-se tão-somente a eliminar dúvidas sobre a incidência do tributo, esclarecendo o conteúdo das normas de incidência, sendo, dessa forma, despidas de qualquer natureza jurídica. Essa teoria tem valor somente histórico, dada a inegável natureza jurídica da isenção.

5.1.2 *Teoria do favor fiscal* — **Tese**: "Isenção é o favor fiscal concedido por lei, que consiste em dispensar o pagamento de um tributo devido".

Confunde-se, aqui, o fim que é alcançado pela norma isencional com sua essência.

5.1.3 *Teoria da exclusão do crédito tributário* — **Tese**: "A obrigação tributária nasce com a ocorrência do fato gerador e constitui-se o crédito cujo pagamento é dispensado em virtude da isenção que lhe retira a tributabilidade".

Esta teoria está consagrada no Código tributário Nacional e encontra diversos seguidores de escol, dentre eles Rubens Gomes de Sousa, Amílcar de Araújo Falcão, Geraldo Ataliba e Rui Barbosa Nogueira.[18] A base dessa teoria é a visão dualista do tributo, à qual já nos referimos.

A maior crítica que se faz a esta teoria parte de Paulo de Barro Carvalho,[19] para quem "traduz [essa teoria] uma cadeia de expedientes imaginativos para amparar uma inferência absurda e contrária ao mecanismo da dinâmica normativa. Com efeito, se a obrigação tributária nasce com o fato gerador e se aperfeiçoa com o lançamento que vai constituir o crédito tributário, efetivamente que, com a exclusão do crédito, não vai haver lançamento e, à evidência, não haverá aperfeiçoamento da obrigação tributária, que, assim, inexistirá. Ademais se falar em simples dispensa do pagamento do tributo, havendo incidência, haveria também a formação de crédito e aí restaria a confusão entre os conceitos de isenção e remissão".

5.1.4 *Teoria da preexclusão de juridicidade* — **Tese**: "A regra jurídica que prescreve a isenção consiste na formulação negativa da regra jurídica que estabelece a tributação, eis que a regra de isenção incide para que a de tributação não possa incidir".

Esta teoria tem como um dos maiores defensores Alfredo Augusto Becker,[20] que se inspirou na Teoria Geral do Direito e na divisão de normas jurídicas de Pontes de Miranda em normas juridicizantes, não-juridicizantes e pré-juridicizantes.

Segundo A. A. Becker a regra de isenção obsta ao nascimento da obrigação tributária, pois previne, pela sua incidência, que venha outra norma (a tributária) incidir sob o mesmo fato. A razão pela qual a norma de tributação jamais incide quando há isenção é porque falta ou excede um dos elementos de sua hipótese de incidência, sem o qual ou com o qual ela não se realiza. Este elemento é justamente aquele que entra na composição da hipótese de incidência da norma de isenção e a diferencia da norma de tributação, de modo que esse elemento sempre realizará uma única hipótese de incidência, a da isenção, cujo efeito jurídico é negar a existência da relação jurídico-tributária.

18. Rubens Gomes de Sousa, *Compêndio de Legislação Tributária*, Rio de Janeiro, Financeiras, s/d.

19. Paulo de Barros Carvalho, *Curso de Direito Tributário*, 5ª ed., São Paulo, Saraiva, 1991, p. 325.

20. Alfredo Augusto Becker, *Teoria Geral do Direito Tributário*, São Paulo, Saraiva, 1972, pp. 276 e 277.

Outros adeptos desta teoria são Pedro Luciano Marrey Júnior[21] (idéia de fato gerador isento que impede o nascimento da obrigação tributária) e Marcos Bernardes de Mello,[22] para quem " a norma jurídica de isenção é do tipo preexcludente de juridicização, vez que sua incidência tem efeito de negar a entrada no mundo jurídico do suporte fático. Da sua incidência não resulta fato jurídico, mas sim impede que um fato jurídico se forme".

A crítica mais contundente que se faz a esta teoria é que não se concebe que, incidindo a norma isencional sobre o fato da vida (que origina o fato gerador isento, na acepção de Pedro Luciano Marrey Júnior, supracitado), este tenha a juridicidade excluída, pois, na verdade, admitindo-se a premissa da própria teoria, de que a incidência anterior da norma isencional previne a incidência da norma de exação, não se pode admitir que haja sido excluída a juridicidade de algo que sequer constituiu-se jurídico, pois a norma de tributação não incidindo não juridicizou o fato da vida previsto na hipótese. Assim, o que resta é a própria facticidade sem conotação jurídica, o que caracteriza uma não-incidência. Além do mais, não há uma justificação plausível para que a dinâmica tributária seja invertida e que a regra de isenção tenha incidência anterior para prevenir a incidência da regra de tributação. Ambas as regras incidem concomitantemente para dar origem ao que Bobbio chamou de sobrenorma, que modifica a norma impositiva proibindo obrigar.

5.1.5 *Teoria da isenção como não-incidência* — **Tese**: "A norma que isenta é uma norma jurídica limitadora ou modificadora; restringe o alcance das normas jurídicas de tributação; delimita o âmbito material ou pessoal a que deverá estender-se o tributo ou altera a estrutura do próprio pressuposto de sua incidência".

Assim, a isenção retira para fora do campo de incidência da norma de tributação a pessoa ou o bem isento, conformando uma *não-incidência legalmente qualificada*.

Esta teoria é da concepção de José Souto Maior Borges,[23] que encontrou diversos seguidores. No entanto, parcela significativa dos doutrinadores a combate ferrenhamente, sobretudo por fundar-se na existência de normas que incidam para tirar a incidência de outras normas e também porque definir isenção como não-incidência legalmente qualificada significa desprovê-la de natureza jurídica, por faltar-lhe atributo denotativo.

A aceitar que a isenção venha a ser uma não-incidência legalmente qualificada, admitir-se-ia que não seria um instituto jurídico, porque tudo que não incide está fora do Direito. Não pode haver gradação entre incidência e não-incidência: a norma incide ou não, seja por não ter havido valoração no Direito ou por revogação ou derrogação; isso posto, a tese dessa teoria é ser estranho ao Direito no tocante a instituir uma não-incidência juridicamente qualificada.

5.1.6 *Teoria do fato impeditivo* — **Tese**: "Isenção é um fato impeditivo que, operando dentro do campo de aplicação do tributo, impossibilita, impede, o nascimento da obrigação tributária, transformando o fato imponível em fato isento".

Esta teoria, de concepção estrangeira e formulada a partir do pensamento de Enrico Allorio e A. D. Giannini, foi entre nós esposada por Alberto Pinheiro Xavier[24] e João Augusto Filho,[25] que a defendem asseverando que a norma tributária material

21. Pedro Luciano Marrey Júnior, "Natureza jurídica das isenções tributárias", *RDP* 25/177.

22. Marcos Bernardes de Mello, ob. cit., pp. 41 e 42.

23. José Souto Maior Borges, *Isenções Tributárias*, 2ª ed., São Paulo, Sugestões Literárias, 1980, pp. 163 e 164.

24. Alberto Pinheiro Xavier, *Do Lançamento no Direito Tributário Brasileiro*, São Paulo, Resenha Tributária, 1977; *Manual de Direito Fiscal*, Lisboa, Livraria Almedina, 1974, pp. 281 e 282.

25. João Augusto Filho, *Isenções e Exclusões Tributárias*, São Paulo, José Bushatsky Editor, 1971 pp. 38-41, 69-71 e 160.

não se limita à previsão do fato constitutivo da obrigação tributária, mas também pela observância de fato concorrente capaz de paralisar a eficácia do fato gerador, pois sua verificação impede a produção dos efeitos típicos do primeiro. Este fato concorrente impeditivo é a isenção.

A hipótese legal da norma de isenção conteria um *plus*, inexistente na estrutura da hipótese norma de tributação. Esse elemento, aspecto ou circunstância a mais, inexistente na hipótese do tributo, é exatamente o fato jurídico impeditivo, que impossibilita o nascimento da obrigação tributária e confere autonomia à norma de isenção.

Duas são as críticas que se fazem a essa teoria; a primeira diz respeito ao *plus* que se conteria na norma de isenção, quando se sabe que esta é muito mais restrita que a norma do tributo, subvertendo ilogicamente o sistema, posto que o alcance da norma isencional é restrito a algumas pessoas, situações ou coisas que estão genericamente previstas na norma de tributação.

A segunda crítica baseia-se na conseqüência que adviria da eliminação futura do fato impeditivo. Sendo *conditio juris* suspensiva, uma vez eliminada a suspensão ressurgiria de forma anômala e intempestiva a obrigação tributária decorrente do fato imponível, cuja eficácia emerge com a eliminação da condição suspensiva. A prevalecer esta teoria, graves violações aos direitos e garantias individuais bem como aos princípios constitucionais limitadores do poder de tributar poderiam estar se institucionalizando.

5.1.7 *Teoria da tutela jurídica do interesse do contribuinte* — **Tese**: "A isenção explica-se pela atuação de elementos ou circunstâncias estranhos à norma impositiva que conferem categoria de valor, dignos da tutela jurídica autônoma ao interesse do contribuinte em manter em sua propriedade a quota da riqueza que lhe deveria ser arrecadada; a isenção constitui uma compensação por certos atos do contribuinte, tanto que poderia sempre ser substituída por subvenções".

Os pressupostos desta teoria são os mesmos da teoria do fato impeditivo, por isso mesmo estendem-se a essa todas as críticas formuladas àquela. O idealizador dessa teoria foi Salvatore La Rosa.[26] Apesar da autoridade com que o ilustre tributarista trata o assunto, seu pensamento não pode prosperar, pois não é pacífico que as normas tributárias sejam reguladoras de conflito de interesses entre o contribuinte e o Fisco. Por fim, contesta-se que a lei isentiva vise a regular o interesse do contribuinte; ao contrário, ela procura formar adequada política tributária ou aplicar tratamento desigual aos desiguais ou, ainda, corrigir distorções em fatos econômicos valorados juridicamente pelo Direito Tributário e que sofrem variações sazonais.

5.1.8 *Teoria de Paulo de Barros Carvalho* — Paulo de Barros Carvalho construiu sua teoria enfocando a diferença que há entre as normas de estrutura e as regras de conduta. Descreve o Mestre:

"(..) nas regras de conduta, o conseqüente ou prescritor expede um comando voltado ao comportamento das pessoas, nas suas relações de intersubjetividade, enquanto nas regras de estrutura o mandamento atinge outras normas, e não a conduta diretamente considerada.

"O seguinte exemplo serve para elucidar: a norma jurídica 'S' estatui certo dever jurídico. Pretendendo expulsá-lo do sistema positivo, o legislador emite a norma 'R', que tem como suposto o fato da existência de 'S' no ordenamento em vigor, e como conseqüente o comando abrogatório. A edição da norma 'R' não atinge diretamente a conduta tipificada em 'S'. É algo que se passa, exclusivamente, no plano normativo, embora, a revogação de 'S' venha repercutir na conduta, uma vez que, ocorrido o mesmo fato que outrora fazia nascer um dever jurídico, agora não desencadeia mais esse efeito.

26. Salvatore La Rosa, *Eguaglianza Tributaria ed Esenzioni Fiscali*, Milão, Giuffrè, 1968, pp. 157-160.

"Esse preâmbulo tem um escopo bem determinado, porque as normas de isenção pertencem à classe das regras de estrutura, intrometem modificações no âmbito da regra-matriz de incidência tributária, esta sim a norma de conduta.

"Guardando a sua autonomia normativa, a regra de isenção investe contra um ou mais critérios da norma-padrão de incidência, mutilando-os, parcialmente. É óbvio que não pode haver supressão total do critério, porquanto equivaleria a destruir a regra-matriz, inutilizando-a como válida no sistema. O que o preceito da isenção faz é subtrair parcela do campo da abrangência do critério do antecedente ou do conseqüente.

"Ocorre encontro de duas normas jurídicas, sendo uma a regra-matriz da incidência tributária e outra a regra de isenção, com seu caráter supressor da área de abrangência de qualquer dos critérios da hipótese ou da conseqüência da primeira (regra-matriz)."[27]

Lembra-nos o ilustre Carlos José Wanderley de Mesquita[28] que esta teoria, em face das formulações do professor Paulo acerca da norma tributária, caracteriza a isenção como uma mutilação que abrange tanto a conseqüência como a hipótese, em qualquer um dos seus critérios. Ressalta-nos ainda que a teoria do professor Paulo guarda muitas semelhanças com a teoria da preexclusão da juridicidade bem como com a teoria da não-incidência legalmente qualificada.

O grande valor da teoria do professor Paulo é ter aperfeiçoado as teorias da preexclusão da juridicidade no que tinham de mais crítico: que há normas que incidem para que outras não incidam e da não-incidência legalmente qualificada, que classifica a não-incidência em pura e simples e qualificada. Afasta os conceitos teleológicos das teorias do favor legal, da tutela dos interesses dos contribuintes, e, por fim, corrige o exagero em se dizer que as normas isentivas teriam um *plus* em relação às normas de tributação. Tem o defeito de fazer prevalecer, por via da mutilação, uma não-incidência.

5.1.9 *Teoria da norma complexa integrativa da lei tributária* — **Tese**: "A norma jurídica isentiva não forma norma jurídica posterior, impedindo que a anterior (norma jurídica tributária) produza seus efeitos. Pelo contrário, ela integra a norma jurídica tributária, conferindo-lhe novas características".

É a sobrenorma complexa a que se refere Bobbio, que se reduz no plano deôntico a esses dois imperativos: "É proibido obrigar".

Nossos principais tributaristas apologistas dessa teoria são Roque Antônio Carrazza, Eliud José Pinto da Costa e Sacha Calmon Navarro Coêlho.[29]

Aliás, partindo da distinção entre regra jurídica e leis ou normas, o Mestre mineiro expõe seu pensamento: "É preciso não confundir regra jurídica com norma (ou leis); a regra jurídica é uma resultante da totalidade do sistema jurídico formado pelas normas (ou leis)". Continua o Mestre: "A norma jurídica é o 'ser' jurídico por excelência e tem formulação prescritiva. O jurista é o 'sujeito cognoscente' que, debruçado sobre o objeto do seu conhecer — o mundo do Direito —, desvenda seu íntimo significado, extraindo do 'ser' o 'dever-ser'. (...) a hipótese de incidência das normas tributárias, o que contém são fatos tributáveis. A previsão legal desses fatos é feita pelo legislador de duas formas: 1) em certas leis ou artigos de lei — entes de direito — prevê que dados fatos são aptos a gerar, quando ocorrentes, obrigações tribu-

27. Paulo de Barros Carvalho, ob. cit., p 327-334.

28. Carlos José Wanderley de Mesquita, in *Caderno de Direito Tributário e Finanças Públicas* 16/42-44.

29. Roque Antônio Carrazza, *Curso de Direito Constitucional Tributário*, 12ª ed., São Paulo, Malheiros Editores, 1999, pp. 523 e ss.; Eliud José Pinto da Costa, *apud* Roque Antônio Carrazza, ob. cit., p. 523; Sacha Calmon Navarro Coêlho, ob. cit., pp. 393-398.

tárias; 2) noutras leis ou artigos de lei prevê expressamente que certos fatos, tipos de fato ou aspectos fatuais não são 'jurígenos', isto é, não são aptos a gerar, quando ocorram, obrigações tributárias. Vale dizer, através das leis o legislador 'qualifica' os fatos e os reparte, atribuindo a uns efeito impositivo e a outros efeito exonerativo, segundo seus desígnios".[30]

Em síntese, o que o Mestre pretendia demonstrar é que se sobre a mesma facticidade, pela força da incidência tanto da norma de exação como da norma isentiva, produzem-se simultaneamente e conjuntamente os efeitos impositivos e exonerativos, a regra jurídica de tributação emerge delimitada, como resultado das compensações mutuamente excludentes das "imposições" e "exonerações". Este esquema conceitual representa o pensamento do professor Sacha:

Acontecendo "H"
"T" deve ser.

Onde:
H = hipótese de incidência da regra de tributação;
T = dever tributário decorrente.

A hipótese de incidência, contudo, apresenta a seguinte composição:

$$H = A - (B + C).$$

Onde:
H = hipótese de incidência;
A = fatos tributáveis;
B = fatos imunes;
C = fatos isentos.

O direito subjetivo de "não pagar" que decorre da previsão legal da isenção só por ilusão tem fundamento na lei isencional. De fato, a lei existe e vige, mas é da regra jurídica (onde se integram fatos juridicizados de efeitos exonerativos e impositivos) que se deduz a inexistência da relação jurídico-tributária.

Segundo Roque Carrazza, "a lei isentiva, ao contrário do que se apregoa, não mutila (senão metaforicamente) a norma jurídica tributária. Apenas lhe empresta novas feições"; as isenções tributárias "promanam da mesma pessoa política titular da competência para criar o tributo". E submete "à meditação dos doutos a seguinte idéia: a *lei isentiva* e a *lei tributante* convivem harmonicamente, formando uma única norma jurídica tributária (diferente da que existia antes de a isenção ser criada)".[31]

A essa última corrente nos filiamos por entendermos que a norma isentiva é o lado reverso da mesma moeda, que tem por outra face a norma de exação e cujo sentido só se expressa pelo sentido da sobrenorma (integração de comandos imperativos).

5.2 Classificação das isenções

Seguindo a conceituação e estruturação da norma tributária como fizemos, a lei de isenção pode afetar a lei tributária interferindo nos critérios da hipótese ou da conseqüência para fazer cessar-lhes a eficácia. A classificação das isenções se faz observando qual critério foi afetado pela lei isencional. São possíveis quatro tipos de isenção pela hipótese e quatro pela conseqüência.

a) *Pela hipótese*:

1) atingindo-lhe o critério material, pela desqualificação do verbo;

2) atingindo-lhe o critério material, pela subtração do complemento;

3) atingindo-lhe o critério material, pela subtração do complemento espacial;

4) atingindo-lhe o critério material, pela subtração do complemento temporal.

b) *Pela conseqüência*:

5) atingindo o critério pessoal, pelo sujeito ativo;

30. Sacha Calmon Navarro Coêlho, idem, ibidem.

31. Roque A. Carrazza, *Curso de Direito Constitucional Tributário*, pp. 524 e 526.

6) atingindo o critério pessoal, pelo sujeito passivo;

7) atingindo o critério quantitativo, pela base de cálculo;

8) atingindo o critério quantitativo, pela alíquota.

Cabe, aqui, uma explicação, para que o leitor não pense que existe uma contradição entre o que acabamos de expor — ou seja, que as isenções que operam pelo critério pessoal atingem a conseqüência — e as afirmações que fizemos neste trabalho quando asseveramos que na hipótese há um critério pessoal. Apesar de termos reconhecido na hipótese este critério pessoal, jamais deixamos de reconhecê-lo na conseqüência a suportar o *mandamus*.

O critério pessoal da hipótese tem função qualificadora em termos de referência pessoal; por exemplo, no caso do ICMS, além da circulação de mercadoria, há a qualificação pessoal do agente, que deve ser industrial, comerciante, prestador ou produtor agropecuário. Na consequência está o *mandamus* e especificação de qual o sujeito passivo da obrigação. Via de regra, o sujeito que se qualifica na hipótese suporta o *mandamus*; no entanto, nada obsta a que seja diferente, caso típico da sujeição passiva indireta. Evidente que se a isenção atingir o produtor agrícola, no caso do ICMS, se estará atingindo o critério pessoal presente na hipótese exonerando o sujeito passivo, seja ele direto ou indireto, do pagamento do tributo. A sujeição passiva tem definição na conseqüência, por isso dissemos que as isenções que atingem o critério pessoal atuam pela conseqüência.

Assim, verificando-se por onde a norma tributária foi atingida, procede-se à sua classificação. A título exemplificativo, discorreremos sobre as principais classificações:

Isenção objetiva — a que afeta o critério material;

Isenção espacial — a que afeta o critério espacial;

Isenção temporal — a que afeta o critério temporal;

Isenção subjetiva — a que afeta o critério pessoal;

Alíquota zero — a que afeta o critério quantitativo, pela alíquota.

Outras formas de classificação são possíveis tomando em consideração outros elementos, que, via de regra, derivam dos critérios já expostos. Conhecem-se, assim, isenções condicionadas, a prazo certo ou indeterminado. Há também as isenções contratuais, pelas quais os sujeitos ativo e passivo contraem obrigações, um perante o outro.

5.3 *Alíquota zero*

Deduz-se do acima exposto que consideramos a alíquota zero como um tipo de isenção. No entanto, a posição não é pacífica na doutrina, havendo os que, autonomizando o fato gerador, ignoram que deixa de existir um comando, pois a parte descritiva é dominante da extensão da norma. Corrente doutrinária minoritária chega a afirmar que há tributo, que, no entanto, não é dever, nem compulsório, nem pecuniário. Os que assim pensam defendem-se afirmando que o fato gerador se compõe de vários elementos (objeto, sujeito, alíquota e base de cálculo), e sendo zero um elemento pertinente ao universo de números que preenchem verdadeiramente a significância da alíquota, ocorrendo o fato concreto idealizado na hipótese nasce a obrigação tributária, e, por conseguinte, o tributo; é que a norma de tributação permanece íntegra: há apenas suspensão de um de seus elementos quantitativos.

Problema que surge da aplicação da alíquota zero é o da possibilidade de aproveitamento do crédito fiscal dos impostos sobre o valor acrescido; o contribuinte pode aproveitar o crédito ou não pode, conforme preconiza a regra para isenções?

O STJ e o STF, consentâneos com a doutrina manifesta no Código Tributário Nacional por inspiração de Rubens Gomes de Sousa, diferem alíquota zero de isenção, e disso sobrevêm conseqüências distintas no âmbito tributário. Consideremos, então, o imposto de importação isentado para o produto "X". A isenção desse tributo estende-se aos tributos internos (IPI, ICMS) que se encontrem no mesmo sistema de tributação. No entanto, no caso da alíquota zero há súmula preceituando que estes benefícios não atingem os outros impostos. Enquanto o anacronismo das idéias de Rubens Gomes de Sousa continuar a dominar o posicionamento doutrinário exarado pelos órgãos judiciários supremos do País situações paradoxais continuarão a existir e a violar princípios constitucionais, como o da igualdade.

5.4 Revogação da lei isencional

Diz o art. 178 do CTN: "A isenção, salvo se concedida por prazo certo e em função de determinadas condições, pode ser revogada, ou modificada por lei, a qualquer tempo (...)".

Ora, sendo a isenção instrumento para se conseguir objetivos maiores, como reduzir desigualdades regionais, induzir a industrialização de determinados produtos essenciais etc., desde que a isenção não se mostre mais adequada e conveniente cabe ao legislador revogá-la, antes que se torne um privilégio odioso e injustificável. A isenção não é concedida em benefício de alguns, mas sim da coletividade, apesar de ser inegável que, por via reflexa, beneficie poucos.

Contudo, não pode ser prejudicada a situação jurídica subjetiva já conquistada pela pessoa favorecida e que tenha direito de dela usufruir por um determinado período de tempo, pois nesse caso estaria afetada a segurança jurídica, tão necessária a dar credibilidade e afastar a arbitrariedade. Do contrário, a própria eficácia da isenção como instrumento político deixaria de existir.

Assim, se a isenção tributária é concedida graciosamente, de modo incondicional ou sem corresponder à prestação a que se obrigou o respectivo beneficiário, ela pode ser revogada a qualquer tempo pelo poder concedente. Não estando a exoneração fiscal subordinada a qualquer condição ou prazo definido, a regra é sua revogabilidade a qualquer instante. Sua revogação subordina-se ao princípio da legalidade mas leva em conta tão-somente os juízos de conveniência e oportunidade.

A contrario sensu, intangíveis as isenções de caráter bilateral (temporárias, condicionais ou contratuais). A regra da revogabilidade esbarra diante do direito adquirido ao gozo da isenção enquanto persistirem as condições e os requisitos em função dos quais esta foi outorgada. Seu beneficiário reveste-se de um *status* posto a salvo da discricionariedade administrativa.

5.5 Revogação da isenção e o princípio da anterioridade

O princípio da anterioridade vem assim estatuído pela CF/88 em seu art. 150, III, "b", *verbis*: " Art. 150. Sem prejuízo de outras garantias asseguradas ao contribuinte, é vedado à União, aos Estados, ao Distrito Federal e aos Municípios: (...); III — cobrar tributos: (...); b) no mesmo exercício financeiro em que haja sido publicada a lei que os instituiu ou aumentou".

A razão pela qual a Constituição agasalhou o princípio da anterioridade foi vedar a surpresa tributária. O acolhimento deste princípio induz ao planejamento, ao conhecimento antecipado, reforçando de forma significativa o princípio da segurança jurídica. Nem mesmo as contribuições sociais, cuja relevância dói aos olhos, escapam do princípio da não-surpresa, sujeitando-se a uma *vacatio legis* de 90 dias, não importando em qual exercício financeiro serão cobradas. Isso representa uma mitigação do princípio da anterioridade, que comporta outras exceções expressamente previstas na Constituição.

Essa garantia individual não pode ser distorcida segundo entendem alguns — e sobretudo a Receita Federal — que o que não se pode é cobrar o tributo no mesmo exercício financeiro, sendo a cobrança diferida para o seguinte, pois uma vez publicada a lei desde logo torna-se eficaz, fazendo nascer a obrigação tributária, cujo momento de satisfação é diferido para o exercício financeiro seguinte. Esse raciocínio não condiz com a interpretação teleológica da Magna Carta, onde parece evidente quis o legislador obstar à arbitrariedade e à saga voraz da Administração em granjear recursos proliferando novos tributos e majorando alíquotas. O que pretendeu o legislador ao erigir o princípio da anterioridade ao *status* constitucional foi resguardar o contribuinte da ineficiência da Administração, que não consegue conter custos nem fazer chegar os recursos, satisfatoriamente, à ponta de consumação legítima, perdendo-se nos entremeios burocráticos. O princípio da anterioridade força o planejamento e estimula a reorganização em busca da eficiência.

Aliás, visto sob esse prisma, as medidas provisórias de natureza tributária afrontam os princípios da não-surpresa, da anterioridade e da segurança jurídica. A regra fundamental, obrigatória e constitucionalmente posta, é o princípio da anterioridade ao exercício ou da espera nonagesimal, que é incompatível com o procedimento, estatuído pelo art. 62, das medidas provisórias, as quais antecipam a eficácia à existência da própria lei em que podem ser convertidas.

O princípio da anterioridade, da maneira como foi positivado, entendemos, não é aspecto acidental ou facultativo, mas propriedade jurídica essencial à lei tributária que cria tributos novos ou majora os já existentes.

Tendo essas considerações sido tecidas, resta-nos saber se a revogação das isenções, que tem por conseqüência restaurar toda a amplitude da hipótese de incidência da norma de exação e, por conseguinte, implica o nascimento do vínculo obrigacional tributário dos fatos subsumidos de realização futura, sujeita-se ou não à regra da anterioridade ou *vacatio legis* nonagesimal.

Não há como fugir desta constatação: a isenção reduz o imposto, sua revogação aumenta-o; donde parece óbvio que a lei revogatória subsume-se ao tipo que deve ser alcançado pelo princípio da anterioridade no que concerne à interpretação teleológica da Constituição, que é adstrita à facticidade de causa e efeito.

Nesse sentido as lições de Bernardo Ribeiro de Moraes, Souto Maior Borges, Paulo de Barros Carvalho, Aliomar Baleeiro, Misabel de Abreu Machado Derzi, Aurélio Pitanga Seixas Filho, Sacha Calmon Navarro Coêlho e Alfredo Augusto Becker, dentre outros, tão insignes quanto, que por falta nossa deixamos de citar (obras já citadas no transcurso deste texto).

É relevante consignar que o que determina ou não a obediência ao princípio da anterioridade quando ocorre a revogação de isenção é ter havido ou não nascimento da obrigação tributária, e isso depende de a qual teoria de isenção se filia o autor. As teorias da *técnica legislativa* (item 5.1.1), do *favor fiscal* (item 5.1.2), da *exclusão do crédito tributário* (item 5.1.3), do *fato impeditivo* (item 5.1.6) e da *tutela do interesse do contribuinte* (item 5.1.7) formam corrente cujo elo comum é a constituição da obrigação tributária apesar de existir a norma de isenção. Por via de conseqüência, vociferam que a revogação da isenção não se subsume ao princípio da anterioridade por não violar princípios maiores dos quais aquele decorre, e que são os princípios da segurança jurídica e da não-surpresa. Adotando-se qualquer uma das outras teorias elencadas no item 5.1 a conclusão é diametralmente oposta.

No entanto, a doutrina nacional predominante, inspirada em Rubens Gomes de Sousa e abrigada no Código Tributário Nacional, é discordante e entende que a revogação da isenção não se subsume à regra da anterioridade.

Via de regra, estes ilustres tributaristas fundam suas concepções na visão dualista do tributo: o tributo como resultado do fato gerador mais a tributabilidade, extrínseca a ele. Como já tivemos oportunidade de ver, esta corrente apresenta subdivisão entre aqueles que pensam que a ausência de tributabilidade (isenção) obsta ao nascimento da obrigação tributária e os que pensam sempre se constituir a obrigação tributária, somente que a ausência de tributabilidade dispensa o pagamento do tributo. Bernardo Ribeiro de Moraes (citado por Aurélio Pitanga Seixas Filho[32]), clássico entre os dualistas com visão obstativa ao nascimento da obrigação tributária, entende que: "Devemos ver que, diante do princípio constitucional da anterioridade da lei tributária, a revogação da isenção fiscal produz eficácia apenas após o início do exercício financeiro seguinte. Caso contrário teríamos aumento ou criação de tributo no mesmo exercício financeiro".

No entanto, é predominante na doutrina a visão daqueles que entendem que a isenção dispensa o pagamento do tributo. A conseqüência desse pensamento é que, uma vez revogada a isenção, não ocorre surpresa tributária, pois o tributo sempre existiu, somente seu pagamento era dispensado. Neste sentido, indispensável reproduzir o pensamento de Rubens Gomes de Sousa, inserido no Código Tributário Nacional e catalisador de jurisprudência:[33] "Isenção é o favor fiscal concedido por lei, que consiste em dispensar o pagamento de um tributo devido. É importante fixar bem as diferenças entre não-incidência e isenção; tratando-se de não-incidência não é devido o tributo porque não chega a surgir a própria obrigação tributária; ao contrário, na isenção o tributo é devido, porque existe a obrigação mas a lei dispensa o seu pagamento". Complementa Rui Barbosa Nogueira: "A isenção, sendo uma dispensa do pagamento do tributo devido, ou como declara o CTN no art. 175, I, exclusão do crédito tributário, é uma parte excepcionada ou liberada do campo da incidência, que poderá ser aumentada ou diminuída pela lei, dentro do campo da respectiva incidência".[34]

Ora, decorre desses pensamentos que a norma tributária sempre incidiu com toda extensão de sua hipótese apta a gerar a relação jurídico-tributária ensejadora da obrigação de pagar tributo, somente que não se conjugava a ela a tributabilidade, pois havia isenção. Por conseguinte, a revogação da isenção dota a norma de tributabilidade, sem alterar sua estrutura ou campo de incidência, o que faz com que readquira a eficácia imediatamente, pois não fere o princípio da não-surpresa, do qual deriva o princípio da anterioridade.

Foi esse o pensamento que se cristalizou na Súmula 615 do STF, de tão pacífica que era a jurisprudência: "Súmula 615. O princípio constitucional da anualidade (*anterioridade* — destaque nosso) não se aplica à revogação do ICM".

É este o preceito sumular que pretendemos demonstrar não foi recepcionado pela atual Constituição Federal, por abrigar manifesta inconstitucionalidade.

6. Súmula 615: uma inconstitucionalidade manifesta

A Constituição Federal de 1988, chamada de Constituição-cidadã pelo deputado Ulysses Guimarães, dentre todas que o Brasil já teve, é a mais pródiga em garantias individuais contra as arbitrariedades do Estado no uso de sua força, tanto repressora quanto normativa de condutas. No bojo deste tipo de norma fundamental torna-se inadmissível a presença de privilégios odiosos e qualquer ameaça às garantias individuais e ao Estado de Direito, admitindo-as como exceções expressas, na salvaguarda de direitos sociais ou da soberania do Estado; qualquer outra afronta deve ser repudiada

32. Aurélio Pitanga Seixas Filho, *Teoria e Prática das Isenções Tributárias*, Rio de Janeiro, Forense, 1989, p. 267.

33. Rubens Gomes de Sousa, *apud* José Souto Maior Borges, *Isenções Tributárias*, 2ª ed., São Paulo, Sugestões Literárias, 1980, p. 135.

34. Rui Barbosa Nogueira, *apud* José Souto Maior Borges, ob. cit., p 135.

pelos meios que a própria Carta Magna conferiu: os *writs* constitucionais.

A segurança jurídica, consagrada como princípio fundamental no art. 5º da CF/88, com mais força disciplina o Direito Tributário, ao lado do Direito Penal, os maiores exemplos do poder, força e impositividade do Estado. No campo tributário a segurança jurídica não se manifesta tão-somente por meio da legalidade formal, material, ou pela irretroatividade genérica das leis, mas principalmente pelo princípio da anterioridade das leis fiscais ao exercício de aplicação; este princípio, sim, basilar da segurança jurídica. Prevaleceu na Constituição-cidadã a necessidade de previsão, de conhecimento antecipado e antecipatório, de planejamento de encargos fiscais, sobre imediatismos arrecadatórios.

Instituir tributos ou majorar suas alíquotas não parece urgente ou relevante no espírito da Constituição, haja vista que subordinou tais hipóteses ao princípio da anterioridade, inobstante poder haver urgência em matéria tributária em face da ameaça aos valores fundamentais do Estado tutelados constitucionalmente, sobretudo porque o tributo é fonte fundamental que dispõe o Estado para seu autofinanciamento. Mas para esse fim foram previstas exceções (arts. 153, I, II, IV e V, 154, II, e 195).

O que visou a Constituição foi a coibir os abusos constantes em matéria tributária, motivados pela voracidade arrecadatória de um Estado perdulário e ineficiente no emprego de seus recursos.

Ante o exposto, considerando a segurança jurídica basilar ao ordenamento, sobretudo em matéria tributária, como justificar a recepção da Súmula 615 do STF, elaborada nas circunstâncias políticas vigentes num Estado autoritário e à margem do Estado de Direito?

Diz a Súmula 615: "O princípio constitucional da anualidade não se aplica à revogação do ICM". Os argumentos que dão suporte à tese do Supremo fundam-se na teoria corporificada no Código Tributário Nacional e inspirada em Rubens Gomes de Sousa, que pode ser constatada em acórdão que teve por relator o Min. Moreira Alves, publicado na *RTJ* 107/759 e 760:

"Ora, embora seja sustentável, teoricamente, que a isenção obste ao nascimento da obrigação tributária, e, portanto, a sua extinção amplie a área de incidência do tributo, o que equivaleria à própria instituição do tributo (assim, entre alguns outros, Baleeiro, *Direito Tributário Brasileiro*, 10ª ed., p. 424, Rio de Janeiro, 1981; Souto Maior, *Isenções Tributárias*, 2ª ed, pp. 135 e ss., São Paulo, 1980), o certo é que esse entendimento é repudiado (...) pela quase-unanimidade da doutrina nacional, uma vez que (as palavras que seguem são de Souto Maior) 'a isenção é, via de regra, caracterizada em doutrina nacional como a dispensa legal do pagamento de tributo devido'.

"E a doutrina nacional predominante — seguida inclusive por Rubens Gomes de Sousa — foi a que veio prevalecer no Código Tributário Nacional, que, após distinguir a obrigação tributária do crédito tributário, coloca a isenção — juntamente com a anistia — como causa de exclusão de crédito tributário, em termos que são inequívocos no sentido de que a obrigação tributária existe e persiste embora haja a dispensa legal do tributo devido. Com efeito, depois de o art. 175 do CTN declarar que 'excluem o crédito tributário: I — a isenção; II — a anistia', estabelece, em seu parágrafo único: 'A exclusão do crédito tributário não dispensa o cumprimento das obrigações acessórias dependentes da obrigação principal cujo crédito seja excluído, ou dela conseqüentes'.

"O que implica dizer, sem a menor dúvida, que a obrigação principal, cujo cumprimento foi dispensado pela isenção, persiste sem esse efeito, mas tanto persiste que as obrigações acessórias dela dependentes ou conseqüentes devem ser cumpridas, pois aquela dispensa não as alcança. Se a isenção significasse não-incidência, e, portanto, não-instituição de tributo, seria difícil explicar como pode haver obrigação acessória dependente ou, o que é mais, conseqüente de obrigação que não existe.

"Assim sendo, em face de nosso Direito Positivo, a isenção é caracterizada como 'dispensa legal de pagamento do tributo devido', e, portanto, sua revogação não importa extensão de incidência, o que permitiria seu enquadramento na figura da instituição do tributo."

A exposição desse pensamento norteador da Súmula 615 tem o brilhantismo de uma pirita ("ouro dos tolos") e, ademais deve ter feito Kelsen revirar no caixão, umas três vezes.

Reproduzindo Kelsen: "(...) determinados atos de coação devem, sob determinadas condições, ser executados. Este não é apenas o sentido subjetivo dos atos através dos quais o Direito é legislado, mas também seu sentido objetivo. (...). A conduta não pode ser descrita como um sendo (da ordem do ser), mas apenas o pode ser, na medida que cumpre apreender o sentido subjetivo do ato de comando, como um devido (da ordem do dever-ser)".[35] Esquematizando, extraem-se as seguintes afirmações:

Se "A", deve-ser "B", que, "a contrario sensu" lógico, revela:
Se não deve-ser "B", "A" não ocorreu.

Este é o raciocínio de que nos valemos para refutar a teoria dualista do tributo que embasa o entendimento do Supremo, pois se não deve haver pagamento do tributo não ocorreu obrigação tributária, porque havia a norma de isenção. Mas qual seria a natureza dessa norma? Socorremonos mais uma vez do Mestre austríaco (ob. cit., p. 60) para explicar o fenômeno isentivo e valorar a teoria de Paulo de Barros de Carvalho: "Assim, como uma norma jurídica pode limitar o domínio de validade de uma outra, assim também lhe pode retirar completamente a validade. Também essas normas derrogatórias são normas não-autônomas que apenas se podem compreender em conexão com outras normas estatuidoras de atos de coerção". Por fim, este é o pensamento do qual nos valemos para adotar a teoria da norma tributária complexa (Roque Carraza, Sacha Calmon e outros), em que se conjugam a norma de exação propriamente dita e a de isenção. Fundados nessa lógica afirmamos a inconstitucionalidade da súmula, respaldados pela teoria da norma jurídica, como expôs Norberto Bobbio, e nas severas críticas que fez Paulo de Barros Carvalho à teoria esposada no Código e seguida pelo STF (remetemos o leitor ao item 5 deste trabalho, onde expusemos o assunto).

Justifica-se, ainda, o Supremo dizendo que se comprova que se constitui a obrigação tributária mesmo em face da norma isentiva porque subsistem as obrigações acessórias. Ora, se o brocardo diz "o acessório segue o principal", se não houvesse principal não haveria acessório.

Falta razão ao Pretório Excelso. Acontece que ditas obrigações acessórias são, na verdade, deveres administrativos, instituídos por norma, que não decorrem da obrigação tributária principal, mas relacionam-se ao mesmo fato gerador, apto a constituir o vínculo obrigacional. Não é necessário ser contribuinte ou sujeito passivo da obrigação tributária principal para ser compelido aos deveres jurídicos administrativos, dado que estes decorrem da complexidade intrínseca da sobrenorma tributária.

Para clarear os olhos, considerem-se o imposto de renda e o dever que se impõe ao sócio-quotista de sociedade comercial de entregar a declaração de renda mesmo que a renda da sociedade tenha sido negativa. Ora, parece evidente que não se constituiu qualquer obrigação tributária, porque não ocorreu o fato gerador; no entanto, subsiste a obrigação acessória, a demonstrar que é um dever administrativo, sem vínculo com a obrigação tributária principal.

Por último, esqueceu-se o Supremo de que existem isenções parciais (apesar de

35. Hans Kelsen, *Teoria Pura do Direito*, 3ª ed., trad. de João Batista Machado, São Paulo, Martins Fontes, 1991, p. 60.

alguns autores não as admitirem — por exemplo, Sacha Calmon) que, se forem revogadas, têm o efeito de majorar o *quantum debeatur*. É incontestável que, havendo previsão de isenção parcial, ocorrendo a concreção da hipótese constituir-se-ão a obrigação tributária e o dever jurídico de pagar o tributo. É absolutamente unívoco que a revogação da isenção parcial, por aumentar a carga tributária, sujeita-se ao princípio da anterioridade. Isto derruba a tese do Supremo de que não se aplica o princípio da anterioridade à revogação da isenção de ICMS, pela razão de que a obrigação tributária se formara (obstando à surpresa e à insegurança jurídica) e que somente o pagamento havia sido dispensado. Se o fundamento dessa tese repousa na constituição da obrigação tributária mesmo com isenção total, e essa tese é fortemente contestada, é inegável que em face de isenção parcial forma-se o crédito tributário, e mesmo assim, se revogada a norma isentiva parcial, a norma restaurada só produzirá efeito no exercício fiscal seguinte, devido ao princípio da anterioridade. Ora, ante o exposto, com mais razão deve a revogação da isenção total sujeitar-se ao princípio da anterioridade.

Concluindo a exposição que fizemos, asseveramos que, seja em nome de uma interpretação teleológica/axiológica dos princípios basilares da Constituição, seja pela análise lógico-formal da norma tributária em face da teoria da norma jurídica e unicidade do ordenamento, acabamos de demonstrar que a revogação das isenções subsume-se ao princípio da anterioridade, de tal forma que a Súmula 615 do STF não pode permanecer no ordenamento jurídico brasileiro, por conter manifesta inconstitucionalidade, se é que foi recepcionada pela Constituição Federal de 1988.

Bibliografia

ATALIBA, Geraldo. *Hipótese de Incidência Tributária*. 5ª ed., 7ª tir. São Paulo, Malheiros Editores, 1998.

AUGUSTO FILHO, João. *Isenções e Exclusões Tributárias*. São Paulo, José Bushatsky Editor, 1971.

BALEEIRO, Aliomar. *Limitações Constitucionais ao Poder de Tributar*. 7ª ed. Rio de Janeiro, Forense, 1997.

BECKER, Alfredo Augusto. *Teoria Geral do Direito Tributário*. São Paulo, Saraiva, 1972.

BOBBIO, Norberto. *Teoria do Ordenamento Jurídico*. 2ª reimpr., trad. de Maria Celeste Leite Cordeiro dos Santos. Brasília, UnB/Polis, 1991.

BORGES, José Souto Maior. *Isenções Tributárias*. 2ª ed. São Paulo, Sugestões Literárias, 1980.

CARRAZZA, Roque Antônio. *Curso de Direito Constitucional Tributário*. 12ª ed. São Paulo, Malheiros Editores, 1999.

CARVALHO, Paulo de Barros. *Curso de Direito Tributário*. 5ª ed. São Paulo, Saraiva, 1991.

COÊLHO, Sacha Calmon Navarro. *Comentários à Constituição de 1988 — Sistema Tributário*. 6ª ed. Rio de Janeiro, Forense, 1997.

FALCÃO, Amílcar de Araújo. *Fato Gerador da Obrigação Tributária*. Rio de Janeiro, Financeiras, 1964.

KELSEN Hans. *Teoria Pura do Direito*. 3ª ed., trad. de João Batista Machado. São Paulo, Martins Fontes, 1991.

LA ROSA, Salvatore. *Equaglianza Tributaria ed Esenzioni Fiscali*. Milão, Giuffrè, 1968.

MARREY JÚNIOR, Pedro Luciano. "Natureza jurídica das isenções tributárias". *RDP* 25/177.

MELLO, Marcos Bernardes de. "Estudo da incidência da norma jurídico-tributária". *Direito Tributário Moderno*. Coord. de José Souto Maior Borges. São Paulo, José Bushatsky Editor, 1977.

MESQUITA, Carlos José Wanderley de. "Poder de tributar, isenção e imunidade". *Caderno de Direito Tributário e Finanças Públicas* 15/95-118 (1ª parte) e 16/38-65.

MORAES, Bernardo Ribeiro de. *Compêndio de Direito Tributário*. Rio de Janeiro, Forense, 1995.

NOVELLI, Flávio Bauer. "Anualidade e anterioridade na Constituição de 1988". *RDA* 179-180/19-50.

SEIXAS FILHO, Aurélio Pitanga. *Teoria e Prática das Isenções Tributárias*. Rio de Janeiro, Forense, 1989.

XAVIER, Alberto Pinheiro. *Do Lançamento no Direito Tributário Brasileiro*. São Paulo, Resenha Tributária, 1977.

__________. *Manual de Direito Fiscal*. Lisboa, Livraria Almedina, 1974.

NOTAS & COMENTÁRIOS

O PRINCÍPIO DA ESTRITA LEGALIDADE NO DIREITO TRIBUTÁRIO

GUILHERME CEZAROTI
Advogado

1. Introdução: 1.1 Princípios gerais de Direito — 1.2 Breves considerações sobre o princípio da legalidade. 2. Origem do princípio da estrita legalidade tributária. 3. O princípio da legalidade nas Constituições brasileiras. 4. Princípio genérico e princípio específico. 5. Princípio da estrita legalidade tributária: 5.1 A reserva da lei formal: 5.1.1 A Constituição Federal — 5.1.2 Emendas à Constituição — 5.1.3 Leis complementares: 5.1.3.1 O exercício da competência tributária residual da União — 5.1.4 Lei ordinária — 5.1.5 Leis delegadas — 5.1.6 Medidas provisórias — 5.1.7 Decretos legislativos — 5.1.8 Resoluções — 5.1.9 Tratados e convenções internacionais — 5.2 A lei e os instrumentos secundários — 5.3 Os convênios interestaduais — 5.4 Os limites do princípio da legalidade. 6. O princípio da legalidade e a isenção tributária. 7. A interpretação das normas tributárias. 8. Conclusão.

1. Introdução

Tributo, na terminologia fiscal, é a contribuição devida por todo cidadão estabelecido ou residente em um Estado,[1] para a formação das receitas públicas, destinadas a custear os encargos deste Estado. Estas contribuições são as receitas derivadas, todas as verbas de receita de natureza tributária, como os impostos, as taxas, as contribuições de melhoria, os pedágios e os emolumentos, que têm sua origem no patrimônio dos contribuintes, e não no patrimônio do próprio Estado.[2] A tributação decorre da necessidade do Estado de arrecadar os recursos necessários à consecução de seus fins, subordinando-se, entretanto, ao que sobre ela estabelecer a lei, já que, de outro lado, interfere nos direitos e garantias individuais, protegidos constitucionalmente. A retirada compulsória de recursos pertencentes aos particulares, necessários ao ente estatal, só se legitima na medida e nos limites da lei, que surge para harmonizar o conflito de interesses.

O princípio da legalidade tributária "assume una funzione esclusivamente garan-

1. De Plácido e Silva, *Vocabulário Jurídico*, 13ª ed., atualizada por Nagib Slaibi Filho e Geraldo Magela Alves, Rio de Janeiro, Forense, 1997, p. 834.

2. Régis Fernandes de Oliveira e Estevão Horvath, *Manual de Direito Financeiro*, 2ª ed., São Paulo, Ed. RT, 1997, pp. 45 e 46.

tista per i privati ed i tributi si caratterizzano come interventi autoritativi, limitativi della proprietà e della libertà dei privati medesimi, secondo la classica formula che nella coattività del prelievo individua una manifestazione della sovranità dello Stato, espressa però esclusivamente attraverso la legge impositrice, in cui il rapporto tributario trova direttamente la sua 'fonte'".[3]

Este princípio diz respeito à necessidade que o contribuinte tem de conhecer as exigências tributárias que podem onerá-lo, e o único meio de conhecê-las é através da lei. Na lição de Fábio Leopoldo de Oliveira: "o princípio da legalidade não reflete, propriamente, uma barreira ou uma limitação ao poder tributário do Estado. Ele constitui o seu único e exclusivo modo de manifestação".[4] O Poder Legislativo tem a faculdade de criar os tributos necessários à existência do Estado através das leis, que deverão conter os elementos característicos e essenciais da figura tributária (art. 97 e incisos do CTN) e que não podem ter efeitos retroativos — normas, estas, que devem ser observadas por todas as pessoas jurídicas de direito público interno que tenham competência tributária.

A relação jurídico-tributária caracteriza-se como uma relação de direito entre a Administração Pública e o contribuinte. "Esta igualdade de partes perante a lei se revela em toda a sua plenitude na hipótese do pagamento indevido do tributo, onde as posições de credor e devedor se invertem, cabendo ao contribuinte o direito de pedir a repetição do indébito."[5] Albert Hensel demonstra que a sujeição do contribuinte ao poder do Estado somente consiste no fato de ele ter que atender à norma jurídica e que o Estado, mediante o uso de seu poder de coação, deve executar a vontade da lei.[6] O poder de coação subordina-se à reserva da lei, esgotando-se no momento de criação desta.

A tributação é uma limitação legal à liberdade e à propriedade individual. A faculdade de criar tributos é exclusiva do Estado e somente poderá ser exercida mediante lei. A exigência de que cada ato das autoridades fazendárias seja rigorosamente autorizado por uma lei é o que se convencionou chamar de *reserva absoluta da lei* (Alberto Xavier[7]) ou de *estrita legalidade* (Gerd Willi Rothmann[8] e Roque Antônio Carrazza[9]). Na verdade, o primeiro significa que a regulamentação de certas matérias deve ser feita necessariamente por meio de lei formal e é um limite ao poder regulamentar da Administração, enquanto o segundo significa a submissão da atividade tributária à lei.

1.1 Princípios gerais de Direito

O vocábulo "princípio" (do latim *principium*) tem o significado de origem, começo ou momento em que se faz uma coisa pela primeira fez. "Princípio" vem a ser, assim, o ponto de partida, o fundamento, a proposição básica ou verdade primeira. Também significa os requisitos primordiais, colocados como alicerces de alguma coisa. Na lição de De Plácido e Silva princípios exprimem algo mais relevante do que

3. Andrea Fedele, "La riserva di legge", in *Trattato di Diritto Tributario — Il Diritto Tributario e le sue Fonti*, org. Andrea Amatucci, Eusebio González García e Walter Schick, v. II, t. I, Padova, CEDAM, pp. 159 e 160.

4. Fábio Leopoldo de Oliveira, *Manual de Direito Tributário*, São Paulo, Resenha Tributária, 1982, p. 59.

5. Gerd Willi Rothmann, "O princípio da legalidade tributária", in *Direito Tributário*, coletânea de Ruy Barbosa Nogueira, 5ª coletânea, São Paulo, José Bushatsky Editor, 1973, p. 142.

6. Albert Hensel, *apud* H. W. Kruse, "Gesetzmaessige Verwaltung, Tatbestansmaessige", in *Vom Rechtsschultz im Steuerrecht*, Duesseldorf, 1960, p. 110, cit. por Gerd Willi Rothmann, "O princípio da legalidade tributária", in *Direito Tributário*, p. 141.

7. Alberto Xavier, *Os Princípios da Legalidade e da Tipicidade da Tributação*, São Paulo, Ed. RT, 1978, pp. 17 e 36.

8. Gerd Willi Rothmann, "O princípio da legalidade tributária", in *Direito Tributário*, p. 154.

9. Roque Antônio Carrazza, *Curso de Direito Constitucional Tributário*, 10ª ed., São Paulo, Malheiros Editores, 1997, p. 168.

a própria norma jurídica, "a própria razão fundamental de ser das coisas jurídicas, convertendo-as em perfeitos axiomas".[10]

Devemos salientar que não existe unanimidade a respeito do que se deva entender por princípios gerais de Direito, que, por isso, são concebidos de forma diversa pelas escolas jurídicas. Dentre elas, podemos destacar:

a) a que combate a concepção dos princípios gerais, sem os negar, considerando-os como expedientes para liberação das passagens legais que não mais atendam à opinião dominante ou permissões para livre criação do Direito por parte da doutrina e dos magistrados. Eros Grau coloca que a doutrina não cria nada ao elaborar essas proposições descritivas, apenas está "a dare adeguata espressione concettuale a qual cosa che trova già, come un dato, più o meno esplicito, nell'ordinamento al quale quella costruzzione dogmatica si riferisce (e dal quale, portanto, dipende essenzialmente)";[11]

b) a que identifica os princípios gerais do Direito com as normas do Direito Natural. Dentro dessa orientação jusnaturalista há diversas correntes, conforme a idéia de Direito Natural que se tenha, que pode ser entendido como razão natural;[12] como natureza das coisas, de forma que os princípios apareceriam, como ensina Legaz y Lacambra, como "formalizaciones intelectuales de criterios de solución de interferencias y de medidas unipersonales de justicia, ajustadas a las exigencias dominantes de la naturaleza";[13] ou como verdades derivadas da lei divina;

c) aquela que entende serem os princípios gerais de Direito inspirados no sentimento de eqüidade, sendo, então, a própria eqüidade;[14]

d) a que considera os princípios gerais como tendo caráter universal, ditados pela Ciência e pela Filosofia do Direito, como ensina Clóvis Beviláqua;

e) a que os caracteriza como princípios contingentes e variáveis, que antecedem o Direito legislado, constituindo parâmetro fundamental da norma jurídica, uma vez que se trata de orientação cultural ou política, dentro da tendência dos pandectistas alemães;

f) a que os caracteriza como princípios extraídos do ordenamento jurídico, como Carnelutti;[15]

g) a posição eclética, que procura "conciliar os princípios sistemáticos com o Direito científico ou com imperativos da consciência social, ou os princípios sistemáticos com a concepção da Escola Livre".[16]

Para Miguel Reale "princípios são verdades fundantes de um sistema de conhecimento, como tais admitidas, por serem evidentes ou por terem sido comprovadas, mas também por motivos de ordem prática de caráter cooperacional, isto é, como pressupostos exigidos pelas necessidades da pesquisa e da *praxis*".[17]

10. De Plácido e Silva, *Vocabulário Jurídico*, p. 639.

11. Crisafulli, "Per la determinazione del concetto dei principi generali del Diritto", *Rivista Internazionale di Filosofia del Diritto* XIX, ano XXI, série II, janeiro-abril/41, in Eros Roberto Grau, *A Ordem Econômica na Constituição de 1988 (Interpretação e Crítica)*, 3ª ed., São Paulo, Malheiros Editores, 1997, p. 77.

12. Del Vecchio, *Los Principios Generales del Derecho*, 3ª ed., Barcelona, Bosch, pp. 11 e ss., cit. por Maria Helena Diniz, *Lei de Introdução do Código Civil Brasileiro Interpretada*, 2ª ed., São Paulo, Saraiva, 1996, p. 123.

13. Legaz y Lacambra, *Introducción a la Ciencia del Derecho*, Barcelona, 1943, pp. 51 e ss., cit. por Maria Helena Diniz, *Lei de Introdução do Código Civil Brasileiro Interpretada*, p. 123.

14. Tripicione, "L'equità nel Diritto", *RIFD* ano 5, 1925, p. 42, cit. por Maria Helena Diniz, *Lei de Introdução do Código Civil Brasileiro Interpretada*, p. 123.

15. Francesco Carnelutti, *Teoría General del Derecho*, Madrid, 1955, p. 116, cit. por Maria Helena Diniz, *Lei de Introdução do Código Civil Brasileiro Interpretada*, p. 124.

16. Maria Helena Diniz, *Lei de Introdução do Código Civil Brasileiro Interpretada*, p. 124.

17. Miguel Reale, *Lições Preliminares de Direito*, 4ª ed., São Paulo, Saraiva, 1977, p. 299.

Celso Antônio Bandeira de Mello ensina que princípio "é, por definição, mandamento nuclear de um sistema, verdadeiro alicerce dele, disposição fundamental de que se irradia sobre diferentes normas compondo-lhes o espírito e servindo de critério para sua exata compreensão e inteligência, exatamente por definir a lógica e a racionalidade do sistema normativo, no que lhe confere a tônica e lhe dá sentido harmônico. É o conhecimento dos princípios que preside a intelecção das diferentes partes do todo unitário que há por nome sistema jurídico positivo. Violar um princípio é muito mais grave do que transgredir uma norma qualquer. A desatenção ao princípio implica ofensa não apenas a um específico mandamento obrigatório mas a todo o sistema de comandos. É a forma mais grave de ilegalidade ou inconstitucionalidade, conforme o escalão do princípio atingido, porque representa insurgência contra todo o sistema, subversão de seus valores fundamentais, contumélia irremissível a seu arcabouço lógico e corrosão de sua estrutura mestra".[18]

Nesta oportunidade vamos nos deter no exame do princípio da estrita legalidade tributária.

1.2 Breves considerações sobre o princípio da legalidade

Legalidade deriva do Latim *legalis*, que exprime a situação da coisa ou do ato que se mostra de acordo com o ordenamento jurídico. Embora o princípio da legalidade seja considerado um dos pilares do moderno Estado Constitucional, trata-se de um princípio que nasceu ligado ao ideal grego de isonomia, da igualdade de todos perante a lei.

Durante a Idade Média manteve-se a superioridade da lei mesmo sobre a vontade do príncipe. A isonomia dos gregos, a supremacia da lei (*rule of law*) da tradição inglesa e o Estado de Direito (*Rechtsstaat*) da doutrina alemã de Direito Público durante o século XIX refletem a permanência do princípio da legalidade durante situações históricas diferentes. Bobbio distingue pelo menos três significados do princípio da legalidade: que o Governo tem que governar de acordo com a Constituição do Estado; que o Governo só pode ser exercido mediante a promulgação de leis (normas gerais e abstratas), salvo situações excepcionais; e que os magistrados resolvam os conflitos a eles submetidos com base nas prescrições legislativas.[19]

Embora tenha surgido ligado à idéia de que os impostos só podem ser criados com o consentimento dos contribuintes, sendo esta a sua abordagem histórica, o princípio da legalidade também é uma forma de preservação da segurança. "Ainda que a lei não represente a vontade do povo, e por isso não se possa afirmar que o tributo é consentido por ter sido instituído em lei, ainda assim, tem-se que o ser instituído em lei garante maior grau de segurança nas relações jurídicas."[20]

2. Origem do princípio da estrita legalidade tributária

O primeiro documento do qual se depreende que o soberano necessitava do consentimento dos súditos, manifestado por uma cúria à qual provavelmente pertenciam a nobreza e o clero,[21] para instituir tributos é de 1091, no qual Alfonso I, rei de Castela, afirmou: "Hoc autem feci cum consensu vestrae voluntatis, sicut vobis bene complacuit, ut reddatis mihi de unaquaque corte

18. Celso Antônio Bandeira de Mello, *Curso de Direito Administrativo*, 8ª ed., São Paulo, Malheiros Editores, 1996, pp. 545 e 546.

19. Norberto Bobbio, verbete "Legalidade", in ob. cit., p. 675.

20. Hugo de Brito Machado, *Os Princípios Jurídicos da Tributação na Constituição de 1988*, 3ª ed., São Paulo, Ed. RT, 1994, p. 18.

21. Sainz de Bujanda, *Hacienda y Derecho*, Madrid, 1955, p. 232, in Víctor Uckmar, *Princípios Comuns de Direito Constitucional Tributário*, trad. de Marco Aurélio Greco, São Paulo, Ed. RT/EDUC, 1976, p. 17.

populata tam de infantones quam etiam de villanos duos solidos in isto anno una vice, et amplius non demandent eos vobis altera vice, et qui mihi eos contendere quesierit aprendant de eos suos pignores, et hoc interpono, ut quamquam ilia lite de illos Almurabites sit ut nemo vestrum veniat mihi petere ipsum debitum, quia certe non dimittam ei".[22]

Em 1096 houve uma promessa de Anselmo a William Rufus,[23] de 500 esterlinas, como ajuda pela conquista da Normandia, que foi rejeitada pelo rei por considerá-la insuficiente. O arcebispo rejeitou-se a aumentá-la e isso acarretou-lhe graves conseqüências; os bispos aconselharam-no a aumentar a importância, conseguindo desta forma que o rei restaurasse a ordem e a paz.[24]

Pouco depois, em 1179, o *Lateran Council* proibiu os bispos de taxar seu clero *without their consent*.[25] Em 1188 foi criado um tributo para fazer frente às despesas da cruzada contra Saladino (*The Saladin Tithe*), de 10% da renda dos leigos e do clero. A decisão da instituição deste tributo foi tomada em reuniões do rei Henrique II com o clero, barões, condes, cidadãos de posses e burgueses, que consentiram no pagamento.[26]

Os impostos arrecadados neste período, na Inglaterra, eram três: o *scutage*, para não-prestação do serviço militar; o *carucage* ou *hidage*, sobre terrenos; e a *income tax*, imposto sobre a renda.[27]

Em 1192, para arrecadar as 100 mil esterlinas necessárias ao resgate de Ricardo I, prisioneiro do Duque da Áustria, Henrique IV convocou assembléias nas quais foi deliberada a criação de um *ecuage* de 20 *shillings* para cada *knight's fee* (um quarto da renda dos leigos e do clero). O resgate era de tal monta que foi exigido das igrejas que vendessem seus objetos de prata e aos monastérios que entregassem a tosquia anual de suas ovelhas,[28] sendo essencial o consentimento dos *tenants*.

Durante o reinado de João-Sem-Terra os barões se rebelaram por causa do peso das obrigações financeiras e impuseram ao rei a *Magna Charta*, sancionada em 15 de julho de 1215 em Runnymede. Uma das disposições fundamentais estava contida no art. XII, de acordo com o qual "no scutage or aid shall be imposed on our kingdom, unless by the commom counsel of our kingdom except for ransoming our person, for making our eldest son a knight, and for once marrying our eldest daughter, and for these shall not be levied more than a reasonable aid".[29] Neste artigo distinguimos os *aids* destinados ao resgate do rei, à investidura do filho e às despesas do matrimônio da primeira filha, para os quais não era necessária a autorização do *commune consilium regis*;[30] para os auxílios destina-

22. Hinojosa, *Documentos para la Historia de las Instituciones de León y Castilla*, Madrid, 1919, p. 36, in Víctor Uckmar, *Princípios Comuns de Direito Constitucional Tributário*, p. 17.

23. Mitchell, *Taxation in Medieval England*, New Haven, 1951, p. 158, in Víctor Uckmar, *Princípios Comuns de Direito Constitucional Tributário*, p. 9.

24. Eadmer, *Historium Novorum in Anglia*, ed. Martin Rull, pp. 49-51, in Víctor Uckmar, *Princípios Comuns de Direito Constitucional Tributário*, p. 10.

25. Keith, *Constitucional Law*, Londres, 1939, p. 44, in Víctor Uckmar, *Princípios Comuns de Direito Constitucional Tributário*, p. 10.

26. Víctor Uckmar, *Princípios Comuns de Direito Constitucional Tributário*, p. 11.

27. Adams, *Constitucional History of Taxation*, ed. revista por Schuyder, Londres, 1951, p. 123, in Víctor Uckmar, *Princípios Comuns de Direito Constitucional Tributário*, p. 11.

28. Os monges também foram convidados a ajudar com outros pagamentos que "we do not say by giving, but rather by loaning money from the treasures of your which we will repay twofold" (*Epistolae Canturienses*, p. 362, cit. por Mitchell, *Taxation in Medieval England*, p. 172, in Víctor Uckmar, *Princípios Comuns de Direito Constitucional Tributário*, p. 12.

29. McKechnie, *Magna Charta*, Glasgow, 1914, in Víctor Uckmar, *Princípios Comuns de Direito Constitucional Tributário*, p. 13.

30. Esse *commune consilium regis* recebeu o nome de Parlamento durante o reinado de Henrique III (1216-1272), quando assumiu poderes legislativos. Por volta de 1350 o Parlamento dividiu-se em Câmara dos Lordes, composta por bispos, abades e nobres, e Câmara dos Comuns, composta por cavaleiros das zonas rurais e mercadores bem-sucedidos.

dos a outros fins era necessário o prévio consentimento destes.[31]

O art. XIV dispunha que, para instituir *aids* e *scutages*, o rei deveria reunir o *commune consilium regis*, constituído pelos "archbishops, bishops, abbots, earls and great barons by individual writ; all other tenants in capite by general writ adressed to the sheriff".

A prévia autorização foi reafirmada no *statement de tallagio non concedendo*, expedido em 1296 por Eduardo I, que no seu art. I dispunha: "No tallage or aid shall be imposed by us or our heirs henceforth without the common assent of the prelates, earls, barons, knights, burgesses, and other freemen of the realm".[32]

As primeiras manifestações da necessidade do consenso que surgiram na França foram em 1314, com os *États Généraux*, que se declararam "prets a faire aide au roi, chacun à son pouvoir et selon ce qui lui serat avenant".[33]

A *Petition of Rights*, de 1628, exigia no seu art. 1º que "no man should be compelled to make or yield any gift, loan, benevolence, or tax without common consent by act of Parliament". Como Carlos I procurava exigir dinheiro sem aprovação do Parlamento, este aprovou resoluções que declaravam inimigo público quem sugerisse a cobrança de impostos sem a aprovação do Parlamento e quem pagasse tais impostos.

Em 1689 Guilherme de Orange aceitou o *Bill of Rights*, cujo § 4º dispunha que "levying money for or to the use of the Crown by pretense or prerrogative, without grant of Parliament, for longer time or in other manner than the same is or shall be granted is illegal".

Pasquale Russo coloca que "nel periodo dello Stato Assoluto il sovrano poteva imporre qualsivoglia tributo, nè era tenuto a dar conto del modo in cui riteneva di impiegare le entrate derivanti da siffatte prestazioni".[34]

Na edição da Declaração dos Direitos do Homem, em 1774, na Filadélfia, houve expressa previsão sobre o princípio da legalidade da tributação.

Em 1787 a Constituição norte-americana atribuiu ao Congresso, no seu art. 1º, Sec. 8, o poder "to lay and collect taxes, duties, imposts, and excises, to pay the debts and provide for the common defence and general welfare of the United States".

O art. 13 da *Déclaration des Droits* de 1789 consagrou o princípio de que "l'impôt ne peut être voté que par la Nation ou ses répresentants".

3. O princípio da legalidade nas Constituições brasileiras

As atas dos vereadores da Bahia, conservadas a partir de 1624, indicam que no período colonial as tributações eram aprovadas, por períodos preestabelecidos, pelos Senados das Câmaras.

A Constituição Imperial de 1824 afirmava a competência legislativa para a instituição de tributos no seu art. 171.[35] A Constituição Republicana de 1891, em seu art. 172, § 3º.[36] Ressalta Aliomar Baleeiro que, "a despeito da estreiteza da linguagem

31. Adams, *Constitucional History*, p. 133, in Víctor Uckmar, *Princípios Comuns de Direito Constitucional Tributário*, p. 13.

32. Bemont, "Chartes des libertés anglaises", in *Collection des Textes Pour Servir à l'Étude et à l'Enseignement de l'Histoire*, Paris, 1892, p. 88, in Víctor Uckmar, *Princípios Comuns de Direito Constitucional Tributário*, p. 15.

33. Stourm, *Le Budget*, Paris, 1912, p. 26, in Víctor Uckmar, *Princípios Comuns de Direito Constitucional Tributário*, p. 17.

34. Pasquale Russo, *Manuale di Diritto Tributario*, Milano, Giuffrè Editore, 1994, p. 37.

35. "Art. 171. Todas as contribuições diretas, à exceção daquelas que estiverem aplicadas aos juros e amortizações da dívida pública, serão anualmente estabelecidas pela Assembléia-Geral; mas continuarão até que se publique a sua derrogação ou sejam substituídas por outras".

36. "§ 3º. Nenhum imposto de qualquer natureza poderá ser cobrado senão em virtude de uma lei que o autorize."

do texto, estendia o império dessa regra a outros tributos, como a taxa".[37]

A Constituição de 1934 previa o princípio da legalidade no inciso VII do art. 17,[38] enquanto a Carta de 1937, que não chegou a ser posta em execução nem submetida ao plebiscito nela previsto, dispunha sobre o citado princípio em seu art. 13, "d".[39]

A Constituição de 1937 não possuía uma determinação expressa quanto ao princípio da legalidade, mas esta noção se depreendia do citado artigo. A matéria fiscal permaneceu sob regime de uma disposição transitória, o art. 180, que autorizava o Presidente da República a expedir decretos-leis enquanto não se reunisse o Parlamento.

A Constituição de 1946 previa o princípio da legalidade no § 34 do art. 141.[40] Até 1965 o tributo, para que fosse legítima a imposição tributária, deveria estar prescrito na lei ordinária de tributação e previsto no orçamento do exercício financeiro em que fosse exigido (prévia autorização orçamentária). A partir da EC 18 à Constituição de 1946 passou a ser suficiente que exista a lei antes do fato que justifique a imposição para que esta seja legítima.

O princípio da legalidade foi previsto no § 29 do art. 150 da CF de 1967.[41] Com a EC 1 à Constituição de 1967 o princípio passou a ser previsto no § 29 do art. 153.[42]

O professor Gerd Rothmann pondera que, "apesar dessas duas referências expressas à legalidade da tributação (arts. 19, I, e 153, § 29, da CF de 1969), convém observar que elas somente especificam, realçam, o que, a rigor, já está implícito no princípio genérico de legalidade, nos termos do § 2º do art. 153 da CF, quando reza: '§ 2º. Ninguém será obrigado a fazer ou deixar de fazer alguma coisa senão em virtude de lei'".[43]

A Constituição de 1988 determinou, no inciso I do art. 150, que é vedada a instituição ou majoração de tributo sem lei que o estabeleça.

4. *Princípio genérico e princípio específico*

Um exame atento do princípio da legalidade demonstra, na verdade, a existência de dois princípios:

a) um princípio genérico de Direito, de acordo com o qual só a lei cria direitos e impõe obrigações positivas ou negativas, ainda que o texto constitucional, em seu art. 5º, II, dê a entender que só estas últimas são contempladas no princípio da legalidade. O tributo é uma obrigação de prestar que exige lei que o permita ou ordene;

b) um princípio específico de Direito Tributário, segundo o qual nenhum tributo

37. Aliomar Baleeiro, *Limitações Constitucionais ao Poder de Tributar*, 7ª ed., revista e complementada à luz da Constituição de 1988 até a EC 10/96 por Misabel de Abreu Machado Derzi, Rio de Janeiro, Forense, 1997, p. 53.

38. "Art. 17. É vedado à União, aos Estados, ao Distrito Federal e aos Municípios: (...); VII — cobrar quaisquer tributos sem lei especial que os autorize, ou fazê-lo incidir sobre efeitos já produzidos por atos jurídicos perfeitos."

39. "Art. 13. O Presidente da República, nos períodos de recesso do Parlamento ou dissolução da Câmara dos Deputados, poderá, se o exigirem as necessidades do Estado, expedir decretos-leis sobre as matérias de competência legislativa da União, excetuadas as seguintes: (...); d) impostos."

40. "§ 34. Nenhum tributo será exigido ou aumentado sem que a lei o estabeleça; e nenhum será cobrado em cada exercício sem prévia autorização orçamentária, ressalvada, porém, a tarifa aduaneira e o imposto por motivo de guerra."

41. "§ 29. Nenhum tributo será exigido ou aumentado sem que a lei o estabeleça; nenhum tributo será cobrado em cada exercício sem prévia autorização orçamentária, ressalvados a tarifa aduaneira e o imposto lançado por motivo de guerra."

42. "§ 29. Nenhum tributo será exigido ou aumentado sem que a lei o estabeleça, nem cobrado, em cada exercício, sem que a lei que o houver instituído ou aumentado esteja em vigor antes do início do exercício financeiro, ressalvadas a tarifa alfandegária e a de transporte, o imposto de produtos industrializados e outros especialmente indicados em lei complementar, além do imposto lançado por motivo de guerra e demais casos previstos nesta Constituição."

43. Gerd W. Rothmann, "Princípio da legalidade tributária", in *RF* 109/11-13 ou in *Direito Tributário*, dirigido por Ruy Barbosa Nogueira, pp. 137-180.

poderá ser cobrado sem lei anterior que o defina. A lei deverá reconhecer a existência do tributo, definir o fato gerador, sua base de cálculo e o contribuinte. O fenômeno tributário, de acordo com José Afonso da Silva, subordina-se a "uma legalidade específica que se traduz no princípio da reserva da lei".[44] Também só a lei "pode criar deveres instrumentais tributários, regular a época e forma de pagamento dos tributos, definir a competência administrativa dos órgãos e repartições que vão lançá-los, cobrá-los e fiscalizar seu pagamento, descrever infrações tributárias, cominando-lhes as sanções cabíveis, e assim por diante".[45]

Ambos os princípios impõem limites à Administração Pública. Esta vinculação da atividade estatal à lei é uma decorrência do constitucionalismo e do Estado de Direito, cujo pressuposto básico é a prevalência da lei. Nesse sentido é a lição de Alberto Xavier,[46] que ressalta que o princípio da preeminência da lei se liga à idéia de licitude, ou seja, de demarcação ampla do campo de autonomia da Administração, enquanto o princípio da reserva da lei constitui uma garantia dos particulares contra a intervenção do Estado na esfera de sua liberdade e de sua propriedade.

A Constituição de 1988 prevê o princípio genérico do Direito no art. 5º, II, segundo o qual "ninguém será obrigado a fazer ou deixar de fazer alguma coisa senão em virtude de lei". Já o princípio específico de Direito Tributário encontra-se previsto no inciso I do art. 150. O princípio específico também é encontrado no art. 9º, I, do CTN. Este (o princípio da legalidade tributária) é "conseqüência específica" do princípio da legalidade, diz Rubens Gomes de Sousa.[47] A matéria é comandada pelo aforismo *nullum tributum sine lege*. O que iremos examinar é o princípio específico, traduzido no princípio da reserva da lei.

5. Princípio da estrita legalidade tributária

Legalidade é a qualidade daquilo que é conforme à lei. Princípio da legalidade é um princípio relativo à lei formal, que atenda às formalidades da Constituição. A relação tributária deve ser regulada por lei formal, excluídas as demais fontes de Direito.

O princípio da legalidade tributária é decorrência do Estado de Direito, indicando que todo ato do Estado que interfira na liberdade do indivíduo, aumentando suas obrigações ou deveres, deve estar apoiado em lei formal, emanada do Poder Legislativo, combatendo a tributação arbitrária. Também exige a legalidade da atividade administrativa que se acha vinculada à legislação tributária: o tributo deve ser cobrado mediante atividade administrativa plenamente vinculada à lei, sendo a atividade administrativa de lançamento vinculada e obrigatória (art. 142, parágrafo único, do CTN).

Alberto Xavier ensina que o princípio da legalidade desdobra-se em outros dois princípios: o princípio da preeminência da lei e o princípio da reserva da lei. O princípio da preeminência da lei, que é o princípio da legalidade em sentido amplo, traduz-se "na proposição de que cada ato concreto da Administração é inválido se e na medida em que contraria uma lei material".[48] O princípio da reserva da lei, princípio da legalidade em sentido amplo, tem o sentido de que todo e qualquer ato administrativo exige autorização de lei material, "ainda que

44. José Afonso da Silva, "Os tributos no quadro do Direito", *Revista da Procuradoria-Geral do Estado de São Paulo* 8/75.

45. Roque Antônio Carrazza, *Curso de Direito Constitucional Tributário*, p. 170.

46. Alberto Xavier, *Os Princípios da Legalidade e da Tipicidade da Tributação*, São Paulo, Ed. RT, 1978, pp. 13 e ss.

47. Rubens Gomes de Sousa, *Compêndio de Legislação Tributária*, 3ª ed., Rio de Janeiro, Financeiras, 1960, p. 50.

48. Alberto Xavier, *Os Princípios da Legalidade e da Tipicidade da Tributação*, p. 14.

diretamente não contendesse na aludida esfera privada dos particulares".[49]

O princípio da legalidade também defende o patrimônio do contribuinte contra atos da Administração Pública. Sendo o tributo uma restrição ao direito de propriedade do cidadão, deve ser consentido por aqueles que têm que suportá-lo ou por seus representantes. A base constitucional deste princípio, afirma Dino Jarach, "é que os tributos representam invasões do Poder Público nas riquezas particulares; em um Estado de Direito estas invasões devem ser feitas unicamente através do instrumento legal, ou seja, da lei".[50] Em conseqüência, o Poder Executivo não pode exigir tributo que não tenha sido definido por lei, a qual deve estar ajustada às garantias constitucionais.

Somente o Poder Legislativo é titular do poder fiscal do Estado. A criação de qualquer espécie tributária é uma faculdade exclusiva do Poder Legislativo. Os cidadãos pagam o tributo "que foi votado pelos seus representantes diretos".[51] A emanação de norma jurídica tributária constitui atribuição própria e exclusiva do Poder Legislativo. Em conseqüência, podemos dizer que a norma tributária tem como fonte primária a lei formal. O tributo somente existe, afirma Ruy Barbosa Nogueira, "se criado por lei e na medida por ela criada".[52] Em conseqüência da afirmação de que a faculdade de instituir tributos cabe ao Poder Legislativo, temos que:

a) a lei formal, elaborada com a participação do Poder Legislativo, é a única que pode instituir ou majorar tributos, o que resulta na exclusão do direito consuetudinário e dos regulamentos como fonte de produção legal;

b) o princípio domina todas as espécies tributárias, e não apenas os impostos;

c) o Poder Legislativo é o Poder competente para majorar ou instituir tributos, uma vez que o princípio abrange a instituição, a majoração, a redução ou a sua extinção; Biscaretti di Ruffia propõe a inversão do poder-dever do legislador de legislar exaustivamente sobre a matéria tributária para um dever-poder. "Nada pode relegar à imaginação, à cooperação, à colaboração, seja do Executivo, seja de qualquer outro intérprete ou aplicador";[53]

d) o princípio da legalidade tributária exige que a "lei formal contenha todos os elementos essenciais para a definição do tributo".[54] Somente a lei é que pode estabelecer a obrigação tributária, e, portanto, é que pode definir os elementos essenciais dessa obrigação. Da tipicidade da lei tributária decorre a proibição da discricionariedade quanto aos elementos essenciais do tributo. A lei tributária, ao instituir o tributo, deve indicar-lhe o nome e apresentar o fato gerador, a base de cálculo e o contribuinte. O princípio da legalidade tributária, que abriga o da tipicidade, não pode significar que a lei se limite apenas a traçar as diretrizes da tributação, mas deve ela definir os elementos básicos e estruturais do tributo. O Código Tributário Nacional estabelece que apenas a lei pode definir o fato gerador da obrigação tributária principal, o sujeito passivo, fixar a alíquota do tributo e a sua base de cálculo, definir as hipóteses de exclusão, suspensão e extinção de créditos tributários ou de dispensa ou redução das penalidades (art.o 97, III, IV, V e VI);

e) a lei tributária não pode ter efeito retroativo. A lei reguladora da incidência

49. Alberto Xavier, *Os Princípios da Legalidade e da Tipicidade da Tributação*, p. 14.

50. Dino Jarach, *Curso Superior de Derecho Tributario*, 1ª ed., v. I, Buenos Aires, Liceo Profesional Cima, 1957, p. 94.

51. Carlos Maximiliano, *Comentários à Constituição Brasileira*, 5ª ed., v. III, Rio de Janeiro, Freitas Bastos, 1954, p. 167.

52. Ruy Barbosa Nogueira, *Da Interpretação e da Aplicação das Leis Tributárias*, 2ª ed., São Paulo, Ed. RT, 1965, p. 39.

53. Geraldo Ataliba, "Limitações constitucionais ao poder de tributar", *RDT* 62/116, São Paulo, 1994 (aula magna proferida no STJ em junho/92).

54. Bernardo Ribeiro de Moraes, *Compêndio de Direito Tributário*, 3ª ed., Rio de Janeiro, Forense, 1995, p. 96.

do tributo é a vigente à época da ocorrência do fato gerador da obrigação tributária. Ensina Dino Jarach que "as situações jurídicas dos contribuintes devem ser regidas pela lei, mas não por uma lei qualquer, senão por uma lei anterior aos fatos que caem debaixo de seu império".[55] Neste sentido, o princípio da legalidade tributária equivale ao princípio da irretroatividade das leis tributárias;

f) o princípio da legalidade tributária deve ser observado por todas as pessoas jurídicas de direito público interno que possuem competência tributária.

Misabel de Abreu Machado Derzi[56] leciona que "instituir ou regular um tributo de forma válida, em obediência ao art. 150, I, da Constituição, supõe a edição de uma lei, como ato formalmente emanado do Poder Legislativo da pessoa constitucionalmente competente (União, Estados, Distrito Federal ou Municípios) que, em seu conteúdo, determine: a hipótese da norma tributária em todos os seus aspectos ou critérios (material, pessoal, espacial, temporal); os aspectos da conseqüência que prescrevem uma relação jurídico-tributária (sujeito passivo — contribuinte e responsável — alíquota, base de cálculo, reduções e adições modificativas do *quantum* a pagar, prazo de pagamento); as desonerações tributárias como isenções, reduções, abatimentos, deduções de créditos presumidos, devolução de tributo pago e remissões; as sanções pecuniárias, multas e penalidades, assim como a anistia; as obrigações acessórias em seu núcleo substancial; as hipóteses de suspensão, exclusão e extinção do crédito tributário; a instituição e a extinção da correção monetária do débito tributário".

O princípio da legalidade, quando associado aos princípios da anterioridade e da anualidade (o período prescrito constitucionalmente para a cobrança e alteração dos tributos), permite a extensão do princípio da irretroatividade a todo o período orçamentário em vigor, para o qual as regras devem estar previamente estabelecidas.

A associação entre os princípios da legalidade e da anterioridade demonstra que a exceção à rigidez do primeiro princípio constitui também uma quebra do segundo. O princípio da anterioridade desvincula da lei orçamentária a aplicação e a eficácia das leis tributárias, adiando-as para o exercício financeiro subseqüente ao de sua publicação, sendo irrelevante o fato de a lei orçamentária ter ou não previsto e autorizado a arrecadação do novo tributo.

A Constituição concede ao Poder Executivo, a respeito da especificidade legal quantitativa, a faculdade de graduar as alíquotas de alguns tributos (imposto sobre importação — II; imposto sobre exportação — IE; imposto sobre produtos industrializados — IPI; imposto sobre operações de crédito, câmbio ou seguro, ou relativas a títulos ou valores mobiliários — IOF; empréstimos compulsórios na hipótese do art. 148, I; contribuições para o custeio da Seguridade Social), quebrando o princípio da legalidade absoluta, dentro dos limites previamente postos pela lei regulamentadora destes tributos, excepcionando-os ao princípio da anterioridade.

O legislador é que pode, nestes casos, estabelecer o máximo e o mínimo, permitindo que o Executivo varie a alíquota. Os atos administrativos de graduação das alíquotas dos tributos em pauta serão veiculados por decretos do Presidente da República, que deverão obedecer às condições e limites apontados na lei.

Essa faculdade de graduar as alíquotas dentro dos limites previamente impostos pela lei regulamentar também não inclui a hipótese de simples atualização, decorrente da correção monetária, do valor do tributo.[57] Também eventuais saldos cre-

55. Dino Jarach, *Curso Superior de Derecho Tributario*, v. I, p. 103.

56. In Aliomar Baleeiro, *Limitações Constitucionais ao Poder de Tributar*, p. 118.

57. "Constitucional — Imposto territorial urbano. A majoração de sua base de cálculo, que o torne mais oneroso, depende de lei, ressalvada a atuali-

dores que os contribuintes tenham com a Fazenda Pública devem ser atualizados monetariamente.[58] A simples atualização monetária da base de cálculo dispensa a edição de uma lei, porque trata-se de simples preservação do poder aquisitivo da moeda. A razão disso é que a correção monetária no sistema monetário vigente, em que a moeda tem um valor nominal fixo, constitui-se em simples atualização monetária, sem que represente majoração de tributos.

A majoração de tributos de modo indireto (em contraposição à majoração de modo direto, que é aquela realizada por meio da alteração da base de cálculo, da alíquota ou de ambas) também deve se dar por meio de lei. São exemplos de majoração de modo indireto dos tributos a antecipação dos prazos de pagamento ou a mudança de índices que serão utilizados por ocasião de seu pagamento. Também são formas de reajuste indireto, vedadas pela Constituição, "o impedir que as quantias recolhidas a título de antecipação do tributo venham corrigidas monetariamente quando do recolhimento definitivo do mesmo tributo" e, no caso do IPI e do ICMS, proibir "que o montante de imposto recolhido na operação jurídica anterior (ou nas operações jurídicas anteriores) seja corrigido, por ocasião do cálculo do montante do tributo a pagar, na operação jurídica atual (com isto se fere, também, a regra da não-cumulatividade)".[59] Tratando-se do prazo para o recolhimento do tributo, Hugo de Brito Machado não admite que o legislador deixe sua fixação a cargo de norma infralegal, "porque a obrigação tributária resulta da lei em sentido estrito".[60]

As contribuições sociais, destinadas ao custeio da Seguridade Social, escapam da previsão constitucional do princípio da anterioridade da lei ao exercício financeiro de aplicação; pois há um interstício de 90 dias entre a data de publicação da lei e a de sua eficácia e aplicação, conforme o art. 195, § 6º, da CF.[61]

Os empréstimos compulsórios, se instituídos no caso de investimento público de caráter urgente e de relevante interesse nacional, não fogem ao princípio da legalidade rígida, sendo necessária a edição de lei complementar (art. 148, II, da CF) adiando expressamente a eficácia da lei que os instituiu para o exercício financeiro subseqüente ao de sua publicação.

5.1 A reserva da lei formal

O princípio da reserva da lei, uma acepção mais ampla do princípio da legalidade, exprime, como demonstrou Alberto Xavier, "a necessidade de que toda conduta da Administração tenha o seu fundamento

zação do respectivo valor pelos índices oficiais de correção monetária (Constituição, art. 97, II, c/c §§ 1º e 2º). Precedente: REsp 87.763, Pleno, de 7.6.79" (STJ, Tribunal Pleno, REsp 92.009-SC, *RTJ* 93/925). "A correção monetária não representa acréscimo, mas mera atualização do valor da moeda corroída pela inflação. O recolhimento do tributo corrigido monetariamente não significa majoração, mas simples preservação do poder aquisitivo da moeda (STJ, 1ª T., REsp 59.125-2-SP, rel. Min. César Asfor Rocha, j. 20.3.95, *DJU* 17.4.95, *RT* 717/285).

58. No Estado de São Paulo o Decreto 38.355, de janeiro/94, determinou que o saldo do ICMS deve ser corrigido mesmo quando ele for credor. Até 1993 todas as Secretarias da Fazenda estaduais aplicavam a correção somente sobre o débito do imposto. A jurisprudência do STJ é pacífica a favor do contribuinte.

59. Roque Antônio Carrazza, *Curso de Direito Constitucional Tributário*, p. 183.

60. Hugo de Brito Machado, *Os Princípios Jurídicos da Tributação na Constituição de 1988*, pp. 30-32.

61. Nesse sentido o voto do Min. Carlos Mário Velloso no RE 138284-8-CE (Pleno, v.u., *DJU* 28.8.92): "As contribuições sociais, falamos, desdobram-se em (a.1) contribuições de Seguridade Social: estão disciplinadas no art. 195, I, II e III. São as contribuições previdenciárias, as contribuições do Finsocial, as da Lei 7.689, o PIS e o PASEP (CF, art. 239). Não estão sujeitas à anterioridade (art. 149; art. 195, § 6º); (a.2) outras da Seguridade Social (art. 195, § 4º): não estão sujeitas à anterioridade (art. 149; art. 195, § 6º). A sua instituição, todavia, está condicionada à observância da técnica da competência residual da União, a começar, para a sua instituição, pela exigência de lei complementar (art. 195, § 4º; art. 154, I); (a.3) contribuições sociais gerais (art. 149): FGTS, o salário-educação (art. 212, § 5º), as contribuições do SENAI, do SENAC (art. 240). Sujeitam-se ao princípio da anterioridade".

positivo na lei".[62] Vista sob o prisma da fonte de produção jurídica, a reserva da lei distingue-se em reserva de lei material e reserva de lei formal. Para que a conduta da Administração seja conforme à reserva material da lei basta que seja autorizada por uma norma geral e abstrata, qualquer que seja a sua hierarquia. Para ser conforme à reserva formal da lei o comportamento do órgão executivo deve ser autorizado por ato normativo dotado de força de lei, isto é, emanado de um órgão com competência legislativa e dotado da forma prescrita legalmente. Gerd Willi Rothmann restringe esse conceito de lei formal, identificando-o com a lei proveniente apenas do Poder Legislativo.[63]

Quando a Constituição estabelece que somente a lei pode instituir ou aumentar tributos a unanimidade dos autores admite que esses dispositivos consagram o princípio da reserva absoluta da lei, porém estes autores divergem na determinação do conceito, da validade e da eficácia da lei formal tributária.

Como ensina Sainz de Bujanda,[64] a reserva da lei no Direito Tributário não pode ser apenas formal, devendo ser absoluta, contendo a lei não só o fundamento e as bases do comportamento da Administração, mas também o critério da decisão do caso concreto.

Fábio Fanucchi entende que o sentido de lei é ainda mais amplo do aquele que varia entre a lei ordinária e a medida provisória: "o termo *lei* significa o ato originário de autoridade competente para exercer funções inerentes ao Poder Legislativo e não exatamente os originários dos órgãos exclusivamente representativos deste Poder. Dessa forma, seriam atos próprios para instituir ou aumentar tributos, por sua origem no poder de legislar dos mencionados no processo legislativo constitucional (art. 46 da Constituição):[65] as leis ordinárias, as leis delegadas, os decretos-leis e os decretos legislativos".[66]

Aliomar Baleeiro,[67] Geraldo Ataliba,[68] Gerd Willi Rothmann[69] e Paulo de Barros Carvalho[70] admitem que apenas a lei ordinária pode instituir ou majorar tributos. Alberto Xavier[71] e Saulo Ramos[72] admitem, ainda, que medida provisória pode instituir ou majorar tributos.

O conceito de lei formal tributária é formulado por Edgar Lincoln de Proença Rosa como sendo "aquela que, produzida pelo Congresso Nacional (competência do Poder Legislativo), com sanção do Presidente da República (processo de elaboração consistente num ato complexo), estabelece a hipótese de incidência tributária (onde se encontram todos os elementos essenciais da categoria jurídica a que pertencem), criando tributos".[73]

62. Alberto Xavier, *Os Princípios da Legalidade e da Tipicidade da Tributação*, p. 17.

63. Gerd W. Rothmann, "O princípio da legalidade tributária", in *Direito Tributário*, coletânea de Ruy Barbosa Nogueira, pp. 153 e 154.

64. Sainz de Bujanda, *Hacienda y Derecho*, p. 166, in Ives Gandra da Silva Martins, "O princípio da legalidade tributária no Direito Tributário brasileiro", *Caderno de Pesquisas Tributárias* 6/336, São Paulo, Resenha Tributária/Centro de Estudos de Extensão Universitária, 1981.

65. Trata-se do art. 46 da CF de 1967, que tinha a seguinte redação: "Ao Congresso Nacional, com a sanção do Presidente da República, cabe dispor, mediante lei, sobre todas as matérias de competência da União, especialmente: I — os tributos, a arrecadação e a distribuição de rendas; (...)".

66. Fábio Fanucchi, "Limitações da competência tributária", in *Comentários ao Código Tributário Nacional*, v. 3, São Paulo, José Bushatsky Editor, 1977, pp. 3 e 4.

67. Aliomar Baleeiro, *Limitações Constitucionais ao Poder de Tributar*, p. 113.

68. Geraldo Ataliba, "Limitações constitucionais ao poder de tributar", *RDT* 62/127.

69. Gerd W. Rothmann, "O princípio da legalidade tributária", in *Direito Tributário*, coletânea de Ruy Barbosa Nogueira, pp. 159-164.

70. Paulo de Barros Carvalho, *Curso de Direito Tributário*, 8ª ed., São Paulo, Saraiva, 1996, pp. 47-49.

71. Posição que se depreende da exposição feita a respeito dos decretos-leis em seu *Os Princípios da Legalidade e da Tipicidade da Tributação*, pp. 23-27.

72. Saulo Ramos, "Medidas provisórias no Direito Constitucional brasileiro", in *O Estado de S. Paulo*, ed. 8.4.89, São Paulo, pp. 41 e 42.

73. Edgar Lincoln de Proença Rosa, *A Questão do Decreto-Lei sobre Tributos: o Princípio da Legalidade e sua Exceção Formal*, São Paulo, Ed. RT, 1982, p. 59.

Hugo de Brito Machado definiu a lei em sentido formal como "o ato jurídico produzido pelo órgão estatal competente para exercer a função legislativa, com observância do processo para tanto estabelecido na Constituição".[74] Em contraposição a lei em sentido material, que é um ato jurídico de caráter hipotético, dotado de abstratividade e generalidade.

5.1.1 *A Constituição Federal* — A Constituição é o veículo introdutório de normas que se sobrepõe a todos os outros. O texto constitucional "não é o núcleo jurídico adequado para a criação de tributos".[75] Aires Fernandino Barreto ensina que, "sem dissensões, se tem aceito, ao longo do tempo, que a Constituição não cria tributos".[76] A Constituição não cria tributos, mas apenas discrimina — no sentido de distribuir entre — as competências para instituí-los.

Ressaltamos, aqui, a possibilidade de normas constitucionais serem inconstitucionais por contradição com normas constitucionais de grau superior. Isso ocorre quando uma norma constitucional de significado secundário, uma norma só formalmente constitucional, contraria um preceito material da Constituição. Otto Bachof entende que não há contradição nestes casos, mas uma exceção criada pelo legislador constituinte.[77]

5.1.2 *Emendas à Constituição* — Prevista no inciso I do art. 59 da CF, esta espécie normativa é apta a modificar o texto constitucional. Não criam tributos, somente os tipificam e outorgam competência para instituí-los.

A utilização de emendas poderia criar uma situação em que a própria Constituição serviria de apoio material para a criação de tributos que venham a ferir o princípio da estrita legalidade (arts. 5º, II, e 150, I). Mas o art. 60, § 5º, da CF veda a tramitação de emendas que lesem os direitos e garantais individuais; logo, essa emenda que institua ou aumente tributos não poderia haver tramitado. A inconstitucionalidade de tributos prevista na própria Constituição é um problema de ordem teórica que é solucionado com a adoção da teoria da inconstitucionalidade das constituições (V*erfassungs normen*), criada pelo jurista alemão Otto Bachof,[78] professor da Universidade de Tübingem, e adotada pelos tribunais germânicos quando o legislador se utiliza de emendas constitucionais (note-se que se trata de ato do legislador ordinário, e não do legislador constituinte) para evitar que a matéria nelas previstas seja objeto de apreciação pelo Poder Judiciário, o que ocorreria se fossem editadas por meio de normas infraconstitucionais. Entendimento contrário é o de Hans Kelsen, que ensina não existir uma lei contrária à Constituição, pois sequer seria uma lei; "enquanto não for revogada, tem de ser considerada como válida; e, enquanto for válida, não pode ser inconstitucional".[79]

Michel Temer explicita que:

"(...) projeto de emenda só pode converter-se em norma constitucional se obediente a processo legislativo especialmente previsto e abrigando conteúdo não destoante do texto constitucional.

"Evidentemente, se uma emenda constitucional trouxer modificação, por exemplo, do sistema tributário, vulnerando princípios, ou em desobediência à forma determinada para sua produção, não se admite sua introdução na Constituição. Se vier a

74. Hugo de Brito Machado, *O Conceito de Tributo no Direito Brasileiro*, 1ª ed., Rio de Janeiro, Forense, 1987, p. 68.

75. Paulo de Barros Carvalho, *Curso de Direito Tributário*, p. 45.

76. Aires Fernandino Barreto, *Base de Cálculo, Alíquota e Princípios Constitucionais*, São Paulo, Ed. RT, 1987, p. 25.

77. Otto Bachof, *Verfassungswidrige Verfassungsnormen?*, trad. de José Manuel M. Cardoso da Costa (Tübingen, 1951), Coimbra, Livraria Almedina, 1994, pp. 56 e 57.

78. Otto Bachof, *Verfassungswidrige Verfassungsnormen?*, 1994.

79. Hans Kelsen, *Teoria Pura do Direito*, trad. de João Baptista Machado (Viena, 1960), Coimbra, Arménio Amado Editor, 1984, p. 368.

introduzir-se, é passível de declaração de inconstitucionalidade."[80]

Isso porque o chamado poder constituinte derivado é mera atribuição de competência, que recebe as suas atribuições de outrem, que as especifica e estabelece o procedimento do respectivo exercício.

Já se decidiu[81] que uma emenda constitucional, emanada, portanto, de constituinte derivada, incidindo em violação à Constituição originária, pode ser declarada inconstitucional pelo STF, cuja função precípua é a guarda da Constituição (art. 102, I, "a", da CF).

5.1.3 *Leis complementares* — Estas leis são revestidas de caráter de lei nacional. Sua elaboração segue o previsto para a lei ordinária, com uma única diferença: a exigência de maioria absoluta em cada uma das Casas do Congresso Nacional para sua aprovação (art. 69).

Formalmente, a lei complementar é uma norma que complementa disposição constitucional, seguindo o rito estabelecido pela Constituição; materialmente, lei complementar é aquela que, além de obedecer ao requisito formal, deve regular determinadas matérias mediante normas gerais — *e.g.*, matéria tributária.

A lei complementar não cria limitações ao poder de tributar que não as previstas na Constituição, estabelecendo limitações extraconstitucionais, não restringe nem dilata o campo delimitado, mas apenas complementa e esclarece as disposições relativas à limitação.

As leis complementares não são hierarquicamente superiores às ordinárias, como ensina José Souto Maior Borges,[82] nem às resoluções do Senado Federal, que também veiculam normas gerais de Direito Tributário. É o conteúdo específico veiculado pelas leis complementares que torna esses atos normativos superiores aos outros, na medida em que, nessa qualidade, estabelecem os critérios de validade da legislação ordinária federal, estadual e municipal, criando seus fundamentos, de acordo com o disposto no parágrafo único do art. 59 da CF.

Apesar de serem normas gerais, as leis complementares não substituem o exercício da competência legislativa da União, dos Estados, do Distrito Federal e dos Municípios em matéria tributária, de forma que, havendo omissão do legislador ordinário estadual ou municipal, não poderá o legislador da União editar lei complementar para regular o tributo que não seja de sua competência, para valer no território daquelas pessoas políticas que não fizeram uso de sua faculdade. Inexistindo lei federal sobre as normas gerais, os Estados poderão legislar com competência legislativa plena, para atender às suas peculiaridades. Havendo superveniência de lei federal sobre as normas gerais, a lei estadual perde a eficácia naquilo que lhe for contrário. De acordo com Misabel de Abreu Machado Derzi, à exceção dos tributos previstos na Constituição que devem ser instituídos e regulamentados por meio de lei complementar federal — empréstimos compulsórios, imposto sobre grandes fortunas e impostos de competência residual —, basta a edição de lei ordinária pela pessoa competente para se instituir e regular o tributo dentro da ordem jurídica parcial respectiva, respeitados os preceitos constitucionais e as normas gerais já editadas sobre a matéria. Posição contrária é encontrada em decisões do STF[83] ao se manifestar sobre o adicional

80. Michel Temer, *Elementos de Direito Constitucional*, 15ª ed., São Paulo, Malheiros Editores, 1999, p. 145.

81. ADIn 939-7-DF, rel. Ministro Sydney Sanches, reqte.: Confederação Nacional dos Trabalhadores no Comércio, reqdos.: Presidente da República e Congresso Nacional, que decidiu pela inconstitucionalidade da EC 3, de 17.3.93, que, no art. 2º, autorizou a União a instituir o IPMF (*DJU* 18.3.94, *Lex — Jurisprudência do STF* 186/69).

82. José Souto Maior Borges, *Lei Complementar Tributária*, São Paulo, Ed. RT, 1975, p. 54.

83. "Adicional estadual de imposto de renda (art. 155, II, da CF) — Impossibilidade de sua cobrança sem prévia lei complementar (art. 146 da CF).

de imposto de renda cobrado pelos Estados (art. 155, II[84]) — posição, esta, mais afim ao princípio da estrita legalidade tributária.

As leis complementares têm seu campo específico de atuação na hipótese de instituição de empréstimo compulsório para atender a despesas extraordinárias decorrentes de calamidade pública, de guerra e de sua iminência e no caso de investimento público de caráter urgente e de relevante interesse nacional, observado o princípio da anterioridade. A lei complementar que instituir o empréstimo compulsório deve prever a devolução integral do produto da arrecadação, sob pena de caracterizar o confisco, e em moeda corrente.[85]

Cabe à lei complementar a veicular normas gerais a respeito da matéria tributária; regulamentar a criação do imposto sobre heranças e doações, nas situações previstas no art. 155, § 1º, III, "a" e "b"; relacionar os produtos semi-elaborados excluídos da imunidade estatuída no art. 155, X, "a"; definir os serviços de qualquer natureza não compreendidos no art. 155, II, de acordo com o art. 156, III; fixar as alíquotas máximas do imposto sobre serviços de qualquer natureza, além de poder excluir do campo de incidência deste último as exportações de serviços para o exterior, de acordo com o art. 156, § 3º, I e II.

Se não for atendido o requisito formal à lei complementar, esta será tida como lei ordinária da União, em razão do quê seguirá o regime próprio desta última espécie.

5.1.3.1 O exercício da competência tributária residual da União: a competência residual da União, prevista no inciso I do art. 154 da CF, permite-lhe instituir outros impostos que não sejam cumulativos e que não tenham a mesma base de cálculo que aqueles previstos no art. 153, mediante a edição de lei complementar.[86]

São requisitos para a instituição de um novo tributo pela União, através do exercício de sua competência tributária residual, a edição de uma lei complementar que discrimine o fato gerador e a base de cálculo e a caracterização do tributo como novo, adotando-se hipóteses de incidência e bases de cálculo diferentes daquelas já previstas na Constituição, impedindo-se que ocorra a cumulatividade com outro tributo, o que é vedado pelos arts. 154, I, e 194, § 4º, da CF.

5.1.4 *Lei ordinária* — A lei ordinária é o ato legislativo típico. Há um domínio reservado constitucionalmente à lei ordinária, marcado pelo art. 68, § 1º, I, II e III, da CF, matérias a respeito das quais não pode

Sendo ela materialmente indispensável à dirimência de conflitos de competência entre os Estados da Federação, não bastam, para dispensar a sua edição, os permissivos inscritos no art. 24, § 3º, da Constituição e no art. 34 e seus parágrafos do 'Ato das Disposições Constitucionais Transitórias'. Recurso extraordinário provido para declarar a inconstitucionalidade da Lei n. 1.394, de 2.12.88, do Estado do Rio de Janeiro, concedendo-se a segurança" (RE 136.215-4-RJ, rel. Min. Octávio Gallotti). No mesmo sentido as decisões do STF manifestadas nos RE 154.202-1-SP (rel. Min. Ilmar Galvão, *RT* 706/249), 161.428-5-SP (rel. Min. Celso de Mello) e 140.887-1-RJ (rel. Min, Moreira Alves, *RT* 696/265).

O adicional de imposto de renda foi extinto pela EC 3/93.

84. "Art. 155. Compete aos Estados e ao Distrito Federal instituir: (...); II — adicional de até 5% (cinco por cento) do que for pago à União por pessoas físicas e jurídicas domiciliadas nos respectivos territórios, a título de imposto previsto no art. 153, III, incidente sobre lucros, ganhos e rendimentos de capital."

85. Neste sentido, o Decreto-lei 2.288, de 23.7.86, que instituiu o Fundo Nacional de Desenvolvimento e instituiu um empréstimo compulsório para a absorção temporária do poder aquisitivo, tipificando, na verdade, um adicional de ICMS, era inconstitucional, pois seu art. 16 prescrevia: "O empréstimo será resgatado no último dia do terceiro ano posterior ao seu recolhimento, efetuando-se o pagamento com quotas do Fundo Nacional de Desenvolvimento, criado neste Decreto-lei". O contribuinte entregava moeda corrente e recebia quotas que nada valiam. Este decreto-lei foi revogado em 1987.

86. V. Luís Eduardo Schoueri, "Discriminação de competências e competência residual", in *Direito Tributário: Estudos em Homenagem a Brandão Machado*, coord. Luís Eduardo Schoueri/ Fernando Aurélio Zilveti, São Paulo, Dialética, 1998, pp. 82-115.

haver delegação do poder de legislar. Seu campo de atuação é praticamente ilimitado, encontrando limitações apenas nas matérias que independem de sanção, objeto de decretos legislativos e nas matérias cuja iniciativa cabe ao Poder Judiciário.

O Código Tributário Nacional estabelece que apenas a lei ordinária pode definir o fato gerador da obrigação tributária principal, o sujeito passivo, fixar a alíquota do tributo e a sua base de cálculo, definir as hipóteses de exclusão, suspensão e extinção de créditos tributários ou de dispensa ou redução das penalidades. Portanto, somente a lei ordinária pode dar condições para o nascimento da obrigação tributária. Compete à lei ordinária definir quais sejam os elementos e pressupostos da obrigação tributária.

É chamada por Paulo de Barros Carvalho como "o instrumento por excelência da imposição tributária".[87] Deve, portanto, descrever um fato, "declarando os critérios necessários e suficientes para o seu reconhecimento no nível da realidade objetiva, além de prescrever o comportamento obrigatório de um sujeito, compondo o esquema de uma relação jurídica".[88]

A lei ordinária que instituir um tributo não pode deferir atribuições legais a normas de hierarquia inferior, visando a complementar o perfil jurídico do tributo. Da mesma forma, cabe à lei ordinária preceituar os deveres instrumentais ou formais.

5.1.5 *Leis delegadas* — Apesar de ser fonte direta de normas jurídicas, a lei delegada "não possui a mesma hierarquia da lei formal por excelência. Existe uma diferença de grau, embora reduzida, entre as duas, em virtude da obediência que a lei delegada deve às condições estabelecidas no instrumento de delegação, geralmente denominado lei de habilitação".[89]

A delegação deverá ser solicitada pelo Presidente da República ao Congresso Nacional, que a outorgará por resolução que especificará seu conteúdo e os termos de seu exercício. Em lugar de atribuir a delegação, a resolução poderá determinar a apreciação do projeto pelo Congresso, em votação única, vedada qualquer emenda.

O art. 68 da CF, ao cuidar da lei delegada elaborada pelo Presidente da República, estabelece, em seu § 1º, I, II e III, que não pode ser objeto de delegação. Desta forma, o Presidente da República tem competência *ratione materiae* concorrente à do Congresso Nacional para legislar sobre tributos, mediante lei delegada.

A objeção a este entendimento é colocada por Manoel Gonçalves Ferreira Filho[90] e por Celso Bastos.[91] Estes doutrinadores estendem a indelegabilidade prevista no art. 68, § 1º, I, II e III, da CF, acrescentando a criação e a majoração de tributos, considerando o termo "lei", do art. 150, I, em sentido restrito.

Celso Bastos usa o conceito de lei como ato proveniente do Poder Legislativo e Manoel Gonçalves utiliza o princípio do consentimento dos tributos. O primeiro argumento é uma posição refratária à interpretação excepcional. Quanto ao segundo, a delegação ao Presidente da República é feita pelo Congresso Nacional, sob forma de resolução, de acordo com o art. 68, § 2º, da CF.

Roque Antônio Carrazza conclui que a lei delegada não pode instituir ou majorar tributos porque a Constituição Federal previu que o Poder Executivo só pode inovar

87. Paulo de Barros Carvalho, *Curso de Direito Tributário*, p. 48.

88. Paulo de Barros Carvalho, *Curso de Direito Tributário*, p. 48.

89. Nélson de Souza Sampaio, "Delegação legislativa e reforma constitucional", in *RF* 186(677-678)/10-20, Rio de Janeiro, novembro-dezembro/59 (p. 12), in Aliomar Baleeiro, *Limitações Constitucionais ao Poder de Tributar*, p. 94.

90. Manoel Gonçalves Ferreira Filho, *Curso de Direito Constitucional*, 22ª ed., São Paulo, Saraiva, 1995, p. 180.

91. Celso Bastos, *Elementos de Direito Constitucional*, São Paulo, Saraiva/EDUC, 1975, pp. 104 e 105, in Edgard Lincoln de Proença Rosa, *A Questão do Decreto-Lei sobre Tributos: o Princípio da Legalidade Tributária e sua Exceção Formal*, p. 69.

a ordem jurídico-tributária nas hipóteses do art. 153, § 1º, "atendidas as condições e os limites estabelecidos em lei"[92] e em relação aos impostos sobre importação, exportação, produtos industrializados e sobre operações de crédito, câmbio ou seguro, ou relativas a títulos ou valores mobiliários.

5.1.6 *Medidas provisórias* — A iniciativa do processo legislativo relativamente à matéria tributária, através de projetos de leis complementares ou ordinárias, cabe exclusivamente ao Presidente da República. Assim, a competência para dar início ao processo legislativo que disponha sobre matéria tributária cabe ao Presidente da República, mas a competência para dispor sobre o sistema tributário cabe ao Congresso Nacional. Não se encontra neste contexto a medida provisória, por não ser ela lei formal. Ela dispõe de força de lei, mas não é considerada como tal, devendo ser convertida. Seguindo o mesmo pensamento, o STF[93] decidiu que a medida provisória não pode ser renovada se rejeitada pelo Congresso Nacional, sob pena de o Poder Executivo tornar-se legislador, ferindo o princípio constitucional da separação de Poderes, a não ser que na renovação da medida provisória esta não seja idêntica à anterior, pois "a nada, pelo menos quase nada, se reduz a garantia individual de legalidade da tributação quando ao Poder Executivo, encarregado da cobrança de tributos, se permite ao mesmo tempo legislar sobre a matéria".[94] Em sentido contrário manifesta-se Manoel Gonçalves Ferreira Filho,[95] que ensina que não há na Constituição vedação à reedição de medidas provisórias. Tal entendimento, contudo, parece-nos violar a disposição constitucional de que é da competência do Congresso Nacional disciplinar as relações decorrentes de medidas provisórias não convertidas em lei, além de ampliar o prazo de vigência das mesmas além dos 30 dias previstos.

A necessidade da conversão das medidas provisórias em leis já revela que não são leis no sentido formal. Não obstante, mesmo quando convertidas em lei, não são equiparadas na Constituição às leis ordinárias ou complementares que instituem ou majoram tributos. É que a estas a Constituição liga o princípio da anterioridade, o qual lhes adia a eficácia, procrastinando para o exercício seguinte ao de sua publicação os atos de cobrança. No caso das medidas provisórias, antes de se aperfeiçoar a lei em que hão de se converter, a Constituição antecipa a eficácia, consentindo na aplicabilidade imediata e prévia à própria existência da lei.

Os tributos não podem ser criados por medida provisória porque a Constituição estabelece quais são as hipóteses que reclamam urgência ou relevância, não deixando espaço para a discricionariedade do Presidente da República, determinando que os tributos, nestes casos, sejam criados por lei complementar.

Nas hipóteses de calamidade pública, de guerra externa ou de sua iminência a União poderá instituir empréstimo compulsório para atender às despesas extraordinárias mediante lei complementar, de acordo com os incisos I do art. 148 e II do art. 154 da CF. Sacha Calmon dá uma interpretação mais flexível ao art. 148, I, para admitir neste caso a edição de medidas provisórias.[96] Também Hugo de Brito Machado entende que nas hipóteses dos arts. 154, II,

92. Roque Antônio Carrazza, *Curso de Direito Constitucional Tributário*, p. 197.

93. Liminar deferida na ADIn 293-7/600-DF, rel. Min. José Celso de Mello Filho, j. 6.6.90. O Min. Paulo Brossard foi mais contundente, ao concluir que a "medida provisória não convertida em lei, seja por desaprovação formal, seja por não apreciação no prazo de 30 dias, não pode ser reeditada" (ADIn 295-3-DF, Pleno, j. 22.6.90).

94. Gerd W. Rothmann, "O princípio da legalidade tributária", in *Direito Tributário*, coletânea de Ruy Barbosa Nogueira, p. 163.

95. Manoel Gonçalves Ferreira Filho, "As medidas provisórias: novas observações, particularmente quanto aos efeitos de sua renovação", *Repertório IOB de Jurisprudência* 3/48, 1991.

96. Sacha Calmon Navarro Coêlho, *Comentários à Constituição de 1988. Sistema Tributário*, 6ª ed., Rio de Janeiro, Forense, 1997, p. 310.

e 148, I, da CF é possível a instituição através de medida provisória. Estes autores entendem que o tributo criado através de medida provisória é um tributo instituído em lei, cuja vigência foi antecipada. Se a medida provisória for adotada em matéria exclusiva de lei complementar, esta medida provisória, ao ser examinada pelo Congresso Nacional, deverá obedecer ao previsto no art. 69 da CF, devendo ser aprovada por maioria absoluta.[97] Caso contrário, se for transformada em lei ordinária, será inconstitucional, já que cuida de matéria reservada ao âmbito de lei complementar.

Também nas hipóteses de relevante interesse nacional e de investimento público de caráter urgente o legislador constituinte condicionou a criação de empréstimo compulsório à edição de lei complementar, de acordo com o inciso II do art. 148 da CF, observando-se, contudo, o princípio da anterioridade. Contudo, o STF já rejeitou a tese de que as medidas provisórias não podem instituir tributos.[98]

Paulo de Barros Carvalho[99] ensina que as medidas provisórias não podem instituir ou majorar tributos pela incompatibilidade da vigência imediata com o princípio da anterioridade (art. 150, III, "b") e pela falta de consentimento prévio dos contribuintes. Já Ives Gandra da Silva Martins entendia que são possíveis a instituição e a majoração de tributos por meio de medida provisória desde que haja relevância ou urgência,[100] mas reviu sua posição.[101] Saulo Ramos sustenta que desde que haja urgência e interesse público relevante a medida provisória pode disciplinar qualquer assunto e ser reiterada quantas vezes for necessário.[102]

Misabel de Abreu Machado Derzi ensina que "o princípio da anterioridade, que está ligado indissociavelmente ao da legalidade tributária no art. 150, III, 'b', adia a eficácia e a aplicação da lei tributária já existente para o exercício financeiro subseqüente ao de sua publicação, o que torna incompatível o procedimento das medidas provisórias com a criação e a majoração de tributos".[103] No mesmo sentido, ensinou Geraldo Ataliba que "não cabe medida provisória em matéria tributária, ou seja, qualquer medida provisória que tenha pretensão de criar ou aumentar tributo é inconstitucional, pode ser ignorada e desconsiderada pelo Judiciário".[104]

5.1.7 *Decretos legislativos* — Estes decretos (art. 59, VI), de competência exclusiva do Congresso Nacional, excluídos a sanção e o veto presidencial, têm seu âmbito de validade restrito àquelas matérias delimitadas no art. 49 da CF, não cabendo a normatividade abstrata característica da lei propriamente dita e, portanto, não se presta

97. Ives Gandra da Silva Martins registra que o Min. José Carlos Moreira Alves, no I Congresso de Direito Constitucional Tributário, defendeu a tese de que a medida provisória poderia veicular lei complementar desde que viesse a ser aprovada por maioria absoluta do Congresso (*O Plano Brasil Novo e a Constituição*, Rio de Janeiro, Forense Universitária, 1990, p. 93) (in Hugo de Brito Machado, *Os Princípios Jurídicos da Tributação na Constituição de 1988*, p. 45).

98. "Convém registrar primeiro que tudo que a Constituição, ao estabelecer a medida provisória como espécie de ato normativo primário, não impôs qualquer restrição no que toca à matéria. E se a medida provisória vem a se transformar em lei, a objeção perde objeto. É o que ocorreu, no caso. A MP n. 22, de 6.12.88, foi convertida na Lei n. 7.689, de 15.12.88. Não seria, portanto, pelo fato de que foi a contribuição criada, originariamente, mediante medida provisória que seria ela inconstitucional" (STF, RE 138.284-8-CE, rel. Min. Carlos Velloso, *DJU* 28.8.92).

99. Paulo de Barros Carvalho, *Curso de Direito Tributário*, p. 57.

100. Ives Gandra da Silva Martins, *Comentários à Constituição do Brasil*, v. 6, t. I, São Paulo, Saraiva, 1990, p. 145.

101. Ives Gandra da Silva Martins, *Sistema Tributário na Constituição de 1988*, 4ª ed., São Paulo, Saraiva, 1992, pp. 299-301.

102. Saulo Ramos, "Medidas provisórias no Direito Constitucional brasileiro", *O Estado de S. Paulo*, ed. de 8.4.89, São Paulo, pp. 41 e 42, in Roque Antônio Carrazza, *Curso de Direito Constitucional Tributário*, p. 188.

103. In Aliomar Baleeiro, *Limitações Constitucionais ao Poder de Tributar*, p. 49.

104. Geraldo Ataliba, "Limitações constitucionais ao poder de tributar", *RDT* 62/127 (aula magna proferida no STJ em junho/92).

tando à criação de tributos. Além deste aspecto material, há o aspecto formal, já que a "elaboração de normas individuais não é matéria considerada como pertencente ao processo legislativo, nem ao processo normativo em sentido estrito".[105]

Assume significativa importância como veículo introdutor no ordenamento jurídico brasileiro dos tratados e convenções internacionais, bem como às assembléias legislativas estaduais para absorver o conteúdo dos convênios celebrados entre as unidades federadas.

5.1.8 *Resoluções* — As resoluções estão previstas não só no art. 59, VII, mas também no art. 155, § 2º, IV e V, da CF, estabelecendo a competência do Senado para fixar alíquotas de ICMS nas situações previstas nestes artigos, no art. 155, § 1º, IV, para fixar a alíquota máxima do imposto previsto no inciso I do mesmo artigo (ITBI), e também se estabeleceu a resolução do Congresso Nacional como instrumento da delegação do Poder Legislativo ao Presidente da República.

No caso de o Congresso Nacional não atribuir delegação ao Presidente da República a resolução poderá ser apreciada pelo Congresso, que, neste caso, poderá instituir ou majorar tributos.

Ainda que as resoluções não sejam leis no sentido estrito, revestem-se do *status* jurídico próprio das leis ordinárias e, atuando nos setores que a Constituição lhes demarca, são instrumentos primários de introdução de normas tributárias.

Sobre a resolução do Senado, Geraldo Ataliba advertiu que "não é, a rigor, norma jurídica, no sentido normal e comum de norma jurídica (que traça uma determinada hipótese e fixa o mandamento). A Constituição é que traça a hipótese e reserva ao Senado, mediante resolução, fixar o mandamento".[106]

105. Manoel Gonçalves Ferreira Filho, *Curso de Direito Constitucional*, p. 186.

106. Geraldo Ataliba, *Interpretação no Direito Tributário*, São Paulo, Saraiva/EDUC, 1975, p. 136.

5.1.9 *Tratados e convenções internacionais* — Os tratados e as convenções internacionais, após serem firmados pelo Presidente da República, sujeitam-se à aprovação do Congresso Nacional, de acordo com o art. 84, VIII, da CF. O Regimento Interno do Senado Federal (Res. 18/89, com as alterações decorrentes das Res. 51, 58 e 63, de 1989, e 1, 9, 17 e 52, de 1990) trata especificamente dos decretos legislativos referentes a atos internacionais (arts. 172, III, "c", e 376), que deverão ser publicados pelo Presidente do Senado Federal. Sua importância decorre da previsão do art. 5º, § 2º, da CF, dispondo que os direitos e garantias previstos nos acordos e tratados internacionais passam a fazer parte do ordenamento constitucional brasileiro após sua ratificação.

Após ratificados pelo Poder Legislativo, por meio de decreto legislativo, os tratados e as convenções internacionais são lei formal e material, modificando o Direito interno e revogando a legislação naquilo que lhes for incompatível, de acordo com o previsto no art. 98 do CTN. Para Alberto Xavier[107] não é correto afirmar-se que os acordos internacionais revoguem a legislação interna, sendo mais correto afirmar-se que os mesmos prevalecem sobre estas.

De acordo com o art. 151, III, da CF, a União não pode instituir isenções de tributos da competência dos Estados, do Distrito Federal e dos Municípios, a não ser nos casos do imposto sobre operações de circulação de mercadorias e serviços de transporte e comunicação (art. 155, XII, "e" e "f"), de competência estadual, e do imposto sobre serviços de qualquer natureza (art. 156, § 3º, II), de competência municipal. Disso decorre que a validade dos tratados e das convenções internacionais firmados pela União será prejudicada sempre que envolverem matéria de competência dos Estados, do Distrito Federal e dos Mu-

107. Alberto Xavier, *Direito Tributário Internacional no Brasil*, São Paulo, Resenha Tributária, 1977, p. 37.

nicípios, à exceção das hipóteses previstas na própria Constituição. "Dado o caráter de supraconstitucionalidade do princípio federal, nem mesmo emenda constitucional pode reduzir as atribuições dos Estados Federados."[108]

Para Sacha Calmon[109] os decretos legislativos que veiculam os tratados, atos e convenções internacionais, após referendados pelo Poder Legislativo da União, revogam e modificam a legislação interna federal, estadual e municipal, pois somente a República Federativa do Brasil é sujeito de direitos e deveres na ordem internacional, sendo os Estados, o Distrito Federal e os Municípios pessoas de direito público internas.

Geraldo Ataliba explica que aplica-se o critério hierárquico de que *lex specialis derogat generalis*. Assim "os acordos internacionais tributários são leis internas que descrevem as hipóteses de incidências de tributos diversos. São especiais porque (a) prescrevem regulações diferentes, peculiares e específicas, para (b) situações especiais discriminadas para alguns, enquanto as leis tributárias contêm (a.1) regras gerais ou específicas para (b.1) todas as situações gerais ou específicas que descrevem. Em resumo, por tratar-se de leis especiais — no confronto com a lei que cria o tributo —, o acordo ou o tratado internacional prevalecem sobre essa, não podendo ser revogados (leis especiais não são revogadas pela geral)".[110]

Destacamos que, de acordo com o art. 98 do CTN, os tratados e as convenções internacionais não são revogados ou modificados por legislação interna posterior quando tratarem de matéria tributária. Trata-se de uma exceção ao princípio de que *lex posteriori derogat lex priori*. A lei posterior que for contrária ao tratado ou convenção internacional suspende a aplicação destes, sem revogá-los, o que abre a possibilidade de estes tratados ou convenções voltarem a produzir efeitos caso aquela lei seja revogada e se os tratados ou convenções não tiverem perdido sua vigência por denúncia, decurso de prazo ou costume contrário;[111] não se trata, aqui, do efeito repristinatório, vedado pelo art. 2º, § 3º, da LICC, porque a convenção ou o tratado não foram revogados, tão-somente tiveram sua eficácia suspensa.

Roque Carrazza[112] manifesta-se pela inconstitucionalidade do art. 98 do CTN, porque é o decreto legislativo que ratifica os tratados e não há supremacia dos decretos legislativos que ratificam tratados internacionais sobre as leis federais, estaduais, municipais e distritais. Já Ruy Barbosa Nogueira escreveu que "a disposição do art. 98 do CTN, além de legislação paraconstitucional, é texto imperativo, dirigido ao legislador ordinário e regulativo da limitação do poder de tributar".[113] Gerd W. Rothmann sustenta que mesmo na ausência do art. 98 do CTN os acordos teriam primazia sobre o restante da legislação tributária com base nos princípios gerais de Direito Internacional Público (*pacta sunt servanda*) e de Direito interno (*lex specialis derogat generali* e o princípio de que um ato só pode ser desfeito por outro que tenha obedecido à mesma forma).[114]

108. Geraldo Ataliba e Aires Barreto, *Acordo Brasil-Itália de Navegação Aérea. Aspectos Tributários*, relatório apresentado no Seminário Internacional sobre Finanças Públicas e Imposição: Confronto dos Sistemas Latino-Americanos e Europeu, Roma, julho/92, p. 23.

109. Sacha Calmon Navarro Coêlho, "Validade e extensão dos tratados internacionais em matéria tributária, perante a Constituição Federal do Brasil de 1988", in *Imposto de Renda — Estudos* 13/52 e 53, São Paulo, Resenha Tributária, novembro/92, e também in *Comentários à Constituição de 1998. Sistema Tributário*, 6ª ed., Rio de Janeiro, Forense, 1997, p. 288.

110. Geraldo Ataliba e Aires Barreto, *Acordo Brasil-Itália de Navegação Aérea. Aspectos Tributários*, pp. 12 e 13.

111. Aula ministrada pelo professor João Grandino Rodas no curso de Graduação da Faculdade de Direito da USP em 22.8.97.

112. Roque Antônio Carrazza, *Curso de Direito Constitucional Tributário*, p. 158.

113. Ruy Barbosa Nogueira, "Tratados internacionais em matéria de tributação", in *Direito Tributário Atual*, v. 3, São Paulo, Resenha Tributária/Instituto Brasileiro de Direito Tributário. p. 354.

114. Gerd W. Rothmann, *Interpretação e Aplicação dos Acordos Internacionais contra a Bitribu-*

5.2 A lei e os instrumentos secundários

De acordo com Paulo de Barros Carvalho, "instrumentos secundários são todos os atos normativos que estão subordinados à lei".[115] Os instrumentos secundários são o decreto regulamentar, as instruções ministeriais, as circulares, as portarias e as ordens de serviço.

O decreto regulamentar é "a forma de que se revestem os atos individuais ou gerais, emanados do Chefe do Poder Executivo (Presidente da República, Governador e Prefeito)".[116] Roque Carrazza define o regulamento como "um ato normativo, unilateral, inerente à função administrativa, que, especificando os mandamentos de uma lei não auto-aplicável, cria normas jurídicas gerais".[117]

O regulamento, veiculado através de decreto do Poder Executivo, é uma regra coercitiva, geral, abstrata e impessoal que se diferencia da lei pelo fato de não revestir natureza de norma jurídica de natureza originária, sendo um ato normativo derivado.

O poder regulamentar do chefe do Poder Executivo somente se exerce quando a lei deixa alguns aspectos de sua aplicação para serem desenvolvidos pela Administração Pública, ou seja, quando o legislador deixa certa margem de discricionariedade para a Administração decidir a melhor forma de aplicação daquela lei.

A Constituição subordinou o regulamento à preexistência da lei, destinando-o ao necessário desenvolvimento dos preceitos constantes da lei, dentro dos limites por ela fixados. O ordenamento jurídico consagrou o que o professor Oswaldo Aranha Bandeira de Mello chama de "regulamento executivo", que "não cria, nem modifica e sequer extingue direitos e obrigações senão nos termos da lei, isso porque o inovar originariamente na ordem jurídica consiste em matéria reservada à lei".[118]

Não cabe aos regulamentos, sem texto legal, estabelecer restrições à igualdade, à liberdade e à propriedade ou alterações ao estado das pessoas; instituir tributos[119] ou encargos de qualquer natureza que repercutam sobre o patrimônio das pessoas de direito.

O professor Geraldo Ataliba, buscando o perfil jurídico do regulamento, em confronto com o princípio da legalidade, assim se manifesta: "resulta evidente, disto, que esta (a lei) não só o conforma (o regulamento) e o delimita, fixando-lhe o âmbito de eficácia, como ainda lhe condiciona o conteúdo. Não basta, perante o nosso Direito Constitucional, que o regulamento sirva à lei. Ao contrário dos demais sistemas, o nosso regulamento há de ser-lhe estritamente fiel, rigorosamente contido no círculo que o legislador haja traçado. Destas considerações resulta ser inconstitucional o regulamento não só quando amplia ou restringe o que na lei se contém, com ainda quando dispõe sobre matéria em que a fiel execução da lei não o requeira. Com maior razão, é inconstitucional quando a lei haja sido bastante, ou quando não haja preceito de lei".[120]

Excluídas as hipóteses sob exclusiva reserva legal — quais sejam, as que impo-

tação, tese de Doutoramento apresentada à Faculdade de Direito da USP, ed. particular, p. 184, *apud* Luís Eduardo Schoueri, *Planejamento Fiscal através de Acordos de Bitributação: "Treaty Shopping"*. São Paulo, Ed. RT, 1995, p. 103.

115. Paulo de Barros Carvalho, *Curso de Direito Tributário*, p. 58.

116. Maria Sylvia Zanella Di Pietro, *Direito Administrativo*, 6ª ed., São Paulo, Atlas, 1996, p. 194.

117. Roque Antônio Carrazza, *O Regulamento no Direito Tributário Brasileiro*, São Paulo, Ed. RT, 1981, p. 14.

118. Oswaldo Aranha Bandeira de Mello, *Princípios Gerais de Direito Administrativo*, 2 vs., Rio de Janeiro, Forense, 1969-1974, p. 319.

119. "De acordo com o princípio da reserva legal, sendo privativa da lei a majoração do tributo, esta resta ilegal quando se dá por decreto e em valor superior aos índices da correção monetária. Precedentes. Recurso não conhecido" (STJ, 2ª T., REsp 2.412-0-SP, rel. Min. Américo Luz, j. 27.4.94, *DJU* 30.5.94, *RT* 709/185).

120. Geraldo Ataliba, "Liberdade e poder regulamentar", in *Revista de Informação Legislativa* 66/64, abril-junho/80.

nham limites aos direitos e garantias individuais —, o decreto regulamentar pode inovar na ordem jurídica através da imposição de deveres aos órgãos e agentes públicos, bem como aos particulares, para a fiel execução da lei.

A CF, no seu art. 49, V, atribuiu ao Congresso Nacional (e, por extensão, à Assembléia Legislativa, à Câmara Municipal e à Câmara Legislativa) a competência para sustar os atos normativos do Poder Executivo que exorbitarem do poder regulamentar.

O decreto regulamentar baixado pelo chefe do Executivo só terá validade jurídica se referendado por um auxiliar imediato — *e.g.*, ministro ou secretário de Estado —, de acordo com a regra do art. 87, I, da CF. Faltando esta referenda o regulamento não entra em vigor, por falta de um elemento essencial.

Os atos administrativos de graduação das alíquotas dos tributos previstos nos arts. 153, I, II, IV e V, 148, I, e 195 da CF serão veiculados por decretos do Presidente da República, que deverão obedecer às condições e limites apontados nas leis que regulamentarem estes tributos.

As instruções ministeriais estão previstas no art. 85, II, da CF e são de competência dos ministros de Estado, para promover a execução das leis, decretos e regulamentos que digam respeito às atividades de sua pasta. "Não criam, normalmente, direito ou obrigações para os administradores, mas geram deveres e prerrogativas para os agentes administrativos a que se dirigem."[121] Estas instruções introduzem no ordenamento regras jurídicas de nível secundário, possibilitando a aplicação efetiva das leis e decretos regulamentares.

As circulares visam à ordenação uniforme do serviço administrativo, destinando-se a orientar agentes administrativos acometidos com determinada função, não tendo, portanto, caráter genérico.

121. Hely Lopes Meirelles, *Direito Administrativo Brasileiro*, São Paulo, Ed. RT, 1989, p. 153.

As portarias "consubstanciam regras gerais ou individuais que o superior edita para serem observadas por seus subalternos".[122] Veiculam comandos administrativos especiais e gerais, designam funcionários para funções menores, abrem sindicâncias e inauguram procedimentos administrativos.

As ordens de serviço são "autorizações ou estipulações concretas, mas para um determinado tipo de serviço a ser desempenhado por um ou mais agentes, especialmente credenciados para tal".[123]

Também encontramos a figura do parecer normativo, que representa única e exclusivamente a opinião de agentes fiscais sobre determinada disposição legal, tendo o mesmo valor jurídico que a opinião do contribuinte. Isso porque na relação jurídico-tributária que se instaura com a ocorrência do fato imponível e que dá origem ao tributo há uma relação de igualdade, de forma que o sujeito ativo (Fisco) e o sujeito passivo (contribuinte) situam-se no mesmo patamar.

Ressaltamos que a observância dos atos normativos expedidos pelas autoridades administrativas (art. 100, I, do CTN) exclui a imposição de penalidades, de juros de mora e a atualização do valor monetário da base de cálculo do tributo, de acordo com o parágrafo único do art. 100 do CTN.

Também existem as consultas, previstas inicialmente nos arts. 46 a 58 do Decreto 70.235, de 6.3.72, que são definidas por Luís Eduardo Schoueri como "o meio através do qual o sujeito passivo, efetivo ou potencial (a consulta pode, justamente, questionar se o consulente é, em determinado caso, sujeito passivo da obrigação tributária) ou entidade que o represente, ou, ainda, um órgão da Administração Pública, indaga, formalmente (em contraposição

122. Paulo de Barros Carvalho, *Curso de Direito Tributário*, p. 60.

123. Paulo de Barros Carvalho, *Curso de Direito Tributário*, p. 60.

às 'consultas informais', formuladas verbalmente perante os 'plantões fiscais') ao órgão encarregado da Administração Tributária, sobre dispositivos da legislação aplicáveis a fato determinado".[124] A resposta dada pela autoridade administrativa "à consulta é verdadeiro ato administrativo, material e formal, posto que oriundo da Administração Tributária e gerador de direitos ao contribuinte".[125]

Estes instrumentos secundários não podem inovar no Direito Tributário, de modo que não podem criar ou dispensar obrigações que não estejam previstas na lei.

5.3 Os convênios interestaduais

Os convênios interestaduais deveriam ser firmados pelos Estados da Federação através do Conselho Nacional de Política Fazendária, visando a dar isenções, benefícios e incentivos relativamente ao ICMS. Contudo, a Lei Complementar 24, de 7.1.75, que regulamentou estes convênios, dispôs, em seu artigo 4º, que: "Art. 4º. Dentro do prazo de 15 (quinze) dias contados da publicação dos convênios no *Diário Oficial da União*, e independentemente de qualquer outra comunicação, o Poder Executivo de cada unidade da Federação publicará decreto ratificando ou não os convênios celebrados, considerando-se ratificação tácita dos convênios a falta de manifestação no prazo assinalado neste artigo".

Sacha Calmon Navarro Coêlho[126] e José Souto Maior Borges apontaram a inconstitucionalidade da referida lei, a qual dispensou a aprovação das Assembléias Legislativas estaduais, lesando o princípio da legalidade. "O art. 23, § 6º, da EC n. 1, de 1969, não autoriza a concessão ou a revogação do ICM senão pela via dos convênios. Essa afirmação, todavia, não exclui, na hipótese, a eficácia do princípio da legalidade, porque o convênio está sujeito a ratificação".[127]

Também Geraldo Ataliba argumentou a respeito da inconstitucionalidade destes convênios: "Isto não quer dizer que o convênio substitua a lei. Não quer dizer que se tenha, para o caso, a derrogação do princípio da legalidade. Não quer dizer que este princípio não se aplica nos casos de isenção de ICM. Não. Só quer dizer que é pré-requisito da validade da lei isentiva de ICM a prévia existência de um convênio mediante o qual os Estados (que concedem essa isenção) concordam antecipadamente em concedê-la".[128]

A Constituição de 1988 concebeu os convênios relativos ao ICMS como prévio ato administrativo, porque "firmados por órgão colegiado, constituído de representantes do Poder Executivo, cuja força de lei, modificadora do Direito interno estadual, decorrerá da ratificação das Assembléias Legislativas".[129] Dispõe o art. 155, XII, "g", da CF: "Art. 155. Compete aos Estados e ao Distrito Federal instituir impostos sobre: (...); XII — cabe à lei complementar: (...); g) regular a forma como, mediante deliberação dos Estados e do Distrito Federal, isenções, incentivos e benefícios fiscais serão concedidos e revogados".

Inobstante, o art. 34, § 8º, do "Ato das Disposições Constitucionais Transitórias" estabelece: "§ 8º. Se, no prazo de 60 (sessenta) dias contados da promulgação da Constituição, não for editada a lei complementar necessária à instituição do imposto de que trata o art. 155, I, b, *(art. 155, II, na redação da EC 3/93)* os Estados e o Distri-

124. Luís Eduardo Schoueri, "Algumas reflexões sobre a consulta em matéria fiscal", in *Direito Tributário Atual* 14/2, São Paulo, Resenha Tributária/Instituto Brasileiro de Direito Tributário, setembro/95.

125. Luís Eduardo Schoueri, "Algumas reflexões sobre a consulta em matéria fiscal", in *Direito Tributário Atual* 14/2.

126. Sacha Calmon Navarro Coêlho, *Comentários à Constituição de 1988. Sistema Tributário*, p. 292.

127. José Souto Maior Borges, *Lei Complementar Tributária*, São Paulo, Ed. RT, 1975, p. 68.

128. Geraldo Ataliba, "Eficácia dos convênios para isenção do ICM", *RDT* 11-12/107, 1980.

129. Aliomar Baleeiro, *Limitações Constitucionais ao Poder de Tributar*, p. 98.

to Federal, mediante convênio celebrado nos termos da Lei Complementar n. 24, de 7 de janeiro de 1975, fixarão normas para regular provisoriamente a matéria".

A Constituição não criou outra exceção ao princípio da legalidade. Ela exige para a concessão de isenções e outros benefícios tributários a edição de acordos prévios interestaduais, que deverão ser ratificados pelas respectivas Assembléias Legislativas, nos termos a serem estabelecidos por uma lei complementar.

"Não há autorização constitucional para o rompimento com o princípio da legalidade absoluta, quer do ponto de vista formal, quer material, princípio que somente se satisfaz com a edição de lei própria, estadual, exaustivamente reguladora do tributo de competência do Estado-membro."[130]

5.4 Os limites do princípio da legalidade

De acordo com Roque Carrazza o princípio da legalidade encontra limites nas normas dos arts. 44 a 126 da CF, que, "sistematicamente interpretados, exigem que só o legislador produza normas genéricas e abstratas, em oposição às individuais e concretas, que são os atos administrativos e as sentenças, de competência, respectivamente, dos Poderes Executivo e Judiciário".[131] O princípio da legalidade também encontra limites nos direitos individuais — *e.g.*, o direito adquirido, a coisa julgada, o ato jurídico perfeito, o livre acesso ao Poder Judiciário — e na repartição das competências legislativas.

6. O princípio da legalidade e a isenção tributária

Também a imunidade e a isenção tributárias devem seguir o princípio da legalidade.

José Souto Maior Borges desenvolveu a teoria da isenção tributária, notando que "o poder de isentar apresenta certa simetria com o poder de tributar".[132] Afirma o citado autor que o poder de isentar é o próprio poder de tributar visto ao verso. Como a Constituição reserva à lei a possibilidade de criar tributos, a isenção também deverá ser regulada por lei, reservando a esta a disciplina da tributação.

"A disciplina das isenções está indissoluvelmente vinculada com a exigência de proporcionalidade e eqüidade da tributação. Se o pagamento de tributo é obrigação de caráter geral, princípio dito de generalidade da tributação; se todos são iguais perante o Fisco, mostram-se inadmissíveis as isenções que importem em menores favores, porque violatórias das regras constitucionais da generalidade e igualdade da tributação."[133]

Sendo a isenção prevista por lei, a mesma pode ser revogada ou modificada por lei, implicando sua "modificação redutiva".[134] A isenção, de acordo com o art. 178 do CTN, poderá ser revogada ou modificada a qualquer tempo, exceto aquelas isenções concedidas por prazo certo e em função de determinadas condições, que não podem ser revogadas ou modificadas.

Se fosse possível o estabelecimento de isenções com violação do princípio da isonomia fiscal estaríamos diante de um privilégio tributário. José Afonso da Silva considera a imunidade um privilégio de natureza constitucional e que não pode estender-se além do previsto no art. 150, VI, da CF. Essa imunidade é só quanto aos impostos, não beneficia quanto às taxas nem contribuições, de acordo com o art. 177 do CTN. Estaremos diante de uma hipótese de imunidade quando o comando constitucional começar com "não incidirá".

130. Aliomar Baleeiro, *Limitações Constitucionais ao Poder de Tributar*, p. 99.

131. Roque Antônio Carrazza, *Curso de Direito Constitucional Tributário*, pp. 223 e 224.

132. José Souto Maior Borges, *Isenções Tributárias*, São Paulo, Sugestões Literárias, 1969, p. 29.

133. José Souto Maior Borges, *Isenções Tributárias*, p. 44.

134. Paulo de Barros Carvalho, *Curso de Direito Tributário*, p. 340.

Afirma Souto Maior Borges que "o princípio da isenção é estudado como um aspecto particular do princípio mais amplo: o da não-incidência".[135] A incidência pura refere-se a fatos estranhos à regra jurídica de tributação, a circunstâncias que se colocam fora da competência do ente tributário. A incidência qualificada divide-se em duas subespécies: (a) a não-incidência por determinação constitucional ou imunidade tributária; (b) a não-incidência decorrente de lei ordinária. A isenção é conceituada como uma limitação legislativa ao poder de tributar.

Este autor repele o conceito de isenção como dispensa legal do pagamento do tributo, que admite a hipótese da existência de uma obrigação tributária insuscetível de produzir efeitos jurídicos, conforme coloca José Afonso da Silva.[136] A isenção configura uma hipótese de "não-incidência legalmente qualificada, como imunidade configura hipótese de não-incidência constitucionalmente qualificada".[137]

Misabel de Abreu Machado Derzi,[138] assentada na diferença da natureza do veículo normativo das imunidades e das isenções, separa estas últimas em dois grupos:

a) exonerações exógenas, que são aquelas que não alteram a estrutura interna da norma tributária; o crédito tributário extingui-se com a remissão, a compensação, a prescrição ou a decadência; ou pressupõe o cumprimento da obrigação tributária, anulando seus efeitos — *e.g.*, com a devolução do valor pago;

b) exonerações endógenas, que atuam na estrutura da norma tributária, podendo ser parciais ou totais — *e.g.*, as isenções e as reduções de base de cálculo.

As exonerações exógenas são aquelas veiculadas por normas que extinguem a obrigação tributária por um motivo superveniente ao nascimento desta. As leis que veiculam essas exonerações não alteram a estrutura interna da norma tributária, sendo-lhe estranhas. Essas normas pressupõem a ocorrência do fato descrito na hipótese da norma tributária e o nascimento da obrigação tributária.

As exonerações endógenas podem ser parciais ou totais. As isenções são as exonerações exógenas mais estudadas. As normas de isenção atuam na "estrutura interna das normas que disciplinam os tributos, reduzindo a extensão de seu campo de validade, exonerando por meio de limitação imposta ao âmbito de incidência das normas de tributação".[139] As normas de isenção conjugam-se às normas de tributação, limitando negativamente seu âmbito de incidência. A aplicação de alíquota zero é outra forma de exoneração endógena total. São exonerações endógenas parciais as reduções de base de cálculo ou alíquotas e as deduções diversas autorizadas por lei (impropriamente chamadas isenções parciais).

Paulo de Barros Carvalho define isenção como norma jurídica. Então, a isenção será uma norma que neutraliza o tributo atacando um dos critérios que compõem sua estrutura normativa. A isenção neutraliza a norma tributária atacando uma das previsões abstratas que a compõem.

O mesmo autor define a imunidade como "a classe finita e imediatamente determinável de normas jurídicas, contidas no texto da Constituição Federal, e que estabelecem, de modo expresso, a incompetência das pessoas políticas de direito constitucional interno para expedir regras instituidoras de tributos que alcancem situações específicas e suficientemente caracterizadas".[140]

135. José Souto Maior Borges, *Isenções Tributárias*, p. 153.

136. José Afonso da Silva, *Curso de Direito Constitucional Positivo*, 10ª ed., São Paulo, Malheiros Editores, 1995, pp. 654 e 655.

137. Américo Lourenço e Masset Lacombe, *Princípios Constitucionais Tributários*, 1ª ed., São Paulo, Malheiros Editores, 1996, p. 48.

138. In Aliomar Baleeiro, *Limitações Constitucionais ao Poder de Tributar*, pp. 397-400.

139. Aliomar Baleeiro, *Limitações Constitucionais ao Poder de Tributar*, pp. 399 e 400.

140. Paulo de Barros Carvalho, *Curso de Direito Tributário*, p. 121.

A imunidade corresponde a vedação constitucional ao poder de tributar. Sua relevância é de tal ordem que a jurisprudência tem entendido ser impossível a adoção de interpretação restritiva a seus comandos legais. Quando ocorre a imunidade não há o nascimento da obrigação fiscal, nem do correspondente crédito tributário, em face de sua substância fática estar posta fora do campo de atuação do poder tributário. A não-incidência reveste-se da mesma estrutura material. Não há o nascimento da obrigação tributária nem do crédito tributário, porque as pessoas ou situações colocadas fora da imposição não geram, por seus atos ou ocorrências fáticas, a obrigação ou o crédito tributário. Na hipótese de imunidade o poder tributário não tem qualquer poder, não abdica do exercício de qualquer direito, porque não tem este direito. Na hipótese de não-incidência o poder tributário impede o surgimento da obrigação e do crédito porque não deseja exercer a faculdade constitucional de impor, abdica do exercício de sua capacidade.

A isenção difere da imunidade e da não-incidência. Isto porque na hipótese de isenção nasce a obrigação tributária, sendo apenas excluído o crédito correspondente, de acordo com o art. 175, I, do CTN e ressalvado o disposto no parágrafo único deste mesmo artigo. Sacha Calmon discorda deste entendimento quando coloca que a isenção e a imunidade não excluem o crédito, mas obstam à própria incidência, impedindo que se instaure a obrigação. Entende este autor que "a isenção não é forma de extinção da obrigação pelo dispensamento do crédito mas fenômeno intrínseco à formação da hipótese de incidência da norma de tributação".[141] Na imposição de alíquota zero não temos isenção porque não depende de lei, mas de portaria ou decreto do Poder Executivo; nascem a obrigação tributária e o crédito tributário, mas tanto um como o outro são reduzidos à sua expressão nenhuma.

Todas ressalvas feitas ao princípio da legalidade constituem também ressalvas ao princípio da legalidade das isenções.

7. A interpretação das normas tributárias

A integração da lei pressupõe a existência de uma lacuna, que pode ser *praeter legem* ou *intra legem*. Falamos em lacuna *intra legem* quando o legislador utilizou-se de conceitos jurídicos indeterminados, não definindo integralmente sua intenção.[142] As demais lacunas são chamadas *praeter legem*, que devem ser resolvidas procurando-se saber como o legislador as teria regulado.

No campo da incidência tributária é absolutamente vedada a interpretação, pois esta fere o princípio da estrita legalidade tributária, como ensina Amílcar Falcão: "em homenagem ao princípio da legalidade dos tributos, cabe excluir a aplicação analógica da lei, toda vez que dela resulte a criação de um débito tributário".[143] Para o professor Moacyr Lobo da Costa não pode existir lacuna na lei fiscal material, e por isso é proibida a aplicação da analogia para a criação ou ampliação da incidência dos tributos já existentes.

Para Ruy Barbosa Nogueira "a analogia com o fito de criar ou alterar o crédito tributário é de manifesta ilegalidade na interpretação da lei fiscal, pois, comparando duas situações de fato, aplica a lei fato não-tributado, o que equivale à criação ou modificação de um tributo, sem lei".[144]

Esta vedação ao recurso à interpretação da lei se coloca para que o raciocínio

141. Sacha Calmon Navarro Coêlho, *Comentários à Constituição de 1988. Sistema Tributário*, p. 394.

142. Gerd W. Rothmann, "O *standard* jurídico", in *RT* 371/9 e ss.

143. Amílcar de Araújo Falcão, *Introdução ao Direito Tributário*, Rio de Janeiro, Financeiras, p. 85.

144. Ruy Barbosa Nogueira, *Da Interpretação e da Aplicação das Leis Tributárias*, 2ª ed., São Paulo, José Bushatsky Editor, 1974, p. 105.

analógico não seja utilizado na criação, por via interpretativa, de hipóteses de tributação à margem da lei.

A estrutura jurídico-tributária caracteriza-se pela exigência constitucional de que as hipóteses tributárias devem estar previstas na lei. Disso decorre que não é permitido afastar-se das delimitações escritas pelo legislador quando configurou a obrigação tributária. A interpretação destas normas não pode ser feita de maneira extensiva e não pode ser ampliada a outros casos pela analogia, mesmo quando esses casos forem da mesma natureza que o citado na lei.

Como não podemos ignorar a existência de lacunas na lei tributária, qual o limite tolerável para a utilização da analogia em matéria tributária? Charles Constantin[145] cita caso em que a Administração Pública encontra-se diante de um fato que dá origem, de acordo com a lei, a um crédito fiscal, sem entretanto estar preciso o modo de aplicação da lei. Caso renunciasse à aplicação da lei, também estaria atuando de forma contrária ao princípio da legalidade administrativa. O autor resolve tal situação colocando que "só existe lacuna no que concerne às formas ou modalidades de aplicação da lei a um estado de fato já previamente colocado, legalmente, dentro do campo de aplicação da lei". Tal autor não considerou lacuna a hipótese de uma lei não ter mencionado certos fatos como dando ensejo a tributação.

Massimo Severo Giannini ensina que é possível a aplicação analógica, no campo formal ou em relação ao formalismo, aos procedimentos de aplicação da lei, mas nunca em relação às normas substantivas, que instituem, alteram ou extinguem obrigações tributárias. Em suas palavras, "le leggi tributarie ammettono l'integrazione analogica, come tutte le altre leggi. Che poi spesso in concreto questa non possa darsi, deriva del fatto che gran parte di queste norme sono a fattispecie esclusiva, e quindi per loro natura logica escludono l'analogia".[146]

As regras de interpretação do Direito Tributário estão previstas nos arts. 107 a 112 do CTN, sendo especialmente relevantes as regras pertinentes à integração da lei na ausência de normas expressas. Arrolando, nestes casos, como métodos de interpretação e integração da lei tributária a analogia, os princípios gerais de Direito Tributário, os princípios gerais de Direito Público e a eqüidade, o art. 108, em seus parágrafos, arremata com duas normas que resumem o que acabamos de expor:

"§ 1º. O emprego de analogia não poderá resultar na exigência de tributo não previsto em lei.

"§ 2º. O emprego da eqüidade não poderá resultar na dispensa do pagamento de tributo devido."

A analogia é a "aplicação de um princípio jurídico que a lei põe para certo fato a outro não regulado, mas semelhante, sob o aspecto jurídico, ao primeiro".[147] Luciano Amaro[148] distingue a analogia em *analogia legis* e *analogia iuris*. A primeira trata da aplicação do mesmo preceito legal a situações semelhantes, enquanto a segunda é a obtenção de uma nova regra pelo exame de todo o sistema ou de uma parte do mesmo. A eqüidade, citando Luiz Sérgio Fernandes de Sousa, "é a correção da justiça legal, adaptada à peculiaridade de cada fato ocorrente".[149]

145. Charles Constantin, "Refléxions sur l'interprétation des lois d'impôt", in *Revue de Droit Administratif et de Droit Fiscal* 1964, in Ruy Barbosa Nogueira, *Da Interpretação e da Aplicação das Leis Tributárias*, pp. 110 e 111.

146. Massimo Severo Giannini, "L'interpretazione e l'integrazione delle legge tributarie", in *Rivista di Diritto Finanziaro e Scienza delle Finanze* 1941, pp. 95-128 e 170-198.

147. Francisco Ferrara, *Interpretação e Aplicação das Leis*, Coimbra, Arménio Amado Editor, 1978, p. 158, in Luiz Sérgio Fernandes de Sousa, *O Papel da Ideologia no Preenchimento das Lacunas no Direito*, 1ª ed., São Paulo, Ed. RT, 1993, p. 222.

148. Luciano Amaro, *Direito Tributário Brasileiro*, 2ª ed., São Paulo, Saraiva, 1998, p. 203.

149. Luiz Sérgio Fernandes de Sousa. *O Papel da Ideologia no Preenchimento das Lacunas no Direito*, p. 237.

Da vedação de aplicar-se a analogia para instituir ou majorar tributos (art. 108, § 1º, do CTN) resulta que a Administração Pública não pode tributar a utilização de formas inusuais para a obtenção de vantagens, que sejam unicamente de ordem fiscal, que não seriam obtidas de outra forma (abuso de formas[150]) — formas, estas, adotadas pelo planejamento fiscal.[151] Não se trata, aqui, de simulação, na qual não ocorrem os fatos declarados à Fazenda Pública, mas da prática de fatos inusuais, que ocorrem conforme a declaração.

O art. 51 da Lei 7.450/85, ao dispor "qualquer que seja a denominação que lhes seja dada, independentemente da natureza, da espécie ou da existência de título ou contrato escrito, bastando que decorram de ato ou negócio que, pela sua finalidade, tenha os mesmos efeitos do previsto na norma específica de incidência de imposto de renda", procurou instituir tributos por meio de analogia, ferindo o princípio da estrita legalidade.

A submissão da Administração Pública aos ditames legais não lhe permite exigir mais do que o devido por lei (direito do contribuinte), nem cobrar menos do que o devido por lei (direito do Estado).

8. Conclusão

O princípio da estrita legalidade tributária é uma segurança dos contribuintes para ter preservado seu patrimônio contra eventuais arbitrariedades da Fazenda Pública. É decorrência deste princípio que os tributos só podem ser instituídos por meio de lei formal, que tenha seguido o procedimento legislativo previsto nos arts. 64, 65, 66 e 69 da CF, emanada do Poder Legislativo da pessoa constitucionalmente competente (União, Estados, Distrito Federal e Municípios). De acordo com a regra do art. 97 do CTN, a lei que institui o tributo deverá determinar a hipótese da norma tributária em seus aspectos material, pessoal, espacial e temporal (inciso III); o sujeito passivo da relação jurídico-tributária (contribuinte e responsável); alíquota, base de cálculo (inciso IV); prazo de pagamento; eventuais desonerações tributárias; sanções pecuniárias, multas, penalidades e anistia (inciso V); obrigações acessórias; hipóteses de exclusão, suspensão e extinção do crédito tributário (inciso VI) e a instituição e extinção da correção monetária do débito tributário.

As hipóteses de instituição ou majoração de tributos por meio de emendas constitucionais (item 5.1.2), leis complementares (item 5.1.3) e leis ordinárias (item 5.1.4) estão bem explicitadas nos tópicos relacionados, não ocorrendo controvérsias. Comentando brevemente a utilização das emendas constitucionais pelo legislador constituinte derivado para a instituição de tributos, o entendimento de que uma norma constitucional possa ser declarada inconstitucional ainda não é pacífico na doutrina brasileira e estrangeira, que qualifica esta inconstitucionalidade de exceção à norma constitucional. Mas o entendimento de que não se trata de exceções à norma constitucional, mas de normas constitucionais inconstitucionais, é o mais correto, porque trata-se de normas materialmente constitucionais que contrariam normas formalmente constitucionais, portanto de hierarquia superior.

As controvérsias estabelecem-se quando tratamos da utilização de medidas provisórias para a instituição ou majoração de tributos. Ante o entendimento de Hugo de Brito Machado e Sacha Calmon de que as mesmas podem instituir os tributos previstos nos arts. 148, I, e 154, II, da CF, argumentamos que a Constituição prevê expres-

150. Para a ocorrência do abuso de formas jurídicas faz-se necessária a presença de três requisitos: (1) "a ocorrência de uma operação não habitual, não usual para os casos em que se pretende atingir os resultados finalmente alcançados"; (2) "uma finalidade de ordem tributária que permite explicar a razão da escolha"; (3) "uma economia tributária" (Luís Eduardo Schoueri, *Distribuição Disfarçada de Lucros*, São Paulo, Dialética, 1996, p. 154).

151. Luís Eduardo Schoueri, *Distribuição Disfarçada de Lucros*, p. 154.

samente que deverá ser utilizada a lei complementar no ar. 148, *caput*, pois o mesmo, interpretado juntamente com o art. 154, II, demonstra que trata-se de um empréstimo compulsório com a mesma finalidade, que é fazer frente a despesas extraordinárias decorrentes de guerra externa. O argumento de que a medida provisória também não obedece ao procedimento legislativo formal, não tendo, portanto, o consentimento dos contribuintes, não é válido, porque também não podemos afirmar que um tributo tem o consentimento do povo só porque foi instituído por lei. A medida provisória também não pode instituir ou majorar tributos porque o princípio da anterioridade adia a eficácia da lei tributária para o exercício financeiro subseqüente ao de sua publicação, conforme o previsto no art. 150, III, "b", da CF. O argumento de que a urgência justifica a utilização da medida provisória não prospera, porque atinge o princípio da segurança jurídica e porque o art. 148, II, da CF prevê a edição de lei complementar nas hipóteses de relevante interesse nacional e de investimento público de caráter urgente. Concluímos que as medidas provisórias não são instrumentos hábeis à instituição e majoração de tributos.

Tratando dos tratados e convenções internacionais sob a égide do art. 98 do CTN, Roque Carrazza ensina que esta norma criou uma supremacia dos decretos legislativos que ratificaram os tratados e convenções internacionais sobre a legislação ordinária federal, estadual, municipal e distrital. Não podemos concordar com esta posição. Interpretando sistematicamente a CF, vemos que o art. 102, III, "b", trata da declaração de inconstitucionalidade de tratado ou lei federal pelo STF, tutelando ambos da mesma forma. Desta regra inferimos que gozam do mesmo *status* hierárquico. Sob esta ótica, a superveniência de lei nacional contrária revogaria o tratado internacional, de acordo com o princípio de que *lex posterior derogat priori*, mas essa revogabilidade só ocorre entre espécies normativas iguais. Assim, apenas a eficácia do decreto legislativo que veicula o tratado internacional estaria suspensa, mas o mesmo não estaria revogado, podendo vir a produzir efeitos novamente se a lei que impediu sua aplicação for revogada por outra lei que tenha previsão expressa de disposição normativa no sentido da repristinação daquele decreto legislativo, tendo em vista que o art. 2º, § 3º, da LICC proíbe este efeito, salvo expressa disposição em contrário. A Lei 5.172, de 25.10.66 (Código Tributário Nacional), foi recebida pelo ordenamento vigente como lei complementar. Esta lei complementar estabeleceu no seu art. 98 que o Brasil não pode editar legislação ordinária contrária a tratado ou convenção internacional. Para poder fazê-lo deverá proceder à denúncia do tratado ou da convenção antes de editar norma que fosse contrária a eles. Assim, a regra do art. 98 do CTN é constitucional, já que apenas estabeleceu uma condição para que seja editada norma interna contrária a tratado ou convenção internacional. Esta regra também pode ser alterada por uma lei complementar que revogue expressamente o art. 98 do CTN.

São pacíficas a doutrina e a jurisprudência no sentido de que os instrumentos secundários devem se ater aos limites impostos pela lei, criando normas jurídicas gerais que especificam os mandamentos de uma lei não auto-aplicável. Serão inconstitucionais se ampliarem ou restringirem o conteúdo da lei.

Os convênios interestaduais são inconstitucionais porque não há lei complementar que regulamente a aprovação dos acordos interestaduais, apesar de a disposição do art. 34, § 8º, do ADCT estabelecer que os Estados e o Distrito Federal regulamentarão provisoriamente, através de convênio celebrado nos termos da Lei Complementar 24, de 7.1.75, que dispensa a aprovação destes acordos pelo Poder Legislativo de cada Estado. Não se pode regulamentar esses acordos interestaduais com exclusão da Assembléia Legislativa de cada Estado, afrontando o disposto no art. 2º da CF, com fundamento em um convênio regulamentado pela Lei Complementar

24, que dispensa a aprovação pelo Poder Legislativo (formando um círculo vicioso), que é inconstitucional também por ferir a disposição do art. 2º da CF.

As normas de interpretação em matéria tributária são claras no sentido de que não podem ser cobrados tributos que não sejam aqueles expressamente previstos em lei, utilizando-se da analogia, mas também não se pode deixar de pagar tributos com base na eqüidade. Assim, a Administração Pública não pode cobrar mais do que lhe é devido por lei, nem cobrar menos do que lhe é devido por lei.

NOTAS & COMENTÁRIOS

A TRIBUTAÇÃO DAS OPERAÇÕES ENVOLVENDO TV A CABO E "DIRECT-TO-HOME", INTERNET E "PAGING" ICMS *x* ISS

MÁRCIA DE FREITAS CASTRO NEME
E
AMAL IBRAHIM NASRALLAH
Advogados

1. Introdução. 2. TV a Cabo e "Direct-to-Home". 3. Internet. 4. "Paging". 5. Resumo final.

1. Introdução

O regime jurídico-tributário ao qual se submetem o ICMS e o ISS possui sede constitucional, onde estão definidas as competências dos Estados, do Distrito Federal e dos Municípios.

A CF/88, através de seu art. 155, II, ampliou o campo de incidência do imposto de competência dos Estados e do Distrito Federal, permitindo também seu alcance sobre o serviço de comunicação, surgindo, assim, o ICMS, anteriormente chamado ICM.

Os Municípios, por sua vez, foram autorizados pela Carta Maior, através do art. 156, III, a instituir imposto incidente sobre os serviços de qualquer natureza, não compreendidos no art. 155, II, definidos em lei complementar.

Após a Constituição Federal de 1988 não foi editada qualquer lei complementar atendendo a tal determinação, ocasionando a continuidade da aplicação da Lei Complementar 56/87, que traz em seu bojo a Lista dos Serviços tributáveis pelo Município, amparada na Constituição Federal de 1967.

Em decorrência de haver sido atribuída competência aos Estados para tributar os serviços previstos no art. 155, II (entre eles os serviços comunicação), inúmeras vezes surgem disputas entre Estados e Municípios nos casos em que existe ampla interpretação.

De acordo com os dispositivos constitucionais acima mencionados, indubitavelmente, o ICMS somente poderá incidir sobre a prestação do serviço de comunicação, sendo este o serviço-fim e jamais atividade-meio para a prestação de outro tipo de serviço (o próprio termo "prestação" implica seu correspectivo "contraprestação" — o preço do serviço prestado).

Repita-se: para haver a incidência do ICMS é necessário que o serviço prestado seja o de comunicação, o que o diferencia da prestação de outros serviços que apenas se utilizam deste meio (comunicação) para serem prestados. Nestes casos, a comunicação se apresenta apenas como um suporte à prestação de outro serviço que não este.

Mas não é só. É preciso lembrar que "o ICMS não incide sobre a comunicação propriamente dita, mas sobre a 'relação comunicativa', isto é, atividade de, em caráter negocial, alguém fornecer, a terceiro, condições materiais para que a comunicação ocorra".[1]

Concluindo, o aspecto material da hipótese de incidência do ICMS é a realização, especificamente, da prestação de serviços de comunicação. O imposto jamais incidirá sobre a comunicação em si considerada, pois esta pode ser — e comumente é — utilizada como atividade-meio para a prestação de outros serviços de natureza diversa, e, nestes casos, poderá ou não ser alcançada pelo ISS.

Isto porque a Lista de Serviços contida na Lei Complementar 56/87 é taxativa,[2] não podendo os serviços por ela não abrangidos ser tributados pelo ISS, ainda que estejam fora do campo de incidência do ICMS.

Para a indicação, com precisão, do regime jurídico-tributário a que se subordinam as operações que envolvem TV a Cabo e *Direct-to-Home*, Internet e *Paging* — o que é objeto do presente estudo — necessária se faz uma análise da natureza e do objetivo das operações, identificando em cada uma delas a atividade-meio e o serviço-fim.

1. Roque Antônio Carrazza, *ICMS*, 3ª ed., São Paulo, Malheiros Editores, 1997, p. 98.

2. Em relação à Lista de Serviços contida na Lei Complementar 56/87 existem duas linhas doutrinárias. Uma entende que a Lista dos Serviços tributáveis pelo ISS é taxativa, isto é, o serviço nela não relacionado não seria tributável pelo Município. A outra linha doutrinária entende que a Lista tem caráter meramente exemplificativo, sustentando que o rol de serviços nela previstos não esgotaria as possibilidades práticas e que outros serviços poderiam sofrer a incidência do ISS. O escopo do presente trabalho não é discutir a taxatividade ou não da Lista de Serviços, mas adotamos o pressuposto de que a Lista de Serviços é taxativa, porque a maioria dos autores e a jurisprudência inclinam-se neste sentido.

2. *TV a Cabo e "Direct-to-Home"*

De acordo com a Lei 8.977, de 6.1.95, regulamentada pelo Decreto 2.206, de 14.4.97, "o serviço de TV a Cabo é destinado a promover a cultura universal e nacional, a diversidade de fontes de informação, o lazer e o entretenimento, a pluralidade política e o desenvolvimento social e econômico do País" (art. 3º).

Além da TV a Cabo há a TV conhecida por *Direct-to-Home* — DTH, cuja diferença reside apenas na forma de transmissão.

Preliminarmente, cumpre-nos destacar que os serviços de TV a Cabo e DTH, para efeitos de tributação, não se confundem com os serviços de radiodifusão (sonora: rádios AM, FM e OM; e através de sons e imagens: televisão UHF e VHF de sinal aberto).

A radiodifusão é serviço prestado direta, livre e gratuitamente ao público em geral, sem determinação do destinatário, sem qualquer obrigação de fazer e de veicular um tipo de programa específico.

Sendo assim, a prestação do serviço de radiodifusão não é tributada, nem pelo ICMS, nem pelo ISS, pois, sendo serviço gratuito, nos termos art. 6º, "d", da Lei 4.117/62, não ocorre contratação do serviço (ausência de relação negocial), e ausente, portanto, uma base de cálculo para qualquer tipo de tributo.

Oportunas as considerações de Geraldo Ataliba e Aires F. Barreto, que afirmam: "O princípio da capacidade contributiva — como implicação do princípio geral constitucional da isonomia — requer que as hipóteses de incidência de impostos contenham fatos de significação econômica. Em outras palavras: não poderão ser erigidos em pressupostos de tributos fatos destituídos de conteúdo econômico, sob pena de violação das exigências da isonomia (A. Becker, Franco Gaffuri, Emilio Giardina, Alberto Xavier, Juan Ramallo)". E continuam: "É que esse conteúdo é o único critério objetivo de igualação dos encargos.

Sem ele, a lei tributária passa a ser arbitrária, não-isonômica e, pois, inconstitucional (Dino Jarach, Paulo de B. Carvalho)".[3]

Embora não se possa alegar que a todo contrato corresponde um fato tributável pelo ISS ou ICMS, é correto afirmar que todo fato tributável por estes impostos pressupõe uma contratação (negócio jurídico). Assim, ocorrido o ato, tido como fato para fins tributários, sua subsunção à hipótese de incidência dependerá do objeto do negócio jurídico, apoiando-se sempre na estrita previsão constitucional.

O mesmo não ocorre com os serviços de TV a Cabo e DTH. Estes são serviços de televisão adquiridos mediante assinatura, há uma relação negocial entre a operadora e o destinatário/tomador do serviço.

Os serviços de TV a Cabo e DTH são conjuntos de programas *não*-abertos à correspondência pública, mas colocados à disposição dos assinantes, que, conhecendo previamente o tipo de programação proposta, a contratam, expressamente, mediante contraprestação pecuniária.

Não se pode, pois, confundir os serviços de radiodifusão com os serviços de TV a Cabo e DTH, pois a única similaridade entre eles é a transmissão de sinais de vídeo e áudio.

Sendo os serviços de TV a Cabo e DTH expressamente contratados através de assinatura, ou seja, sendo prestações onerosas de serviço, acabam perfazendo hipótese de incidência de tributo, o qual será determinado após a verificação do objetivo (serviço-fim) da contratação.

Dispõe o art. 4º da Lei 4.117, de 27.8.62 (Código Brasileiro de Telecomunicações): "Art. 4º. Para os efeitos desta Lei, constituem serviços de telecomunicações a transmissão, emissão ou recepção de símbolos, caracteres, sinais, escritos, imagens, sons ou informações de qualquer natureza, por fio, rádio, eletricidade, meios óticos ou qualquer outro processo eletromagnético".

Este conceito veio repetido no art. 60, § 1º, da Lei 9.472/97 (Lei Geral de Telecomunicações).

Para averiguar se os serviços de TV a Cabo e DTH constituem serviço de telecomunicações — que é, essencialmente, um serviço de comunicação — necessária se faz uma análise de seus funcionamentos.

A transmissão dos sons e imagens pela TV a Cabo é realizada da seguinte forma: a) os satélites enviam a programação através de sinais para a estação de televisão; b) estes sinais são recebidos por um centro controlador e transmitidos através de cabos de fibra ótica; c) os cabos de fibra ótica transformam os sinais dos satélites em sinais digitais e enviam a programação para o local indicado pelos assinantes.

A transmissão dos sons e imagens pela DTH é realizada da seguinte forma: a) os satélites enviam a programação para estações controladoras das emissoras de TV. Cada empresa possui sua própria estação controladora; b) estes centros captam a programação dos satélites e enviam os sinais para os centros decodificadores, que separam a programação a ser enviada ao usuário; c) a programação é novamente enviada por sinais aos satélites; d) as antenas parabólicas dos assinantes recebem a programação diretamente dos satélites.

Conclui-se, portanto, que os serviços de TV a Cabo e DTH consistem na transmissão ou emissão de símbolos representados por imagens, sons e informações, por meio de cabos de fibra ótica ou por sinais codificados aos satélites, sendo, assim, serviços típicos de telecomunicações, uma vez que encontram-se presentes todos os elementos que compõem estes serviços (telecomunicações).

Por esta razão, o art. 2º da Lei 8.977, de 6.1.95, assim dispôs: "Art. 2º. *O serviço de TV a Cabo é serviço de telecomunicações* que consiste na distribuição de sinais de vídeo e/ou áudio, a assinantes, median-

3. Geraldo Ataliba e Aires F. Barreto, "ISS na Constituição — Pressupostos positivos — Arquétipo do ISS", *RDT* 37, São Paulo, Ed. RT, 1986.

te transporte por meios físicos" (destacamos).

O Decreto 2.206/97 (que regulamenta o serviço de TV a Cabo) repete o comando do dispositivo legal acima transcrito, acrescentando, ainda, que este é um serviço não-aberto à correspondência pública.

Logo, configurada está na prestação de serviços de TV a Cabo e DTH a relação de transporte de comunicação necessária para a incidência do ICMS, qual seja: existe um contrato oneroso entre o assinante e a operadora, sendo que esta oferece condições materiais para que ocorra a comunicação (fornecendo os serviços de instalação e manutenção dos equipamentos necessários à recepção dos sinais de vídeo e/ou áudio), mediante programação previamente estipulada.

Nesse sentido, José Eduardo Soares de Melo ensina que: "As características operacionais e legais permitem vislumbrar que apenas as comunicações televisivas — 'Assinatura' e 'a Cabo' — tipificam autênticos serviços de comunicação, em razão da identificação dos tomadores, e caráter oneroso, materializados em específicos contratos".[4]

Concluindo que os serviços de TV a Cabo e DTH são serviços típicos de transporte de telecomunicações, reconhece-se que estes encontram-se no campo de incidência do ICMS, conforme estabelece o art. 155, II, da CF.

Ainda, aos serviços de TV a Cabo e DTH aplica-se a regra estabelecida pelo art. 2º, III, da Lei Complementar 87/96, que dispõe que o ICMS incide sobre "prestações onerosas de serviços de comunicação, por qualquer meio, inclusive a geração, a emissão, a recepção, a transmissão, a retransmissão, a repetição e a ampliação de comunicação de qualquer natureza".

Finalmente, destaca-se que o contribuinte (de direito) do imposto são as operadoras de TV a Cabo e DTH (art. 4º da Lei Complementar 87/96); fato gerador é a prestação onerosa do serviço (art. 12, VII); e a base de cálculo é o preço do serviço (art. 13, III).

3. Internet

A Internet é uma rede de computadores, por onde trafegam dados e conhecimentos, de âmbito mundial, que visa à total liberdade de troca de informações, o que torna possível a ocorrência de uma integração universal. Esta rede, que é chamada "rede-mãe", interliga outras redes entre si.

Segundo a Portaria 148, de 31.5.95, que aprovou a Norma 004/95, Internet é o "nome genérico que designa o conjunto de redes, os meios de transmissão e comutação, roteadores, equipamentos e protocolos necessários à comunicação entre computadores, bem como *software* e os dados contidos nestes computadores".

Melhor explicando: algumas redes locais (normalmente são aquelas em que os equipamentos estão conectados através de cabos) estão interligadas a redes mais amplas. Essas redes mais amplas, estabelecidas em vários locais do mundo, também podem se comunicar entre si, originando, assim, a Internet.

Desta forma, a Internet nada mais é do que a interligação de grandes redes de computadores, de várias partes do Globo, que usam os mesmos padrões de transmissão de informações, chamados protocolos.

O usuário que quiser acessar a Internet deve estar conectado a uma rede local, que, por sua vez, deve estar conectada à Internet. *O acesso também pode ser realizado através do sistema de telecomunicações*, isto é, o usuário conecta por meio do sistema de telefonia outro computador, o qual está conectado diretamente à Internet, possibilitando o acesso aos recursos da rede. São os chamados *provedores de acesso*, que viabilizam a conexão do usuário à rede.

Necessária, portanto, a análise isolada da atividade do provedor de acesso, para

4. José Eduardo Soares de Melo, "ICMS/ISS — TV por Assinatura e a Cabo, *Courrier* e Internet", *RDT* 71, São Paulo, Malheiros Editores, 1998.

definir se é o caso de serviço de comunicação ou não.

O serviço de conexão à Internet é um serviço de valor adicionado que possibilita o acesso dos usuários e provedores de informações à rede (Portaria 148/95 do Ministro de Estado das Comunicações).

A Lei 9.472/97, ao dispor sobre a organização dos serviços de telecomunicações, estabeleceu que o serviço de valor adicionado não se confunde com o serviço de telecomunicações, *in verbis*:

"Art. 61. *Serviço de valor adicionado é a atividade que acrescenta, a um serviço de telecomunicações que lhe dá suporte e com o qual não se confunde*, novas utilidades relacionadas ao acesso, armazenamento, apresentação, movimentação ou recuperação de informações.

"§ 1º. *Serviço de valor adicionado não constitui serviço de telecomunicações*, classificando-se seu provedor como usuário do serviço de telecomunicações que lhe dá suporte, com os direitos e deveres inerentes a essa condição" (grifamos).

Logo, o serviço de valor adicionado (serviço prestado para possibilitar o acesso à rede) não transmite, emite ou recepciona sinais de telecomunicações, mas apenas utiliza-se do sistema para atingir seu fim — qual seja, viabilizar o acesso do usuário à Internet, via um canal aberto, através de uma linha telefônica.

O provedor de acesso, portanto, tem por objetivo tornar possível o ingresso do usuário à rede, atuando como um intermediário. Em outras palavras, o provedor possibilita o acesso do usuário a uma área virtual.

Conclui-se, portanto, que o serviço prestado pelo provedor de acesso à Internet é estranho ao âmbito de incidência do ICMS, visto que não constitui serviço de telecomunicações, tampouco de comunicação.

Corroborando este entendimento, João Vicente Lavieri aduz que os provedores de acesso "não realizam ou participam de qualquer serviço de comunicação ou telecomunicação, senão como meros usuários, e, portanto, de modo insofismável, não sujeitos ao recolhimento do ICMS".[5]

Não obstante, em 19 de junho de 1998 foi editado pelo Conselho Nacional de Política Fazendária — CONFAZ o Convênio ICMS-69, que determinou a incidência do ICMS sobre prestações de serviços outros que não os de comunicação, englobando a atividade do provedor de acesso no âmbito de incidência do ICMS. Assim dispôs o referido convênio em sua cláusula primeira: "Cláusula primeira. Os signatários firmam entendimento no sentido de que se incluem na base de cálculo do ICMS incidente sobre prestações de serviços de comunicação *os valores cobrados a título de acesso*, adesão, ativação, habilitação, disponibilidade, assinatura e utilização dos serviços, *bem assim aqueles relativos a serviços suplementares e facilidades adicionais que otimizem ou agilizem o processo de comunicação*, independentemente da denominação que lhes seja dada" (destacamos).

Contudo, conforme já visto, o serviço prestado pelo provedor de acesso é estranho ao âmbito de incidência do ICMS (por não se constituir serviço de comunicação).

Ocorre que não pode um convênio ampliar a definição dos termos "telecomunicações" e "comunicação", embutindo nestes conceitos atividades estranhas à espécie.

É notório que convênio não pode criar obrigações tributárias, ou seja, não pode passar a tributar o que até então não era tributado nos termos da legislação aplicável, sob pena de ferir o princípio da estrita legalidade em matéria tributária.

Com efeito, dispõe o art. 150, I, da CF que *é vedado à União, aos Estados, ao Distrito Federal e aos Municípios exigir ou aumentar tributo sem que a lei o estabeleça*. O CTN repete o comando constitucional em seu art. 97, I, determinando que

5. João Vicente Lavieri, "Internet: incidência do ICMS ou ISS?", *Revista Jurídica Consulex* 1/54 e 55, n. 3, Ed. Consulex, 31.1.98.

somente a lei pode estabelecer a instituição de tributos ou a sua extinção.

Assim, perante a Constituição Federal e o Código Tributário Nacional somente a lei — entendida no sentido formal, ou seja, como obra do Poder Legislativo — é ato legal inerente à instituição dos fatos que produzem ou criam direitos, obrigações e penalidades tributárias.

No caso concreto, a legislação tributária aplicável determina que o ICMS incide sobre prestações de serviços de comunicação, sem, no entanto, definir o que vêm a ser tais serviços. Esta definição está inserida na Lei 4.117/62 (Código Brasileiro de Telecomunicações) e na Lei federal 9.472/97 (Lei Geral de Telecomunicações), acima transcritas.

Por força da proibição contida no art. 110 do CTN, *a lei tributária não pode alterar a definição, o conteúdo e o alcance de institutos, conceitos e formas de Direito Privado utilizados expressa ou implicitamente pela Constituição Federal para definir ou limitar competências tributárias.*

Inobstante não se possa afirmar com convicção absoluta que o Código Brasileiro de Telecomunicações e a Lei Geral de Telecomunicações tratem de matéria de Direito Privado, "também é verdade", nos dizeres de Luciano da Silva Amaro, "que o Código Tributário Nacional não esgota a questão. Realmente, não são apenas os conceitos de Direito Privado, mas também os de outros ramos do Direito, e os próprios conceitos léxicos, que, quando usados para definição da competência tributária, não podem ser ampliados pela lei do tributo". E acrescenta, mais adiante: "Por isso, tenho sustentado que o instituto de Direito Privado 'importado' pelo Direito Tributário vem com a mesma conformação e o mesmo conteúdo que lhe dá o Direito Privado, sem deformações, nem transfigurações. (...)".[6]

6. Luciano da Silva Amaro, "Planejamento tributário", *RDT* 71, São Paulo, Malheiros Editores, 1998.

Conforme cada situação, as palavras utilizadas pela Lei Maior podem ter sentido técnico ou vulgar. No caso em tela os vocábulos "comunicação" e "telecomunicações", expressamente mencionados no Texto Supremo, têm evidente conotação técnico-jurídica, pois estas palavras têm sentido próprio consoante definição oriunda da lei, não podendo ser distorcidas por convênio.

Ademais, nos termos do art. 22, IV, da CF, *a competência para legislar sobre telecomunicações é da União Federal.*

De acordo com a norma do art. 155, § 2º, XII, "g", da CF, é possível concluir que os Estados podem, mediante convênio, regular as matérias relativas a isenções, incentivos e benefícios fiscais pertinentes ao ICMS. Não podem, entretanto, os convênios normatizar outros aspectos desse imposto, sob pena de absoluta inconstitucionalidade.

Por estes motivos, os serviços prestados pelos provedores de acesso, não compreendidos no conceito de comunicação, estão fora do campo de incidência do ICMS.

De outro lado, tais serviços também não podem ser alcançados pela incidência do ISS.

Como visto anteriormente, a Lista de Serviços contida na Lei Complementar 56/87 é taxativa (conforme consolidada doutrina e jurisprudência), não podendo os serviços por ela não abrangidos ser tributados pelo ISS, ainda que estejam fora do campo de incidência do ICMS.

O serviço prestado pelo provedor de acesso à Internet não consta no rol da referida Lista, motivo pelo qual não pode ser tributado pelo ISS, pelo menos até que este serviço seja nela inserido.

Esta é a conclusão a que chegamos com relação à prestação do serviço de provimento de acesso à Internet.

O usuário da Internet utiliza-se desta rede ora para obter informações, ora para colocá-las à disposição dos demais usuários, atuando, neste caso, como um verdadeiro provedor de informações. Para introduzir estas informações, comumente o usuário contrata serviços de apoio de terceiros. Por exemplo, um industrial, desejando inserir informações sobre seu produto junto à Internet, contrata um terceiro para prestar-lhe o serviço de elaboração de sua *home-page*.

Este serviço de apoio/suporte ao usuário da Internet também poderá ser prestado por aquele que é o provedor de acesso. Note-se que, neste caso, além do provimento de acesso, outro serviço está sendo prestado — qual seja, inserção de mensagens de seus clientes à rede, que consistem em informações técnico-comerciais, de pessoas jurídicas (empresas, instituições) e pessoas físicas que desejam tornar públicos, divulgar, suas características, produtos, serviços ou outros atributos, através da Internet.

Referido serviço — que, neste caso, coincidentemente está sendo prestado por um provedor de acesso — com o provimento de acesso não se confunde, pois trata-se de atividade diversa. Tal atividade refere-se ao projeto e elaboração da *home-page* ou outro meio consistente nos serviços de criação, preparação, programação da campanha para inserção na rede dos dados antes desenvolvidos e conseqüente divulgação aos demais usuários.

Esta atividade — parece claro — está excluída do âmbito de incidência do ICMS, pois nenhuma relação tem com serviço de comunicação. Ao contrário, é uma típica atividade ligada à publicidade, e, portanto, inserida no âmbito de incidência do ISS, visto que expressamente relacionada na Lista de Serviços tributáveis pelo referido imposto (Lei Complementar 56/87), conforme item 85, a saber: "85. Propaganda e publicidade, inclusive promoção de vendas, planejamento de campanhas ou sistemas de publicidade, elaboração de desenhos, textos e demais materiais publicitários (exceto sua impressão, reprodução ou fabricação)".

4. *"Paging"*

O serviço de *Paging* é um serviço de radiochamada, destinado a transmitir sinais de chamada especialmente codificados, endereçados aos assinantes do serviço, utilizando-se do conhecido *pager* ou *bip* (aparelho de recados), mediante a contratação onerosa entre a operadora do serviço e o assinante.

Inicialmente, cumpre esclarecer que o escopo deste trabalho é a análise da prestação do serviço de radiochamada (*Paging*), e não a aquisição e/ou comercialização do aparelho (*pager*), sendo, assim, duas operações totalmente distintas.

O aparelho poderá, por exemplo, ser locado por ocasião da contratação do serviço de radiochamada, e, neste caso, estar-se-á celebrando com a locadora contrato autônomo de locação de bem móvel, sujeito, portanto, ao ISS.

É bem verdade que para haver a comunicação, neste caso, imprescindível é o aparelho (*pager*). Todavia, a forma jurídica utilizada para a posse desse bem, que poderá ser substituído a qualquer tempo, nada tem a ver com a comunicação. De fato, no caso da opção pela locação, quando da rescisão contratual o aparelho deverá ser restituído à locadora, conforme as regras do Direito Privado.

Pretender atribuir subordinação da locação autonomamente contratada ao serviço de radiochamada, para efeitos de tributação, equivale a aplicar a interpretação econômica em Direito Tributário (preponderância do conteúdo econômico sobre a forma jurídica), o que não se admite em nosso sistema jurídico.

O serviço de radiochamada ocorre da seguinte forma: uma pessoa interessada em comunicar-se com o assinante utiliza-se de uma central onde será efetuada a anotação dos recados através de uma secretaria, que se encarregará da transmissão dos mesmos ao assinante, através dos sinais de chamada.

A questão que se apresenta para a identificação do regime tributário a que se sujeita tal operação está relacionada à identificação da atividade-meio e do serviço-fim.

Em tal operação identificamos duas atividades distintas, quais sejam: secretaria/anotação dos recados e transmissão dos sinais. Parece-nos que a atividade preponderante, ou seja, a finalidade do serviço de radiochamada, é a transmissão dos sinais (envio das mensagens que serão recepcionadas através do aparelho denominado *pager*).

Observamos que ao contratar os serviços de radiochamada a pretensão do assinante é receber a transmissão dos sinais, não se importando com os meios utilizados para o alcance desse fim (envio de mensagens). Assim, podemos concluir que o serviço de secretaria/anotações dos recados/mensagens é apenas uma atividade-meio, sendo o serviço-fim a transmissão dos sinais de chamada.

Estabelecidos estes parâmetros, cumpre, agora, analisar se o serviço-fim — qual seja, o serviço de transmissão dos sinais — é serviço de telecomunicações (serviço específico de comunicação) ou serviço de outra natureza.

De acordo com o art. 4º da Lei 4.117, de 27.8.62 (Código Brasileiro de Telecomunicações), reiterado pelo art. 60, § 1º, da Lei 9.472/97 (Lei Geral de Telecomunicações), "constituem serviços de telecomunicações a transmissão, emissão ou recepção de símbolos, caracteres, sinais, escritos, imagens, sons ou informações de qualquer natureza, por fio, rádio, eletricidade, meios óticos ou qualquer outro processo eletromagnético".

Sendo a prestação do serviço de radiochamada serviço destinado a possibilitar uma comunicação entre pessoas através da transmissão de sinais de chamada, especialmente codificados, mediante contraprestação onerosa, conclui-se que é um serviço especial de telecomunicações, sujeito, portanto, à incidência do ICMS, nos termos do art. 155, II, da CF/88.

5. *Resumo final*

O presente trabalho visa à análise das operações que envolvem TV a Cabo e DTH, Internet e *Paging*, com o objetivo de identificar o regime jurídico-tributário ao qual se submetem.

Centramos nossa atenção para a disputa que surge entre Estados e Municípios decorrente da dificuldade na identificação da finalidade de tais operações. Trata-se de prestação de serviços alcançados pela incidência do ICMS ou do ISS?

As principais conclusões a que chegamos acerca da matéria são as seguintes:

5.1 A indicação do regime jurídico-tributário a que se submetem as operações relacionadas com TV a Cabo e DTH, Internet e *Paging* somente se faz com a identificação da natureza e objetivo das operações, verificando a atividade-meio e o serviço-fim das mesmas.

5.2 O serviço de TV a Cabo e DTH é um serviço de televisão adquirido mediante assinatura, não se confundindo com serviço de radiodifusão, sendo serviço típico de telecomunicações, estando, conseqüentemente, sujeito à incidência do ICMS.

5.3 A utilização da Internet é viabilizada pelo provedor de acesso à mesma. Este serviço (provimento de acesso) é de valor adicionado e não se confunde com o serviço de comunicação, estranho, assim, ao âmbito de tributação do ICMS. De outro lado, o provimento de acesso à Internet não consta no rol de serviços contido na Lei Complementar 56/87, e, portanto, não pode ser tributado pelo ISS, pelo menos até que seja nele inserido.

5.4 O usuário da Internet, além do provimento de acesso, também poderá contratar serviços de apoio/suporte para inserir informações aos demais usuários; tal serviço poderá ser prestado por um provedor de acesso, mas com ele não se confunde, sendo atividade diversa, tributada pelo ISS.

5.5 O serviço de *Paging* é um serviço de radiochamada que visa à comunicação entre pessoas, através da transmissão de sinais de chamada, especialmente codificados, constituindo-se, assim, em serviço especial de telecomunicações, sujeito, portanto, à tributação pelo ICMS.

Referências bibliográficas

ALMEIDA, Edgard Pitta de. "A tributação de serviços de acesso à Internet". *Revista Dialética de Direito Tributário* 14.

AMARO, Luciano da Silva. "Planejamento tributário". *RDT* 71. São Paulo, Malheiros Editores, 1998.

ATALIBA, Geraldo. *Hipótese de Incidência Tributária*. 5ª ed., 7ª tir. São Paulo, Malheiros Editores, 1998.

__________. "ICMS — Competência impositiva na Constituição de 1988". *RDA* 195.

__________. e BARRETO, Aires F. "ISS na Constituição — Pressupostos positivos — Arquétipo do ISS". *RDT* 37. São Paulo, Ed. RT, 1986.

BALEEIRO, Aliomar. *Limitações Constitucionais ao Poder de Tributar*. Rio de Janeiro, Forense, 1997.

BARRETO, Aires Fernandino. "ISS — Atividade-meio e serviço-fim". *Revista Dialética de Direito Tributário* 5.

BASTOS, Celso Ribeiro. *Comentários à Constituição do Brasil*. v. 2º. São Paulo, Saraiva, 1989.

BECKER, Alfredo Augusto. *Teoria Geral do Direito Tributário*. 2ª ed. São Paulo, Saraiva, 1972.

CARRAZZA, Roque Antônio. *ICMS*. 3ª ed. São Paulo, Malheiros Editores, 1997.

CRETELLA JÚNIOR, José. *Comentários à Constituição de 1988*. v. I. Rio de Janeiro, Forense Universitária.

JUSTEN FILHO, Marçal. "Princípios constitucionais tributários". *Caderno de Pesquisas Tributárias* 18. São Paulo, Resenha Tributária, 1993.

LAVIERI, João Vicente. "Internet: incidência do ICMS ou ISS?". *Revista Jurídica Consulex* 1/54 e 55. N. 3. Ed. Consulex, 1998.

MAXIMILIANO, Carlos. *Hermenêutica e Aplicação do Direito*. 9ª ed., 1ª tir. Rio de Janeiro, Forense, 1980.

MELO, José Eduardo Soares de. *ICMS. Teoria e Prática*. 2ª ed. São Paulo, Dialética, 1996.

__________. "ICMS — TV por Assinatura e a Cabo, *Courrier* e Internet". *RDT* 71. São Paulo, Malheiros Editores, 1998.

__________. *Leasing — ISS e ICMS? O ICMS, a LC 87/96 e Questões Jurídicas Atuais*. São Paulo, Dialética, 1996.

NOTAS & COMENTÁRIOS

CONTRIBUIÇÃO AO ESTUDO DAS NORMAS DE EXONERAÇÃO TRIBUTÁRIA NO PLANO DA TEORIA GERAL DO DIREITO TRIBUTÁRIO

ROBERTO WAGNER LIMA NOGUEIRA
Advogado — Mestrando na Universidade Cândido Mendes-RJ

1. Premissas metodológicas. 2. A visão de parte da doutrina a respeito das normas de exoneração tributária. 3. Nossa atitude mental jurídica para conhecer e descrever o objeto sob estudo. 4. A estrutura jurídica das normas de incidência exoneratória, sua forma de incidir e os efeitos desta incidência. 5. Síntese conclusiva.

1. Premissas metodológicas

Nosso desiderato ao escrever estas breves linhas é atender a parte do temário que trata de isenções no 5º Painel, oferecendo no âmbito da Teoria Geral do Direito Tributário uma breve "Contribuição ao estudo das normas de exoneração tributária no plano da Teoria Geral do Direito Tributário" através da utilização de um método cognitivo (ensaio) que possa ajudar a descrever e subsumir em uma hipótese normativa geral e ampla algumas normas de incidência exoneratória (isenções e imunidades) que são exceções à regra da tributação.

Para tanto estamos atentos às observações de Gilberto de Ulhôa Canto[1] sobre o calvário das definições: "Logo que ouvimos uma definição procuramos ver no que é deficiente, no que é incompleta, e entramos numa ginástica dialética, que não constrói, não produz os resultados que corresponderiam logicamente ao esforço despendido".

Cientes destas lições, todavia estimulados pelos desafios, procuramos, em um tópico, trazer à baila, de forma perfunctória, parte da doutrina sobre o assunto colocado como núcleo imediato, isto é, a norma exoneratória da obrigação tributária, por nós intitulada *norma de incidência exoneratória*.

Em outro tópico procuramos criar a base de sustentação de nossas idéias escudados nos conceitos ofertados pela Teoria Geral do Direito e, por decorrência de nossa área de estudo, pela Teoria Geral do Direito Tributário, principalmente no que diz respeito aos conceitos fundamentais de *Sistema*, *Ciência do Direito*, *Direito Posto*, *norma*, *fato*, *incidência e relação jurídica (eficácia) em sentido amplo e restrito*.

Acentuamos desde já que, em nosso ver, a norma de incidência exoneratória, que

1. *Apud* Alfredo Augusto Becker, *Teoria Geral do Direito Tributário*, p. 18.

é exceção à regra geral de tributação, divide-se em dois níveis: norma de incidência exoneratória constitucional e norma de incidência exoneratória infraconstitucional.

Urge dizermos que não é objetivo deste trabalho — o que já se demonstra pela prévia demarcação de seu objeto — esmiuçar as particularidades da cada norma de incidência exoneratória; ou esclarecer as causas ou fundamentos do seu nascimento no mundo jurídico; muito menos as conseqüências de suas revogações ou ab-rogações, o que demandaria, certamente, outro estudo mais aprofundado. O que pretendemos é, através de um corte metodológico, fazer vir à tona os traços gerais — sob o prisma da incidência — da figura ampla da "norma exoneratória", que, neste estudo, compreende algumas espécies de normas de exoneração tributária que — repetimos — são exceções à regra geral de tributação.

Reinsistamos, com o perdão da redundância enfática, para bem demarcar a base objetal deste trabalho, que visa ele a reagrupar em uma mesma categoria artificial algumas normas de exoneração tributária (imunidades, isenções), demonstrando a pertinência de considerá-las subsumidas a um conceito amplo. Para tanto, através de uma tomada de posição, afirmamos que nelas ocorre infalivelmente o fenômeno jurídico da "incidência exoneratória", e jamais "não-incidência" ou "não-incidência qualificada", como quer fazer crer a doutrina.

2. *A visão de parte da doutrina a respeito das normas de exoneração tributária*

Amílcar de Araújo Falcão[2] elucida que: "A não-incidência compreende duas modalidades: a da não-incidência pura e simples e a da não-incidência juridicamente qualificada, não incidência por disposição constitucional ou imunidade tributária. No primeiro caso, a não-incidência decorre da circunstância de não se verificarem os pressupostos materiais indispensáveis para a constituição ou integração do fato gerador: o fato gerador não existe, não ocorre ou não chega a integrar-se.

"A imunidade, como se está a ver, é uma forma qualificada ou especial de não-incidência, por supressão, na Constituição, da competência impositiva ou do poder de tributar, quando se configuram certos pressupostos, situações ou circunstâncias previstos pelo Estatuto Supremo. Esquematicamente, poder-se-ia exprimir a idéia do modo seguinte: a Constituição faz, originariamente, a distribuição da competência impositiva ou do poder de tributar; ao fazer a outorga dessa competência, condiciona-a, ou, melhor, clausula-a, declarando os casos em que ela não poderá ser exercida. A imunidade é, assim, uma forma de não-incidência pela supressão da competência impositiva para tributar certos fatos, situações ou pessoas, por disposição constitucional.

"Na isenção, diversa é a hipótese. Nela, há incidência, ocorre o fato gerador. O legislador, todavia, seja por motivos relacionados com a apreciação da capacidade econômica do contribuinte, seja por considerações extrafiscais, determina a inexigibilidade do débito tributário ou, como diz Rubens Gomes de Sousa, delibera 'dispensar o pagamento de um tributo devido'."

Seguindo esta explanação, trazemos a lume a autoridade da fala de Aliomar Baleeiro[3] quando leciona que "a isenção não se confunde com a imunidade, nem com a não-incidência. A imunidade é de ordem constitucional e dirige-se ao legislador tributário, impedindo-o de decretar tributos, geralmente impostos, nos casos expressos. Será inconstitucional a lei que, transgredindo a imunidade, tributar a pessoa, coisa ou fato preservado por uma disposição do Estatuto Político. A imunidade veda que a lei determine, em certo caso, o nascimento da

2. Amílcar de Araújo Falcão, *Fato Gerador da Obrigação Tributária*, pp. 64 e 65.

3. Aliomar Baleeiro, *Direito Tributário Brasileiro*, pp. 584 e 585.

obrigação tributária. A isenção decorre da lei e dirige-se à autoridade administrativa, excluindo do tributo decretado determinadas situações pessoais ou reais. A isenção veda constituição do crédito tributário, mas deixa de pé as obrigações acessórias".

Sacha Calmon Navarro Coêlho[4] faz algumas anotações sobre o tema em debate em obra que não trata exclusivamente da questão das exonerações tributárias, mas sim do sistema tributário nacional. Todavia, devido à sua autoridade, merece a citação. Diz o Mestre: "A isenção como também a imunidade não excluem o crédito, obstam à própria incidência, impedindo que se instaure a obrigação. (...). A isenção não é forma de extinção de obrigação pelo dispensamento do crédito, mas fenômeno intrínseco à formação da hipótese de incidência da norma de tributação. Está no começo e não ao fim do processo obrigacional. (...). Achamos que a norma de isenção não é. E se não é não pode ser não-juridicizante. Não sendo, também não incide".

Certamente um dos doutrinadores mais atuantes de nossa atualidade, o professor Hugo de Brito Machado[5] afirma que "a regra jurídica da isenção não configura uma dispensa legal de tributo devido, mas uma exceção à regra jurídica de tributação". Já a "não-incidência é a situação em que a regra jurídica de tributação não incide porque não se configuram os pressupostos de fato, se resulta da clara inocorrência da hipótese de incidência da regra de tributação; de direito, se existe regra jurídica expressa dizendo que não se configura, no caso, a hipótese de incidência tributária. Não se deve confundir a não-incidência de direito com a isenção. A não-incidência de direito é mera explicitação que o legislador faz, para maior clareza, de que não se configura, naquele caso, a hipótese de incidência. A rigor, a norma que faz tal explicitação poderia deixar de existir sem que nada se alterasse. Já a norma de isenção, porque retira parcela da hipótese de incidência, se não existisse seria o tributo devido". Quanto à imunidade, diz o eminente magistrado: "A imunidade é o obstáculo criado por uma norma da Constituição, que impede a incidência de lei ordinária de tributação sobre determinado fato. É possível dizer-se que a imunidade é uma forma qualificada de não-incidência. Realmente, se há imunidade, a lei tributária não incide, porque é impedida de fazê-lo, pela norma superior, vale dizer, pela norma da Constituição".

O jurista gaúcho Alfredo Augusto Becker contribuiu com relevante doutrina para o tema das exonerações tributárias; foi sua a visão desbravadora de que a regra jurídica da isenção incide para que a regra de tributação não possa incidir, refutando os argumentos já citados de Amílcar de Araújo Falcão e de outras autoridades na matéria, que entendiam que a isenção é a dispensa legal do tributo devido.[6]

Diz ele:[7] "A realização da hipótese de incidência da regra jurídica de isenção faz com que esta regra jurídica incida justamente para negar a existência de relação jurídica tributária. Por sua vez, as hipóteses não enquadráveis dentro da hipótese de incidência da regra jurídica explícita de isenção tributária são precisamente as hipóteses de incidência de regras jurídicas implícitas. Na verdade, não existem aquela anterior rela-

4. Sacha Calmon Navarro Coêlho, *Comentários à Constituição de 1988 — Sistema Tributário*, pp. 393-396.

5. Hugo de Brito Machado, *Curso de Direito Tributário*, pp. 151 e 152.

6. Rubens Gomes de Sousa define: "Isenção é o favor fiscal concedido por lei, que consiste em dispensar o pagamento de um tributo devido (...)" (*Compêndio de Legislação Tributária*, p. 72). Seguindo a definição *supra*: Cláudio Martins (*Normas Gerais de Direito Tributário*, p. 162); Adílson Rodrigues Pires (*Manual de Direito Tributário*, p. 16); Fábio Fanucchi (*Curso de Direito Tributário*, v. I, p. 370); Luiz Emygdio F. Rosa Junior (*Novo Manual de Direito Financeiro e Direito Tributário*, p. 377); Ives Gandra da Silva Martins (*Sistema Tributário na Constituição de 1988*, p. 152), dentre outros (*apud* Denise Lucena Rodrigues, *A Imunidade como Limitação à Competência Impositiva*, p. 25).

7. In Alfredo Augusto Becker, ob. cit. p. 277.

ção jurídica e respectiva obrigação tributária que seriam desfeitas pela incidência da regra jurídica da isenção. Para que pudesse existir aquela anterior relação jurídica tributária seria indispensável que antes da incidência da regra jurídica de isenção houvesse ocorrido a incidência da regra jurídica da tributação".

José Souto Maior Borges,[8] aprofundando as investigações científicas de Becker, sustenta, em obra de reconhecido valor, que:

"A expressão 'não-incidência', usada comumente pela doutrina do Direito Tributário em sentido genérico, para abranger todos os casos de inexigibilidade de tributos, pode ser empregada no sentido específico de inexistência de disposição prevendo o fato gerador.

"Partindo-se da constatação de que, nas hipóteses de não-incidência, o tributo não é devido porque não chega a surgir a própria obrigação tributária, procura-se distingui-la da isenção, hipótese em que o tributo seria devido, porque existiria a obrigação, mas a lei dispensaria o seu pagamento.

"Tal distinção é criticável, de vez que a isenção, contrariamente ao que pretende a quase-generalidade da doutrina, configura hipótese de não-incidência legalmente qualificada, como a imunidade configura hipótese de não-incidência constitucionalmente qualificada (*supra*, I; *infra*, X e § 3º, III).

"Ocorre não-incidência quando os requisitos previstos na lei tributária não se verificam concretamente, de modo que não surge para o contribuinte a obrigação tributária. Não-incidência é conceito correlacionado com o de incidência. Ocorre incidência da lei tributária quando determinada pessoa ou coisa se encontra dentro do campo coberto pela tributação; dá-se não-incidência, diversamente, quando determinada pessoa ou coisa se encontra fora do campo de incidência da regra jurídica de tributação".[9]

8. José Souto Maior Borges, *Isenções Tributárias*, pp. 182 e 183.

9. Merecem citação, também, os estudos doutrinários do professor Aurélio Pitanga Seixas Filho (*Teoria e Prática das Isenções Tributárias*, pp. 10, 11 e 63), que, em obra de tomo, esclarece: "(...) quando uma pessoa pratica um fato cuja tipicidade não se enquadra integralmente no fato gerador tributário, esta seria uma hipótese de não-incidência da norma jurídica tributária por ausência ou falta de tipicidade legal". "Num sentido amplo, não estarão vinculadas a uma relação tributária todas as pessoas que não atuem ou pratiquem ações que tenham proximidade com a tipicidade tributária" (p. 10). Já "a não-incidência, no sentido estrito, não é um fato irrelevante perante o Direito Tributário, pois a proximidade do fato típico da não-incidência com o fato típico tributário pode levar a pessoa não sujeita à obrigação tributária principal a ser obrigada a cumprir deveres administrativos ou obrigações tributárias acessórias" (p. 11). Tratando da diferença entre não-incidência e isenção, leciona Aurélio Pitanga Seixas Filho: "o fato isento, na medida em que se assemelha ao fato não-tributável por produzirem, ambos, uma conseqüência jurídica igual — pois deixa de ocorrer o fato gerador tributário —, se distingue pela forma como é produzida a aludida conseqüência jurídica, já que na isenção o fato gerador típico deixa de ocorrer em razão da existência de mais de uma norma jurídica tributária cujo efeito será o de impedir ou paralisar a conseqüência jurídica da norma principal, enquanto a situação fática de não-incidência é uma conseqüência (de fato ou de direito) de inexistência de norma tributária. A ausência de norma tributária tipificando a hipótese da não-incidência poderá ser desejada pelo legislador, que, para obter esta conseqüência de direito, deverá definir ou modelar o fato gerador do tributo, de tal maneira que consiga excluir do mesmo a aludida hipótese de não-incidência" (p. 11). No tocante às imunidades, é também de bom alvitre ouvirmos Aurélio Pitanga Seixas Filho, que sustenta não haver diferença substancial entre aquelas e as isenções; vejamos: "(...) tirante a sua localização na Carta Magna, o que torna mais difícil sua revogação, substancialmente não há distinção entre as isenções constitucionais, as concedidas por lei complementar e as isenções ordinárias, já que são concedidas em atenção ao mesmo motivo, isto é, relevante interesse público, interesse da sociedade, aferido pelos respectivos órgãos políticos, no Poder Legislativo" (p. 63).

Em estudo profundo e de leitura obrigatória, Flávio Bauer Novelli ("Anualidade e anterioridade na Constituição de 1988", *RDA* 179-189/41) faz argutas observações sobre as isenções tributárias, ao dizer, com a habitual precisão: "Ao contrário, pois, do que pretende a tese censurada, *(falava ele sobre a tese da isenção como dispensa legal do pagamento do tributo devido)* a isenção — aliás, como de há muito entrevira a mais autorizada doutrina — é, tam-

Assevera Paulo de Barros Carvalho,[10] com proficiência, que a imunidade é "a classe finita e imediatamente determinável de normas jurídicas, contidas no texto da Constituição Federal, e que estabelecem, de modo expresso, a incompetência das pessoas políticas de direito constitucional interno para expedir regras instituidoras de tributos que alcancem situações específicas e suficientemente caracterizadas".

Quanto às isenções faz ele críticas às formas tradicionais de abordá-las, ora como dispensa legal de pagamento de tributo devido, ora como hipótese de não-incidência legalmente qualificada. Para tanto, defende tese genuína no sentindo de que "a regra de isenção investe contra um ou mais dos critérios da norma-padrão de incidência, mutilando-os, parcialmente. É óbvio que não pode haver supressão total do critério, porquanto equivaleria a destruir a regra-matriz, inutilizando-o como norma válida no sistema. O que o preceito de isenção faz é subtrair parcela do campo de abrangência do critério do antecedente ou do conseqüente".[11]

Ainda sobre o tema das exonerações tributárias, Roque Antônio Carrazza,[12] em desenvolvimento da tese de Eliud José Pinto da Costa (seu orientando no Programa de Pós-Graduação em Direito de PUC/SP), sustenta que "(...) não há norma jurídica tributária isentiva (anterior). O que há, sim, é a resultante das leis tributárias e das leis

bém ela, uma hipótese de não-incidência (subentende-se, da norma impositiva). Na verdade, segundo notara por primeiro A. Berliri, uma particular hipótese de não-incidência, devida não a que tenha deixado de verificar-se a *fattispecie* prevista pelo legislador (*difetto di legittimazione*), mas a que, pelo contrário, além desta, uma outra circunstância se tenha verificado: a circunstância dita especializante (estabelecida pela norma isentante), de que resultou o afastamento (*Verdrängung*, derrogação) da norma impositiva".

Ainda no Rio de Janeiro, podemos mencionar Ricardo Lobo Torres (*Os Direitos Humanos e a Tributação*, pp. 400-403), que traça interessante perfil das normas exoneratórias. Ensina ele nesta sua bela obra que a "imunidade é limitação do poder de tributar fundada na liberdade absoluta, tendo por origem os direitos morais e por fonte a Constituição, escrita ou não; possui eficácia declaratória, é irrevogável e abrange assim a obrigação principal que a acessória" (p. 400). Quanto às isenções, continua o Mestre, "a isenção (= privilégio não-odioso) é a autolimitação do poder fiscal derrogatória da incidência, fundada na idéia de justiça, tendo por origem o Direito Positivo e por fonte a lei ordinária; possui eficácia constitutiva, é revogável com efeito restaurador da incidência e abrange apenas a obrigação principal". "Já a não-incidência é conceito de grande complexidade. Em sua acepção ampla, compreende a imunidade, a isenção e a não-incidência propriamente dita, que as três produzem a conseqüência de evitar a incidência do tributo. No sentido estrito ou técnico, entretanto, a não-incidência é a ausência de imposição fiscal que decorre, por exclusão, da definição do fato gerador, tendo fundamento lógico (*nomen juris* do tributo, técnica impositiva, sujeição a outro imposto etc.), ou teleológico (justiça ou conveniência fiscal)" (pp. 402 e 403).

Do Ceará, a professora Denise Lucena Rodrigues, da Universidade Federal do Ceará (ob. cit., p. 23), traz importante contribuição para o estudo do nosso objeto. Explica a professora cearense que "a não-incidência adquire feição especial quando se adota a posição da não-incidência qualificada. A partir desse entendimento é que se alcançam os conceitos de imunidade e isenção, considerando estes como espécies do gênero não-incidência. Partindo-se desse pressuposto, tem-se que a não-incidência pode ser de dois tipos, constitucional ou legal. Não-incidência constitucional = imunidade; e não incidência legal = isenção. Conclui-se que tanto a imunidade como a isenção são espécies de não-incidência qualificada". "Contudo, ressalta-se que a imunidade tem caráter permanente, enquanto a isenção pode ser transitória. Portanto, enfatiza-se que a isenção é uma não-incidência temporária, visto que poderá ser revogada pelo legislador" (p. 23). No que atina à imunidade a professora Denise Lucena Rodrigues observa que "a norma exonerativa impede a criação da hipótese de incidência por ela limitada. Não há incidência porque não há, aliás, não pode haver, hipótese prevista. A diferença básica entre imunidade e as demais formas exonerativas é que naquela há um impedimento permanente e superior, emanado do texto constitucional, impedindo qualquer ingerência estatal no âmbito por ela traçado". "Independe, assim, da vontade legislativa das competências outorgadas pela Constituição. O campo delimitado pela imunidade, situando-se na área da não-incidência, não poderá ser invalidado, de qualquer forma, pelo Poder Público. A imunidade, como limitação à competência impositiva do Estado, representa uma segurança aos que estão abrangidos por ela" (p. 27).

10. Paulo de Barros Carvalho, *Curso de Direito Tributário*, p. 121.

11. Paulo de Barros Carvalho, ob. cit., pp. 332 e 333.

12. Roque Antônio Carrazza, *Curso de Direito Constitucional Tributário*, p. 372.

isentivas, que é a norma jurídica tributária com a conformação que estas lhe imprimiram (...) portanto, desenvolvendo o raciocínio do jovem mestre maranhense, a isenção dá um novo feitio à norma jurídica tributária, impedindo que certos fatos sejam alvo de tributação. Não investe contra a norma jurídica tributária, mas lhe comunica nova catadura".

Continua ele: "Ademais — acrescentamos — nem sempre a lei isentiva é posterior à que 'cria' o tributo. Por vezes, é concomitante: a mesma lei que cria o tributo dele isenta determinados fatos".[13]

Da Argentina Héctor B. Villegas[14] nos traz importante contribuição para o tema das incidências exoneratórias quando nos esclarece que:

"(...) el Derecho Tributario material no sólo estudia hechos imponibles, sino que también comprende otros hechos o situaciones que son descritos hipotéticamente en otras normas de los ordenamientos tributarios, y que acaecidos en el mundo fenoménico, producen el peculiar efecto de neutralizar la consecuencia jurídica normal derivada de la configuración del hecho imponible, o sea, el mandato de pagar el tributo cuyos elementos de mensuración pecuniaria son también normativamente fijados.

"Esos hechos o situaciones que enervan la eficacia generadora del hecho imponible se denominan 'exencciones y beneficios tributarios'. Tienen la virtud de (a modo de metafórica tijera) poder 'cortar' el nexo normal entre la hipótesis como causa y el mandamiento como consecuencia. En efecto, cuando se configuran exenciones o beneficios tributarios, la realización del hecho imponible ya no se traduce en el mandato de pago que la norma tributaria originariamente previó.

"Vemos entonces: tenemos una hipótesis legal condicionante tributaria (hecho imponible). Pero no está sola. Está escoltada por una hipótesis legal neutralizante tributaria. La consecuencia de la realización de la primera es el precepto de pagar el exacto monto tributario que la ley ordenna. La consecuencia de la segunda es impedir (total o parcialmente) que la realización de la primera se traduzca en el originario precepto.

"En otras palavras y utilizando didácticamente un idioma metafórico: la hipótesis legal neutralizante tributaria es la enemiga del hecho imponible. Su misión es la de destruir en forma total o parcial la consecuencia habitual de la realización del hecho imponible.

"Las exenciones y beneficios tributarios constituyen límites al principio constitucional de generalidad (*supra*, cap. VIII, punto 7) y sus fundamento o motivos se deben buscar en la política fiscal y no en el Derecho Tributario."

O professor catedrático da Universidade de Barcelona José Juan Ferreiro Lapatza[15] faz uma abordagem sucinta mas de grande valia para o tema das incidências exoneratórias:

"Pero los conceptos de sujeción, no-sujeción y exención necesitan, dada su importancia técnico-jurídica en la regulación del tributo, una siquiera breve explicación adicional.

"Y en esta línea quizá, puede decirse, nadie como Berliri haya dado un criterio más claro para diferenciar los supuestos de sujeción, no-sujeción y exención. Siguiendo a Berliri en este punto, podemos decir que cuando se dan todos los elementos del hecho imponible estamos ante un supuesto de sujeción al tributo, estamos ante un *hecho sujeto*. Cuando no se dan, no se realizan, todos los elementos del hecho imponible estamos ante un supuesto de no-sujeción, estamos ante un *hecho no sujeto*. Cuando se dan todos los elementos del hecho imponible y, *además*, un hecho o circunstancia al que la ley liga el no-nacimiento de la

13. Roque Antônio Carrazza, ob. cit., p. 373.
14. Héctor B. Villegas, *Curso de Finanzas, Derecho Financiero y Tributario*, pp. 281 e 282.

15. José Juan Ferreiro Lapatza, *Curso de Derecho Financiero Espanõl*, p. 359.

obligación tributaria, estamos ante una exención, ante un *hecho exento*.

"Aun así, la distinción exención/no-sujención puede plantear problemas en orden a la calificación de cada caso concreto. Sainz de Bujanda ofrece en este sentido la regla más exacta, clara y precisa para resolverlos: 'En el caso de los supuestos de exención', senãla, 'la aplicación de la norma que contiene el hecho imponible determinaría, sin la norma de exención, la sujención del supuesto exento'. Las normas que contienen la exención no son, pues, como las que indicam supuestos de no-sujeción, normas interpretativas o aclaratorias que sirvam para precisar, aclarar o determinar (cf. art. 29 LGT) más facilmente los contornos del hecho imponible. Son, por el contrario, normas que contienen un mandato muy concreto: privan al hecho imponible de su eficacia para generar la obligación tributaria."

Como lembra José Wilson Ferreira Sobrinho,[16] Walter Barbosa Corrêa dispensou extensas linhas ao estudo da não-incidência no campo tributário. Diz ele que "a não-incidência é abstrata, existindo em função da incidência. A não-incidência, como qualidade abstraída do tributo, não tem vida própria" (cf. "Não incidência, imunidade e isenção", *RDA* 73/434).

3. Nossa atitude mental jurídica para conhecer e descrever o objeto sob estudo

É importante assinalarmos, no início deste tópico, que a escolha da perspectiva em que se vai conhecer o objeto está condicionada pelo sistema de referência daquele que conhece o objeto. O conhecimento é a apreensão intelectual do objeto. É — segundo Goffredo Telles Júnior — "o renascimento do objeto conhecido, em novas condições de existência, dentro do sujeito conhecedor".

Constata Goffredo Telles Júnior (*O Direito Quântico*, São Paulo, Max Limonad, 1971, pp. 159 e 160)[17] "que o ato de escolha não é um ato de liberdade: depende do patrimônio genético, do confronto de uma informação, provinda do mundo exterior, com todo o cabedal de aprendizagem, já armazenado pelo agente. Todo ato livre é sempre um ato determinado por algum motivo. Diz o autor: o sistema de referência é produto de muitas causas: legado genético, aprendizagem, experiência etc. Cada homem possui seu próprio universo cognitivo, que é o sistema de referência em razão do qual ele conhece as realidades do mundo; mas seu sistema de referência pode não pertencer exclusivamente a ele; pode ser o universo cognitivo de uma comunidade inteira. É natural que, oriundos das mesmas contingências, os sistemas de referências de um mesmo grupo sejam semelhantes uns aos outros; tais sistemas constituem um patrimônio cultural comum. O conhecimento de algo varia segundo as associações mentais, as estruturas psíquicas, dependendo sempre do universo cognitivo do sujeito pensante".

Esta é a razão que justifica as diversas e díspares interpretações que os juristas colhem dos enunciados legais, fruto que são da visão pessoal daquele que se aproxima do objeto a ser conhecido. Urge dizer que o Direito não pode ser explicado, e sim compreendido, porque explicar é desintegrar o objeto e revelar a ligação da causa e efeito, é o caso dos fatos da natureza, o fenômeno físico, que só podem ser explicados, e não compreendidos. "Para tornar clara essa questão, convém lembrar que, segundo Edmund Husserl, não é causalidade, mas sim a motivação, que governa os objetos culturais. As motivações estão na conduta; fazem parte dela e da liberdade."[18] O Direito como objeto cultural deve ser compreendido. Compreender é conhecer o sentido de algo, compreende-se um objeto

16. José Wilson Ferreira Sobrinho, *Imunidade Tributária*, pp. 46 e 47.

17. In Maria Helena Diniz, *A Ciência Jurídica*, p. 5.

18. Maria Helena Diniz, ob. cit., p. 34.

quando se lhe conhece o sentido, compreender é ver as coisas na integridade de seus sentidos ou fins, segundo conexões determinadas de modo valorativo.

Assinala Ângela Maria da Motta Pacheco,[19] Mestre em Direito Tributário pela PUC/SP, que "o Direito Positivo, construção do ser humano, é uma unidade ontológica, um sistema de linguagem, informado pela racionalidade, com a finalidade de interferir na conduta humana de maneira coercitiva. Destarte, a linguagem-objeto, o sistema jurídico posto, é o ponto de convergência da análise do cientista do Direito, que não poderá ultrapassar as fronteiras, os quadrantes, que emolduram este sistema. A referibilidade da Ciência Jurídica ou Jurisprudência Dogmática restringe-se à medida das proposições normativas do ordenamento jurídico positivo".

O Direito Posto é uma teia urdida por pontos que são as normas jurídicas. Estas vão entrecruzando-se, formando uma enorme rede que conta uma rica histórica. É uma história de comandos que tem como escopo direcionar o fluxo do comportamento humano em direção aos valores que a sociedade anela, razão pela qual é uma linguagem normativa. Esta rede de rica linguagem é estudada pela Ciência do Direito, que, como Ciência, é descritiva de seu objeto. É a compreensão desta história, desta teia que forma uma rede. Diríamos que a interpretação é o resultado da compreensão desta rede.

"Não é, pois, possível que uma única teoria desvende a complexidade deste objeto. Da mesma forma que as Ciências da Natureza, o desvendamento do objeto é feito paulatinamente no tempo e no espaço. Uns cientistas iluminam uma face, outros, outras. Até que a cena fique visível e se enxerguem os contornos e as texturas das imagens."[20] É acreditando nisto que pretendemos estudar sob o prisma da incidência algumas normas de exoneração tributária, demonstrando a nossa visão sobre o assunto.

Seguindo nesta direção, é necessário precisar o enfoque teórico a ser dado à Ciência do Direito. Há sempre duas possibilidades de se investigar um problema: acentuar o aspecto "pergunta" ou acentuar o aspecto "resposta". O *enfoque zetético* acentua o aspecto "pergunta", fragmentam-se as opiniões e as questões são infinitas. Já o *enfoque dogmático* tem por finalidade orientar uma ação e possibilitar uma decisão. A Ciência do Direito é vista como um saber dogmático e o estudioso do Direito tornou-se um especialista em questões dogmáticas. Logo, nosso trabalho possui um enfoque nitidamente dogmático.

Dentro desta visão dogmática (a linguagem da Dogmática é a ferramenta com que vamos atuar sobre o objeto), concebemos a ordem jurídica como o conjunto de normas vigentes, válidas e eficazes. A norma não é válida ou vigente porque é eficaz, é válida se a ordem a que pertence for no seu todo eficaz, isto é, só no caso de ter também certo grau de eficácia. É esta ordem que devemos conhecer. É o seu dado. Estudando-a, fatalmente encontraremos as hipóteses normativas da incidência exoneratória.

Para estudar esta ordem precisamos dominar a linguagem científica (*metalinguagem*) que fala sobre ela (*linguagem objeto*). O rigor discursivo é paradigma de uma Ciência — e, por conseguinte, da Ciência do Direito. A produção de um discurso científico requer uma análise preliminar em termos de linguagem: onde não há rigor lingüístico não há Ciência. Fazer Ciência é traduzir numa linguagem rigorosa os dados do mundo, é elaborar uma linguagem mais precisa que a linguagem natural. A linguagem da Ciência Jurídica fala sobre algo que já é linguagem anteriormente a esta fala.[21]

19. Ângela Maria da Motta Pacheco, *Sanções Tributárias e Sanções Penais Tributárias*, p. 31.

20. Angela Maria da Motta Pacheco, ob. cit., p. 42.

21. Luís Alberto Warat, *O Direito e sua Linguagem*, 1995.

Outra exigência de uma linguagem científica é a de contar com um número mínimo de conceitos organizados sistematicamente. Por vezes tais conceitos são estipuladamente introduzidos na linguagem da Ciência, outras vezes os discursos científicos são o produto de um processo de especificação de sentido, através do qual tornam-se unívocas significações usadas na linguagem natural. Esse procedimento é denominado "elucidação".[22]

Muitas das vezes as formulações lingüísticas (leis) provenientes dos órgãos legislativos recobrem idiomaticamente as estruturas das hipóteses de incidências exoneratórias; todavia, é dever do cientista sacar as proposições jurídicas (normas de incidências exoneratórias) veiculadas mediante a conjugação de vários dispositivos contidos em múltiplos textos legais. As proposições jurídicas (em nosso estudo, as normas de incidências exoneratórias) não são a expressão científica do texto da lei, mas do comando veiculado por aquele texto. Se o objeto da Ciência Jurídica fosse unicamente a expressão lingüística formulada pelo legislador, estaríamos diante de uma Ciência da Linguagem, e não mais do Direito.

Precisamos estabelecer o conceito da expressão "proposições jurídicas", que é de extrema importância para compreensão de nosso discurso. Para nós, *proposições jurídicas* e *normas jurídicas* são termos sinônimos, tendo em vista que toda *norma jurídica* há de ser expressa mediante uma *proposição jurídica*. É como acentua Karl Larenz:[23] "La regla del Derecho tiene la forma linguística de una proposición, de la 'proposición jurídica'.[24] De ella se ha de tratar en lo que sigue. La norma jurídica, en virtud del sentido normativo que le corresponde, ha de distinguirse de una proposición enunciativa, que contiene una afirmación de hechos o una constatación".

É neste sentido — de uma forma geral — que também caminha o pensamento de Eurico Marcos Diniz de Santi[25] quando acentua, com rigor científico, que "proposição é a significação do enunciado. Como juízo significativo que é, apresenta necessariamente uma estrutura lógica. A proposição normativa (jurídica ou prescritiva) revela estrutura hipotética (implicacional) geral ou individual, é sua forma lógica. Tem composição dual. Suas partes, elementos que inexistem por si sós, podem estar dispersas na legislação positiva, integrando corpos jurídicos os mais diversos. Entretanto, recompondo logicamente, temos: (i) hipótese ou pressuposto, parte da norma que tem por função descrever situação de possível ocorrência no mundo, e (ii) tese ou conseqüente, que prescreve uma relação modalizada pelo functor relacional deôntico num de seus três modos relacionais específicos: permitido, proibido ou obrigatório. Infere-se que nem toda proposição jurídica é norma jurídica. Norma jurídica é a proposição prescritiva que tem a forma implicacional, associando a um possível dado fático uma relação jurídica. A mera literalidade dos textos do Direito não atinge, compartimentadamente, a forma proposicional de norma jurídica. A norma jurídica é norma a partir de sua imersão no todo que é o sistema de linguagem do Direito Positivo".

Assim sendo, com a precisão de sempre, alerta Paulo de Barros Carvalho[26] para o fato de que:

"A linguagem do legislador é uma linguagem técnica, o que significa dizer que

22. Luís Alberto Warat, ob. cit., p. 60.

23. Karl Larenz, *Metodología de la Ciencia del Derecho*, pp. 242 e 243.

24. "El término *Rechtssatz* se usa aquí, por tanto, en un significado idéntico al del término *Rechtsnorm* (= norma jurídica). Esto se justifica precisamente porque la norma jurídica sólo puede ser expresada con una proposición. Kelsen (*RR*, 2ª ed., pp. 73 y ss.) reserva el término *Rechtssatz* para las proposiciones de la Ciencia Jurídica. Éstas contienen enunciados sobre el contenido o la vigencia de las normas jurídicas; son proposiciones enunciativas que, por su contenido, se refieren a normas, pero ellas mismas no son normas" (Karl Larenz, ob. cit., p. 242, nota de rodapé 1).

25. Eurico Marcos Diniz de Santi, *Lançamento Tributário*, pp. 31 e 32.

26. Paulo de Barros Carvalho, ob. cit., p. 4.

se assenta no discurso natural, mas aproveita em quantidade considerável palavras e expressões de cunho determinado, pertinentes ao domínio das comunidades científicas. Os membros das Casas Legislativas, em países que se inclinam por um sistema democrático de governo, representam os vários segmentos da sociedade. Alguns são médicos, outros bancários, industriais, agricultores, engenheiros, advogados, dentistas, comerciantes, operários, o que confere um forte caráter de heterogeneidade, peculiar aos regimes que se queiram representativos. E podemos aduzir que tanto mais autêntica será a representatividade do Parlamento quanto maior for a presença, na composição de seus quadros, dos inúmeros setores da comunidade social.

"Ponderações desse jaez nos permitem compreender o porquê dos erros, impropriedades, atecnias, deficiências e ambigüidades que os textos legais cursivamente apresentam. Não é, de forma alguma, o resultado de um trabalho sistematizado cientificamente. Aliás, no campo tributário, os diplomas têm-se sucedido em velocidade espantosa, sem que a cronologia corresponda a um plano preordenado e com a racionalidade que o intérprete almejaria encontrar. Ainda que as Assembléias nomeiem comissões encarregadas de cuidar dos aspectos formais e jurídico-constitucionais dos diversos estatutos, prevalece a formação extremamente heterogênea que as caracteriza."

Neste toar também se direciona o pensamento de Roberto J. Vernengo[27] quando afirma que "seguramente el Derecho Objetivo de cualquier Estado moderno es un conglomerado amorfo de normas dictadas por razones históricas contingentes; seguramente no es improbable ni difícil descubrir en ese material normativo, acumulado en actividades legislativas seculares, contradicciones explícitas e implícitas (...)".

Do exposto podemos entender a razão pela qual o legislador faz inserir, inclusive no Texto Maior, por várias vezes a expressão "não-incidência" em normas que em sua verdade científica estão a incidir. É fruto da atecnia do legislador, da deficiência de sua linguagem, que deve ser depurada e racionalizada logicamente pelo jurista. As normas jurídicas existem para alterar condutas, regrar comportamentos— enfim, incidir. Não é cientificamente razoável que uma norma que pertença ao ordenamento jurídico exista justamente para "não-incidir"; isto contraria os comandos (proposições jurídicas) veiculados pelo sistema de normas, e é o que vamos procurar demonstrar até o final deste trabalho.

Para tanto somos sensíveis às palavras de Paulo de Barros Carvalho[28] quando diz que:

"A norma jurídica é a significação que colhemos da leitura dos textos do Direito Positivo. Trata-se de algo que se produz em nossa mente, como resultado da percepção do mundo exterior, captado pelos sentidos. Vejo os símbolos lingüísticos marcados no papel, bem como ouço a mensagem sonora que me é dirigida pelo emissor da ordem. Esse ato de apreensão sensorial propicia outro, no qual associo idéias ou noções para formar um juízo, que se apresenta, finalmente, como proposição.

"A norma jurídica é exatamente o juízo (ou pensamento) que a leitura do texto provoca em nosso espírito. Basta isso para nos advertir que um único texto pode originar significações diferentes, consoante as diversas noções que o sujeito cognoscente tenha dos termos empregados pelo legislador. Assim, insistir na diferença entre texto do Direito Positivo e norma jurídica, sobre ser importante, é extremamente útil para o adequado entendimento do trabalho hermenêutico desenvolvido pelo cientista do Direito. Este, conhecedor que é das noções jurídicas fundamentais, bem como das formas possíveis de combiná-las, saberá, por certo, interpretar aquilo que lê,

27. Roberto J. Vernengo, *La Interpretación Literal de la Ley*, p. 131.

28. Paulo de Barros Carvalho, ob. cit., pp. 7 e 8.

à luz dos magnos princípios, surpreendendo as significações (normas jurídicas) da mensagem legislada."

Para conhecermos como se realiza o fenômeno jurídico da incidência da norma jurídica — e, por conseguinte, a incidência que gera a obrigação tributária, que é a regra geral, e a incidência exoneratória, que é a exceção — precisamos compreender que a causalidade do Direito trata de pôr em relação de causalidade o sistema social e o sistema normativo. Como nos chama a atenção o mestre recifense Lourival Villanova,[29] "o sistema social é um sistema totalizador. Dentro dele, há vários subsistemas, em intercorrência causal. O isolamento de um subsistema (o econômico, o político, o religioso, o jurídico — para somente indicar os principais) é temático. Resulta de uma abstração simplificadora, com fins metodológicos e gnosiológicos".

Como acima já havíamos afirmado, a finalidade intrínseca do sistema do Direito é alterar o mundo social (regrar condutas), imprimir direção ao fluxo das interações humanas, o que lhe confere propriedades mais que meramente lógico-formais. Ponto pacífico que não pede explicitação maior. Podemos fazer uma macroanálise estrutural do sistema normativo e uma microanálise das normas como partes. Uma análise nesse campo — que nos interessa muito neste trabalho — submete a norma a ulterior decomposição de seus constituintes. Em nível de formalização, alcançamos estes constituintes, que são variáveis (variáveis de classes, variáveis de objetos ou indivíduos, variáveis predicamentais, variáveis relacionais). A norma jurídica (expressa na proposição jurídica que a descreve) compõe-se de uma hipótese e uma conseqüência. A hipótese descreve um fato de possível ocorrência (fato natural ou conduta). Depois liga-a a uma conseqüência que ordinariamente tem como referente a conduta humana.[30]

29. Lourival Villanova, *Causalidade e Relação no Direito*, p. 7.

30. Lourival Villanova, ob. cit., p. 14.

Frisamos, para melhor consolidar. Num ponto temos a hipótese e a conseqüência. É uma estrutura de linguagem simplificada, uma bimembridade reduzida, que muitas das vezes se encontra encoberta pelo idioma, com sua estrutura sintática e morfológica historicamente sedimentada. No outro plano temos os dados-de-fato, as contrapartes empíricas da hipótese e da conseqüência: os suportes fáticos e os efeitos (eficácia interna). "Temos sempre, para dar-se a causalidade jurídica, norma, fato e eficácia. Sem norma, um fato não adquire qualificação de fato jurídico. E sem fato jurídico, efeito (eficácia) nenhum advém. De onde se depreende que os fatos jurídicos são internos a cada sistema. Não há fato jurídico 'fora' de sistema normativo. É o sistema que decide que fatos são fatos jurídicos (juridicização do fático), e que fatos deixam de ser jurídicos (desjuridicização do fático). Em outros termos, que fatos trazem 'conseqüências jurídicas', que fatos não têm conseqüências, são 'juridicamente irrelevantes' (ou porque ainda não foram qualificados, ou porque o eram, mais deixaram de ser). O constituírem-se ou desconstituírem-se fatos jurídicos depende de regras de formação do sistema."[31]

Todo fato jurídico, que é fato ligado a efeitos por normas, insere-se num sistema de normas jurídicas. Não há norma isolada, isoladamente não tem ela o específico característico de valer, de ser exigível. Necessariamente a norma é jurídica porque pertence a um sistema que lha dá suporte de exigibilidade e coatividade. Este sistema[32] é empírico, aberto aos fatos, os fatos

31. Lourival Villanova, ob. cit., p. 22.

32. O Direito é um sistema autopoiético. É o que nos diz Maria do Rosário Esteves em sua obra *Normas Gerais de Direito Tributário*, p. 32: "O conceito de *autopoiese* teve sua origem na teoria biológica da Maturana e Varela. Etimologicamente, a palavra *autós* deriva do Grego, significando 'por si próprio', e *poesis*, 'criação, produção'. Nestes termos, Marcelo Neves (*A Constitucionalização Simbólica*, pp. 119 e ss.), adotando o modelo luhmaniano de *autopoiese* nos sistemas sociais, nos ensina que o Direito é um sistema autopoiético, uma vez que, inicialmente, o sistema jurídico é construído pelos pró-

nele ingressam através das normas, a abertura por onde entram os fatos são as hipótese fáticas. Sem norma e sem a porção do fato (suporte fático) que lhe serve de incidência não sobrevém norma. Um dos efeitos do fato jurídico é estatuir norma. O efectual do processo legislativo, que é um fato jurídico complexo, é a criação da lei.

Os efeitos de um fato jurídico são diversos: qualificações de coisas e de pessoas, posições jurídicas, situações jurídicas, direitos, deveres, poderes. Num sentido amplo, o efectual reside na constituição, na modificação e na extinção de relações jurídicas. Todos os direitos subjetivos são eficácia de algum fato que foi qualificado pela hipótese fática de uma norma. Inexistem direitos subjetivos (com deveres subjetivos) sem normas; inexistem direitos subjetivos sem fatos jurídicos. De modo geral: inexiste alteração no ordenamento jurídico (totalidade de fatos e normas) sem fatos jurídicos. A norma-origem (uma norma de Direito Positivo, a norma mínima, ponente do modo de produção normativa, ou uma norma-pressuposto como hipótese para reconstruir conceptualmente o sistema) é o ponto-limite da cadeia de causalidade jurídica. Ultrapassá-la é tomar um puro fato (um fato de conduta habitual, um fato de dominação, um fato de violência — que não se confunde com a relação-de-dominação), como fato-origem de normas.[33]

Lembremos: a estrutura da proposição jurídica é bimembre, composta por norma primária e norma secundária. A norma primária e a secundária contêm, cada uma, hipótese e conseqüência. Tanto na norma primária quanto na norma secundária a hipótese é descritiva de seu referente, que pode ser um fato puro ou um fato jurídico, isto é, já juridicizado por outra norma. A conseqüência, por sua vez, quer na norma primária, quer na norma secundária, decompõe-se internamente, numa relação que tecnicamente denomina-se relação jurídica. O eficacial, efeito ou eficácia do fato jurídico é a relação jurídica em sentido amplo (qualificação jurídica, posição jurídica) ou em sentido estrito (relação entre sujeito ativo e passivo). O lado eficacial do fato jurídico é sempre inter-humano, inter-relacional, por isso dizer-se haver relação jurídica em sentido amplo mesmo nos casos de qualificações jurídicas ou de sujeitos de direitos, visto que é-se pessoa num contexto inter-relacional de condutas em possíveis interferências.

É o sistema jurídico em sua textura interna, com sua lei de composição interna, que constitui, desconstitui normas, prepõe, preconstitui fatos do mundo físico e estipula os efeitos (eficácia) desses fatos juridicizados ou desjuridicizados. Em *sentido estrito* relação jurídica não se estabelece quando a norma atribui subjetividade jurídica ao ser humano que nasce com vida. Com tal qualificação o ente individual adquire a possibilidade normativa de figurar na posição de sujeito ativo ou de sujeito passivo em um relação jurídica. Todavia, toda qualificação é em função dos sujeitos de direitos: nada é móvel, negociável, expropriável, sem estar no interior de *relações jurídicas em sentido amplo*.

Reinsistamos, para finalizar mais este tópico, nesta parte que nos parece importante. Muitas vezes o fato dá lugar ao surgimento de efeito mínimo. Tão-só o fato, por exemplo, do ser humano que nasce com vida. Onde há a relação? Parece que apenas se qualificou o fato, não é? Entretanto, já vimos de ver que tais qualificações são relacionais e intersubjetivas, ocorrentes no domínio do sistema jurídico. Sem sistema

prios componentes que ele constrói. Esta autodeterminação do Direito é a própria noção de *autopoiese* e deve ser restrita ao Estado de Direito, no sentido de que uma comunicação política só tem relevância jurídica após uma filtragem pela constitucionalização". "Toda noção de *autopoiese* implica um fechamento operacional e uma abertura cognitiva. Na sociedade moderna a positivação do Direito estabelece o controle do código-diferença 'lícito-ilicito' exclusivamente pelo sistema jurídico. O fechamento operacional está ligado a este código binário; é ele que vai diferençar o sistema jurídico do seu meio ambiente e de outros sistemas."

33. Lourival Villanova, ob. cit., pp. 25 e 26.

jurídico inexistem "qualificações". Como bem salienta Lourival Villanova,[34] "essas linhas divisórias demarcam fronteiras que se interpenetram. Talvez o mais exato seria distinguir os fatos jurídicos que têm por efeitos normas (extinguindo-as ou constituindo-as) e os fatos jurídicos que têm por efeitos relações jurídicas, relações jurídicas em sentido amplo e relações jurídicas em sentido estrito, ou técnico-dogmático".

4. A estrutura jurídica das normas de incidência exoneratória, sua forma de incidir e os efeitos desta incidência

Para iluminar o nosso caminho, ao iniciarmos este tópico, trazemos à tona advertência de Geraldo Ataliba:[35] "Dissipar preconceitos é a mais importante tarefa dos juristas, hoje. Não é possível construir uma Ciência operante e útil do Direito Tributário, enquanto não se fizer adequada limpeza do terreno. Assim como a ereção de um edifício requer preliminarmente a remoção do entulho, a implantação de uma construção científica exige verdadeira assepsia da área onde se pretende trabalhar".

Sabedor disto, e sob os influxos de Pontes de Miranda, diz José Souto Maior Borges[36] que:

"A incidência é conceito que se põe no plano da eficácia da regra jurídica. Para saber se a lei incidiu, tem-se de pressupor a sua existência, porquanto se a lei ainda não existe não pode incidir, embora possa suceder que lei existente ainda não incida. Entre a promulgação, quando começa a existência da lei, e a sua entrada em vigor pode mediar um trato de tempo correspondente ao período da *vacatio legis*. Há regras jurídicas concernentes ao plano da existência ou da validade ou ainda da eficácia.

"Pontes de Miranda, a quem provavelmente se deve a construção científica mais profunda da teoria da incidência das normas jurídicas, adverte que a entrada em vigor ou vigência, incidência e aplicação das leis são conceitos do plano da eficácia da lei. É necessário que a lei existente passe a vigorar para que incida, e, pois, seja aplicada. *Eficácia jurídica* — na definição de Pontes de Miranda — é o que se produz no mundo do Direito como decorrência dos fatos jurídicos. *Só de fatos jurídicos provém eficácia jurídica*.

"Existir a lei e ter vigência são, portanto, conceitos inconfundíveis. Estar em vigor a lei não significa que a lei já incida, mas tão-somente que ela *já pode incidir*"[37] (os grifos são do autor).

Compreende-se que uma norma possa existir sem que necessariamente venha a *incidir*; todavia, é de bom-tom frisarmos que a razão de ser de uma norma jurídica — e, por conseguinte, da norma jurídica tributária — é alterar condutas, direcionar fluxos de comportamentos; enfim, implantar valores, incidir. Logo, pensar-se que uma norma possa pertencer ao ordenamento justamente para "não-incidir" é negar-lhe juridicidade, marca universal das unidades jurídico-normativas. Ao nosso ver, a utilização desta expressão é fruto de uma interpretação açodada dos enunciados legais, compreendidos de forma isolada, uma vez que a norma jurídica é a significação que colhemos dos enunciados (textos legais) em seu conjunto sistemático.

Portanto, o sujeito cognoscente, ao se aproximar do objeto, com o instrumental ofertado pela Ciência do Direito, vendo-o de forma integral, sistematicamente, tenderá a concluir que não existe a chamada "não-incidência", porquanto sempre existirá, em todos os casos de exoneração tributária, a intitulada incidência exoneratória.

Ainda devemos consignar que o Direito Positivo é formado de regras de conduta (normas de comportamento) que regulam diretamente as condutas (através dos modais deônticos *proibido*, *permitido* e

34. Lourival Villanova, ob. cit., pp. 88-90.

35. Geraldo Ataliba, *Hipótese de Incidência Tributária*, p. 165.

36. José Souto Maior Borges, ob. cit., p. 173.

37. José Souto Maior Borges, ob. cit., p. 174.

obrigatório, lei do quarto excluído) e de regras de estrutura. As últimas, denominadas normas de produção, de formação ou de transformação de outras normas, assumem extraordinária importância para a configuração do Direito Posto. É como nos ensina um dos maiores pensadores deste século, o italiano Norberto Bobbio,[38] quando diz que "elas não regulam o comportamento, mas o modo de regular um comportamento, ou, mais exatamente, o comportamento que elas regulam é o de produzir regras. É a presença e freqüência dessas normas que constituem a complexidade do ordenamento jurídico; e somente o estudo do ordenamento jurídico nos faz entender a natureza e a importância dessas normas".

Consoante o escólio de Norberto Bobbio,[39] as normas de estrutura são consideradas *normas imperativas de segunda instância*, entendidas como *comandos de comandar*. Diferentemente das normas de conduta, que se modalizam através do operadores deônticos *obrigatório*, *permitido* e *proibido*, as normas de estrutura (*normas imperativas de segunda instância*) se modalizam em nove tipos de duplas de operadores deônticos, conforme preceitua Norberto Bobbio. Todavia, ao nosso estudo interessa exclusivamente a dupla de modal deôntico (VO) *proibido obrigar*. Esclarecendo: as normas de incidências exoneratórias são normas imperativas de segunda instância que (VO) *proíbem obrigar*. Esclarecendo mais ainda: são normas que vedam a possibilidade de o legislador infraconstitucional vir a tributar determinadas situações específicas.

É ainda oportuno dizermos que vige no Direito Tributário o princípio da generalidade da tributação — isto é, em regra, todos estão sujeitos à tributação —, conforme muito bem salientou Héctor B. Villegas:[40]

"Este principio alude al carácter extensivo da la tributación y significa que cuando una persona física o ideal se halla en las condiciones que marcan, según la ley, la aparición del deber de contribuir, este deber debe ser cumplido, cualquiera que sea el carácter del sujeto, categoría social, sexo, nacionalidad, edad o estructura.

"Este principio de generalidad se refiere más a un aspecto negativo que positivo. No se trata de que todos deban pagar tributos, según la generalidad, sino que nadie debe ser eximido por privilegios personales, de clase, linaje o casta. En otras palavras, el gravamen se debe establecer en tal forma que cualquier persona, cuya situación coincida com la senãlada como hecho generador del tributo, debe quedar sujeta a él."

Destarte, ficou claro após estes esclarecimentos de Héctor B. Villegas que a incidência exoneratória é exceção à regra da generalidade da tributação. Razão pela qual é considerada "norma restritiva", visto restringir o campo de atuação da norma tributante, como esclarece Karl Larenz:[41] "las normas jurídicas restrictivas contienen una orden negativa de validez ('no vale'), que sólo es comprensible en conexión con una precedente orden positiva de validez".

Fincadas estas premissas, dizemos que são normas de incidência exoneratória as chamadas pela doutrina normas de *imunidades*, *isenções* e de *não-incidência*, sendo que para nós as chamadas normas de *não-incidência* simplesmente não existem para o mundo jurídico-tributário, visto que todas as normas que pertencem ao campo das exonerações tributárias *incidem*; por isto não vemos espaço teórico para denominarmos qualquer norma de *não-incidente*. Quando um enunciado (texto legal) diz textualmente que a norma "*não-incidirá*", na verdade ele está eivado de atecnia e enunciando algo que não corresponde à realidade criada pelo Direito. Isto é revelado de forma límpida pelo cientista (sujeito cognoscente) quando da análise acurada daquele enunciado em conjunto com outros, com o objetivo de extrair, sacar, a proposi-

38. Norberto Bobbio, *Teoria do Ordenamento Jurídico*, p. 45.

39. Norberto Bobbio, ob. cit., p. 47.

40. Héctor B. Villegas, ob. cit., p. 200.

41. Karl Larenz, ob. cit. p. 252.

ção jurídica ínsita ao mesmo; proposição, esta, que tipificará logicamente uma *incidência exoneratória*.

Este nosso pensar é corroborado por José Wilson Ferreira Sobrinho[42] quando sustenta que "a noção de não-incidência não tem valor para o Direito. Sua utilização resulta de singela confusão de conceitos envolvendo o mundo jurídico e o mundo não-jurídico. Deveria, portanto, ser riscada dos livros jurídicos porque não serve para nada, exceto para aumentar a confusão reinante em certos setores do jurídico. Um conceito metajurídico jamais terá alguma utilidade para o jurídico, salvo se não se fizer a necessária distinção entre os dois mundos".

Influenciados por Paulo de Barros Carvalho,[43] estamos convencidos — e justificaremos isto — de que o fenômeno das normas de incidência exoneratória se dá no plano normativo; com isto, não precisamos aludir ao nível dos fatos concretos, misturando a linguagem do Direito Positivo com a realidade social que ele normatiza. Destarte, conseguimos evitar e solucionar o grande entrave com que se defronta a teoria tradicional, que influenciou inclusive o STF[44] (que atribui maior velocidade à norma instituidora do tributo, que chegaria primeiro ao fato, de modo que a norma de incidência exoneratória, quando chega ao acontecimento do mundo real, ele já se encontra juridicizado), e também as teorias elaboradas por José Souto Maior Borges e Alfredo Augusto Becker, que invertem a dinâmica da juridicização do evento, que, ao invés de sofrer primeiramente o impacto da regra de tributação, como quer a tese tradicional, recebe a incidência da norma de incidência exoneratória — portanto, conferindo maior velocidade à regra da incidência exoneratória.

A norma de incidência exoneratória, como já afirmamos no item 1, "Premissas metodológicas", divide-se em: incidência exoneratória constitucional e incidência exoneratória infraconstitucional.

A norma de incidência exoneratória constitucional *é norma jurídica imperativa de segunda instância (restritiva) que incide em outras normas de estrutura (normas de adjudicação de competências), derrogando-as*[45] *em parte e exonerando da tributação, de forma indireta e oblíqua, situações específicas, mediante a utilização do modal deôntico (VO)* ***proibido obrigar***. Estas normas de incidência exoneratória contribuem na demarcação das competências tributárias, de forma que as normas de incidência exoneratória *incidem* e por meio do modal deôntico (VO) *proibido obrigar* estabelecem a incompetência das pessoas políticas de direito constitucional interno para instituir tributos em relação a determinados fatos ocorridos no mundo real.

Acaso estas normas de incidência exoneratória não existissem no texto constitucional os desenhos das competências tributárias dos entes da Federação continuariam sintaticamente os mesmos; no entanto, seus espectros semânticos ficariam maiores, mais abrangentes, o que acabaria por ampliar o campo de competência dos entes federados.

Como proposição jurídica que é, a norma de incidência exoneratória constitucional possui uma linguagem simplificada e uma bimembridade constitutiva. À guisa de exemplo desta estrutura da norma de incidência exoneratória poderíamos citar o art. 155 (que trata do denominado ICMS — imposto sobre circulação de mercadorias e serviços, de competência dos Estados), X, "b", da CF, que diz: "X — não incidirá: (...); b) sobre operações que destinem a outros Estados petróleo, inclusive lubrificantes, combustíveis líquidos e gasosos dele derivados, e energia elétrica".

O art. 155, X, "b", da CF, acima transcrito, é típica norma de incidência exone-

42. José Wilson Ferreira Sobrinho, ob. cit., p. 47.

43. Paulo de Barros Carvalho, ob. cit., p. 338.

44. V. Flávio Bauer Novelli, in *RDA* 179-189/40.

45. V., mais adiante, o conceito da expressão "derrogação".

ratória. Em sua *hipótese* contempla implicitamente o fato da existência da norma de estrutura que confere competência constitucional aos Estados para instituir impostos sobre operações relativas à circulação de mercadorias, e em seu *conseqüente* prevê, através do modal deôntico (VO) *proibido obrigar*, a derrogação[46] (afastamento) da norma de competência e, por conseguinte, a exoneração tributária das operações que destinem a outros Estados petróleo, inclusive lubrificantes, combustíveis líquidos e gasosos dele derivados, e energia elétrica, que ficam impedidos de ser tributados pelos Estados, tendo em vista a incompetência destes expressamente prevista no Texto Maior.

O eficacial, os efeitos, a relação jurídica em sentido amplo oriunda desta norma de incidência exoneratória naquele suporte fático (norma de competência) — que é fato jurídico —, é a qualificação de uma situação jurídica exoneratória, que configura uma exceção à regra de que as operações relativas à circulação de mercadorias podem ser tributadas pelo Estado.

A qualificação desta situação jurídica exoneratória é feita pelo sistema jurídico. É o sistema jurídico que diz que aquela situação está fora do alcance da norma tributante. *Fora* do sistema não há situação jurídica qualificada como exoneratória, muito menos como oneratória. *Fora* do sistema jurídico há fatos do mundo, fatos irrelevantes para o subsistema social denominado sistema jurídico. É o Direito que cria sua realidade; portanto, é o Direito que faz nascer a situação exoneratória ou a oneratória. É-se onerado — no interior do sistema jurídico — pela incidência da norma tributante. É-se exonerado — no interior do sistema jurídico — pela incidência da norma exoneratória.

Continuando, citamos outro exemplo de norma de incidência exoneratória constitucional que está estampado no art. 150, VI, da CF, que diz: "Art. 150. Sem prejuízo de outras garantias asseguradas ao contribuinte, é vedado à União, aos Estados, ao Distrito Federal e aos Municípios: (...); VI — instituir impostos sobre: a) patrimônio, renda ou serviços, uns dos outros".

Esta norma de incidência exoneratória, como aqueloutra já dissecada por nós, contempla em sua *hipótese* ou *antecedente* o fato da existência da norma de estrutura (norma de competência) que confere à União, aos Estados e aos Municípios o poder de instituir tributos previstos no âmbito de suas competências, e em seu *conseqüente* prevê, através do modal deôntico (VO) *proibido obrigar*, a derrogação (afastamento) da norma de competência e, por conseguinte, a exoneração tributária do patrimônio, renda ou serviços no tocante à tributação de uns entes para com os outros. Isto é: em virtude da norma de incidência exoneratória prevista no art. 150, VI, da CF não haverá tributação entre os entes da Federação no que tange aos seus patrimônios, rendas ou serviços, em razão da incompetência expressa deles para tanto.

A relação jurídica em sentido amplo, o eficacial, os efeitos produzidos por esta norma de incidência exoneratória naquele suporte fático — norma de competência (que é fato jurídico, como já vimos no decorrer deste trabalho) — são a qualificação de uma situação jurídica exoneratória, que traduz uma exceção à regra geral de que os entes federados podem instituir tributos sobre o patrimônio, renda ou serviços de quem quer seja, desde que estas pessoas realizem aquelas condutas previstas na regra-matriz de incidência, no âmbito do campo de competência de cada uma delas.

Caso não existisse[47] no mundo jurídico esta norma de incidência exoneratória,

46. V., mais adiante, o conceito da expressão "derrogação".

47. Apesar de não ser objetivo deste trabalho tratar das conseqüências da revogação das normas de incidências exoneratórias, conforme já salientado na delimitação do campo objetal, é imperativo científico mencionarmos superficialmente o ponto de vista de Flávio Bauer Novelli (in *RDA* 179-189/41), com algumas inserções de palavras nossas. Diz

fatalmente poderia haver a tributação entre os entes da Federação no que diz respeito ao seus patrimônios, rendas ou serviços. Isto porque, não obstante o desenho formal (expressão sintática) da competência não fosse alterado, seu campo de abrangência se alargaria, semanticamente se ampliaria. E isto, do ponto de vista do Direito Positivo, é plenamente possível, tendo em vista que esta tributação, em nosso conceber, não viria a ofender o princípio federativo.[48]

Seguindo em diante, podemos dizer que *a* ***norma de incidência exoneratória infraconstitucional*** *é norma jurídica imperativa de segunda instância (restritiva) que incide em normas de comportamento (normas de conduta), derrogando parte delas mediante a exoneração tributária de situações específicas, utilizando para tanto o operador deôntico* (VO) ***proibido obrigar***.

Para esclarecer o sentido por nós utilizado da expressão "derrogação" pedimos auxílio a Flávio Bauer Novelli,[49] com seu rigor habitual, quando diz que a isenção tributária (*que para nós traduz uma incidência exoneratória juntamente com as denominadas pela doutrina, normas de imunidades*) é "um caso de concurso aparente de normas, em que a norma (especial) de isenção (norma de segundo grau, segundo a terminologia de Bobbio, 'Norme primarie e norme secondarie', in *Studi per una Teoria Generale del Diritto*, Torino, Giappichelli, 1970, esp. pp. 184 e ss.) afasta (*derroga*) a norma (geral) de tributação, excetuando do âmbito de incidência desta última um caso a ele subsumível. Esse afastamento, como diz Larenz, 'não significa senão que a norma mais geral vem a ser restringida pela especial'; isto é, *sem que se opere modificação formal do ato normativo* (no caso, a lei de tributação), resulta, da atuação da norma isentante, por via da relação lógica de especialidade, uma mutação (restrição) informal da eficácia qualificadora da norma impositiva." (grifos nossos).

Com a mesma lucidez nos ensina Hans Kelsen[50] que a norma derrogatória "não fixa o dever-ser de uma conduta ou de sua omissão, mas o não-dever-ser de uma conduta ou da omissão, que numa outra norma é fixado como devido. Ela não pode, por si só, valer apenas em referência com uma outra norma, a norma cuja validade ela suprime. Normas derrogantes são, neste sentido, normas dependentes de outras".

Fixada a definição da norma de incidência exoneratória infraconstitucional, precisamos conhecer sua estrutura interna. Como proposição jurídica que é, possui

o eminente mestre: "a revogação da norma isentante *(norma de incidência exoneratória, para nós)* faz cessar, *ipso facto*, no plano normativo, a restrição que, até então, essa impunha ao âmbito de incidência da norma impositiva; por outras palavras, ao abolir, *ex nunc*, a hipótese de fato isenta, *(norma de incidência exoneratória, para nós)* a norma revocatória vem, ao mesmo tempo, permitir se reexpanda, quer dizer, se estenda ou amplie, o âmbito de incidência da norma de tributação, reincorporando-lhe uma hipótese específica, a ele subsumível, mas dele, até nesse momento, efetivamente excluída". Continua ele, em nota de rodapé, na mesma página: "A ab-rogação da norma isentiva, *(norma de incidência exoneratória, para nós)* incidindo, como de fato incide, sobre uma proposição normativa derrogatória, não se comporta como um fato puramente extintivo, mas sim como um fato extintivo-constitutivo, pois ao mesmo tempo em que ocasiona a 'extinção' de uma 'situação' normativa, determina, em razão de tal 'extinção', o aparecimento de uma 'nova situação' (normativa), esta de conteúdo positivo: no caso, a reintegração, no âmbito de incidência da norma impositiva, da hipótese que dele antes se excluía. Vide, ao respeito de tais fatos extintivos-constitutivos, mas se referindo, especificamente, à categoria dos fatos resolutivos, A. Falzea, *La Condizione e Gli Elementi dell'Atto Giuridico*, reimpr. da ed. de 1941, Milano, Giuffrè/Università di Camerino, 1979, pp. 235-237".

48. O professor Flávio Bauer Novelli, em trabalho de raro valor científico ("Norma constitucional inconstitucional?", *RDA* 199/21-57), faz convidativa análise a respeito de seu pensamento de que a imunidade recíproca não constitui um elemento essencial da constituição financeira do Estado Federal e não é, por conseguinte, absolutamente indispensável à existência, à validade ou à funcionalidade da forma federativa do Estado — posição, esta, com que concordamos e que ratificamos plenamente.

49. Flávio Bauer Novelli, in *RDA* 179-189/37.

50. Hans Kelsen, *Teoria Geral das Normas*, p. 134.

uma estrutura de linguagem simplificada, uma bimembridade reduzida, no dizer de Lourival Villanova, que muitas das vezes se encontra encoberta pelo idioma, com sua estrutura sintática e morfológica historicamente sedimentada.

Para exemplificar o modo de incidir da norma de incidência exoneratória infraconstitucional citamos determinada situação artificial. Supomos um texto legal de Município onde conste o seguinte enunciado: *Estão isentos do IPTU (imposto sobre a propriedade territorial urbana) os imóveis pertencentes a ex-combatentes de guerra.*

Esta norma de incidência exoneratória infranconstitucional contém uma *hipótese*, que constata a existência da regra-matriz tributária que permite ao Município tributar a propriedade dos imóveis urbanos, e uma *conseqüência*, que prevê, através do modal deôntico (VO) *proibido obrigar*, a derrogação de parte daquela norma imperativa de primeira instância e, por conseqüência, a exoneração tributária do imóvel pertencente ao ex-combatente, tendo em vista o afastamento (a derrogação) da regra-matriz tributária no diz respeito a esta situação específica.

A relação jurídica em sentido amplo, o eficacial, os efeitos produzidos por esta norma de incidência exoneratória naquele suporte fático — regra-matriz de incidência que é norma imperativa de primeira instância — são a qualificação de uma situação jurídica exoneratória fruto da derrogação de parte da norma tributante, tipificando uma exceção à regra geral de que o fato de ser proprietário de imóvel urbano nos limites de um Município gera a tributação pelo IPTU.

Frisamos — com o perdão da redundância enfática —, para melhor esclarecer: a qualificação desta situação jurídica exoneratória é feita pelo sistema jurídico. É o sistema jurídico que diz que aquela situação está fora do alcance da norma tributante. *Fora* do sistema não há situação jurídica qualificada como exoneratória, muito menos como oneratória. *Fora* do sistema jurídico há fatos do mundo, fatos irrelevantes para o subsistema social denominado sistema jurídico. É o Direito que cria sua realidade; portanto, é o Direito que faz nascer a situação exoneratória ou a oneratória. É-se onerado — no interior do sistema jurídico — pela incidência da norma tributante. É-se exonerado — no interior do sistema jurídico — pela incidência da norma exoneratória.

Destarte, acabamos de ver que tanto nos casos de normas de incidência exoneratória constitucional quanto nos casos de incidência exoneratória infraconstitucional o eficacial, os efeitos, a relação jurídica em sentido amplo é a mesma, isto é, a qualificação de um situação jurídica exoneratória oriunda da incidência de uma norma imperativa de segunda instância através de seu duplo modal deôntico (VO) *proibido obrigar.*

Entre a *norma de incidência exoneratória constitucional* e a *infraconstitucional* há vários traços de semelhanças — e apenas duas diferenças: a primeira é atuarem em planos normativos de níveis diferentes e a segunda é que a norma de incidência exoneratória constitucional incide em norma de competência e a norma de incidência infraconstitucional incide em norma de conduta —, fato que justifica serem enquadradas em uma categoria geral e ampla aqui denominada *incidência exoneratória*. Vejamos estas afinidades:

a) Ambas são normas imperativas de segunda instância, ou normas de estrutura.

b) Modalizam-se através do operador deôntico duplo (VO) *proibido obrigar.*

c) Acabam por exonerar determinadas situações específicas da incidência da regra-matriz tributária.

d) São exceções à regra geral — e ao princípio da *generalidad*, citado por Héctor B. Villegas[51] — de que todos devem con-

51. Héctor B. Villegas, ob. cit., p. 200.

tribuir com pagamento de tributos para a manutenção da ordem social.

e) Ambas são normas que incidem para exonerar.

f) São normas que têm como efeitos, eficácia, relação jurídica em sentido amplo, a qualificação de uma situação jurídica exoneratória.

g) Pressupõem um encontro normativo.

h) Incidem exclusivamente no plano normativo, em momento anterior à incidência no plano real, do mundo dos fatos.

i) São normas válidas no sistema e tratam de matéria tributária.

j) São normas derrogatórias que não operam modificação formal no ato normativo atingido (norma de competência ou norma de conduta), mas sim em sua eficácia.

l) São "normas restritivas", visto restringirem o campo de atuação da norma tributante, como esclarece Karl Larenz:[52] "las normas jurídicas restrictivas contienen una orden negativa de validez ('no vale'), que sólo es comprensible en conexión con una precedente orden positiva de validez".

5. *Síntese conclusiva*

5.1 As normas jurídicas existem para alterar condutas, regrar comportamentos; enfim, incidir. Não é cientificamente razoável que uma norma que pertença ao ordenamento jurídico exista justamente para "não-incidir"; isto contraria os comandos (proposições jurídicas) veiculados pelo sistema de normas.

5.2 Todo fato jurídico, que é fato ligado a efeitos por normas, insere-se num sistema de normas jurídicas. Não há norma isolada, isoladamente não tem ela o específico característico de valer, de ser exigível. Necessariamente a norma é jurídica porque pertence a um sistema que lha dá suporte de exigibilidade e coatividade.

5.3 Os efeitos de um fato jurídico são diversos: qualificações de coisas e de pessoas, posições jurídicas, situações jurídicas, direitos, deveres, poderes. Num sentido amplo, o efectual reside na constituição, na modificação e na extinção de relações jurídicas.

5.4 Compreende-se que uma norma possa existir sem que venha a *incidir*; todavia, é de bom-tom frisarmos que a razão de ser de uma norma jurídica — e, por conseguinte, da norma jurídica tributária — é alterar condutas, direcionar fluxos de comportamentos; enfim, implantar valores, incidir. Logo, pensar-se que uma norma possa pertencer ao ordenamento justamente para "não-incidir" é negar-lhe juridicidade, marca universal das unidades jurídico-nomartivas. Ao nosso ver, a utilização desta expressão é fruto de uma interpretação açodada dos enunciados legais, compreendidos de forma isolada, uma vez que a norma jurídica é a significação que colhemos dos enunciados (textos legais) em seu conjunto sistemático.

5.5 Para nós as chamadas normas de "não-incidência" simplesmente não existem para o mundo jurídico-tributário, visto que todas as normas que pertencem ao campo da exoneração tributária *incidem*. Por isto não vemos espaço teórico para denominarmos qualquer norma de "não-incidente". Quando um enunciado (texto legal) diz textualmente que a norma "não-incidirá", na verdade ele está eivado de atecnia e enunciando algo que não corresponde com a realidade criada pelo Direito. Isto é revelado de forma límpida pelo cientista (sujeito cognoscente) quando da análise acurada daquele enunciado em conjunto com outros, com o objetivo de extrair, sacar, a proposição jurídica ínsita ao mesmo; proposição, esta, que tipificará logicamente uma *incidência exoneratória.*

5.6 Influenciados por Paulo de Barros Carvalho,[53] estamos convencidos de que

52. Karl Larenz, ob. cit., p. 252.

53. Paulo de Barros Carvalho, ob. cit., p. 338.

o fenômeno das normas de incidência exoneratória se dá no plano normativo. Com isto, não precisamos aludir ao nível dos fatos concretos, misturando a linguagem do Direito Positivo com a realidade social que ele normatiza.

5.7 A norma de incidência exoneratória, como já afirmamos no item 1, "Premissas metodológicas", divide-se em: incidência exoneratória constitucional e incidência exoneratória infraconstitucional.

5.8 ***A norma de incidência exoneratória constitucional** é norma jurídica imperativa de segunda instância (restritiva) que incide em outras normas de estrutura (normas de adjudicação de competências), derrogando-as em parte e exonerando da tributação, de forma indireta e oblíqua, situações específicas, mediante a utilização do modal deôntico* (VO) ***proibido obrigar***. Esta norma de incidência exoneratória contribui na demarcação das competências tributárias, de forma que a norma de incidência exoneratória *incide* e por meio do modal deôntico (VO) *proibido obrigar* estabelece a incompetência das pessoas políticas de direito constitucional interno para instituir tributos em relação a determinados fatos ocorridos no mundo real.

5.9 Podemos dizer que *a **norma de incidência exoneratória infraconstitucional** é norma jurídica imperativa de segunda instância (restritiva) que incide em normas de comportamentos (normas de conduta), derrogando parte delas mediante a exoneração tributária de situações específicas, utilizando para tanto o operador deôntico* (VO) *proibido obrigar*.

5.10 As qualificações das situações jurídicas exoneratórias são feitas pelo sistema jurídico. É o sistema jurídico que diz que aquelas situações estão fora do alcance da norma tributante. *Fora* do sistema não há situações jurídicas qualificadas como exoneratórias, muito menos como oneratórias. *Fora* do sistema jurídico há fatos do mundo, fatos irrelevantes para o subsistema social denominado sistema jurídico. É o Direito que cria sua realidade; portanto, é o Direito que faz nascer a situação exoneratória ou a oneratória. É-se onerado — no interior do sistema jurídico — pela incidência da norma tributante. É-se exonerado — no interior do sistema jurídico — pela incidência da norma exoneratória.

5.11 Entre a *norma de incidência exoneratória constitucional* e a *infraconstitucional* há vários traços de semelhanças — e apenas duas diferenças: a primeira é atuarem em planos normativos de níveis diferentes e a segunda é que a norma de incidência exoneratória constitucional incide em norma de competência e a norma de incidência infraconstitucional incide em norma de conduta —, fato que justifica serem enquadradas em uma categoria geral que neste trabalho denominamos *incidência exoneratória*. Se não, vejamos estas afinidades: a) ambas são normas imperativas de segunda instância, ou normas de estrutura; b) modalizam-se através do operador deôntico duplo (VO) *proibido obrigar*; c) acabam por exonerar determinadas situações específicas da incidência da regra-matriz tributária; d) são exceções à regra geral — e ao princípio da *generalidad* citado por Héctor B. Villegas e já mencionado por nós — de que todos devem contribuir com o pagamento de tributos para a manutenção da ordem social; e) ambas são normas que incidem para exonerar; f) são normas que têm como efeitos, eficácia, relação jurídica em sentido amplo, a qualificação de uma situação jurídica exoneratória; g) pressupõem um encontro normativo; h) incidem exclusivamente no plano normativo, em momento anterior à incidência no plano real, do mundo dos fatos; i) são normas válidas no sistema e tratam de matéria tributária; j) são normas derrogatórias que não operam modificação formal no ato normativo atingido (norma de competência e norma de conduta), e sim em sua eficácia; e l) são "normas restritivas", visto restringirem o campo de atuação da norma tributante — é como esclarece Karl Larenz:[54] "las normas jurídicas restrictivas

54. Karl Larenz, ob. cit., p. 252.

contienen una orden negativa de validez ('no vale'), que sólo es comprensible en conexión con una precedente orden positiva de validez".

Bibliografia

ATALIBA, Geraldo. *Hipótese de Incidência Tributária*. 5ª ed., 7ª tir. São Paulo, Malheiros Editores, 1998.

BALEEIRO, Aliomar. *Direito Tributário Brasileiro*. 10ª ed., revista e atualizada por Flávio Bauer Novelli. Rio de Janeiro, Forense, 1993.

BARROS CARVALHO, Paulo de. *Curso de Direito Tributário*. 8ª ed. São Paulo, Saraiva, 1996.

BECKER, Alfredo Augusto. *Teoria Geral do Direito Tributário*. 2ª ed. São Paulo, Saraiva, 1972.

BOBBIO, Norberto. *Teoria do Ordenamento Jurídico*. 8ª ed. Brasília, Ed. UnB, 1996.

BORGES, José Souto Maior. *Isenções Tributárias*. 1ª ed. São Paulo, Sugestões Literárias, 1969.

CARRAZZA, Roque Antônio. *Curso de Direito Constitucional Tributário*. 6ª ed. São Paulo, Malheiros Editores, 1994.

COÊLHO, Sacha Calmon Navarro. *Comentários à Constituição de 1988 — Sistema Tributário*. 1ª ed. Rio de Janeiro, Forense, 1990.

DINIZ, Maria Helena. *A Ciência Jurídica*. 4ª ed. São Paulo, Saraiva, 1996.

ESTEVES, Maria do Rosário. *Normas Gerais do Direito Tributário*. São Paulo, Max Limonad, 1997.

FALCÃO, Amílcar de Araújo. *Fato Gerador da Obrigação Tributária*. 6ª ed., 2ª tir. Rio de Janeiro, Forense, 1995.

FANUCCHI, Fábio. *Curso de Direito Tributário*. 4ª ed., v. I. São Paulo, Resenha Tributária, 1986.

FERREIRA SOBRINHO, José Wilson. *Imunidade Tributária*. Porto Alegre, Sérgio Antônio Fabris Editor, 1996.

KELSEN, Hans. *Teoria Geral das Normas*. Porto Alegre, Sérgio Antônio Fabris Editor, 1996.

LAPATZA, José Juan Ferreiro. *Curso de Derecho Financiero Espanõl*. 13ª ed. Madri, Marcial Pons, 1991.

LARENZ, Karl. *Metodología de la Ciencia del Derecho*. 1ª ed. Barcelona, Ariel Derecho, junho/94.

MACHADO, Hugo de Brito. *Curso de Direito Tributário*. 10ª ed. São Paulo, Malheiros Editores, 1995.

MARTINS, Cláudio. *Normas Gerais de Direito Tributário*. 2ª ed. Rio de Janeiro, Forense, 1969.

MARTINS, Ives Gandra da Silva. *Sistema Tributário na Constituição de 1988*. 2ª ed. São Paulo, Saraiva, 1990.

NOVELLI, Flávio Bauer. "Anualidade e anterioridade na Constituição de 1988". *RDA* 179-189. Rio de Janeiro, janeiro-junho/90.

__________. "Norma constitucional inconstitucional?". *RDA* 199/21-57. Rio de Janeiro, janeiro-março/95.

PACHECO, Ângela Maria da Motta. *Sanções Tributárias e Sanções Penais Tributárias*. São Paulo, Max Limonad, 1997.

PIRES, Adílson Rodrigues. *Manual de Direito Tributário*. 5ª ed. Rio de Janeiro, Forense, 1992.

RODRIGUES, Denise Lucena. *A Imunidade como Limitação à Competência Impositiva*. São Paulo, Malheiros Editores, 1995.

ROSA JÚNIOR, Luiz Emygdio F. *Novo Manual de Direito Financeiro e Direito Tributário*. 7ª ed. Rio de Janeiro, Renovar, 1991.

SANTI, Eurico Marcos Diniz de. *Lançamento Tributário*. São Paulo, Max Limonad, 1996.

SEIXAS FILHO, Aurélio Pitanga. *Teoria e Prática das Isenções Tributárias*. 2ª ed. Rio de Janeiro, Forense, 1990.

SOUSA, Rubens Gomes de. *Compêndio de Legislação Tributária*. 3ª ed. Rio de Janeiro, Financeiras, 1964.

TORRES, Ricardo Lobo. *Os Direitos Humanos e a Tributação*. Rio de Janeiro, Renovar, 1995.

VERNENGO, Roberto J. *La Interpretación Literal de la Ley*. 2ª ed. Buenos Aires, Abeledo-Perrot, 1994.

VILLANOVA, Lourival. *Causalidade e Relação no Direito*. 2ª ed. São Paulo, Saraiva, 1989.

VILLEGAS, Héctor B. *Curso de Finanzas, Derecho Financiero y Tributario*. 5ª ed. Buenos Aires, Depalma, 1995.

WARAT, Luís Alberto. *O Direito e sua Linguagem*. 2ª ed. Porto Alegre, Sérgio Antônio Fabris Editor, 1995.

Três Rios (RJ), 18 de junho de 1998

RDT 74

CADERNOS DE DIREITO TRIBUTÁRIO: HOMENAGEM A GERALDO ATALIBA – Víctor Uckmar • LA DISCREZIONALITÀ NEL DIRITTO TRIBUTARIO – Franco Gallo • IMPOSTO DE RENDA-PESSOA FÍSICA – GANHOS LÍQUIDOS AUFERIDOS EM OPERAÇÕES REALIZADAS EM BOLSA DE VALORES, DE MERCADORIAS, DE FUTUROS E ASSEMELHADAS – INCONSTITUCIONALIDADE DA LEGISLAÇÃO QUE MANDA TRIBUTÁ-LOS A UMA ÚNICA ALÍQUOTA – Roque Antonio Carrazza • A COMPENSAÇÃO FINANCEIRA DEVIDA NA EXPLORAÇÃO DE PETRÓLEO E RECURSOS MINERAIS E NA GERAÇÃO DE ENERGIA ELÉTRICA – Heleno Taveira Tôrres • O IMPOSTO DE RENDA DAS PESSOAS JURÍDICAS E A CORREÇÃO MONETÁRIA DE SUAS DEMONSTRAÇÕES FINANCEIRAS – Hugo de Brito Machado • LANÇAMENTO TRIBUTÁRIO – José Souto Maior Borges • AÇÃO CIVIL PÚBLICA NÃO É VEÍCULO PROCESSUAL PARA CONTESTAR A ILEGALIDADE DE TAXAS – Ives Gandra da Silva Martins e Marilene Talarico Martins Rodrigues • O IMPOSTO SOBRE A TRANSMISSÃO DE BENS IMÓVEIS (ITBI): PRINCIPAIS QUESTÕES – José Maurício Conti • LA REFORMA DEL IRPF: FAMILIA Y CARGAS FAMILIARES – Eugenio Simón Acosta – LA PROTECCIÓN FISCAL DEL MEDIO AMBIENTE EN LA UNIÓN EUROPEA. EL IMPUESTO COMUNITARIO SOBRE PRODUCTOS ENERGÉTICOS – Fernando Serrano Antón • LA TUTELA DEL CONTRIBUENTE DINANZI ALLA CORTE COSTITUZIONALI ITALIANA ED ALLA CORTE DI GIUSTIZIA EUROPEA – Víctor Uckmar • LAS AYUDAS ESTATALES DE CARÁCTER FISCAL Y EL DERECHO COMUNITARIO: ALGUNAS NOTAS SOBRE SU DIFERENCIA DE LOS TRIBUTOS INTERNOS DISCRIMINATORIOS Y LAS EXACCIONES DE EFECTO EQUIVALENTE A PROPÓSITO DEL PRIMER INFORME SOBRE EL CÓDIGO DE CONDUCTA FISCAL – Marta Villar Ezcurra • AS ENTIDADES PRIVADAS – A EC 19/98 E A LEI 9.649/98 – Leon Frejda Szklarowsky • O MÉTODO LITERAL DE INTERPRETAÇÃO NO DIREITO TRIBUTÁRIO FRENTE A ALGUNS ASPECTOS SEMIÓTICOS DOS TEXTOS JURÍDICO-POSITIVOS – Roberto Wagner Lima Nogueira • *NOTAS E COMENTÁRIOS:* A TRIBUTAÇÃO DOS SERVIÇOS DE "INTERNET" PRESTADOS PELOS PROVEDORES: ICMS OU ISS? – Clélio Chiesa • A SISTEMÁTICA DA PROVISÃO PARA DEVEDORES DUVIDOSOS COM RELAÇÃO ÀS INSTITUIÇÕES FINANCEIRAS – Flávio Couto Bernardes • A INCONSTITUCIONALIDADE DA LEI 9.718, DE 27.11.98, E DA EC 20, DE 16.12.98 – Igor Nascimento Souza • CAPACIDADE CONTRIBUTIVA, IPTU E PROGRESSIVIDADE – Carlos Renato Silva e Souza • ANOTAÇÕES SOBRE AS IMUNIDADES TRIBUTÁRIAS – Carlos César S. Cintra • CONSIDERAÇÕES SOBRE O PRINCÍPIO DA INTERPRETAÇÃO CONFORME A CONSTITUIÇÃO E SOBRE SUA APLICAÇÃO NA JURISPRUDÊNCIA DO STF EM MATÉRIA TRIBUTÁRIA – Fernando Osório de Almeida Júnior • A TRIBUTAÇÃO DO "SOFTWARE" – Marcelo M. Motta Filho • O IMPOSTO SOBRE SERVIÇOS, AS SOCIEDADES UNIPROFISSIONAIS E OS LABORATÓRIOS DE ANÁLISES CLÍNICAS – João Luiz Coelho da Rocha.

Impressão e acabamento:
GRÁFICA PAYM
Tel. (011) 4392-3344

RDT 73

CADERNOS DE DIREITO TRIBUTÁRIO: ERRO DE FATO E ERRO DE DIREITO NA TEORIA DO LANÇAMENTO TRIBUTÁRIO – Paulo de Barros Carvalho • A DECADÊNCIA E A PRESCRIÇÃO EM MATÉRIA TRIBUTÁRIA – Sacha Calmon Navarro Coêlho • ISS E PROGRAMAS DE ALIMENTAÇÃO DO TRABALHADOR-PAT – Aires Barreto • INSUMOS E PRODUTOS TRIBUTADOS, ISENTOS OU SUJEITOS À ALÍQUOTA ZERO – UTILIZAÇÃO DO CRÉDITO – Sidney Saraiva Apocalypse • APROXIMACIÓN A LA ANALOGÍA Y EL FRAUDE DE LEY EN MATERIA TRIBUTARIA – Pedro M. Herrera Molina • AS INFLUÊNCIAS GERMÂNICAS NO DIREITO FINANCEIRO E TRIBUTÁRIO BRASILEIRO – Ricardo Lobo Torres • CONTRATO DE CONCESSÃO DE VENDAS E TRIBUTOS SOBRE O FATURAMENTO – Eduardo Bottallo • OS TÍTULOS DA DÍVIDA PÚBLICA E A GARANTIA DA EXECUÇÃO – Leon Frejda Szklarowsky • NATUREZA JURÍDICA DA RELAÇÃO TRIBUTÁRIA – Aurélio Pitanga Seixas Filho • PODER TRIBUTARIO Y TUTELA JUDICIAL EFECTIVA – José Juan Ferreiro Lapatza • PROFILI DI POLITICA LEGISLATIVA AI FINI DEL CONTRASTO DELLA ELUSIONE FISCALE INTERNAZIONALE – LA PROSPETTIVA ITALIANA – Claudio Sacchetto • EL IMPUESTO GENERAL A LAS VENTAS Y LA EXONERACIÓN DE LOS SERVICIOS DE CRÉDITO – Jorge Bravo Cucci • ***NOTAS E COMENTÁRIOS:*** O ABUSO DO DIREITO NO DIREITO TRIBUTÁRIO BRASILEIRO – Maria Luíza Pessoa de Mendonça • PROCESSO ADMINISTRATIVO FISCAL – Lintney Nazareno da Veiga • REVOGAÇÃO DA ISENÇÃO E RESTAURAÇÃO DA EFICÁCIA DA LEI ANTERIOR – SUBSUNÇÃO AO PRINCÍPIO DA ANTERIORIDADE – INCONSTITUCIONALIDADE DA SÚMULA 615 DO STF – Júlio César Belini • O PRINCÍPIO DA ESTRITA LEGALIDADE NO DIREITO TRIBUTÁRIO – Guilherme Cezaroti • A TRIBUTAÇÃO DAS OPERAÇÕES ENVOLVENDO TV A CABO E "DIRECT-TO-HOME", INTERNET E "PAGING" – ICMS *x* ISS – Márcia de Freitas Castro Neme e Amal Ibrahim Nasrallah • CONTRIBUIÇÃO AO ESTUDO DAS NORMAS DE EXONERAÇÃO TRIBUTÁRIA NO PLANO DA TEORIA GERAL DO DIREITO TRIBUTÁRIO – Roberto Wagner Lima Nogueira

MALHEIROS EDITORES

Revista de Direito Tributário

94